U0940406

公共文化服务的创新与跨越

——全国文化信息资源共享工程建设研究论文集

主　编　张彦博
副主编　崔建飞　刘惠平

国家图书馆出版社

目　录

厅长思考

共享服务

技术应用

序　言

◎　杨志今

全国文化信息资源共享工程（以下简称“文化共享工程”）是文化部、财政部自2002年起共同组织实施的国家重大文化建设工程。工程应用现代科学技术，将中华优秀文化信息资源进行数字化加工和整合，通过覆盖城乡的服务网络体系，以多种传播方式，实现优秀文化信息资源在全国范围内的共建共享。这项工程自启动以来，受到了党和国家的高度重视，连续六年被写入中央一号文件，先后被列入我国《国民经济和社会发展第十一个五年规划纲要》、《国家“十一五”时期文化发展规划纲要》、《2006－2020年国家信息化发展战略》。胡锦涛、温家宝同志多次就文化共享工程的建设做出重要指示，李长春同志多次到文化共享工程基层站点视察。中央财政和各级地方财政已投入专项建设资金50多亿元，为工程的顺利实施提供了保障。

在党中央、国务院的正确领导下，在各级党委、政府的大力支持下，八年来特别是“十一五”期间，文化共享工程建设取得了显著的进展，已初步建立了层次分明、互联互通、多种方式并用的数字文化服务网络。截至2010年9月底，已建成1个国家中心、33个省级分中心、2896个县级支中心、28344个乡镇/街道社区基层服务点，与全国农村党员干部现代远程教育工作和农村中小学现代远程教育工程合作共建基层服务点80万个，累计为8.9亿人次提供了服务。通过广泛整合图书馆、博物馆、美术馆、艺术院团及广电、教育、科技、农业等部门的优秀数字资源，文化共享工程数字资源建设总量已达到105.28TB，整合制作优秀特色专题资源库207个。文化共享工程走进农村、走进社区、走进军营、走进学校、走进企业，初步满足了基层群众“求知识、求富裕、求健康、求快乐”的需求，受到广泛欢迎。

最近，围绕文化共享工程的建设与发展，文化部全国文化信息资源建设管理中心约请财政部和有关政府部门的领导、专家学者、各级中心的管理者、基层站点的工作人员等方方面面的代表80人，撰写了论文，并结集出版。财政部张少春副部长的文章，对工程建设提出了宝贵的指导意见。周和平同志对工程的发展，作了很好很全面的回顾。该论文集涉及“信息社会文化共享工程的定位与社会职责”、“文化共享工程与公共文化服务体系建设研究”等多个分主题，入选论文既有立论高远的宏观论述，如《全国文化信息资源共享工程发展回顾》、《国际视野下的“文化共享工程”》、《信息社会时代的文化共享工程定位与社会职责》等；又有实践层面的分析探讨，如《广西文化共享工程与数字图书馆相融合建设的探索》、《我所亲历文化共享工程建设的八年》等；还有技术等领域的专题研究，如《充分利用广播电视网络加快农村公共文化服务体系建设》、《全国文化信息资源共享云研究与开发》等。该论文集是一次对文化共享工程从宏观到微观、从理论到实践的全方位、深层次的总结。它的出版，对于梳理经验，提炼成果，形成全面、科学、系统的理论体系，具有重要意义，必将有力地指导、推动工程在“十二五”期间的持续发展。

我应邀为论文集作序，一方面是责任使然，另一方面也是为文化共享工程建设者们八年来锲而不舍的奋斗精神所感动。实践证明，文化共享工程是顺应时代发展的民生工程，是深受基层群众欢迎的民心工程，是一项大有可为的事业，未来前景光明，天地广阔，从事这项工作神圣而光荣。党的十七届五中全会提出：“文化是一个民族的精神和灵魂，是国家发展和民族振兴的强大力量”，这是对当前和今后一个时期文化建设提出的新的更高要求。在新的征程中，我们要继续深入贯彻落实科学发展观，以高昂的工作热情，开拓创新，真抓实干，充分利用现代信息技术的成果，全面推进工程建设，在实现和保障人民基本文化权益方面，努力取得新突破、迈出新步伐、开创新局面，使文化共享工程真正成为我国公共文化服务体系建设领域充满生机与活力的新平台，从而为推动社会主义文化大发展大繁荣，更好地满足人民群众日益增长的精神文化需求，做出新的更大贡献！

是为序。

楊志今

二〇一〇年十一月十日

进一步贯彻落实科学发展观 推进文化共享工程顺利实施

◎ 张少春

一、支持实施文化共享工程是加强公共文化服务财政保障的重要内容

建立健全我国公共文化服务体系，让全体人民共享社会进步和文化发展的成果，是党中央、国务院从深化文化体制改革、建设社会主义先进文化、构建社会主义和谐社会的战略高度提出的一项重要任务。2007 年 8 月，中办、国办下发了《关于加强公共文化服务体系建设的若干意见》，明确了公共文化服务体系建设的指导思想和目标任务，提出要按照结构合理、发展均衡、网络健全、运行高效、惠及全民的原则，努力建设以公共文化生产供给、设施网络、资金人才、技术保障、组织支撑和运行评估为基本框架的覆盖全社会的公共文化服务体系。

全国文化信息资源共享工程（以下简称文化共享工程）是一项繁荣社会主义先进文化的创新工程，是政府应用现代科技手段为群众提供公共文化产品和服务的重要举措，是公共文化服务体系建设的重要内容。文化共享工程经费应纳入财政公共文化服务经费中统筹安排，并由公共财政承担主要投入责任。2007 年 1 月 8 日李长春同志主持召开中央宣传

思想领导小组专题会议，提出至 2010 年基本建成资源丰富、技术先进、服务便捷、覆盖城乡的数字文化服务体系，努力实现“村村通”。为实现这一目标，各级财政部门加大了支持力度，建立了中央地方共担的经费投入机制，推动文化共享工程取得了实质性进展。自 2002 年文化共享工程实施以来，至 2010 年，全国财政累计投入专项资金约 60 亿元，其中：中央财政累计投入 30.44 亿元，除 2.85 亿元用于中央本级国家中心建设外，其余全部用于补助地方，重点支持了省级数字资源建设、县级支中心镜像站点建设和村级基层服务点建设。此外，结合“十一五”乡镇综合文化站建设总体规划，自 2008 年起，中央财政安排专项资金，带动地方财政投入，为已建成的中西部地区乡镇文化站按照每站 10 万元的标准配置基本设备，其中 5 万元专门用于文化共享工程乡级基层点设备购置。为支持城市社区文化中心（文化活动室）开展公共文化活动，自 2009 年起，中央财政在中央集中的专项彩票公益金中安排城市社区文化中心（文化活动室）设备购置补助资金，对已建成且具有一定规模、配备专人管理、常年开展文化活动的中西部社区文化中心按照每个 12 万元、文化活动室每个 5 万元的标准配置基本设备，其中分别有 5 万元和 2.5 万元专门用于文化共享工程基层点设备购置。

今后，文化共享工程县级支中心、乡镇基层点、村级基层服务点设备更新和运行维护等经费，将纳入公共文化服务财政保障经费中统筹安排，建立文化共享工程经费投入的长效机制，确保文化共享工程建设目标完成后的持续发展。

二、支持实施文化共享工程必须积极推动资源整合和共建共享

实施文化共享工程应充分利用现有资源，避免重复建设、资金使用分散和效率低下，推动实现整体效益。一方面，要实现信息资源的共享；另一方面，要实现基础设施的共享。这是我们建设文化共享工程的有效途径，也是必须坚持的重要原则。文化共享工程实施以来，在文化部的统筹规划和科学指导下，工程建设以图书馆、文化馆、乡（镇）综合文化站等为

依托，充分利用已建成的农村党员远程教育和农村中小学现代远程教育基层点组织实施，坚持不搞重复建设。在资源建设方面，有效整合了分散在各部门、各领域的优良信息资源，不仅满足了广大人民群众看书、看戏、看电影等文化需求，而且提供了大量的教育、科技、农业等方面信息，为全面提升人民群众文化素质、提高其生产生活能力发挥了积极的推动作用。在技术平台建设方面，各地方因地制宜，积极探索，与卫星转输、互联网、数字电视等系统相结合，充分利用现有网络通信技术手段，形成了多种传输覆盖模式。

在取得成绩的同时，我们也必须看到，当前文化信息资源的共建共享还存在一些问题亟待解决。其中比较突出的，一是文化信息内容的适用性问题，二是各种技术传输渠道的兼容性问题。在实现了信息资源"送上门"之后，如何吸引老百姓"看进去"，将成为影响文化共享工程实施效果的重要因素。同时，目前文化共享工程传输采取了互联网、卫星直播、有线电视、移动存储等多种科技手段，将来还有可能通过3G方式移动传输。如果文化信息在不同传输方式中不能实现顺利转换，势必造成重复建设。特别是文化共享工程的接收设备应与现有政府组织实施的农村党员远程教育工程、广播电视"村村通"工程等设备实现共用共享，合理降低配置成本。要加强多种技术手段综合推进的顶层设计，为未来技术升级留下"接口"。财政部门应进一步发挥协调作用，统筹兼顾、合理调控，保证经费安排使用的科学性和有效性，努力推动文化信息资源的共建共享。

三、支持实施文化共享工程应进一步明确责任，切实加强资金管理

为确保文化共享工程顺利实施，保证财政资金落实到位，2007年，中央和地方财政建立了文化共享工程建设资金共担机制，即：文化共享工程国家中心资源建设所需经费由中央财政予以保证；中西部地区省级资源建设由地方财政安排，中央财政给予一定补助；中西部地区县（市）支中心和村级基层服务点建设经费由中央财政和地方财政按比例分担，其中，

中部地区所需经费中央和地方各负担50%，西部地区所需经费中央负担80%，地方负担20%；东部地区所需经费全部由地方财政负担，中央财政将对工作成效突出的省份给予适当奖励。从执行情况看，中央财政专项资金已按年度预算全部落实到位，大部分地方财政按照要求落实了应负担的经费。为确保文化共享工程建设目标的顺利实现，各级财政部门要以高度的责任心，积极配合、扎实工作，做好资金保障和管理工作。

第一，要明确责任。近年来，按照完善财力与事权相匹配的财税体制的总体要求，中央财政逐步加大了对困难地区财力性转移支付力度，有效缓解了中央和地方及地区之间的财力不平衡问题，为各级政府特别是基层政府提供了财力保障。地方政府应切实担负起公共文化产品和服务的支出责任，保证文化共享工程资金投入到位，将文化共享工程列入建设公共文化服务体系的重要内容，切实加大经费保障力度。当前，党中央、国务院做出了扩大内需、促进消费的战略部署，各项农村基础设施建设和"家电下乡"等项目的实施，都为推进文化共享工程提供了有利条件。要紧紧抓住有利时机，进一步拓展工作思路，提高工作效率，加快推进文化共享工程实施进度，圆满完成党中央、国务院部署的任务。

第二，要保障重点。按照文化共享工程"十一五"建设规划，财政专项资金投入的重点是加强中央和省级文化信息资源内容建设，以及县级支中心、乡级基层点和村基层服务点建设。其中，特别要积极支持内容建设。一方面，要不断增加资源供给量，提高资源质量，更好地满足人民群众需求。在支持国家中心加强全国性资源建设的同时，要支持地方文化部门抓紧制作一批有地域性、有针对性的节目，使信息资源真正为基层群众所用。另一方面，要支持在资源制式上进行创新，以适应互联网、电视、移动多媒体等各种终端用户的需求。文化共享工程技术平台建设应充分利用现有渠道，结合推进互联网络建设、广播电视数字化建设、移动多媒体建设等统筹实施，相关投入应由项目承担单位通过市场筹资等渠道解决，财政部门可通过扶持文化产业专项资金，对涉及的文化产业项目予以支持。

第三，要加强管理。近年来，受国际金融危机影响，我国财政收入增速逐步下降，中央和地方财政收支压力较大。在此情况下，各级财政部门积极调整支出结构，有力地保证了文化共享工程专项资金投入。要高度重视经费管理工作，切实管好用好财政专项资金，提高资金使用效益。2002 年，财政部会同文化部制定下发了《全国文化信息资源共享工程专项资金管理暂行办法》（文计发［2002］27 号），财政部门应会同有关部门加强对经费使用情况的监督检查，及时制止、纠正和惩处各种违反财政财务制度的行为，确保经费使用的规范和安全。要严格政府采购制度，结合地方实际，制定切实可行的政府采购办法，努力降低工程建设成本。要研究建立文化共享工程专项资金绩效考评制度，将项目事前审核、事中监督和事后考评统一起来，并将考评结果作为经费安排的重要参考依据，切实提高资金使用的有效性。

文化共享工程体现了以人为本、和谐发展的理念，是完善公共文化服务体系的重点工程，是满足城乡基层群众公共文化需求的创新工程，是促进我国经济、社会协调发展的基础工程。财政部门应进一步从落实科学发展观、构建和谐社会的高度，提高思想认识，加大经费保障力度，切实采取有效措施，积极推进文化共享工程的顺利实施，为促进社会主义文化大发展大繁荣，推动构建社会主义和谐社会作出新的贡献。

作者简介

张少春，财政部副部长。

全国文化信息资源共享工程发展回顾

◎　周和平

全国文化信息资源共享工程（以下简称文化共享工程）作为国家一项重点文化惠民工程和创新工程，利用现代信息技术，将中华优秀文化信息资源进行数字化加工整合，通过互联网、卫星、电视、手机等新型传播载体，依托各级图书馆和文化站（含城镇社区）、文化室等公共文化基础设施，结合全国农村党员干部现代远程教育工作、农村中小学现代远程教育工程、广播电视村村通工程等，实现优秀数字文化在全国范围内的共建共享。八年以来，文化共享工程在党中央、国务院的高度重视和各级党委、政府的大力支持下，在工程建设者的认真探索和不断创新下，取得了快速、全面的发展，受到广大人民群众的普遍欢迎。文化共享工程作为公共文化服务体系的基础工程，在加快构建覆盖城乡的公共文化服务体系、缩小“数字鸿沟”、更好地满足人民群众基本文化需求方面承担着重大责任，发挥着日益重要的作用。

文化共享工程是在全球信息化、我国努力实现跨越式发展的时代大背景下提出和建立起来的。随着改革开放以来经济能力的不断提升，国家愈加关注民生和文化事业发展，使得开展这项重大文化战略工程成为可能。在公共文化基础设施方面和文化内容建设方面，我国东西部之间、中心城市和偏远农村之间、经济发达和欠发达地区之间发展不平衡，反差很大。很多基层图书馆图书采购资金匮乏、藏书陈旧，基层群众特别是农民群众长期存在“看书难、看戏难、看电影难”等问题。在这种情况下，文化共享工程利用现代科学技术，以共建共享为核心理念，通过多种服务方式，将整合起来的大量、丰富的优秀数字文化资源传递到基层，通过便捷、贴近、公益的数字资源服务，满足广大人民群众日益增长的精神文化需求，成为了历史的选择。

一、文化共享工程的发展历程

（一）筹备阶段

为了在新形势下加强基层文化建设，文化部于2001年6至7月开展了全国农村文化、社区文化调研工作。在调研中，我们深切感受到，基层文化建设在社会文化工作中仍是个薄弱环节，必须及早予以解决。2000年初，全国共有公共图书馆2675个，人均拥有图书仅0.3册；县级公共图书馆藏书人均不足0.1册，远远低于人均1.5册到2册的国际标准。这些困难和问题严重阻碍了文化信息在广大农村群众中的传播。

调研中，我与时任财政部教科文司司长的张少春同志来到浙江绍兴，当地利用数字图书馆服务平台提供文化服务的做法给了我们很大启发：能不能利用现代信息技术，加强文化传播的力度与广度，利用信息技术和数字图书馆技术手段，依托现有网络平台，将文化系统拥有的海量图书、影视、戏曲、民间艺术等优秀资源进行数字化加工整合，传送到基层文化单位，为广大基层群众服务？财政部当年先行拨款500万元启动资金，用于文化共享工程试验系统的开发。

同年10月，文化部对部直属事业单位的文化资源进行了调查。国家图书馆、中国艺术研究院、中国京剧院、中国歌剧舞剧院、中国美术馆等单位，陆续按要求提交了本单位部分文化艺术资源，统一交由国家图书馆进行数字化加工。国家图书馆用了一个月时间，在数字图书馆已有技术成果和资源内容基础上，研制了“全国文化信息资源共享工程试验系统”，并利用这个系统对文化共享工程的服务模式、资源内容组织和整合方式、技术平台开发利用等进行了试验。在开展了与多个分中心联网试运行后，初步确定了文化共享工程是“数字图书馆服务的早期实现形式”的定位，拟定了最初的《全国文化信息资源共享工程实施方案》。

2002 年 1 月，文化部、财政部专门召开部分省（市）文化厅、财政厅同志参加的座谈会，我们就“实施方案”再次征求意见，进行修订。与此同时，两部领导决定联合成立文化共享工程领导小组，文化共享工程正式启动。

（二）启动实施阶段

文化共享工程得到了中央领导同志的亲切关怀和高度重视。党的十六大之后，2002 年 12 月 23 日，中央政治局常委李长春同志到国家图书馆考察，专门听取了文化共享工程的工作汇报并观看了资源演示，给予了充分肯定，同时要求将这些优秀资源尽快送入公网，尽快服务公众。长春同志的指示有力地推动了文化共享工程工作的开展。在各地的积极响应和大力支持下，较短时间内建立了文化共享工程国家中心（设在国家图书馆）、省级分中心和部分基层服务点，形成了初步的工作网络体系。资源建设开始有规模地征集，技术平台和基层服务也有了探索式发展。

随着工程的顺利推进，为了更加有效、系统地推动工程的深入开展，文化部党组就成立负责文化共享工程建设实施的独立机构事项进行了专门研究，方案得到中央编办的支持。2004 年 2 月，中编办批准成立文化部全国文化信息资源建设管理中心（以下简称“管理中心”），专门负责组织实施文化共享工程。管理中心的成立，为文化共享工程在更大范围进行资源整合、开展合作共建开辟了更加广阔的空间，工程的发展掀开了崭新的一页。

（三）深入探索阶段

管理中心成立后，工程发展条件得到了进一步改善，但是各级基层机构尚未完全建立，各种经费需求、资源需求、人才需求等前所未有的问题也不断出现。为此，文化部和管理中心在多个层面、多次召开会议，反复宣讲什么是文化共享工程，怎样建设文化共享工程，工作的原则是什么等重点问题，不断深化大家对工程的了解。

在中央领导的高度重视下，2005 年中办、国办转发《文化部、财政部关于进一步加强全国文化信息资源共享工程建设的意见》（厅字[2005]5 号）文件，进一步明确了工程下一步的发展方向和工作要求。2006 年，在中央领导同志的关心下，财政部和相关部委给予联合支持，文化共享工程蓬勃发展。

这一阶段，工程的建设工作发展很快。资源总量稳步增长；技术路线逐步清晰，建立了卫星播发平台，尝试了资源镜像、移动播存、VPN、IPTV 等多种服务模式；网点建设开始与全国农村党员干部现代远程教育工作、农村中小学远程教育工程初步合作。基层服务走进农村、走进社区、走进军营、走进校园、走进企业。

（四）快速发展阶段

2007 年 1 月 8 日，李长春同志主持召开了中央宣传思想工作领导小组专题会议。会议听取了我代表文化部作的《关于文化共享工程建设情况汇报》，进一步明确了文化共享工程的意义、任务、目标、职责等，确定了文化共享工程"十一五"期间的主要建设任务是：建成覆盖广泛的中央、省、市/县、乡/镇、村的五级传输、管理与服务网络，基本实现"村村通"。这次会议成为文化共享工程发展的里程碑。

根据会议精神，文化部、财政部联合印发《关于进一步推进全国文化信息资源共享工程的实施意见》（文社图发[2007]14 号），并与各省（区、市）签订《2007－2010 年文化共享工程建设责任书》，工程基层网点建设工作开始快速推进。东部地区按照 2007 年实现县、乡、村服务网络 30% 的覆盖率，2008 年不低于 60%，2009 年不低于 90%，2010 年实现全覆盖的速度推进。中西部地区要在 2010 年实现县县建有支中心。其中，乡镇基层服务点建设与发改委实施的"乡镇综合文化站"建设项目统筹安排资金进行设备升级改造，村级基层服务点与全国农村党员干部现代远程教育工作基层点合作共建。财政部批准 2007－2010 年投资预算为

24.76亿,分年度实施。

2007年以后,在党中央高度重视和各级文化主管部门及各地公共图书馆同志们的不懈努力下,文化共享工程各项工作快速发展,大大加快了各级公共图书馆的信息化进程,有力地提升了我国基层公共文化服务能力。

二、文化共享工程取得的主要成果和经验

几年来,文化共享工程在网点建设、资源建设、技术建设、人才队伍建设以及基层服务等方面进行了大量探索,在各地的大力支持和配合下,取得了重要的阶段性成果。这些成果,为今后特别是"十二五"期间文化共享工程的深入发展奠定了坚实基础。

(一)服务网点建设成绩突出

截至2010年9月,文化共享工程已建成1个国家中心、33个省级分中心、2896个县级支中心、28344个乡镇/街道社区基层服务点,以及与全国农村党员干部现代远程教育工作和农村中小学现代远程教育工程合作共建的80万个基层服务点。基层网点建设取得的突出成绩,显著改善了农村地区基层文化中心的服务条件,有力推动了公共文化服务体系的建设。

(二)资源建设内容不断丰富

文化共享工程建设之初的资源,总量很小,规模效益很难体现。经过这几年的发展,这一情况已发生了较大变化。至2010年9月,文化共享工程资源总量达到105.28TB,内容包括电影、电视剧、地方戏、曲艺、相声、小品、杂技、综艺节目、农业专题片、农民工培训、文化专题片、少儿动漫、讲座、少数民族语言(含藏、蒙、维吾尔、哈萨克、朝鲜语)等各类数字化图文、视频资源。其中国家中心建成普适资源28.9TB,各级中心建成特色资源69.02TB。这些内容丰富、题材广泛的文化信息资源已面向各地区、各民族提供有针对性的服务,更好地满足了基层群众对文化的需求。

（三）技术传输模式因地制宜

文化共享工程的技术模式，注重在跟踪、依托国内外实用信息传播技术、数字图书馆技术的基础上，结合自身实际，大胆探索、实践创新。工程在设计之初，仅有互联网等少数几种技术传输模式，到了现在工程已发展拥有了卫星、互联网、IPTV、VPN、电子政务外网、有线（数字）电视、镜像、移动播存、3G平台等多项传输模式，以多种渠道向基层传输资源。基层接收资源有了更多选择，资源获取变得更加稳定、快捷和方便。

（四）建设管理队伍初步形成

截至2009年底，文化共享工程全系统专兼职工作人员达到68万人，主要从事资源建设、技术保障、开展服务等各项工作。这些人员在经过培训后，已经初步掌握了设备的基本操作技术，并能对群众进行指导，使这些优秀的文化信息资源源源不断地传输到基层，为群众提供服务，受到了广大基层群众的欢迎和认可。

文化共享工程取得的成绩来之不易。总结文化共享工程的经验，主要体现在以下几个方面。

（一）努力实现人民群众基本文化权益最大化，是工程的根本出发点和创新推动力。

李长春同志指出："共享工程是公共文化服务体系的基础工程，是政府提供公共文化服务的重要手段，是实现广大人民群众基本文化权益的主要途径，是改善城乡基层群众文化服务的创新工程。"要紧紧围绕实现广大人民群众基本文化权益，满足他们日益增长的基本文化需求，以文化共享工程为载体，以技术创新为动力，利用现代信息技术和数字图书馆最新成果，以更加快捷的速度和更加广泛的覆盖，将更多优秀文化资源，传送到更大范围的基层群众身边，使他们更加便捷地接受、阅览和利用资源。

努力保障好实现好人民群众的基本文化权益，是文化共享工程各项工作的出发点和根本目的。资源建设方面，坚持需求牵引，力求丰富多彩，加强针对性，最大限度地满足不同地区、不同层次、不同年龄群体的多方面、多样化、多层次的基本文化需求。通过“县级数字图书馆推广计划”,国家数字图书馆大量丰富的数字资源,通过文化共享工程服务网络平台,使最新文化建设成果更快更多地惠及基层群众。技术工作方面,从硬件配置到软件设计,努力实现传输快捷化、操作简易化、接收方便化。服务模式方面,坚持因地制宜,贴近群众,不论是辽宁的有线/数字电视模式,还是山东的互联网模式、河南的 IPTV 模式、陕西的 VPN 模式等各种服务手段的探索与创新,始终沿着实现文化信息资源共享村村有,实现“进村入户”,实现人民群众共享资源便捷化和基本文化权益最大化的目标,不断探索、不断创新、不断发展、不断前进。

截至 2010 年 9 月,文化共享工程累计服务群众已达 8.9 亿人次。初步满足了基层群众“求富裕、求知识、求健康、求快乐”的基本需求,初步缓解了农民群众看书难、看戏难、看电影难的问题。

(二)党中央国务院的高度重视,是工程开展文化惠民服务的根本保障。

党中央、国务院领导高度重视文化共享工程建设。2005 年 10 月,胡锦涛同志在党的十六届五中全会讲话中指出,要推进全国文化信息资源共享工程。2006 年 2 月,在省部级主要领导干部建设社会主义新农村学习班上,他要求,“发展文化信息资源共享工程农村基层服务点,构建农村公共文化服务体系。”

温家宝总理在 2006、2007、2008 年政府工作报告中,均明确提出要加快共享工程建设。2007 年 1 月,李长春同志在中央宣传思想工作领导小组会议上,要求“全面实施文化信息资源共享工程,到 2010 年,基本建成资源丰富、技术先进、服务便捷、覆盖城乡的数字文化服务体系,努力实现‘村村通’”。长春同志多次视察各地共享工程建设情况,多次做出重要批示,为共享工程建设指明了方向。工程多次列入中共中央政治局常委年度工作要点。刘云山同志、刘延东同志也多次对加大共享工程建设力度作出重要指示。

2005 年,中办、国办转发《文化部、财政部关于进一步加强全国文化信息资源共享工程建设的意见》。2006年,共享工程被纳入《国民经济与社会发展第十一个五年规划》。2005－2010年中央一号文件,中办国办2007年下发的《关于加强公共文化服务体系建设的若干意见》,都对共享工程建设提出了明确任务和要求。十七届三中全会上通过的《中共中央关于推进农村改革发展若干重大问题的决定》明确要求,推进文化信息资源共享等重点文化惠民工程。

党中央国务院的高度重视,文化部、财政部的正确指导和相关部委的积极帮助,地方各级党委、政府的大力支持,有力地推动了文化共享工程的快速、健康、蓬勃发展。截止到2010年9月,中央财政在“十一五”期间投入工程专项建设经费26.84亿元,地方财政投入31亿元,总计投入57.84元。

(三)建立合作机制,促进共建共享,是工程扩大服务范围的重要途径。

文化共享工程在八年的发展过程中,通过与中组部全国农村党员干部现代远程教育工作、教育部农村中小学现代远程教育工程、广电总局广播电视村村通工程等合作共建,提升了网络覆盖率,扩大了服务范围,提高了基层服务点的综合服务能力。通过与工信部农村信息化综合信息服务工程合作,文化共享工程的文化资源通过信息大篷车,走进了千村万户。与国家人口与计生委合作,农村人口文化大院成了共享工程的服务阵地。文化共享工程还积极与一些大专院校、科研院所、工厂企业、政府机关、部队军营等开展合作,拓展服务渠道,使文化共享工程的惠民服务不仅走进农村,也走进社区、走进军营、走进学校、走进企业、走进机关。

三、对文化共享工程未来发展的若干思考

“十二五”时期是我国全面建设小康社会、开创科学发展新局面的关键时期,是深化改革开放、加快转变经济发展方式的攻坚时期。今年6月,胡锦涛总书记在中共中央政治局第22次集体学习的讲话中指出:“要加快构建公共文化服务体系,按照体现公益性、基本性、均等性、便利

性的要求，坚持政府主导，加大投入力度，推进重点文化惠民工程，加强公共文化基础设施建设，促进基本公共文化服务均等化”。党的十七届五中全会通过的《中共中央关于制定国民经济和社会发展第十二个五年规划的建议》，明确提出“以农村基层和中西部地区为重点，继续实施文化惠民工程，基本建成公共文化服务体系”的任务目标。

在未来文化共享工程建设和发展中，要深刻领会党的十七届五中全会精神，要以资源建设为重点，以改善服务为方向，以队伍建设为保障，面向基层，面向农村，进一步做好共享工程的各项工作。要特别注重以下三个方面。

一要丰富资源内容，扩充资源量。“十二五”期间，随着大规模的基层服务网点逐步建成，资源建设的任务应该置于更加重要的位置。资源建设是文化共享工程的核心，要进一步加大资源建设力度，扩大优质资源整合范围。通过自主原创、合作共建、资源整合等多种方式，有计划、有目的地制作一大批有利于提高全民族文明素质，建设社会主义核心价值体系，加强走中国特色社会主义道路和实现中华民族伟大复兴的理想信念教育，传承中华传统美德、符合精神文明建设要求的优秀数字文化资源。要抓好内容选题，树立精品意识，提高资源质量，增强资源内容的吸引力。要突出资源建设重点，加强红色革命历史文化专项资源的建设力度，同时重视少数民族语言资源、未成年人适用资源的建设。加强资源建设的针对性，要进一步调动地方的积极性，提高他们在地方特色资源建设中的参与程度，建设更多适用性强的资源库。要探索建立群众评价和反馈机制，深入分析和研究新形势下群众需求的新特点、新变化，坚持贴近实际、贴近生活、贴近群众，更好地满足群众多层次、多方面、多样化的需求，努力把文化共享工程建设成为党和政府声音的传播渠道，社会主义核心价值观的宣传阵地，弘扬中华优秀文化的重要窗口和全民素质教育的生动课堂。

二要以基层特别是农村为重点，全面提升服务水平。要认真贯彻党的十七届五中全会精神，以农村基层和中西部地区为重点，进一步提升文化共享工程文化惠民服务水平。不断提升服务水平，强化服务效果，是文化共享工程不懈努力的方向。人民欢迎不欢迎，满意不满意，赞成不赞成，是工程有没有生命力、能不能持续发展的关键所在。要高度重视基层电子阅览室阵地服务，充分利用县级支中心及乡镇、社区文化共享工程基层服务点，开辟绿色上网空间，针对未成年人、农民进城务工群体和其他低收入群众，积极提供主题鲜明，内容丰富，融知识性、实用性和趣味性于一体的免费公共互联网鉴赏服务，用主流文化占领网络阵地，减少网吧特别是黑网吧对网络文化环境的污染，引导基层群众文明上网，营造良好社会文化环境。要将阵地服务与流动服务相结合，与当地基层群众文化活动相结合，充分调动和发挥基层群众的参与热情。要紧密结合国家三网融合发展战略，积极探索和推进文化共享工程从进村走向入户的新型服务模式，研究开发方便快捷、易于为群众所掌握的服务手段。要充分发挥文化共享工程设备设施的作用，不断创新资源传输手段，扩大工程网络辐射能力，创造新颖的服务方式和活动载体，实现文化共享工程“时时可看，处处可学，人人可享”，切实把文化共享工程办成“德政工程”、“惠民工程”。

三要加强队伍管理，进一步提高管理人员素质。工程要发展，人才是保障。文化共享工程是一项现代信息技术的应用工程，它不仅需要具有高度事业心、真抓实干、勇于创新的管理型人才，还需要大批具有较高信息技术水平和各类专业知识型人才，特别是需要成千上万相对稳定的服务基层的既能熟练操作信息化设备，通晓互联网管理，又有一定文化素养和高度服务热情的综合性、应用型人才。自2008年到2010年9月，工程通过集中授课、网络培训等形式，累计培训人员340万人次。“十二五”期间，工程要结合《全国基层文化人才队伍培养规划》的实施，加强培训力度，将工程人才队伍的培训工作常态化、制度化。要把好“入门关”，探索建立职业资格准入制度。要以县级支中心为重点，分级开展人员培训。在城乡基层，要加强对兼职队伍的培养，重视发挥业余文化骨干的积极作用，确保村和社区基层服务点的管理人员能正确使用文化共享工程设备，为基层群众服务。要解决基层服务点运行经费，确保人员基本待遇，确保岗位人员不缺位。要进一步加强制度建设，规范基层服务点日常管理。要建立工程绩效评估体系，量化运行管理、资源建设、日常服务等各项业务评估指标。要将文化共享工程建设和服务开展情况作为公共文化服务体系建设的重要内容，纳入文化建设各项评估定级、表彰奖励机制之中，作为评价和衡量一个地区文化工作的重要标准。要把更多的时间和精力用在队伍培养上，在人才培训和队伍管理上狠下工夫，切实保障和促进共享工程的良性和可持续发展。

回顾发展历程，文化共享工程作为我国数字图书馆服务的早期实现形式，在保障基层群众的基本文化权益、构建社会主义和谐社会等方面，发挥了重要作用。它得益于改革开放的大好形势和党中央国务院的文化惠民政策，得益于全球信息化和我国努力实现跨越式发展的战略格局，得益于基层人民群众的积极参与和文化共享工程建设者们的辛勤工作与探索创新。展望“十二五”未来，文化共享工程、国家数字图书馆推广工程、公益性电子阅览室建设作为我国公共文化服务体系的基础性工程，在繁荣发展文化事业，构建公共文化服务体系中将发挥重要作用。文化共享工程要继续深入贯彻落实科学发展观，积极利用现代信息技术，与“国家数字图书馆推广工程”紧密结合，以资源建设为重点，以基层服务为方向，以队伍建设为保障，以更加积极的态度、更加扎实的作风，努力做好各项工作，为建立完善覆盖城乡的公共文化服务体系，更好地满足人民群众日益增长的精神文化需求，促进社会主义文化的大发展、大繁荣作出新的更大贡献。

作者简介

周和平，文化部原副部长，现任国家图书馆馆长。

关于全国文化信息资源共享工程的几点思考

◎ 于 群

全国文化信息资源共享工程(以下简称文化共享工程)自2002年实施以来,已历经八年的发展,基本建成了资源丰富、技术先进、服务便捷、覆盖城乡的数字文化服务体系。八年来的实践既为全面认识和把握文化共享工程工作的规律性奠定了基础,同时,也为谋划文化共享工程在“十二五”的新的发展奠定了基础。在“十一五”的收官之年、“十二五”的谋篇布局之年,回顾和总结文化共享工程建设的经验,进一步把握其规律性,对于进一步推进未来五年及今后一个时期文化共享工程建设具有重要意义。

一、实施文化共享工程的意义何在?

文化共享工程应用现代科学技术,将中华优秀的文化信息资源进行数字化加工和整合,通过互联网、卫星、电视、镜像、光盘、移动硬盘等方式,实现文化信息资源在全国范围内的共建共享。文化共享工程是公共文化服务体系的基础工程,是政府提供公共文化服务的重要手段,是实现广大人民群众基本文化权益的主要途径,是改善城乡基层群众文化服务的创新工程,对于推动公共图书馆事业发展,促进我国的公共文化服务体系建设,加快国家信息化建设步伐,都带来了积极而深远的影响。

（一）文化共享工程的实施推动了我国公共图书馆事业建设与发展。文化共享工程以各级公共图书馆为依托，以现代信息技术为支撑，与数字图书馆建设相结合，是图书馆信息化建设的一次重大机遇。文化共享工程的实施给全国各级公共图书馆带来了一系列显著变化：一是图书馆的信息化程度得到整体提高。全国公共图书馆计算机台数 2002 年约 1 万台，到 2009 年底已超过 12 万台。过去，许多中西部地区县级图书馆的计算机设备配置基本为零，通过实施文化共享工程，每个县图书馆都配备了至少 25 台计算机用户终端，实现了信息化建设的整体飞跃。二是培养和造就了一批图书馆计算机信息化人才。文化共享工程是一项科技含量较高的工程，需要一批综合素质强的专业技术队伍，随着文化共享工程的推进，各省级图书馆逐步配备了一批高水平的资源建设、软件开发、网站维护的技术骨干，各县市支中心也都配备了熟悉计算机和网络知识的专职人员，图书馆信息化人才队伍建设大大加强。三是拓展了图书馆服务功能，增强了图书馆服务的活力。文化部全国文化信息资源建设管理中心的资源源源不断地输送到各级图书馆，弥补了基层图书馆图书文献资源不足的问题，各级图书馆利用文化共享工程的资源积极开展形式多样的读者活动，丰富了基层人民群众的文化生活。

（二）文化共享工程的实施完善了我国的公共文化服务体系。文化共享工程是完善公共文化服务体系，惠及千家万户的一项民心工程。为广大人民群众提供优质的公共文化服务是各级政府的重要职能。改革开放以来，我国经济社会不断发展，综合国力不断提高，文化建设也有了很大发展。但是，由于长期以来文化工作的基础较为薄弱，目前我国各级公共文化单位，尤其是基层文化单位的服务网络尚不健全，提供公共文化服务的能力尚不足，公共文化服务的内容、形式、方法与城乡居民的现实需求还不相适应。文化共享工程是政府实现文化服务职能的重要手段，到 2009 年底，已建成 1 个国家中心、33 个省级分中心、2814 个县级支中心（县级覆盖率 96%）、15221 个乡镇基层服务点（乡级覆盖率 44%）。与全国农村党员干部现代远程教育工作和农村中小学现代远程教育工程合作共建基层服务点75万个，其中，配备文化共享工程专用设备的45.7万个（村级覆盖率75%），基本建成了覆盖城乡的服务网络。文化共享工程的实施，对于健全公共文化服务网络，激发各级文化单位的活力，提高文化服务能力，满足广大人民群众的精神文化需求，发挥了重要作用。

（三）文化共享工程的实施推进了国家信息化的进程。近年来，我国的信息化进程不断加快，文化信息化建设也取得了很大成绩。但是，由于我国经济社会发展不平衡，目前文化信息资源建设也呈现出不平衡的状况，东西部地区之间、城乡之间还存在着较大差距。广大边远地区和农村面临着"信息贫困"的局面，难以获取和利用丰富的优秀数字文化资源。文化共享工程实施后，县级支中心68万元设备配置极大地提升了县级图书馆的数字服务能力，一些欠发达地区县级图书馆从信息化设施基本空白、数字资源匮乏的状况一跃迈入信息化、数字化服务时代。乡镇（街道）文化站、村（社区）文化室通过电脑、投影仪、移动播放器等信息设备，利用优秀的数字资源开展服务，开辟了一条不受地域、时间限制的崭新的文化传播渠道，对于打破落后地区信息闭塞状况，消除"数字鸿沟"，提高广大人民的科学文化素质，加强基层精神文明建设，促进经济社会协调发展、区域协调发展、城乡协调发展起到了重要作用。

二、文化共享工程建设有哪些基本经验值得总结？

八年来特别是"十一五"期间，文化共享工程建设取得了长足发展，在推动图书馆事业发展、构建公共文化服务体系、推动全社会的信息化建设方面，发挥了积极作用，其基本经验值得认真总结。

政府主导是文化共享工程建设的强大推进器。文化共享工程是公共文化服务体系的基础工程，是政府提供公共文化服务的重要手段，决定了文化共享工程的公益性质。公益性文化事业的发展离不开政府投入和财政支持。根据党中央、国务院的部署，财政部将文化共享工程建设列为"十一五"期间重点支持的文化建设工程，"十一五"期间，共投入26.84

亿元专项资金支持工程建设。中央财政的投入有力地带动了地方各级政府的投入,到2009年底,各地已累计投入27亿元。中央和地方的积极投入,为文化共享工程在全国的推进和顺利实施提供了可靠保障。以政府为主导,加大财政投入,是文化共享工程建设的一条基本经验。

共建共享是文化共享工程建设的核心理念和基本途径。文化共享工程建设始终坚持共建共享理念。自2005年以来,文化共享工程不再单独建设村级基层点,而是与中组部全国农村党员干部现代远程教育工作合作共建。此外,还与教育部农村中小学现代远程教育工程、国家广电总局广播电视村村通工程、国家发改委国家信息中心电子政务外网以及信息产业、农业、科技等部门广泛开展了合作共建。合作共建缩短了文化共享工程村级基层点的建设周期,扩展了覆盖范围,充实了设备设施,丰富了资源内容,提升了基层服务点的综合服务能力。

资源内容是文化共享工程的生命力所在。资源内容是文化共享工程建设的核心,增强文化共享工程的吸引力、服务能力,关键在于资源内容的丰富性和吸引力。通过广泛整合图书馆、博物馆、美术馆、艺术院团及广电、教育、科技、农业等部门的优秀数字资源,至2009年底,文化共享工程的数字资源总量达90TB,视频资源达72345部/集、70434小时。在中央财政专项经费的支持下,各地深入挖掘、整合、制作出一批具有本地特色文化内涵的优秀资源,达到207个专题库,10.35TB,资源建设能力得到极大增强。八年来,文化共享工程走进农村、走进社区、走进军营、走进学校、走进企业,通过优秀的数字文化资源,初步满足了基层群众"求知识、求富裕、求健康、求快乐"的基本需求,初步缓解了农民群众看书难、看戏难、看电影难的问题,丰富了基层群众的精神文化生活,同时,工程丰富的农业科技信息、生产致富信息为农村的经济社会发展做出了积极贡献,受到基层群众的广泛欢迎。

先进、实用的技术平台是推进文化共享工程建设的基础。文化共享工程以现代信息技术为基础、为支撑,工程始终高度重视技术平台建设,依托国家骨干通讯网络,与数字图书馆技术紧密结合,统一规划,统一标准和格式，努力建设功能完备、技术先进、稳定可靠、经济实用的分布式开放性实用技术体系，形成了互联网、卫星网、有线(数字)电视网、移动通讯网、电子政务专网和光盘(移动硬盘)等多种传输渠道，并积极探索面向“三网融合”的网络电视、IPTV、3G 等新兴技术手段，创新实践入户服务。文化共享工程初步建立了层次分明、互联互通、多种方式共用的信息传输网络，使基层文化单位的信息化水平和数字资源服务能力得到跨越式提升。

三、如何进一步推动文化共享工程建设?

当前，我国的文化建设正面临重大机遇。今年 7 月 23 日，胡锦涛总书记在中央政治局第二十二次集体学习时发表了重要讲话，对文化建设和文化体制改革进行了全面、系统、深刻的论述，为当前和今后一个时期我国文化建设指明了方向。总书记在讲话中强调，要按照体现公益性、基本性、均等性、便利性的要求，坚持政府主导，加大投入力度，推进重点文化惠民工程，加强公共文化基础设施建设，促进基本公共文化服务均等化，加快构建公共文化服务体系；各级党委和政府要把文化体制改革和文化建设摆在全局工作的重要位置，纳入经济社会发展总体规划，建立健全领导体制和工作机制，坚持一手抓繁荣、一手抓管理，牢牢把握文化发展主动权。要按照党中央的要求，进一步提高认识，加强领导，正确处理几方面的关系，推动文化共享工程建设在“十二五”期间的进一步的发展和提高。

一要正确处理“建”与“管”的关系，坚持以政府为主导，确保文化共享工程建设的可持续发展。不仅要把文化共享工程建设好，建好之后更要管理好、维护好，发挥好它的作用。要始终坚持政府主导和公益性原则，加大财政支持力度，加强经费保障，确保文化共享工程能正常地运转和维护。要结合图书馆、文化馆的免费开放工作，研究、制定文化共享工程的经费保障机制，从机制上、制度上解决文化共享工程的可持续发展问题。

二要正确处理“建”与“用”的关系，坚持以服务为导向，大力开展惠民服务。“十一五”期间，通过各级财政的投入，文化共享工程在基础设施、服务网络建设等方面取得了明显成效。要坚持以服务为导向，利用好这些基础设施和服务网络，坚持面向基层、服务基层，大力开展惠民服务，实现社会效益的最大化。“十二五”期间，要把互联网服务作为文化共享工程服务的主阵地。为了向广大人民群众提供免费、便利、内容健康的公益性互联网服务，切实保障广大人民群众基本的网络文化权益，文化部正在组织实施“公共电子阅览室建设计划”，有关的试点工作已经展开。公共电子阅览室建设以科学发展观为指导，坚持重心下移、面向基层、面向群众，以保障人民群众基本文化权益为宗旨，使之成为传播先进文化、内容安全、服务规范、环境良好的公益性上网场所，形成覆盖城乡的公益性互联网服务体系，为广大人民群众、特别是未成年人提供“绿色”、健康、便捷的网络文化服务。

三要正确处理“供”与“需”的关系，坚持以需求为导向，努力提高资源内容的针对性、适用性和吸引力。大力建设体现社会主义核心价值观、弘扬中华优秀文化的数字资源，用先进文化占领网络文化阵地，牢牢掌握网络文化发展的主导权。要重点建设若干主题鲜明、体系完整、质量上乘的数字资源库。要结合“公共电子阅览室建设计划”，整合建设一批动漫、益智类游戏、儿童电子读物等适合未成年人需要的特色资源，吸引广大未成年人和其他群体进入公共电子阅览室、利用公共电子阅览室。要着眼于丰富广大少数民族群众的精神文化生活，增强各族人民的国家意识和文化认同，大力提升文化共享工程少数民族语言资源译制能力，建设一批少数民族资源库。要创新资源建设机制，不断扩展社会共建渠道，建立资源获取机制、资源交换机制和资源捐赠机制，发展面向全社会的资源共建体系。要通过技术手段建立资源使用的反馈机制，及时了解不同地区、不同群体的人民群众的需求，以需求为导向，不断完善资源的建设、管理机制，努力提高资源建设的针对性、适用性和吸引力。

四要正确处理“有”与“用”的关系，坚持共建共享原则，全面推进文化共享工程建设。共建共享是加快构建覆盖城乡的文化服务体系的一条基本经验。要按照“不求所有、但求所用”的精神，坚持共建共享，将文化共享工程建设与组织、发改委、教育、广电、科技、信息产业、农业等部门的相关项目结合起来，广泛开展共建共享，着力加强基层文化资源的整合，加强场地、设备、人才资源的整合，不搞重复建设，促进基层公共服务资源的共享和有效利用，促进公共文化资源的共建共享。在坚持政府为主导的同时，要积极研究鼓励社会力量参与工程建设的机制、手段，最大限度地争取各方面的支持，形成全面推进工程建设与发展的合力，造福于更广大的人民群众。

作者简介

于群，文化部社会文化司司长。

充分利用广播电视网络加快农村公共文化服务体系建设

◎ 王效杰

党的十七届三中全会对我国农村的改革发展进行了全面部署，要求大力推进广播电视村村通、文化信息资源共享、农村电影放映等重点惠民工程，尽快形成完备的农村公共文化服务体系；要求加快发展农村公共事业，促进农村社会全面进步。广播电视作为我国社会主义精神文明建设的重要阵地，具有形象生动、传播迅速、接收简便等特点，是我国最普及的信息工具、最便捷的信息载体，也是广大农民朋友获取资讯信息、享受文化教育的重要渠道。近年来，广电总局与文化部和地方党委政府密切合作，大力推进全国文化信息资源共享工程（以下简称文化共享工程）建设取得了显著成效。2009 年，在辽宁开展了利用广播电视网实现农村文化信息资源进村入户的试点，农民群众足不出户便可以点播收看自己喜爱的农业知识、新闻资讯、戏曲电影等节目内容，为文化共享工程进村入户探索出了一条新路。实践证明，这条途径符合中国国情，可以用最短的时间、最低的成本跨越数字鸿沟、缩小城乡差别，使广大农民群众方便快捷地享受到农村公共文化信息服务，得到了中央领导和广大人民群众的一致认可。

一、依托广电网络实现文化共享工程进村入户是建设农村文化公共服务体系的有效途径

文化工程是为广大群众提供公益性服务、实现优秀文化信息资源全国范围内共建共享的文化创新工程。该工程实施以来,已经形成了包括文化艺术、农业技术、科普知识、卫生保健、生活百科等内容的数字资源库群,内容十分丰富。目前,文化共享工程在全国大部分省、市主要通过电信网传输,利用计算机作为接收终端,以行政村带动自然村、以中心户带动普通农户的方式实现文化信息共享。虽然这种方式在各地取得了较好效果,但也遇到了一些亟待解决的问题:

一是行政村与自然村大多相距较远,地形复杂,交通不便,以行政村带动自然村的共享方式在实践中存在缺陷,一些较远、较小的自然村村民在日常生活中仍然无法获得这些农村文化信息,无法做到户户共享。

二是由于受电信网络传输带宽的限制,传输的视频内容质量较低,在分辨率、清晰度、流畅程度上很难与广播电视的图像质量相比,降低了文化信息共享的效果。

三是终端接收设备费用很高,难以大规模普及,只能进村,难以入户。目前使用的终端接收设备主要是计算机,价格比较贵,即使是在行政村,也只能在村支书或中心户家中进行小范围配备,农村文化公共信息服务无法实现均等化,共享效果较差。

四是参与文化共享工程的电信网络运营商,自身运营压力较大,每年需要较高费用维持网络的运营。而农村文化公共信息服务具有公益性质,要求高质量、广覆盖、低成本开通、低成本运营。电信的商业化运营难以支持农村公共文化服务的可持续发展。

五是缺乏有效的监管机制。当前采用的传输网络可以接入互联网,接收终端是计算机,文化共享信息只占互联网信息的极小一部分,如果缺乏有效监管,农民群众可能接触到反动、黄色等有害信息,这就违背了文化共享工程的初衷。

实施文化共享工程的目的在于开辟一个不受地域、时空限制的文化传播渠道，迅速扭转广大中西部地区特别是贫困地区的信息匮乏和文化落后的状况，缩小城乡居民享受文化信息的差距。广播电视网络具有覆盖面广、乡村通达率高、带宽容量大、维护成本低等优势，是农村信息资源进村入户的有效传播渠道。为支持和配合辽宁文化共享工程进村入户工作，探索利用广电网络实施文化共享工程进村入户的技术模式，广电总局和国家文化部密切合作，开展了采用直播卫星传送文化共享信息的试验，取得了良好效果。经过前期试验，目前，文化共享工程直播卫星平台已经开始试播。该平台由文化共享工程国家中心提供共享资源，中央电视台负责信号播出，地处偏远地区的广播电视“盲村”的农民群众通过专门配送的用于接收直播卫星信号的带硬盘存储功能的机顶盒就能够在家中收看文化共享工程信息。

实践证明，广电部门与文化部门开展合作，把广播电视村村通工程和文化共享工程结合起来，有利于将各类涉农信息和优秀文化传送到农村的千家万户，实现了广电、文化和农村群众三方共同受益。

二、创新方式、因地制宜，努力搭建农村文化公共服务支撑平台

我国幅员辽阔、地形复杂、人口众多，构建农村文化公共服务体系，必须因地制宜，采用符合当地实际的技术手段和方式，在这一点上，辽宁的做法既有创新又注重因地制宜、讲求实效，具有一定的代表性。

一是广播和点播相结合。为实现文化共享工程进村入户的目标，辽宁省拿出两个模拟频道专门用于文化共享资源的播出和传送。其中一个模拟电视频道专门播放模拟电视信号，普通农户在家中就可以用电视机直接收看。另一个频道采用数字技术以推送点播的方式将各类涉农信息，例如文化、党员教育、科普、计划生育等，推送到农户家中带有大容量硬盘的机顶盒中，并定期更新，农民可以通过免费发放的机顶盒，点播收看通过有线网络推送到机顶盒硬盘内的文化共享内容。

二是有线和卫星相结合。辽宁采用有线和卫星两种技术手段结合的方式,有效扩大文化共享工程进村入户的覆盖面。在有线电视网络通达率较高的行政村和自然村,采用有线电视的方式,保证了文化共享工程进村入户。而在一些有线电视无法到达、甚至无线电视覆盖都无法解决的“盲村”,则主要采用接收直播卫星的方式,这样做,政府既减少了重复投资,农民群众又得到了实惠,符合党中央关于加强农村文化公共服务体系建设的总体要求。

三是单向和双向相结合。目前,辽宁的部分地区已经完成有线电视数字化整体转换工作,并开始实施有线电视网络的双向化改造。辽宁结合这些地区的网络发展实际,利用有线数字电视的 VOD 点播功能,实现了文化信息资源的进村入户。同时,各计划或正在进行有线电视网数字化的市、县,也将有线电视数字化和文化共享工程相结合,在数字电视机顶盒中采用准视频点播等多种方式实现文化信息的进村入户。可以看出,辽宁文化共享工程进村入户工作是广播电视“村村通”工程在公共文化信息服务领域的具体应用,是广播电视卫星直播在信息化服务方面的积极探索,同时,还是有线电视数字化转换向有条件的农村地区延伸的有益尝试。

据了解,辽宁通过广播电视网开展文化信息资源进村入户的做法在全省引起了广泛关注,省委组织部、省科技厅、农业厅、计生委等单位纷纷主动找上门来希望利用广播电视网络将各种涉农信息传播下去。这一方面说明通过广播电视网搭建农村公共信息服务支撑平台深受各方面欢迎,拥有很大的发展空间;另一方面,也给下一步的广播电视工作提出了新要求。要求广电部门的思想观念、工作水平、服务方式、技术手段都要适应这些新形势和新需求。广播电视的发展离不开各级党委政府的关心重视和各行各业的大力支持,辽宁的经验其意义不仅仅在于利用广播电视网将文化信息共享资源传送到了千家万户,更重要的是利用广播电视网络为农村搭建了一个信息服务的公共支撑平台,有了这样一个平台,科技、教育、卫生、党建等各种涉农信息都可以源源不断地传送到农户家中,这对于探索建立农村文化公共服务体系具有重要意义。

三、加强领导、完善措施，把推进文化共享工程进村入户作为当前广播电视的一项重要工作

依托广电网络推动“共享平台工程”建设，为文化共享工程进入千家万户找到了一个符合我国基本国情的路子，也为广电网络由单一服务走向面向全社会的融合服务创造了一个全新的应用模式，对于加快建设农村广播电视公共服务体系具有重要意义。各级广电部门要加强领导，完善措施，统一思想，把推进文化共享工程进村入户作为当前广播电视的一项重要工作。

一是要统一思想、全力以赴、扎实推进。广电部门要充分认识文化共享工程进村入户工作的重要意义，要把推进这项工作纳入议事日程，建立强有力的领导班子、制订科学合理的规划、组建专门的队伍，将任务落实到单位、部门和个人。要统筹有线和卫星等多种方式，要研究不同机理的机顶盒的技术路径，探索适合不同传输方式的接收方式。

二是要围绕中心、服务大局、加强合作。广电部门要充分发挥广电网络自身的技术优势、传输优势和服务优势，不仅满足文化部门的需求，还要满足当地党委政府和社会各界的新需求，牢固树立围绕中心、服务大局的理念，加强与文化、科技、卫生、教育、医疗等各个相关部门的合作，使广电网络成为农村公共服务体系的重要支撑平台，成为党委政府联系农村群众、履行公共服务职责的新渠道和新载体，为建设中国特色的农村公共服务体系发挥应有的作用。

三是要以人为本、加强服务、提高水平。推进文化共享工程进村入户必须坚持以人为本，要坚持全心全意为人民服务的宗旨，始终把广大农村群众的根本利益作为工作的根本出发点和落脚点。为了保证农户的收视效果、提高收视水平，需要我们广电部门不断开发完善新的技术手段，不断优化用户服务流程、不断降低用户接收成本，不断提高技术系统的可靠性，确保公共服务，确保人民群众的基本文化权益。

多年来，广电总局一直十分重视农村广播电视公共服务体系建设，为了让更多的人听好广播、看好电视，国家广电总局与国家财政部密切配合，从1998年开始实施了广播电视村村通工程，取得了显著成绩，目前，广播电视村村通工程已从行政村向自然村延伸，解决了农村近亿人听广播看电视难的问题。特别是2007年，我国成功发射第一颗直播卫星“中星9号”，直播卫星具有覆盖面广、接收方便等优势，是广大山区和偏远地区实现村村通的主要技术手段，深受广大农民群众欢迎。目前，广电总局正在与文化部相互配合，探索利用直播卫星改进文化共享服务的新模式，通过广电网络实现文化共享工程进村入户，解决长期以来文化共享工程进村难、入户难的问题。我们有理由相信，在党中央、国务院的正确领导下，在文化、广电以及各级党委政府的密切配合下，广电网络在农村文化公共服务体系建设中将大有作为。

作者简介

王效杰，国家广播电影电视总局科技司司长。

消弭数字鸿沟　共享文化资源

——全国文化信息资源共享工程建设实践

◎　张彦博

全国文化信息资源共享工程(以下简称文化共享工程)自2002年启动以来,走过了八年不平凡的历程。它由最初定义为数字图书馆的早期服务模式,发展成为今天的重点惠民工程。作为保障文化民生的重要工程,文化共享工程越来越被广大人民群众,特别是农村基层群众所接受、所认可、所喜爱,已成为公共文化服务的基础工程,政府提供公共文化服务的重要手段,实现广大人民群众基本文化权益的主要途径,改善城乡基层群众文化服务的创新工程。它最大的亮点在于从保障公民基本文化权益的角度出发,以信息贫困的农村地区为工作重点,以共建共享为核心理念,将传输网络、基础设施、数字资源、工作队伍、服务活动等内容进行综合建设,有力地提升了信息贫困地区,特别是农村基层群众的文化素养和信息素养,探索出了一条逐步缩小城乡差距、消弭数字鸿沟的有效途径。

1　数字鸿沟在中国

改革开放以来,我国的社会、经济、文化等方面已取得令人瞩目的成就。但是,由于各地发展不平衡,在我国中西部、特别是老少边穷地区,仍存在着数字鸿沟。所谓数字鸿沟是指不同社会经济水平的个人、家庭、企业和地区，在接触信息通讯技术和利用互联网进行各种活动的机会的差距。根据中国互联网信息中心发布的《第26次中国互联网络发展状况统计报告》，截至2010年6月，我国网民规模达到4.2亿，突破了4亿关口，位居世界前列。但数字鸿沟仍比较明显，主要表现在三个方面：一是与世界发达国家存在差距。日本、美国、韩国等互联网发达国家的上网普及率均超过70%，远高于我们的31.8%，我们平均上网速度只有857kbps，同样远远落后于互联网发达国家。二是城乡差距。我国农村网民1.15亿，城镇网民规模达到3.05亿。57%的农村人口占网民总数的27.4%，相比之下占总数43%的城镇人口中，网民人数占网民总数的72.6%。三是地区差别。由于自然地理原因，长期以来造成经济发展不平衡，形成地区间经济、社会、文化发展的差距。东部地区信息化程度明显高于中部和西部地区。以各省拥有的IPV4地址数为例，北京、广东、浙江、山东、江苏、上海六省市的IPV4地址数占全国的50.9%，与之相对应的，内蒙古、云南、新疆、贵州、海南、甘肃、宁夏、青海、西藏九省区的IPV4地址数仅占全国的4.6%。数字鸿沟影响了我国社会、经济、文化的发展。

2　缩小数字鸿沟——文化共享工程的使命

为缩小数字鸿沟，许多国家和地区采取了政府主导的模式推动网络技术的普及和数字资源的传播。美国通过“科技机遇计划”和“社区科技中心计划”，推动信息网络在公共与非营利部门的应用，以使更多的民众拥有使用网络的机会；欧盟在《电子欧洲2010：欧洲信息社会2010》的五年规划中，提出推动“包容性信息社会”建设，以消除因地理和社会原因造成的数字鸿沟。在一些发展中国家，如埃及2000年启动了“埃及IT俱乐部项目”，此项目是其国家信息社会战略之一，目标是使社会每个公民都能加入信息革命，为所有人提供获取信息技术和知识的机会，并使他们从中受益。通过这个项目帮助国家缩小发达和不发达地区之间的数字鸿沟。另外，还有印度的“村村通网”工程、“数字农村”工程、南非的“数字之门"项目、韩国的"信息网络村"项目等。这些项目和规划体现了各国和地区对缩小数字鸿沟的重视,也对我们缩小数字鸿沟的实践提供了一定的参考。

2002 年,文化部、财政部联合启动实施了文化共享工程。这项工程综合应用网络、通信、存储、计算、数字化等现代信息技术,通过数字化信息资源的共享、网络化传输与服务,其目标是保障全体公民的基本文化权益,缩小城乡差距,逐步消除数字鸿沟。文化共享工程已成为政府构建公共文化体系的重要组成部分,列入《中华人民共和国国民经济和社会发展第十一个五年规划纲要》和《国家"十一五"时期文化发展规划纲要》。"十一五"期间,中央财政投入 26.84 亿元支持各省(区、市)开展工程建设。截至 2010 年 9 月,中央和地方累计投入近 58 亿元。

为实现工程的发展目标,文化共享工程在建设过程中坚持以下四个原则:(1)公益性。文化共享工程对社会公众提供的服务全部免费。(2)均等性。不分男女老少,不分贫富、不分城市农村,不分东中西部,都平等地享受文化共享工程的公共文化服务。文化共享工程特别强调面向基层、面向农村、面向西部欠发达地区开展服务。(3)基本性。文化共享工程提供的是基本文化服务,而不是所有文化服务。多样化、多层次、多方面的文化需求主要靠市场来满足。文化共享工程的服务,主要是围绕着丰富基层群众的文化生活、提高弱势人群的信息素养,提高群众生产、生活所需要的知识技能这样一些基本文化需求展开。(4)便利性。一方面是网点化,做到一定空间范围内都有服务场所,方便群众就近参与。另一方面通过互联网、有线/数字电视、卫星、电子政务网、移动通讯等多个传输渠道,利用计算机、电视、投影、移动播放器、DVD 机、手机等丰富的终端服务设备传送数字文化资源、开展服务,使基层民众容易获取,便于使用。

3　文化共享工程的主要做法

3.1　服务网络建设

文化共享工程在工作网络上采取了分级化管理与树状网络结构策

略，目前已建成1个国家中心，33个省级分中心，2896个县级支中心，28344个乡镇/街道社区基层服务点，与全国农村党员干部现代远程教育工程和农村中小学现代远程教育工程合作共建80万个基层服务点。

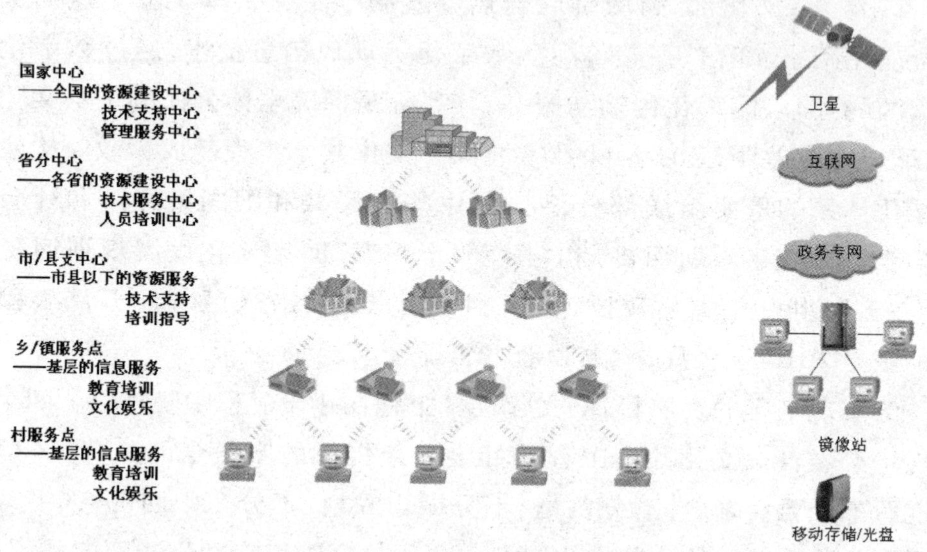

图1　文化共享工程服务网络示意图

在各级配置上，省级分中心存储容量不少于30TB，终端计算机不少于100台，网络带宽不低于100M；县级支中心存储容量不少于3.6TB，终端计算机不少于25台，网络带宽不低于2M；乡镇基层服务点存储容量不少于1TB，终端计算机不少于4台，网络带宽不低于1M；村基层服务点存储容量不少于160G，主要由终端计算机、投影机（配备音箱和幕布）、移动播放器等设备组成。

3.2　数字资源建设

文化共享工程整合数字图书馆、博物馆、美术馆、艺术院团及广电、教育、科技、农业等部门的优秀数字资源。截至2010年9月，数字资源总量105.28TB（国家中心28.9TB，各省建设69.02TB，国家图书馆提供7.36TB），内容包括视频资源、图文资源库、电子书报刊等。在中央财政专项经费的支持下，各省深入挖掘、整合、制作了207个具有本地特色文化内涵的优秀资源库。

在资源建设的内容方面突出了以下几个重点:一是服务于农村。服务于广大农村基层群众的生产、生活是文化共享工程的重要任务之一。满足农民群众需要、适合农村基层群众观看的资源,一直是几年来资源建设工作的重点内容,农业专题片的时长约占工程资源总时长的24.98%,部/集数约占18%。二是引导少年儿童健康成长。文化共享工程作为国家公益性工程,引导和辅助教育青少年健康成长是工程基层服务的重要工作,向少年儿童提供健康、积极向上的优秀数字资源,是文化共享工程的责任,也是工程基层服务电子阅览室与网吧的重要区别体现。几年来,文化共享工程整合建设了一批少年儿童喜爱的动漫资源和寓教于乐的素质教育资源,并针对引导少年儿童健康上网,开辟了"少年文化"网站专栏,包括七色剧场、五彩缤纷、人物星空、军事迷彩、科普之窗、健康快车等栏目;举办了少年网页设计竞赛等活动,深受少年儿童的喜爱。三是关注少数民族。针对少数民族群众观看汉语资源存在一定困难的实际情况,2006年起,国家中心与新疆、内蒙古、西藏、青海、吉林延边等少数民族地区的分支中心和有关机构密切合作,从文化共享工程资源库中挑选精品资源,陆续开展了藏语(含卫藏、安多、康巴方言)、蒙古语、维吾尔语、哈萨克语、朝鲜语的译制工作,取得了良好的服务效果,受到了广大少数民族地区群众的普遍欢迎。

在资源建设机制方面,采取元数据集中管理、对象数据分布存储模式(如图2所示)。国家中心和各省级分中心对资源进行分布式加工、存储,并按照标准协议交换共享,逐渐发展成为覆盖全国的元数据统一维护、对象数据分布存储、优质数据集中管理的开放性、共建共享体系。

在数字资源知识产权保护方面,国务院于2006年颁布了《信息网络传播权保护条例》,对相关作品的知识产权保护做了明确规定,即为扶助贫困,通过信息网络向农村地区的公众免费提供中国公民、法人或者其他组织已经发表的种植养殖、防病治病、防灾减灾等与扶助贫困有关的作品和适应基本文化需求的作品。若通过信息网络提供服务,应当在提供前

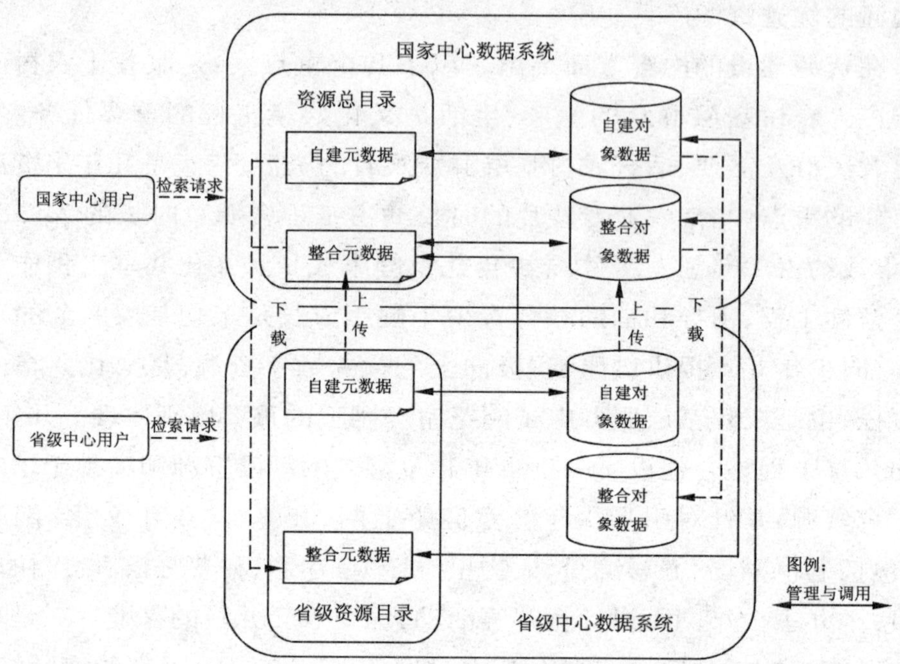

图2　资源建设机制示意图

公告拟提供的作品及其作者、拟支付报酬的标准。自公告之日起30日内，著作权人不同意提供的，不得提供其作品；自公告之日起满30日，著作权人没有异议的，可以提供其作品，并按照公告的标准向著作权人支付报酬。提供著作权人的作品后，著作权人不同意提供的，应当立即删除著作权人的作品，并按照公告的标准向著作权人支付提供作品期间的报酬。依照该规定提供作品的，不得直接或者间接获得经济利益。这项规定更好地保障了农村地区基层群众、弱势群体通过信息网络使用数字资源的权利，也为文化共享工程面向农村地区开展数字资源服务提供了强有力的政策支持。

3.3　传输渠道建设

文化共享工程树状工作网络各层次节点之间，通过天网与地网的协同、骨干网与地方分支网络的协同，把逻辑的工作网络演变为四通八达的物理协同传输网络。在传输渠道的终端，各地又因地制宜，采取各种技术服务模式向群众提供方便、快捷的信息服务。

（1）互联网。包括通过文化共享工程网站提供资源服务；利用宽带网络技术，集互联网、多媒体、通讯等多种信息技术于一体的 IPTV 模式，向用户提供数字视频和多种交互服务；通过 VPN（虚拟专用网）通讯加密技术，将地理上位于不同地点的各个内部网络连接成虚拟的局域网络，实现县级支中心服务通道。文化共享工程网站、浙江镜像站，河南、山西等 IPTV 以及陕西、宁夏等 VPN，均通过互联网通道提供服务。

（2）卫星网。在网络不发达的地区，通过卫星通道进行广播，各地使用卫星接收设备接收资源。目前文化共享工程通过亚太 6 号和中星 9 号卫星，分别向遍及全国的 15 余万个文化共享工程卫星小站以及辽宁省 1000 个试点农户提供服务。

（3）电子政务外网。国家电子政务外网作为国家电子政务的传输骨干网，与互联网逻辑隔离，通过专线接入各省级政府的信息中心，并通过省级骨干网，进一步将网络延伸至市、县。已接通电子政务专网的省可以通过该网络下载国家中心资源，方便、快捷、成本低。各省也可通过该网络向国家中心上传资源。目前，该网络已连通 32 个省级分中心，月均资源传输量达 1TB。

（4）有线/数字电视网。在有线电视发达的地区，依托当地电视网络向基层群众提供服务。迄今为止，文化共享工程的有线电视网在青岛、佛山、深圳、海南、杭州、天津等地覆盖了 520 多万户；吉林、黑龙江、重庆等省市的部分县乡覆盖了 50 多万用户；黑龙江与省农垦总局签署合作协议，通过省垦区有线电视台覆盖了垦区 200 多万人口。通过广播电视村村通网络，辽宁让数字文化信息资源服务走进千家万户，受益人数已达到 226 万户。图 3 所示为辽宁省文化共享工程进村入户模式网络拓扑图。

（5）其他辅助手段。如数字电影播放机、移动播放器、硬盘/光盘等移动播放模式，适合于文化共享工程未接通网络和卫星的基层应用环境，是各级中心一种重要的传输辅助手段。此外，还有无线网络模式。

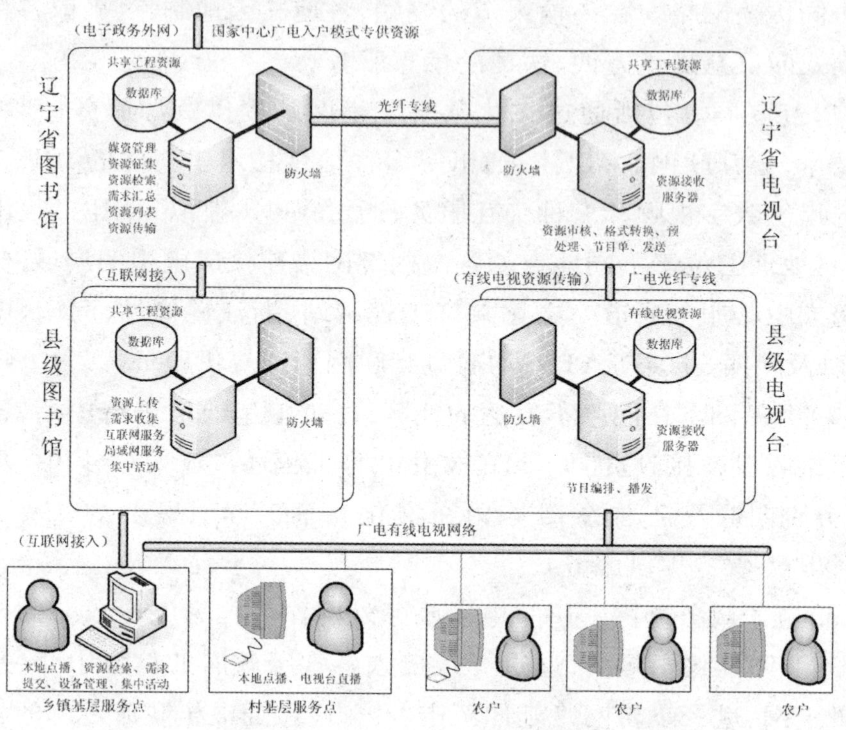

图3　辽宁省文化共享工程入户模式网络拓扑示意图

3.4　合作共建

文化共享工程的核心理念就是“共建共享”。工程建设之初，在由文化部、财政部、农业部、教育部等中央10个部委组成的文化共享工程部际联席会议的指导下，文化共享工程与全国农村党员干部现代远程教育工作、农村中小学现代远程教育工程、广播电视村村通工程实现了合作共建，扩展了覆盖范围，充实了设备设施，丰富了资源内容，提升了基层服务点的综合服务能力。与国家图书馆合作，将数字图书馆资源通过文化共享工程平台向基层提供服务，至2010年9月达7.36TB。此外，与信息产业、农业、科技等部门广泛开展合作共建，取得初步成效。根据文化部的安排，2010年与国家图书馆联合，组织实施了县级数字图书馆推广计划，目前正在进行。

3.5　人员队伍

国家中心和各地分中心通过集中与分散，教师面授与远程视频，课堂教学与知识竞赛等不同方式，从工程管理、系统构建、资源制作、信息服务等方面对各级文化共享工程人员进行系统培训。各种形式的培训全面提高了工程队伍的业务素质和服务能力。至2009年底，文化共享工程拥有68万专兼职工作人员，从事管理、资源建设、技术支持、基层服务等工作，成为文化共享工程和当地公共文化建设与服务的骨干力量。

3.6　服务活动

文化共享工程走进农村、走进社区、走进军营、走进学校、走进企业，通过优秀的数字文化资源，初步满足了基层群众“求知识、求富裕、求健康、求快乐”的基本需求，初步缓解了农民群众看书难、看戏难、看电影难的问题。针对少数民族群众、青少年、新一代农民工和低收入人群的实际需求，开展专项服务，丰富了他们的精神文化生活。结合重大节日和事件，开展多种形式的宣传服务活动，在汶川地震灾后重建、应对国际金融危机、组织农民工培训、庆祝新中国成立六十周年、宣传“双百人物”和建立学习型党组织等工作中，发挥了积极有效的作用。至2010年9月，文化共享工程累计服务超过8.9亿人次。

4　服务案例

4.1　培训育民

云南省将文化共享工程和农村公共文化服务的设施、设备、人员、信息等进行了有效整合，根据农民的实际需求和学习特点，首创了“文化共享工程农民素质教育网络培训学校”（以下简称农文网培学校），建立直接服务“三农”的农民学校，提高文化站服务群众的能力。截至2010年9月，已建成407所“农文网培学校”开展农村实用人才培训，培训了致富带头人3000余人，成为全覆盖、开放式、社会化的“无围墙”学校。禄丰县仁兴镇农文网培学校在12个村委会的文化活动室设立了分校，聘任村党支部书记担任分校校长，聘请村文化活动室管理人员负责分校的日常管理工作。村文化活动室结合本地“三农”建设以及农村党员、群众脱贫致富、文化娱乐的需要，确定培训项目和内容。镇政府所属各站所不定期到文化活动室通过集中面授、播放实用技术视频等方式开展培训。镇综合文化站利用每周赶集日为群众播放有关种养殖技术、进城务工技能、法律法规常识等视频资源，同时，将这些光盘复制后发到各村轮流播放，实现了文化资源全民共享。截至 2010 年 9 月，全镇举办了专题培训班 63 期，播放实用技术、科普知识及宣传片等 72 场，有 3 万余群众从中受益。云南农文网培学校最宝贵的经验是引导农民参与文化建设，提升农民的文化自觉性。

湖北当阳市玉溪镇下辖 23 个村，2 个社区居委会，总人口 5.8 万人，基层服务点配备 4 名专（兼）职工作人员，下设村级服务点 10 个，网络农户 4000 多户。他们利用流动放映大棚走进田间地头，为农民提供科学知识和文化节目。为农民放映科教片 500 多场次，故事片 900 多场，观众达 4 万多人次。建立农民培训学校，举办《大棚蔬菜》、《果树栽培》、《残留农药的危害》等农业科技讲座 50 多期，培训农民 2650 人次。并开设信息咨询中心，免费为群众查阅、下载资料，直接服务农民 13000 人次。

4.2　信息富民

郯城县位于山东省南部，其银杏产量世界第一，有“银杏第一故乡”之美誉。银杏是最古老最神秘植物之一，其果实、树叶、树木乃至颜色，均有食用、药用、生态、旅游以及经济价值。农民需要新的种植知识和商业技能。县支中心为满足这一大众文化需求，设立了 20 台电脑的多媒体阅览室以及一个数字文化网站（www. tcwhj. com），整合大量信息提供农民群众使用。于村是郯城县的一个银杏村，全村 1009 人，2008 年 900 万元的总收入中，银杏收入占 400 万。虽然有些村民已有电脑，能够在家上网谈生意，村民还是希望从村基层服务点得到更多帮助。村基层服务点有可上网电脑 20 台，一台 52 吋大屏幕数字电视，一台投影仪，一台 DVD 播放器，一台卫星接收器，两名工作人员，开展了大量工作。如有一次，银杏树因过度施肥而枯黄，村基层服务点请来专家给村民讲解如何合理施肥，这个讲座经过数字化后上网供更多的村民分享。据估计，这个讲座帮助村民节省肥料成本20万元，提高产量100万元。

安徽省繁昌县孙村镇基层服务点为城乡居民送去生产生活所需要的科技知识和文化产品，他们的经验体现了文化共享工程保障人民群众基本文化权利的特征。孙村镇下辖21个村、2个居委会，人口5.83万。镇基层服务点通过卫星接收文化共享工程的丰富资源，光纤传输网络以及县支中心提供的光盘资源开展服务。乡镇电子阅览室不仅为居民提供网络空间，还为求知的农民提供了学习计算机知识技能的场所。在专业人员指导下，该基层服务点为16名专业户、22名企业工人进行了计算机免费培训。他们还组织广场电影晚会，举办电影专场128场，并在3个村试点普及农业技术，提升农民生产技能。该镇农民利用文化共享工程资源，学习水产养殖知识，办起水产养殖场，承包150亩鱼塘发展特种养殖业。

西藏自治区洛扎县与不丹王国接壤，下辖7个乡（镇）、26个村（居）委会、101个村（居）民小组，总人口18460人。2007年建成文化共享工程县级支中心以后，不仅为当地群众、学生及外来务工人员开展电脑培训345人，还利用现有资源、设施设备为基层服务点提供服务。农村群众不便于到县城享受优质的网络资源，支中心大量收集农村实用技术信息，并将下载的文化共享工程资源信息刻录成光盘或制作印刷宣传资料，通过县、乡、村三级文化共享工程基层服务网络及其他途径传输信息，扩大宣传面，使群众快学技术，早得实惠。他们还利用“三下乡”、宣传周、农村集市、节假日等，在各乡镇集中向农民赠送，或以成本价向群众发放文化共享工程光盘和实用技术资料，并现场接受咨询，解决基层群众的实际问题。

4.3　文化乐民

乳源县位于广东省的北部山区，是瑶族的主要居住地，瑶族文化源远流长。全县人口大约有12%是瑶族同胞，他们喜欢传统的文化作品，同时，这些传统文化作品对其民族的传承也十分重要。成立于2007年9月的县支中心为满足基层群众文化需求，提供20台电脑的多媒体阅览室，建设了网站（www. yxwhw. net），整合了丰富多彩的瑶族文化资源，例如习俗民风、节日庆典、传统服饰、民间工艺、民歌、舞蹈、诗词、绘画、故事、古迹等。这些数字化资源接通互联网并延伸至全县的乡镇。必背镇位于乳源县，是瑶族的发源地之一，全镇人口 7314 之中，瑶族同胞有 5914 人。瑶胞天生能歌善舞，他们用树叶演奏音乐，跳长鼓舞，跳竹竿舞。但是他们传统的娱乐受到外界的挑战，需要促进。2002 年，镇里成立了一支文艺表演队，在当地民间节日时到各个村巡回演出。队员们经常来镇基层服务点，上网查询瑶族文化资源以及最新节目，通过电脑或投影仪观赏，不断完善他们的表演节目。2008 年他们荣获县里奖励，并去澳门演出。

4.4　赈灾慰民

四川省绵竹县在 2008 年 5 月 12 日的汶川大地震中成为重灾区之一。幸存者痛失亲人与家园，他们需要物质援助，同时也需要精神上的重振。但是，地震摧毁了绝大多数的建筑物，包括图书馆和影剧院。县支中心工作人员在震后两个星期，即开始播放视频，帮助人们学习灾后自救、食品安全、疾病预防等知识，并通过观看电影，从痛苦中摆脱出来。至 2008 年底，县支中心已在安置区建立了 34 个服务点，通过各种方式为广大灾区群众提供服务。

文化共享工程自 2002 年实施以来，已成为惠及亿万群众、弘扬社会主义先进文化的基础性文化工程。“十一五”期间确立的工作目标：以数字资源建设为核心，基层服务网点建设为重点，多种技术为传播手段，共建共享为基本途径，到 2010 年基本实现资源丰富，技术先进，服务便捷，覆盖城乡的数字文化服务体系，已圆满实现。“十二五”期间，要在已取得丰硕成果的基础上取得新突破，迈出新步伐，开创新局面，为消除数字鸿沟，增进人民福祉发挥更大更关键的作用，成为我国公共文化服务体系建设主力军和领头雁。为满足人民群众日益增长的精神文化需求，实现优秀文化资源的全民共享，为文化事业大发展大繁荣作出更大贡献。

参考文献

[1]张彦博,刘刚,王芬林．全国文化信息资源共享工程的创新实践. 数字图书馆论坛,2007(1)

[2]文化部．全国文化信息资源共享工程“十一五”发展规划, 2006

[3]赵保颖,罗云川．多媒体资源的长期保存在文化共享工程中的应用．现代图书情报技术 ,2008(1)

[4]郑红玲,金颖．我国地区数字鸿沟分析．唐山师范学院学报,2010(1)

[5] CNNIC. 第 26 次中国互联网络发展状况统计报告 . http://www. cnnic. net. cn/uploadfiles/pdf/2010/7/15/100708. pdf

[6]刘璇,徐珊,王萱．国际视野下的共享工程．图书馆建设,2008(2)

[7]高曼鹭．浅析我国数字鸿沟问题．中国信息界,2010(6)

[8]任贵生,李一军．欧盟缩小数字鸿沟的策略及对我们的启示．管理世界,2006(5)

[9]黄群庆,徐异兴．提高中国农村的大众文化素养——全国文化信息资源共享工程案例研究,第 74 届国际图联论文集

作者简介

张彦博,文化部全国文化信息资源建设管理中心主任。

数字信息技术的发展与文化共享工程建设的提升与拓展

◎ 邵国安　周　民

一、概述

信息技术的革命带给我们每个人的变化是深刻的，无论从信息技术所处理的内容和应用信息的技术本身，还是从政府、社会、文化和人的行为、信息量的获取等各方面都产生巨大影响。根据中国互联网络信息中心(CNNIC)发布《第26次中国互联网络发展状况统计报告》，我国的网民人数已经突破4亿大关，用手机上网的人数更是达到2.77亿之多，互联网的普及率达到了30.2%。文化作为一个国家的软实力，是民族凝聚力和创造力的重要源泉，是综合国力竞争的重要因素，也是经济社会发展的重要支撑。全国文化信息资源共享工程(以下简称文化共享工程)是建设国家公共的文化服务体系的重要组成部分，利用互联网这个平台，充分利用现代信息技术，宣传我国优秀的传统文化，弘扬民族精神。在我国文化的各个方面提供正面、有益的服务，惠及网民和千家万户，尤其是在为农服务方面更能发挥积极作用，这对于建设和谐社会，保护改革开放30年的成果，使古老的中华民族永远立于世界民族之林，实现中华民族的伟大复兴，具有十分重要的战略意义和现实意义。

二、数字信息技术的发展带来的影响和机遇

自1946年世界上第一台电子数字计算机诞生，到英特尔公司在1971年生产的世界上第一个微处理器芯片，以及20世纪90年代初期在全球发展起来的互联网，人类在短短的60年间，昂首阔步地进入了数字信息时代，它所带来的影响将远远超过前两次农业革命和工业革命所产生的变化。数字信息技术在很大程度上是延伸了人类大脑的功能，进而广泛而深刻地影响着人类的生产方式、生活方式和思维方式，也必将对每个人的生活、学习、工作、行为和娱乐等各方面产生深刻的影响。毫无疑义，信息革命是继农业革命、工业革命后的第三次革命，由于发展时间短，人们对信息革命的认识还不完全，其影响也远没有充分显现出来，但60多年来数据信息技术的发展已充分展现出了信息革命所带来的强大生命力和对各行各业的深刻影响。数字信息技术发展带来了从信息的采集、存储到信息的处理、检索、传播和利用等各方面的变化，由此带来了与人类活动诸如政治、经济、社会和文化等各方面的重大变革，从而也影响到人类的社会活动。

西方发达国家凭借在互联网上的优势，向发展中国家展开了文化渗透。而抵御西方国家不良腐朽的文化与思想的渗透，防止西方国家和境外敌对势力对我们国家的和平演变，一直是我国政治和文化建设的重要内容。改革开放以来人民群众的生活水平不断提高，文化需求日益增长，但由于历史、地域、经济等多方面原因，一些地区、特别是贫困地区基层群众的文化生活十分贫乏，文化共享工程的建设和实施，把网民和广大农牧民喜闻乐见的优秀文化作品通过互联网、3G、多媒体等各种方式方便快捷地传送到需要的人群，填补基层文化需求的空白。以先进正面的文化占领基层思想文化阵地，改造落后文化，抵制腐朽文化，丰富、活跃基层群众的文化生活。数字信息技术的发展，使建立覆盖全国的文化信息资源库，并通过网络传送到城市社区、农村乡镇、边防哨所等广大基层单位，实现优秀文化信息资源在全国范围内的共建共享成为可能。针对当前我国

文化事业的实际情况和科技发展的水平，整合包括图书馆、博物馆、美术馆、艺术院团、文化研究机构等现有的文化信息资源，形成在互联网上中华文化信息资源的整体优势，彻底转变互联网上中文信息匮乏、分散混乱的状况，逐步形成我国文化在互联网上的整体优势，利用数字信息技术带来的发展机遇，实现网络互联、内容共享与交换，弘扬博大精深的优秀中华文化，促进文化共享工程和国家文化基础设施的发展。

三、数字信息技术对文化共享工程的影响

数字信息技术的普及，使得人们在任何时间、任何地点，用各种方式获得任何信息或与任何人进行数据通信成为可能。信息技术也使得世界各国、各个民族都受到多元、多价值的社会文化的影响，如美国的生活方式、价值观和世界观对我国80后、90后的影响。时尚和流行的狂热往往在社会上还没有辨别其真善美或是假恶丑的时候，就已经广泛传播且造成极大的社会影响。而这种所谓的时尚和流行所带来的狂热往往与本民族的传统文化相抵触，也可能不适合我国的国情，从而形成文化的对抗，极有可能引发国家的不安和动荡。通过文化共享工程的建设，用正面、积极的文化占领市场，将起到促进、提升、推广和事半功倍的作用。应该说这是一个很好的契机。它采用各种新技术和手段，如3G、数字移动终端、多媒体、电子书、城市宽带等，对于迅速占领文化市场，扭转我国广大中西部地区特别是贫困地区的信息匮乏和经济、文化落后的状况将起到显著的作用。

信息革命所带来国家经济社会的深刻变化，对政府管理社会的能力，社会文化的建设等都提出了许多尖锐的挑战，在数字信息技术的影响下，社会和文化的变革不以人们的意志为转移。互联网由于不受地域、时空限制，方便快捷地提供了一个崭新的文化传播渠道和平台，信息技术对优秀文化的继承和传播具有重要的作用，我们只有紧跟时代步伐，紧紧抓住信息技术新变化和发展机遇，以文化共享工程为抓手，通过网络广泛传播中华文化的精髓，以先进文化教育广大群众，提高人民群众的思想道德素

质和科学文化素质，建设全国图书馆、博物馆、美术馆、艺术研究等机构的文化信息资源的联合目录，并在建设过程中不断完善国家的公共文化服务体系，实现国家、省、地（市）县的文化信息资源共享和交换。

四、国家政务外网是提升和拓展文化的共享和文化资源的交换的有效途径

国家政务外网是按照中央有关文件要求建设的我国电子政务重要的基础设施，服务于各级党委、人大、政府、政协、法院和检察院等政务部门，满足其社会管理、公共服务等方面需要的政务公用网络。面向各级政务部门提供网络服务，承载各类电子政务业务和各地图书馆的互联互通，实现不同地区信息资源的交换，达到文化资源信息共享的目的。政务外网支持跨地区、跨部门的业务应用、信息共享和业务协同，以及不需在内网上运行的业务。政务外网由中央政务外网和地方政务外网组成，与互联网络逻辑隔离。

国家信息中心承担国家政务外网的建设从 2005 年开始，到 2009 年 12 月 24 日通过了国家发改委组织的项目竣工验收。截至 2010 年 6 月 30 日，国家政务外网横向连接已达到 70 个中央政务部门和相关单位，纵向连接已达到 31 个省、自治区、直辖市和新疆生产建设兵团，并通过地方政务外网向地（市）和县延伸。目前已成为我们国家连接政务部门最多、覆盖地域最广、网络规模最大的政务公共专用网络，成为国家行政管理的公共基础设施，也为文化共享工程的建设，建立国家公共文化服务体系提供一个很好的网络传输平台。

据不完全统计，全国 347 个地市中，已覆盖 234 个，占 67.4%，其中 20 个省实现了全覆盖，9 个省在建；全国 3046 个县中，已覆盖 1236 个，占 40.6%，其中 9 个省全覆盖，7 个省大部覆盖，2 个省少量覆盖，11 个省在建。目前这种情况，还无法完全满足文化共享工程要求网络通到所有县级单位的要求，因此，国家发改委和财政部在 2009 年 4 月联合发文对政务外网的建设和运行提出具体要求，并通过对中西部国家资金的补助来

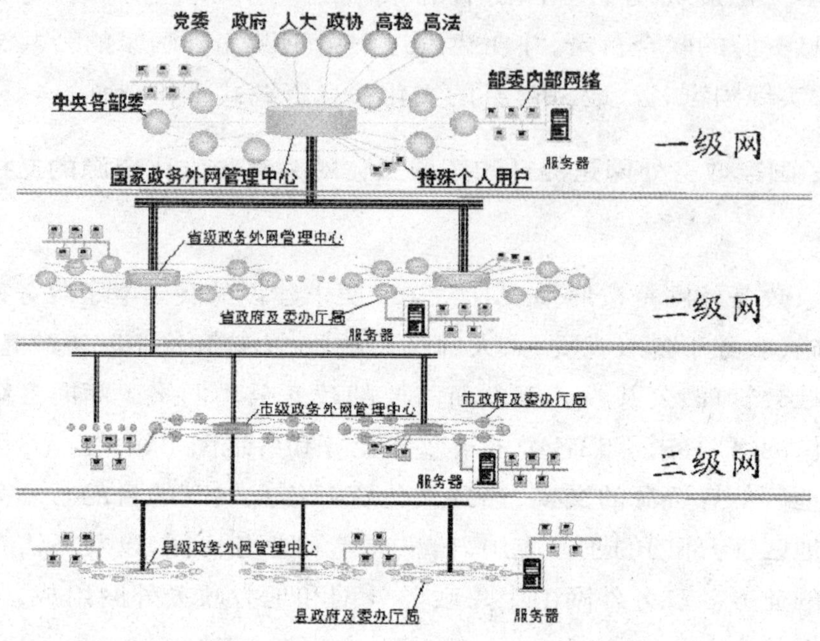

图1　四级国家政务外网架构

推进政务外网的建设，扩大网络覆盖面并满足带宽的要求，对于支撑文化共享工程的业务需要和其他中央政务部门的业务开展将会起到积极作用。地（市）级以下的单位接入可以通过各种方式来实现文化数据的传输和共享，如通过互联网和VPN网关加政务外网数字证书等安全手段接入地（市）及以上的政务外网，达到文化资源信息的共享与交换。

文化共享工程建设利用国家政务外网的实现方式如图2。

文化信息资源的共享和交换的原则是，跨省、跨地区的内部信息传输（如信息内容更新、下载及共享信息等）应该通过国家政务外网来实现分部存储，资源共享、按需分配、灵活交换。根据需求，相邻的图书馆或上级图书馆临时调用资源满足用户的文化需求，从而达到减少存储空间、节约资源和场地、提高对用户服务的响应时间和工作效率，满足各类用户不同的需要。另一方面，为广大读者或公众提供的服务等内容，通过互联网、有线电视网、3G网络等其他各类公众网络为读者和公众提供服务，也可

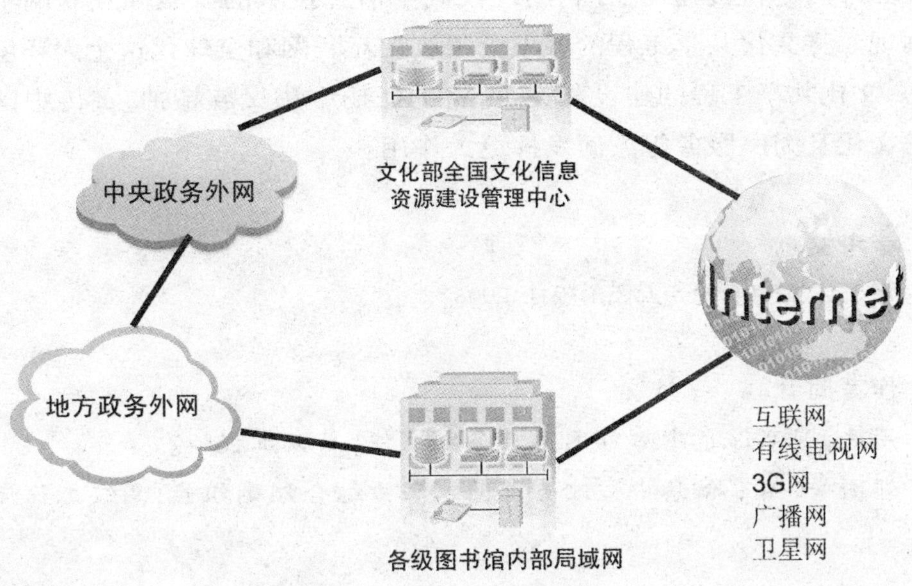

图 2　文化共享工程建设利用国家政务外网的实现方式

以根据公众的不同需要提供定点、定内容、定任何方式等个性化的文化需求服务。

五、结论

服务型政府的最终目标，就是要通过各种手段和方式，充分利用数字信息技术在任何时间、任何地点无缝地为公众和企事业单位提供所需要的各种政府服务，从而实现政府的社会管理和公共服务职能。而建设文化共享工程和国家公共文化服务体系也是政府服务公众、弘扬中国文化的重要组成部分，是我国经济社会发展中一项长期的战略任务。

数据信息技术的发展将促进文化共享工程在建设和内容上的提升，而文化共享工程的拓展也会对数据信息新技术的应用提供一个使用和发展平台，二者相互依存，相互促进。文化共享工程建设是一个长期不断完善的过程，结合我们国家的现状，各级的文化信息共享和交换可以通过国家政务外网进行传输，充分利用现代数字信息技术的发展和互联网平台来展现。将文化共享工程的各项应用放在互联网和全球化这个大环境来考虑，文化共享工程的建设和完善，将为弘扬中华民族精神，宣传中国的优秀文化及为民服务等方面发挥更大作用。

参考文献

周宏仁. 信息化论. 人民出版社，2008

作者简介

周民，国家信息中心外网办常务副主任，高级工程师。

邵国安，国家信息中心政务外网工程办综合组副组长，高级工程师。

国际视野下的“文化共享工程”

◎ 李国新 刘 璇 王 萱

2000年11月，国际货币基金组织、经济合作发展组织、联合国及世界银行联合发表了名为《我们更美好的世界》(*A Better World for All*)的声明书，其中提到，需要通过缩小数字鸿沟来增强贫困地区的竞争力，以发展消除贫困。互联网络提供了海量资源，但目前这些资源仅能被少部分人利用，因此应加大对信息产业的投资并广泛普及网络应用技术，使所有人都有能力使用网络中的资源，享受网络带来的便捷[①]。随着计算机和互联网在社会各个领域的广泛应用以及对经济社会发展产生的重大影响，如何缩小数字鸿沟成为世界各国面临的共同问题。20世纪90年代以来，发达国家和发展中国家纷纷出现了许多政府主导、以缩小数字鸿沟、建立网络接入点普及网络技术、促进农村信息化建设为主要目标的政府公益性项目。但是，到目前为止，像我国全国文化信息资源共享工程(以下简称文化共享工程)这样由政府主导、全国大规模实施的项目在国外尚未见到。尽管如此，国外项目也都各具特色，期望本文对国外项目的考察能为我国“共享工程”建设提供些许借鉴和参考。

1 美国:“科技机遇计划”和“社区科技中心计划”

1994年，由美国商务部国家电信与信息管理局开始实施

“科技机遇计划(Technology Opportunities Program,TOP)”[②],这一项目到2004年结束。10年间,联邦政府累计资助金额为2.3亿美元,直接带动了地方政府的配套匹配资金3.1亿美元[③]。TOP计划的目的是为公共与非赢利组织(包括学校、图书馆、医院、公共安全机构、州及地方政府等)提供新的通信信息技术,以使更多的民众能够拥有在公共与非赢利部门使用网络的机会,并促进通信信息科技的创新和利用。TOP计划资助的项目主要包括:以信仰和社区为基础的项目;与健康有关的项目;文化、艺术项目;城镇项目;本土项目。在TOP资助的项目中,促进农村经济发展、提高农村医疗水平、改善农村生活质量是重点。

墙壁上的画是“伊利人之家”学生活动的作品

(来源:http://www.americaconnects.net/)

美国另一项类似的项目是1999-2005年美国教育部主导的“社区科技中心计划(Community Technology Centers Program, CTC)”[④]。该计划在美国连接协会(America Connects Consortium,ACC)的协助下在全美实施,目的是消除数字鸿沟,促进电脑在社区的普遍应用,进而促进教育发展、丰富社区生活。计划实施的6年间,共为学校和社区组织的约500个项目提供了超过1.7亿美元的资助,使人们在教育机构和其他公共组织有了更多的使用电脑及网络的机会,为弱势群体接受教育、接触新技术创造了条件。比如芝加哥的“伊利人之家”(Erie Neighborhood House)。

2　英国:“学习资料数字化和学习型社区网络”与“文化在线”

“学习资料数字化和学习型社区网络(Digitization for Learning Materials and the Community Grids for Learning, CGfL)”项目于2000年2月启动,旨在改善成年人通过使用信息和通信技术获得终身学习的机会,重点是帮助那些处于社会边缘的成年人和处于弱势地位的社区。项目希望通过创造新的以社区为基础的网上知识和信息的学习机会,来鼓励人们使用信息和通信技术实现终身学习。基金会拨出超过520万英镑(约7280万人民币)的费用于基础设施建设、软件与内容设计、员工培训与工资、市场推广等,先后支持的子项目有49个,平均每个子项目投入10万英镑以上(约145万人民币),最高的达25万英镑(约350万人民币)。

“文化在线(Culture on Line)”是英国文化媒体体育部2003年10月启动的一项计划,目的是利用数字技术形成创新性项目,促进对国家文化遗产的开发和利用。该计划的实施方式是政府联合其他文化组织和私营部门(包括广播公司、教育行业、研究最先进的数字技术的组织)共同实施,属于政府主导的社会参与型。计划容纳的项目,在内容上文化特色明显,在利用上互动性与参与性强。如其中比较典型且产生了较大影响的项目有:“我的艺术空间”——参观博物馆和画廊的游客通过手机“收集”文化艺术品;“背后的故事”——一个可以讲故事、听故事的网站;“网页设计挑战赛”——一个由青年人设计的以青年为对象的政治网站。通过“挑战赛”发现未来的网页设计师;“铭记二战”——英国广播公司“人民战争节目”为参加二战的老兵提供信息技能培训和计算机接入,以协助他们参与并讲述他们的故事。

3　印度:“村村通网”工程、“数字农村”工程、“墙上之窗”项目和Gyandoot项目

“村村通网(Wired Villages)”是印度政府在马哈拉施特拉邦(Maharashtra)地区实施的一项试点工程,内容是利用信息技术和网络为农民提

供关于气象和农作物动态的准确及时的信息，以期稳定和提高农作物的产量，保证全国农产品价格的平稳。工程的远期目标是国家准备在试点的基础上，建立全国性的农作物收成预测信息中心。

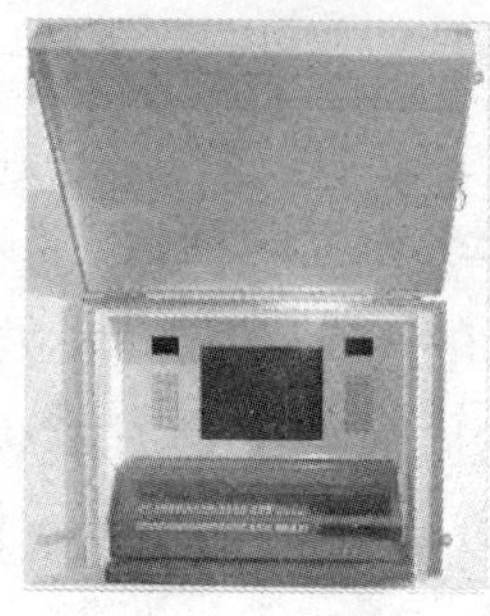

印度“墙上之窗”终端及使用现场

（来源：http://www.hole－in－the－wall.com./solution.html）

“数字农村（Digital Village）”工程是在印度政府的支持下，由“亚洲媒体实验室（Media Lab Asia）”推出的包含一系列项目的服务于农村的信息化工程。工程的理念是以甘地的理想为蓝图，通过新技术和本土文化的结合，营造一种“可持续发展的数字生态环境”，建设可持续发展的新型农村。工程的主要内容是为农村的信息交流提供工具。如在农村设置信息亭（Telekiosks），提供农产品的电子交易平台[5]。

1999 年，NIIT 首席计算机专家舒嘎塔·麦塔（Sugata Mitra）博士尝试把联网计算机放置在开放的公共场所，这一做法非常成功，于是产生了“墙上之窗”项目[6]。后来 NIIT 专门成立了“墙上之窗教育股份有限公司（Hole-in-the-Wall Education Ltd.）”，通过和一些公益性组织合作，利用“墙上之窗”为贫困地区的人们提供教育、培训、软件解决方案等。2007 年 11 月，墙上之窗教育股份有限公司联合国际 SOS 儿童村，在“墙上之窗”提供免费的百科全书。

2000 年，Gyandoot 项目在印度中央邦（Madhya Pradesh）达尔地区（Dhar）启动，其主要是为贫穷和农村地区建立高效、稳定和可持续的信息亭网络接入，帮助居民参与社区和政府事务管理，降低民众与政府机构沟通方面的成本;并帮助有相关需求的民众快速透明地获取政府数据和材料。项目通过提供信息亭终端来进行信息通信服务。信息亭主要置于乡村社区的建筑、当地市场以及人群聚居较为密集的地方,以此来帮助那些居住在附近乡村的居民获取信息。

4 南非:“数字之门”项目

南非科技部于2002年设立了“数字之门(Digital Doorway)”项目,由南非科学和工业研究委员会(Council for Scientific and Industrial Research,CSIR)下属的Meraka机构具体实施,该机构是由CSIR管理的一个研究中心,主要致力于通过信息和通信技术基础设施促进国家经济和社会的发展[⑦]。

南非“数字之门”终端和放置终端的信息亭

(来源:http://www.digitaldoorway.co.za/)

南非的“数字之门”项目是受印度的“墙上之窗”启发而开展的。基于印度的经验,南非将该项目的重点放在了面向儿童的计算机应用、普及。具体做法是:给农村和不发达地区的基层社区提供类似街头电话亭的多媒体信息终端(每台终端配有显示器、键盘和鼠标,通过无线网络连接,并有卫星接收和GPRS系统);每台终端既是一个信息资源库,又是一个计算机使用的实践场所。通过这种多媒体终端,农村和贫困社区的孩子们在家门口就可以学习使用计算机,并通过计算机学习科学文化知识,提高信息能力,通过 GPRS 网络了解外面的世界。

南非的“数字之门”深受欢迎

(来源:http://www.digitaldoorway.co.za/)

5 智利图书馆网络项目(BiblioRedes: Abretu Mundo)

BiblioRedes 项目是由比尔及梅林达·盖茨基金会(2002-2005 年)以及智利各市政府共同出资,通过图书馆、档案馆和博物馆理事会(DIBAM)来实施。项目的目标是,面向所有公众以实现在新的数字时代能平等获取掌握所需的信息接入技术和能力的目标。该项目主要通过在图书馆设置互联网接入点实现。2002-2005 年该项目在图书馆共建 370 多家互联网接入点,共配备 2000 多台公共接入计算机,为 20 多万人提供了计算机知识培训。此外,项目还建立了 70-80 个青少年信息中心。

BiblioRedes 项目还通过对用户进行宣传和沟通帮助人们克服使用信息技术的恐惧心理,并且同样关注提供高质量的培训。所有的图书馆都可以通过免费热线电话、电子邮件或即时消息为图书馆员工提供技术支持和培训资料。对于用户的信息技术培训通常是以面向职业培训为主,同时也包括一些信息技能培训,以增加就业机会[8]。项目同样为那些想按自行制定学习进度的人提供学习指南和网上课程。

6 埃及 IT 俱乐部项目(Information Technology Clubs)

IT 俱乐部项目是由埃及信息通讯技术部(Ministry of Communication

and Information Technology,MCIT)在2000年启动的项目,此项目同时亦是其国家信息社会战略之一。项目的目标是使社会中每个公民都能加入信息革命,为所有人提供可获取信息技术和知识的机会,并使他们从中获益。

IT俱乐部提供给偏远地区的居民新的宽带接入、用于上网的计算机和支付少量费用的信息技术培训课程,避免他们因资金缺乏或计算机应用技能不足而享受不到相应的服务。IT俱乐部对于选址和本地负责的组织有较为明确的要求[9]:附近缺乏网络接入点;与其他大部分公共设施相邻;在合适的工作时间都可使用IT俱乐部;组织主要服务于10-25岁人群;组织要有合格的人员管理IT俱乐部;允许成功的商业组织参与组织的管理。因此,IT俱乐部多选择已经存在的教育机构作为服务场所。如各类学校和青少年中心,因为所选地址是服务于目标人群的理想场所;IT俱乐部同时也兼顾选择低收入地区人口最为集中的地方作为服务场所,从而为那些以前不能使用网络和现代计算机的人们提供服务保障。

IT俱乐部提供涵盖范围极广、层次水平多样化的计算机课程,从基本的打字技能到复杂的网络程序使用均有涉及。此外,还鼓励成员们利用计算机其他程序完成其独立的学习过程和目标。

IT俱乐部项目的主旨在于提高农村和低收入地区人们的信息意识和计算机素养。为保证IT俱乐部项目的可持续发展,MCIT除负责统一管理外,还非常重视与地方及当地的组织进行紧密合作,这些组织主要包括青少年中心、各级各类学校、公共图书馆、信息中心、企业联合会、文化机构、非政府组织、清真寺和隶属于教堂的学会等。这种合作项目的运行模式为:MCIT部负责为IT俱乐部提供硬件和软件,包括计算机、打印机、外围设备、软件许可、LANs和租借线路,以及负责训练俱乐部的管理者和培训人员,监督以及评估等等。地方及当地组织负责提供场地、设备、家具和安全等相关设施。

7 电子斯里兰卡项目(e-Sri Lanka)

2004 年,斯里兰卡政府开始实施电子斯里兰卡项目,项目的目的是为农村地区的人口接入网络,使他们获得交流的信息和技能。主要通过提供四种不同的远程计算机中心设施:农村知识中心、电子图书馆、远程电子学习中心和室外计算机亭来实现。其服务的主要目标人群是小型农村社区人口(特别是农民和农村青少年),人口为 2000 - 5000 人,当地中学至少有 300 个学生。项目同时也通过网络为更多的人提供远程学习和基本的计算机技能培训,主要包括学生、小型企业、妇女和残疾人。并且,对斯里兰卡居民进行基本的计算机技能的培训,使农村学校也可以使用中心的资源支持其教学活动,以提高教学质量和降低教育成本[10]。

电子斯里兰卡项目采取国家政府主导、多机构合作的运作模式。斯里兰卡国家信息通讯技术局(Information and Communication Technology Agency,ICTA)负担全部项目,包括计划、活动管理、确保各项目符合其他的政策和指南并确保项目质量。ICTA 提供资金用于购买中心需要的设备和软件,统筹规划并在前四年逐年减少经费。在项目之初,ICTA 提供前两年的全部经费,第三、四年分别提供 2/3 和 1/3 的经费,此后维系项目运行主要靠政府津贴和私人部门投资、NGO 或当地的公共服务机构(公共图书馆、当地学校、社区中心),当地的政府给予支持合作。

8 国外类似项目的主要特点

第一,政府主导,实现方式多样化。不论发达国家还是发展中国家,各国的这类项目都是由政府策划组织。在有的国家,项目的具体实施虽然是由一些非政府组织来负责操作,但政府有有效的管理和监督。例如,电子斯里兰卡项目就是采用采取国家政府主导、多机构合作的运作模式;Gyandoot 项目也是由政府主导、多组织参与合作的混合组织模式。这类政府项目需要的资金,一般数额都较大,国家强有力的经费投入,是项目实施的坚实依托。所谓“国家投入”,多数是政府直接拨款,也有的是通过福利彩票或基金会等形式筹措，只有个别项目是由公司或非赢利组织独立解决资金问题。

第二，主要面向基层、农村和弱势群体。不论发达国家还是发展中国家，这类项目的主要受益者都是基层、农村的老百姓和弱势群体。美国的“科技机遇计划”只支持学校、图书馆、医院、公共安全机构、州及地方政府等非赢利组织，目的是“使更多的民众能够拥有在公共与非赢利部门使用网络的机会”；美国的“社区科技中心计划”、英国的“学习资料数字化和学习型社区网络计划”都是直接援助基层社区，重点是弱势社区和社区中的弱势人群。印度、南非、斯里兰卡的项目，更是直接面向农村。

第三，“从娃娃抓起”，十分重视通过项目有效提升少年儿童的信息素养和信息能力。各国的此类项目，基本上都把少年儿童使用信息和通信技术的能力养成放在了非常重要的位置，虽然形式和内容有异，但都提供了少年儿童接触和使用计算机与网络、学习知识、获取信息的平台。例如，电子斯里兰卡项目主要面对的就是农村的青少年人群，埃及的 IT 俱乐部项目也主要服务于 10－25 岁人群。在发达国家，这类项目朝网络环境下的实时互动的方向发展，如英国的“文化在线”项目。

第四，对资源建设和传输通道建设的重视程度因国而异。一般来说，发达国家更重视资源传输通道建设，发展中国家更重视资源建设。如美国的项目，重点是增强基础技术应用条件和网络优化建设，以使更多的人特别是弱势人群能够比较方便地应用网络和计算机，并没有专门的资源提供。而印度的“墙上之窗”、南非的“数字之门”、埃及的 IT 俱乐部等项目，资源建设都是重点。他们的资源建设，不仅提供文本、视频和多媒体，还提供实用软件，这对于提高人们的利用计算机和网络的能力是非常有益的。

总之，国外这些项目的特点与我国的“共享工程”相类似，但是也有区别。

9　文化共享工程的国际经验借鉴

9.1　坚持以资源建设为核心,增强资源的适用性和针对性

资源建设是文化共享工程的核心工作。文化共享工程在资源建设上强调要充分体现“三贴近”原则:贴近农村、贴近基层、贴近百姓,这实际上是强调资源的适用性和针对性,也是世界各国类似项目普遍重视的问题。文化共享工程在这方面做出了许多努力,取得了明显效果。借鉴国际经验,文化共享工程在强化资源的适用性、针对性方面还可以做得更为精细和深入。举例来说,文化共享工程提供了大量的国家与地方艺术精品节目,这对于普及高雅艺术、提高公众的艺术鉴赏力十分必要。但农村文化活动的一个显著特点是农民参与热情高,不仅有“看”的需要,更有参与其中、自娱自乐的要求,因此,对于地方特色明显、具有指导、示范和教学特色的视频资源需求旺盛,文化共享工程应进一步加强有针对性地建设适合农村开展互动性文化活动视频资源的力度。

9.2　在“资源共享”的基础上,为信息能力的普及提供条件与平台

据 CNNIC 第 21 次报告,近年来互联网农村用户增长迅速,2008 年 1 月底的农村上网人数年增长率达到 127.7%。但由于农村互联网发展程度与城镇差异巨大,城镇居民的互联网普及率是 27.3%,农村仅为 7.1%[11]。这一现象说明,计算机和网络的使用条件,已经成为制约农村居民上网的主要障碍之一。

到目前为止,我国文化共享工程的主要目标是解决资源建设、资源传送、资源共享的问题。其实,缩小数字鸿沟,仅有数字资源的被动“欣赏”还不够,相比而言,数字资源的主动获取更为重要。主动获取的前提,是具有基本的计算机和网络的使用能力。我国的文化共享工程也可以借鉴国际经验,在资源共享的基础上,探讨与信息能力普及相结合的可能性。进一步加大培训力度,提高基层服务点工作人员的工作技能和服务水平。在目前我国农村特别是中西部地区农村的计算机和网络发展水平上,文化共享工程基层点如果能拓展出信息能力的实践、普及基地功能,相信会

产生更大的吸引力，资源的适用性、针对性会随着由被动接受到主动获取的转变大为提升，资源的利用效益也会明显改观。

9.3 加快走进农村中小学的步伐，拓展为儿童和青少年服务的空间

世界各国的类似项目不论是能力普及型的还是资源提供型的，往往都有一个共同的特点，即特别重视儿童和青少年的利用需求。我国的文化共享工程自实施以来一直强调进农村、进社区、进部队、进学校。就中国的现实情况而言，“进学校”是文化共享工程扩大对儿童和青少年覆盖面最有效的切入点。农村中小学对课程教学和素质教育的保障资源有现实和迫切的需求。目前，我国70%左右的中小学校建立了图书馆，2亿左右的中小学生人均拥有的学校图书馆藏书在10册左右，这一平均指标，大大低于教育部《中小学图书馆(室)规程》的规定。还有30%的中小学校根本没有图书馆，主要集中在农村[12]。一所学校缺少教育保障资源或根本没有图书馆，如何指望教育质量的提高？如何实现教育资源的公平享有？因此，文化共享工程的资源和设备进学校，特别是走进农村的中小学校，有广阔的需求空间。另一方面，从资源利用和使用效益的角度看，以儿童和青少年为主体的中小学校也应该是最好的之一。因为学校有水平相对整齐的利用群体，有强烈的利用需求，有比较明确的目标资源，还有资源利用和技能辅导的力量，这些都是充分发挥资源和设备效益的有利条件。借鉴国际经验，立足中国现实，文化共享工程加快走进农村中小学校的步伐，将会在普及科学文化知识、助力素质教育、缩小数字鸿沟等方面产生深远的影响。

注释

①International Monetary Fund, Organisation for Economic Co - operation and Development, World Bank Group. A Better World for All[EB/OL]. (2002 - 1 - 8)[2007 - 12 - 02]. http://www. paris21. org/betterworld/home. htm.

②http://www. ntia. doc. gov/top/index. html. (2006 - 5 - 28)[2007 - 12 - 09]

③Grands [EB/OL]. [2007 - 12 - 09]. http://www. ntia. doc. gov/top/grants/

grants. htm.

④http://www. americaconnects. net. [2007 - 12 - 11]

⑤Khaiser Nikam A. C. , Ganesh, M. Tamizhchelvan, The changing face of India. Part I: bridging the digital divide[J], Library Review, 2004,53(4):213 - 219.

⑥About HiWEL. http://www. hole - in - the - wall. com. [2007 - 12 - 14]

⑦Innovative design for tabletop operation[EB/OL]. (2007 - 12 - 3)[2007 - 12 - 14]. http://www. digitaldoorway. org. za.

⑧http://connection. aed. org/main. htm. [2009 - 12 - 4].

⑨http://www. arabdev. org/node/add/book/parent/90. [2009 - 12 - 4].

⑩e - Sri Lanka Telecentre Development Programme. [2009 - 12 - 5]. www. e - forall. org/. . . /TelecentreOpManual_UnofficialWorkingDraft_24February2004. pdf

⑪中国互联网络发展状况统计报告[EB/OL]. (2008 - 1)[2010 - 9 - 18]. http://www. cnnic. net. cn/index/0E/00/11/index. htm

⑫张树伟. 中小学图书馆无“镇馆”图书,教育部将开“大书单”[EB/OL]. (2006 - 9 - 16)[2007 - 12 - 27]. http://news3. xinhuanet. com/edu/2006 - 09/16/content_5120827. htm

作者简介

李国新,北京大学信息管理系教授,博士生导师。

刘璇,北京大学信息管理系博士研究生。

王萱,中国图书馆学会工作人员。

坚持创新　推进文化信息资源共享

◎　宁家骏

中华民族具有辉煌灿烂、博大精深的文化，对人类文明做出过重大贡献，在人类进入新世纪之际，如何始终坚持中国先进文化的前进方向，实现中华民族的伟大复兴，是摆在我们面前一个十分严肃而重大的历史课题。最近国家在“十二五”国民经济和社会发展规划编制工作中，已经明确地将繁荣发展社会主义文化事业，不断提高全民族的文化素质纳入了规划的建设目标，作为社会主义现代化建设的重要内容。

从“十五”时期以来，在党中央、国务院的统一部署下，由文化部、财政部组织建设的全国文化信息资源共享工程(以下简称文化共享工程)，充分利用现代高新技术手段，将中华民族几千年来积淀的各种类型的文化信息资源精华以及贴近大众生活的现代社会文化信息资源，进行数字化加工处理与整合;陆续建成了基于互联网的中华文化信息资源的汇聚、交换、共享中心，正在逐步覆盖全国，为中华优秀文化信息资源的共建共享奠定了坚实的基础。

但是，还必须看到，针对当前我国文化事业的实际情况和科技发展的水平，坚持创新，继续大力推进包括图书馆、博物馆、美术馆、艺术院团、研究机构等现有的文化信息资源的共建共享，形成互联网上中华文化信息资源的整体优势，仍然是今后一个时期必须继续努力的一项重要课题。特别是在建立和逐步完善信息资源共享机制方面还存在着诸多不容忽视的问题，特别是制约信息资源共享的体制与机制问题。

所谓信息资源共享的管理体制，是指与信息资源共享相关的管理体系和制度，是从战略高度对信息资源进行有效配置和共享使用的办法。要实现信息资源共享就需要改变目前条条块块、各自为政、纵强横弱的现状，建立科学有效的管理体制。

在体制建设中有以下几个要点必须加以把握：

首先，应明确信息资源管理部门的职责与管理职能。在文化领域国家级的信息资源管理部门，主要任务是制定国家在该领域的基本信息政策，负责文化信息资源开发利用的宏观规划和资源配置，制定信息采集、处理、存储、发布、交换、服务等管理法规与制度，与有关部门一起确定信息公开和保密的范畴。

其次，各地区文化部门要作为该领域信息资源管理的责任部门，其主要职责是负责本地区信息资源开发利用总体规划，制定文化部门信息提供、交换、共享的规则和范围，是该地区对文化领域跨部门应用信息共享工作负责的责任主体。

第三，应区分文化信息资源管理部门与各级政府文化部门信息中心的职责和体制。政府管理部门（如现行的各级信息办）是国家行政机构，应强调其管理协调职能；后者强调其服务职能，可以是其他体制；需要界定政府各部门信息中心与职能相关的信息资源管理范畴，明确各部门信息资源开发、管理和发布的权限。各部门信息中心具体负责其主管领域的信息采集、维护、运行，为跨部门的电子政务应用提供信息共享服务。

第四，应在政府文化部门建立信息主管（CIO）制度。CIO 作为该部门领导班子成员参与决策，以保障科学地、统筹地进行政府信息资源开发利用工作。CIO 的主要职责是：对本部门的信息资源开发利用负首要责任；领导本部门正确执行国家制定的信息政策、方针、标准、法规和规则；领导制定本部门的信息资源开发利用的规划；监督、评价和检查本部门信息资源开发利用活动等。

为了推进文化资源的共享共用，这些领域的应用系统都需要共享文化资源，需要提供数据交换服务。存在的问题是：历史上各部门有诸多规定使信息不能共享；各部门主观上将信息资源视为部门所有、不愿拿出来共享。其次是现实问题：数据交换服务是否是现行建设部门的业务职能？谁承担实现数据共享带来的大量协调、运行和维护工作？现在的建设部门是否有责任提供这样的服务？运行和维护的资金如何保证？

通过分析，可以看到信息资源共享存在以下体制和机制上的问题：

(1)长久以来形成的信息资源部门所有的惯例。一些部门将由于职能赋予的权力所采集的信息资源作为独家垄断，在权力和利益问题作祟下，很难实现公开和共享。

(2)缺乏政府信息资源共享的责任主体。在现行体制下，政府信息资源的开发利用一般都按政府部门业务条块进行，在开发的规划、组织、资金和体制上都是条条块块、各自为政，而且目前突出的问题是纵强横弱，没有责任主体对信息共享的组织协调和运行工作负责。

(3)缺乏政府信息资源共享的法规和制度。在政府信息资源公开、采集、储存、发布、交换、监督等方面缺少相关法规和管理制度，或者原有的法规已不适应现在的情况，造成信息共享无法可依。

(4)投入与效益比低下。由于缺乏统一规划和管理，信息资源多头采集、重复建设、浪费巨大；大部分数据库不共享或只在有限范围内共享，使用成本太高。

(5)标准规范不统一，技术上共享困难。政府各部门业务系统相互独立，不少电子政务工程建设从业务上都是垂直的，自成体系，各自有自己的标准规范，信息资源交换困难。

(6)信息交换与共享的意识和驱动力不够。现阶段，提供跨行业、跨部门的政府业务系统还较少，政府部门之间协同办公、信息交换、资源共享的意识与需求不太强烈。

实现信息资源共享，光有“原则”是远远不够的。“信息资源共享”能走多远,能做到什么程度,能否达到立项和决策初衷,还有很多的未知因素。笔者认为,其中最重要的因素,乃是能否围绕正确界定"信息资源共享"的含义,整合各方需求,描述一个能供大家达成共识的愿景,建立一种可持续发展的共享机制。统一的愿景是共建共享的根源和动力。这一步走好了,"信息资源共享"就可以成为一项需求工程,按照其科学规律走下去;反之,忽视需求的整合,"信息资源共享"就极有可能变成一场"上有政策、下有对策"的利益博弈,变成"捣浆糊工程"。

依据一些案例,可以看到信息资源共享的阻力,常常来自一些"信息资源"相对丰富、信息化建设已有初步成就的单位和部门。他们的顾虑,无非几种:

一种是"算账"心理:我们的数据是本部门长期对信息化建设投入的成果,我们的数据很关键、很有价值,凭什么共享?要与那些本身资源较贫乏却共享要求较高的部门处于同一平台上,这笔账应该好好算算。特别是涉及文化领域的信息资源往往涉及知识产权,更要算好账。

另一种是"避免出丑"心理:一旦本单位的信息资源被共享了,不仅可能暴露信息化建设本身的不完备处,还有可能暴露出业务方面的问题。

第三种是"安全"顾虑:共享会不会对本部门正常工作带来安全隐患?

几年来推进文化共享工程的实施经验已经表明,文化信息资源的共建共享涉及各级各类文化单位,覆盖地域广,各单位之间、地域之间差异大,各具特色,实现资源的有效整合,难度较大。为了解决这些问题,必须坚持统一规划、统一标准、资源共享的原则和因地制宜、柔性整合、通过试点、循序渐进的实施计划,以充分发挥各自的优势与特色。

所谓"取法乎上,得乎其中;取法乎中,得乎其下"。说到底,我们首先要正确定义好"信息资源共享"的目标,把它从一个抽象原则分解为一个规范的业务体系、一个科学的方案,使其走向科学的轨道;而不是任由各种小算盘自由发挥,最终把"信息资源共享"念成一本"歪经"。

为了解决当前文化信息资源建设与共享工作推进中一些亟待解决的

问题，笔者通过研究，提出如下设想和刍议：

一、明确目标和资源整合思路，进一步增强文化信息资源共建共享的认识

资源共享的目标归根结底是服务与应用，对于文化信息资源也不例外，充分利用现代信息技术，通过资源整合与共建，实现中华优秀文化信息资源的汇集、交流和共享，实现优秀文化信息通过网络为大众服务，正是我们推进建立共享机制的根本目标。可以举一个例子说明这种需求的紧迫性，金融风暴以来，据美国研究图书馆协会（ARL）的报告显示，20世纪80年代后期以来，每种期刊的平均订购价增加幅度高达三倍以上；专著的价格也大幅度增加，这些都使图书馆的支出增加了数倍，远远高于同期消费物价指数的增加，由此，开展信息资源共建共享就显得极其重要。与此同时，又存在着许多文化资源的重复和浪费现象，还存在许多资源乏人问津的现象。对此，近年来中央领导同志多次作出了明确指示。我们要进一步提高对建立健全文化信息资源共享机制重要性、紧迫性的认识，通过深化改革、不断创新，以机制建设保障文化共享工程与加强基层文化建设的紧密结合顺利推进。为此必须科学地设定资源整合的总体思路，即以文化系统的可控资源数字化为基础，突出文化信息资源特色，同时组织并整合与大众日常生活密切相关的社会文化信息；在资源整合过程中应充分利用已有基础，发挥国家文化重点单位如图书馆、博物馆和档案馆等重点单位的资源优势。要充分发挥组织优势，通过中央和地方两条线索组织贯穿资源内容，充分体现信息内容的关联性和信息组织的条理性，实现资源整合的多样性和整体性。

二、建立健全相应的组织机构

要在全国文化信息资源共享工程领导小组及其实施机构下，专设或进一步完善信息资源规划与建设协调小组，具体负责信息资源领域的宏观规划建设方向；负责组织协调、指导资源建设和信息服务；协调网络通

道使用;协调与有关部委、单位、地方主管部门的关系等事宜。同时应成立文化信息资源规划与建设的专家咨询顾问组,具体协助协调小组对信息共享的规划、实施、标准规范等重大问题给予咨询。通过组织保障,落实信息资源共享的管理体制。

三、科学地设计文化信息资源规划和文化信息资源目录

信息资源与人力、物质、能源等资源一样,都是人类最宝贵的资源,因此,应该像管理其他资源那样管理信息资源。搞好信息资源开发利用的前提是,首先搞好信息资源规划,因为这一过程就是开始建立数据标准的过程,从而为整合信息资源,实现应用系统集成奠定坚实的基础。文化信息资源涉及内容极其丰富,领域广泛,更应重视规划。

整个信息资源规划工作可分为两个阶段:第一阶段做需求分析,理清并规范表达用户需求。第二阶段做好系统建模,消除信息孤岛,实现应用系统集成。为此,应统筹组织有关单位有计划地对原有数据进行整合及新数据制作,建成国家级的文化信息资源联合目录,搭建和逐步完善公益性的元数据交换平台,通过目录建立网上文化信息资源导航系统,逐步实现全国的数字资源调度与指向系统,为实现文化信息资源的共知、共建、共享及开展网上服务奠定基础。以大文化的概念为背景,建立一套科学的分类体系,既体现全面性,又体现层次性。

四、切实增强文化信息资源开发建设的质量意识,进一步做好资源建设工作

随着传输服务模式的不断丰富,对资源建设的格式、版权提出了新的要求,所以对资源的开发建设必须加强指导协调,提高资源的标准化、规范化水平。其中一个重要的问题是进一步从法律、运营、技术三个方面解决好知识产权保护问题,因为数字化的文化资源的知识产权有很大部分在法律上难于很快明确,需要在实践的过程逐步解决。为此,在遵循现有有关法律的前提下,要尽快从运营和技术两个方面出发,建立公正和实用

的运营模式和技术平台,为最终合法地解决数字版权保护问题提供一定的基础。另一个问题就是要逐步建设支持文化信息资源共建共享的基础信息资源。建议将文化领域信息资源元库(IRR)和文化信息元数据库的研究和建设内容纳入下一阶段资源建设的重点工作。其中信息资源元库(IRR)将文化领域的信息化建设发展过程记录并管理起来,因而成为该领域信息化的核心资源。

五、进一步创新共享机制,扩大共享成果。

共享机制的核心是共建共用,让参与共建的单位分享成果以保持共享共建推进实施的积极性。对此建议各地文化行政部门要积极协调,建立定期沟通机制,创新资源共建共享模式,具体而言,这种模式应至少包括资源共建、资源查询与定位、资源服务请求、资源传输和资源应用等环节,要细化上述每个环节中应规范的内容,提出可操作性强的步骤,并借鉴试点经验,因地制宜,逐步推广。

六、创新技术模式,做好资源传输工作

要方便应用和资源共享,还必须高度重视资源传输工作,不断完善资源传输机制,确保资源的及时更新。要进一步做好利用政务外网、互联网和3G等技术,完善整合成为一个完整的传输体系,及时更新资源要有目录和通知,逐步建立完备的资源更新下载制度。

七、牢固树立服务意识,支撑应用需求

信息资源的共建共享,其最终目标是服务和应用,因此必须大力推动共享服务,为各类用户提供多样化、个性化服务,满足不同应用对文化信息的需求。

八、完善培训制度,加强队伍建设

要坚持培训先行原则,不断完善培训体系,加大培训力度,建立起一支有责任心、懂技术、善管理的人才队伍。特别要将基层人员培训常规化、制度化、专业化，为资源共享的可持续发展提供保障。

九、加强信息安全保障体系建设，确保信息安全

实现信息资源共享，涉及跨部门、跨地区的信息传输、信息互访、信息汇聚和按照权限提供服务，信息安全保障至关重要。必须在设计信息共享机制时，同步或超前考虑相应的信息安全保障体系建设。

信息资源共享是实现国家信息化的关键问题，也是文化信息资源开发、建设和应用服务的关键问题。让我们抓住机遇，勇于创新，在"十二五"国家重大信息化工程建设和应用中，推进机制创新，进一步重视文化信息资源的共建共享，为我国现代化建设做出新的更大的贡献。

参考文献

[1]李燕，于淼．试论中外信息资源共建共享模式．情报学报，2006(10)：126－128

[2]陈玉霞．图书馆文献信息资源共建共享模式探讨．山东图书馆季刊，2005(1)：77－79

作者简介

宁家骏，国家信息化专家咨询委员会委员。

信息社会时代的文化共享工程定位与社会职责

◎ 倪晓建

1 引言

随着计算机网络技术的高速发展及社会信息化进程的推进,巨量的信息充斥着整个网络,人们越发无法鉴别信息的价值,无法从中获得有效有营养的文化知识。由于东西部及城乡间经济、科技等差异,在文化信息资源的配置以及信息资源均等化等方面的鸿沟越来越大。利用好现有的先进技术,为人们提供高效、优质的文化信息,消除发展不平衡形成的差距,成为了文化工作者的重要任务。

为了构建全国文化信息资源服务体系,消除东西部文献资源建设及资源利用等方面的差异,保障全国人民群众基本文化权益,由国家文化部和财政部共同组织实施了全国文化信息资源共享工程(以下简称文化共享工程)。该工程自2002年4月开始启动,通过对现有文化资源进行加工、整合,利用现代科技手段,将优秀文化资源提供给广大基层群众,实现文化信息资源的全社会共享。在各级政府配合下,文化共享工程已逐步形成了国家中心、省级分中心、市县支中心、街乡村基层服务站点的四级网络服务结构,依托各级公共图书馆和文化站等单位,向民众提供服务。自工程启动至2009年底，全国各地共投入资金数十亿元，已建成1个国家中心、33个省级分中心、2814个县级支中心（覆盖率96%）、15221个乡镇基层服务点（覆盖率44%），形成了总量约90TB的数字资源。“十一五”期间文化共享工程发展迅速，成绩显著，但仍然存在缺乏长效的运行保障机制、资源利用率有待提高等问题。因此，有必要进一步明确文化共享工程的定位与社会职责，确立好统一的基准，确保工程健康的发展，不仅把它建成中国最大的文化信息资源库，而且也成为世界上惠及民众最多、影响最为广泛深远的文化工程，在文化信息公益性、基本性、均等性、便利性等方面发挥保障作用。

2 文化共享工程定位

2.1 性质定位

在性质界定上，文化共享工程是公共文化服务体系的基础工程，是政府提供公共文化服务的重要手段，是改善城乡基层群众文化服务的创新工程。简要地说，文化共享工程是一项由政府投资的公益性文化服务工程。

首先，文化共享工程由政府主导。政府在文化共享工程建设中应起到主导和推动作用，文化共享工程的内容涉及社会生活的方方面面，因此，该工程不仅需要国家文化部的牵头引导，财政部的资金支持，还需要其他相关部门的通力协作，确保各项具体工作的切实落实。如国务院法制办在制定信息网络传播权保护条例中，要求高度重视并妥善解决文化共享工程建设中的版权问题，保障文化共享工程的顺利实施，为工程资源使用和网络传播提供了法规保障等。

其次，文化共享工程以公益性为原则。文化共享工程旨在促进全社会文化信息资源的共建共享，因此，文化共享工程的推进必须以社会公共利益的满足，以民众文化信息的补充为己任，一切工作的开展需以公众利益为先。

第三，文化共享工程是一项面向广大城乡群众的文化服务工程。文化共享工程向公众提供文化服务，为解决公众文化知识贫乏、公平获取文化知识而努力。在信息社会时代的背景下，既要提供优质丰富的文化信息资源，还要通过某些特色服务手段展现出来，因此，推进文化共享工程必须做好文化信息服务工作。

2.2 目标定位

2.2.1 全民学习的平台

文化共享工程以一系列资源网络建设为基本内容，以数字资源建设为核心，目的就是为了构建一个全民学习的平台，服务于学习型社会。通过此平台，各种各样的文化信息资源实现共建共享，这些文化信息的选定均经过了专业人员的甄别，或贴近生活实际，或经过了传统文化积淀，或是信息化时代的优秀产物，文化共享工程适合广泛人群的共同学习，满足群众不同层次的文化需求。通过学习促进人的全方位发展，提升个人的文化素质，推动人与人之间的文化沟通与交流，形成全社会共同学习、共同进步的良好氛围。

2.2.2 文化信息均等服务

今年 7 月 23 日，胡锦涛在中共中央政治局第二十二次集体学习时强调，要重点抓好四项工作，其中一项便是加快构建公共文化服务体系，按照体现公益性、基本性、均等性、便利性的要求，坚持政府主导，加大投入力度，推进重点文化惠民工程，加强公共文化基础设施建设，促进基本公共文化服务均等化。文化共享工程必须为民众提供公平的文化服务，保证每个人在文化共享上处于平等、均等的地位，缩小东西部、城乡间文化知识方面的不均衡状况。

2.3 建设思路定位

在文化共享工程建设方面，应当明确以计算机网络技术为基础，数字资源建设为核心，特色服务为手段的建设思路，逐步向前推进，以实现优秀文化信息为大众服务的目标。

2.3.1 计算机网络技术为基础

信息社会时代，文化共享工程的开展依赖于计算机网络技术的进步，民众对于文化信息资源的共享学习必须借助于计算机或数码产品来实现。无论民众通过何种途径获取文化信息，作为文化共享工程建设者，必须不断完善和应用先进的计算机网络技术，充分利用现有的互联网络、广播电视、移动存储等媒介来提供信息。公众之间的文化沟通是共享的重要体现，文化共享工程必须做好各项协调工作，以数字图书馆技术为支撑，按统一规划、统一标准、统一格式进行工程建设，为基层的网络互通互联穿针引线，保证资源传输的通畅，使文化共享工程拥有强大而稳定的网络基础。

2.3.2　数字资源建设为核心

数字资源作为文化共享工程的核心内容，它的质量高低好坏，直接决定了工程的成效。

文化共享工程向公众提供的资源，应当是满足其日常生活需要以及提升自身文化素质的文化信息资源。它必须贴近公众的生活实际，既可以是百科知识，也可以是普法宣传、工作生活等技能知识，还可以是提升生活品位，满足公众精神文化需求的文化信息资源。基于此定位，结合各地方实际，不断从现有的巨量信息资源中去挑选精品，或发掘传统文化的精髓，发掘本地有特色的文化资源，将其整理成为数字产品（音频、视频、电子图书、网站、数据库等），通过文化共享工程向人们展示，提供学习的平台。

2.3.3　特色服务为手段

随着时代的发展，人们对服务质量的要求越来越高，文化共享工程必须不断创新服务方式，提供各种特色服务，吸引公众注意力，促进工作的进一步开展。

根据各地实际，选择适当的服务方式，如充分利用集中播放电影、免费开放电子阅览室、开办文化讲堂、组织文化活动等。同时，针对不同的人群，开发相应的特色服务，如依托文化共享工程针对农民开展农业技术培训、再就业培训等，从关注公众切身利益出发，推动服务创新，获得更好的服务效果。

3 文化共享工程的社会职责

3.1 保障人民群众基本文化权益,缩小城乡差别

文化共享工程是公共文化服务体系的基础工程,是政府提供公共文化服务的重要手段,这就为文化共享工程赋予了重要的政府使命。文化共享工程各级中心和服务点承担着政府为基层群众提供公共文化服务的重要职责,在保障人民群众基本文化权益,促进文化服务公益性、基本性、均等性、便利性方面有着不可推卸的责任。文化共享工程的影响范围相当广泛,自中央到基层农村,逐级设立了相应的资源中心或服务点,这是建设社会主义新农村,缩小东西部差距和城乡差别的有效方式。同时,文化共享工程必须长期立足于农村,多研究农村发展的实际需要和农民的各方面需求,尽最大努力为农民服务,为农村服务,唯有这样,长久以来形成的城乡文化差别才能逐步缩小。

3.2 传承传统文化,提升全民素质

胡锦涛总书记强调,文化事业全面繁荣和文化产业快速发展,关系全面建设小康社会奋斗目标的实现,关系中国特色社会主义事业总体布局,关系中华民族伟大复兴。

信息时代高速发展带来的一大负面影响便是信息量的急剧膨胀和垃圾信息的泛滥,人们无法有效吸收优秀的文化资源。作为目前全国范围的一项文化服务工程,文化共享工程必须起到传承传统文化的作用,真正从群众需要出发,继承和发扬中华文化的优良传统,吸收借鉴世界有益文化成果,提供群众喜爱的数字文化资源。中华传统文化是世界各民族文化中的一朵奇葩,不能任其流失,文化共享工程提供了一个机遇,我们必须竭尽全力发掘和传承好这一文化精髓。

文化共享工程开展各种活动,形成了全社会学习文化、吸收文化的氛围,其目的就是使人们摆脱知识贫乏,逐步消除愚昧、落后的思想和认识。我国公民素质一直以来不甚理想,究其原因就是公民优秀文化素养的缺失。文化共享工程必须成为这样一个媒介,通过它向公众提供以优秀传

统文化精髓为主的数字资源,使人们在潜移默化中得到熏陶,进而提高全民文化素养和公民素质。

3.3 推动信息能力普及,提升民众信息能力

目前,各类信息化服务项目日益增多,社会的、政府的数不胜数,据统计,目前的互联网信息有80%处于闲置状态。究其原因,除信息内容外,很大程度上,受众信息能力的高低也是一个重要因素。莫尔斯定律指出"如果取得信息比不取得信息更伤脑筋活更麻烦的话,人们将会放弃信息需求",这说明了信息能力与信息利用之间的关系。文化共享工程建立了遍布全国城乡的服务网络,使得各地的信息获取的硬件能力初步普及,但是需要在软件方面下工夫。

信息能力的软件方面,主要指使用者获取信息的能力。文化共享工程各级中心和服务点通过各种手段开展培训服务人员、培训用户,为信息能力的普及提供了很好的条件与平台,信息资源的利用会随着由被动接受到主动获取的转变大为提升,其产生的效益也明显改观。

3.4 发挥对图书馆建设的影响力,转变图书馆的社会形象

文化共享工程目前主要依托各级公共图书馆进行建设,各项工作也是由公共图书馆承担,文化共享工程与公共图书馆相辅相成,二者的最终任务都是服务大众阅读,满足人们日益增长的文化需求。文化共享工程利用图书馆的馆藏资源优势,图书馆借助文化共享工程先进的技术手段和覆盖全国的服务网络,将优秀文化信息资源送到百姓身边,以实现文化信息资源全民共享。文化共享工程工作在基层点的开展,是图书馆服务的延伸,对提高图书馆在公众心目中的认知度,深化图书馆服务,转变图书馆的社会形象,提升各级公共图书馆的现代化信息服务水平有着深远影响。

4 结语

综上所述,文化共享工程是我国公共文化服务体系的基础工程,是政府提供公共文化服务的重要手段,是改善城乡基层群众文化服务的创新

工程。它以计算机网络技术为基础,数字资源建设为核心,特色服务为手段,建设成为全民学习的平台,服务于学习型社会。文化共享工程本着公益性、基本性、均等性、便利性的原则,在保障人民群众基本文化权益、缩小城乡差距、促进社会和谐、提高全民素质、传承中国优秀传统文化等方面发挥着重要作用,同时对整个信息社会信息能力的普及、公共图书馆事业的发展有着深远的影响。

参考文献

[1] 周和平. 全面推进文化共享工程建设. 人民论坛. 2008 (22)

[2]全国文化信息资源共享工程[EB/OL]. http://www.ndcnc.gov.cn/libpage/gxgc/index.htm

[3]新华网. 胡锦涛:深化文化体制改革 推动社会主义文化大发展大繁荣[EB/OL]. http://culture.people.com.cn/GB/40489/175468/12327591.html,2010-8-3

[4] 郭良. 论文化共享工程在构建和谐社会中的作用. 科技情报开发与经济,2009 (19):118-120

[5]文化部全国文化信息资源建设管理中心. 全国文化信息资源共享工程"十二五"规划纲要,2010-7

[6]倪晓建. 民心工程服务无形. 图书馆建设,2008(2):114-115

[7]刘璇,徐珊等. 国际视野下的"共享工程". 图书馆建设,2008(2):9

作者简介

倪晓建,北京市文化局副巡视员,首都图书馆馆长,文化共享工程北京分中心主任,研究馆员。

文化共享工程与基本公共文化服务均等化论略

◎ 王世伟

2010年7月23日,胡锦涛总书记在中共中央政治局第二十二次集体学习时指出:"要加快构建公共文化服务体系,按照体现公益性、基本性、均等性、便利性的要求,坚持政府主导,加大投入力度,推进重点文化惠民工程,加强公共文化基础设施建设,促进基本公共文化服务均等化。"① 自2002年启动的全国文化信息资源共享工程(以下简称文化共享工程)正是促进基本公共文化服务均等化的助推器。要理解文化共享工程与公共文化服务均等化之间的关系,应当分别搞清楚什么是基本公共文化服务的均等化、为什么要促进基本公共文化服务的均等化、文化共享工程在促进基本公共文化权益均等化中发挥了什么样的作用、在未来发展中还需要进行怎样的战略思考和难题破解等问题。近年来,一些学者已就此开展了一些研究。②

一、什么是基本公共文化服务的均等化?

本文所讨论的基本公共文化服务的均等化,主要是围绕公共图书馆这一文化载体展开的,故在回答什么是基本公共文化服务均等化之前,我们首先要搞清楚什么是公共图书馆和公共图书馆的基本公共文化服务。公共图书馆是指由各级人民政府投资兴办,向社会公众开放的图书馆,是具有文献信息资源收集、整理、存储、传播、研究和服务等功能的公益性与社会教育设施。所谓"公共图书馆的基本服务就是保障和满足公众的基本文化需求的服务,包括为读者免费提供多语种、多种载体的文献的借阅服务和一般性的咨询服务,组织各类读者活动以及其他公益性服务。"(引自《公共图书馆服务标准》送审稿)公共文化服务的均等化,简言之就是全体公民在享受以上公共图书馆基本文化服务权益的机会均等,并在结果上体现出大多数公民达到了平均的水准,以体现追求大多数均等化的发展理念。公共图书馆作为公益性文化事业机构,在政府主导和财政保障下,利用公共文献和设施资源,运用基本公共文化服务均等化的政策,为城乡的广大公民和各类群体读者提供普遍均等、就近便利的图书馆基本的公共文化服务,这就是公共图书馆的基本公共文化服务的均等化。

均等化的思想可以追溯到 3000 多年前的古希腊。在公元前 1000 年,在希腊最南端的陆地和岛屿地区就已经形成了许许多多个小的邦国,亦即"城邦"。在这些新建立的城市中,第一次出现了每个群体成员的权利应该均等的概念,形成了"均分"制度。[③]"公共"一词在英语中为"public",实际上,有学者认为将其翻译为"公共"太为抽象,而"公众"、"民众"更为一目了然。数千年来,均等化的思想和实践在全世界都有众多的案例。基本公共文化服务的均等化从中国进入 21 世纪之后,有了更多的公共政策指导和实践探索。而文化共享工程成为这一时期在全国广泛推行这一理念的较早的实践案例。

二、为什么要促进公民基本文化的均等化?

促进公民基本文化的均等化是实现党的十七大所提出的实现全面小康和建立覆盖全社会的公共文化服务体系的题中应有之义,是促进文化大发展大繁荣的重要政策指导。我们提出要做到大多数公民达到平均的水准,是因为中国是一个城乡和地区差异较大的发展中国家,同时,每位公民的天赋能力和背景环境各不相同,文化需求也千差万别,虽然均等化不可能做到绝对的均等,只是相对的均等,但在文化服务的过程中,我们既要尊重每位公民的选择权与自由度,更要使大多数公民受益,使大多数公民达到平均的水准,体现出文化服务的普惠性,实现、维护和发展好广大公民基本的文化权益,从而在图书馆基本公共文化服务方面达到"全面小康"、"覆盖全社会的公共文化服务体系"的发展目标。党的十七大所提出的文化大发展和大繁荣,其中的重要内容和重要指标,就是看是否实践了以人为本、普遍均等的原则,即是否在东部地区发展的同时,也全面协调发展了中部、西部和东北地区的基本文化服务;是否在众多城市发展的同时,也全面协调发展了广大的农村和边远地区的基本文化服务;是否在基本人群中发展的同时,也全面协调发展了进城务工者、残疾人、老年人、少年儿童、境外居住者的基本文化服务;尤其是在文化设施的布局方面,要避免形象工程的"锦上添花",而要大力提倡并践行"雪中送炭"。

文化共享工程是通过文化惠民实现社会和谐的重要抓手,是统筹协调科学发展观的制度安排。科学发展观的核心是以人为本。以人为本就应当以每位公民为本,而不论其地位收入和居住地区。有学者认为:"发达国家的经验和我国改革开放的经验都说明,在提供私人物品和私人服务方面,市场机制的作用是不可替代的;但在提供公共物品和公共服务方面,市场机制却存在失灵或局限性,需要通过基本公共服务均等化的机制来弥补。"[④]同时,中国目前的东中西部地区差别和城乡差别依然很大,数字鸿沟依然很深,基本文化权益的保障还存在许多困难和问题。在地区差异和城乡差异一时不能马上消除的背景下,通过促进基本公共文化服务的均等化发展,能够在一定程度上缩小这种差异,化解社会矛盾。这不仅是以人为本执政理念的具体体现,同时也符合世界各国的文化政策的成功经验和发展趋势。早在 1997 年,国际社会政策领域出现了"社会质量理论"新的理论范式。这一理论要求我们"在对社会发展目标的追求中,不仅要关注经济指标和人们的物质生活条件状况的改善,更要关注社会体系的运行状况,关注社会体系运行的和谐性、稳定性和发展的协调性。"[⑤]从社会质量理论分析,文化共享工程显然把社会和谐作为了基本的政策主张和着力点,公民基本文化服务的均等化的文化政策也有助于克服文化服务中的差异鸿沟,有助于创造社会文化的稳定氛围,有助于经济、政治、社会、文化发展的协调性。

从时间上来看,文化共享工程是中国较早推行公民基本文化服务均等化的利民工程。在文化共享工程推出的同时,国家和有关部委已开始注重基层文化的建设,这从2002年3月国务院转发的文化部、国家计委和财政部《关于进一步加强基层文化建设的指导意见》中可以了解相关的信息。在文化共享工程起步之后,基本文化服务均等化的政策和措施先后出台。2005年11月7日,中共中央办公厅和国务院办公厅联合下发了《关于进一步加强农村文化建设的意见》,其中在"农村文化建设的指导思想和目标任务"部分提出了"实现和保障农民群众基本文化权益"的政策理念,充分体现了党和国家对于农村基本文化服务体制缺位的应对举措。2006年9月13日,《国家"十一五"时期文化发展规划纲要》正式公布,其中第三部分"公共文化服务"中提出了"完善公共文化服务网络"的发展措施,并指出:"要从现阶段经济社会发展水平出发,以实现和保障公民基本文化权益、满足广大人民群众基本文化需求为目标,坚持公共服务普遍均等原则,兼顾城乡之间、地区之间的协调发展,统筹规划,合理安排,形成实用、便捷、高效的公共文化服务网络。"并在规划中明确提出"大力推进文化信息资源共享工程等重大文化工程建设"。2006年10月11日,中共中央十六届六中全会通过了《中共中央关于构建社会主义和谐社会若干重大问题的决定》,其中第一次明确地提出了"完善公共财政制度,逐步实现基本公共服务均等化",这一公共文化政策思想的提出,对于正在构建的公共文化服务体系是一个极为重要的政策指导。2007年6月16日,中共中央政治局召开会议,研究加强公共文化服务体系建设,会议指出了"结构合理、发展平衡、网络健全、运行有效、惠及全民"的20字加强公共文化服务体系建设的发展原则,会议强调:"要大力加强重大公益性文化工程建设,认真组织实施广播电视村村通、全国文化信息资源共享、乡村综合文化站和基层文化阵地建设、农村电影放映、农家书屋建设等公共文化服务工程。”[⑥]2007 年 8 月 21 日,中共中央办公厅和国务院办公厅联合下发了《关于加强公共文化服务体系建设的若干意见》,文件在第三部分“实施重大公共文化服务工程”部分中提到了广播电视村村通工程、全国文化信息资源共享工程、乡镇综合文化站和基层文化阵地建设工程、农村电影放映工程、农家书屋建设工程等。文件在第四部分“增强公共文化产品的生产供给能力”中提出要充分发挥现有文化设施的作用,“为城乡居民提供优质高效、普遍均等的公共文化服务”。文件在第五部分“创新公共文化服务运行机制”中专门提到了通借通还:“鼓励具备条件的城市图书馆采用通借通还等现代服务方式,推动公共文化服务向社区和农村延伸。”2007 年 10 月 15 日,胡锦涛总书记在党的十七大报告中的第五部分“促进国民经济又好又快发展”中提到了“必须注重实现基本公共服务均等化”,将基本公共服务均等化再一次写入了党的重要文献。可见,促进公民基本文化服务的均等化是党和国家近年来的一贯指导思想,也是努力提高推动文化科学发展能力的重要政策措施。

三、文化共享工程是促进公民基本公共文化服务均等化的助推器

文化共享工程是 2002 年 4 月正式启动的文化创新工程,由国家文化部和财政部联合实施,体现了政府主导的公共文化发展理念。文化共享工程是应用现代科学技术,将优秀文化信息资源进行数字化加工和整合,通过文化共享工程服务网络体系,实现优秀文化信息资源在全国范围内的共建共享。文化共享工程创新了图书馆服务的内容、图书馆服务的管理和图书馆服务信息传递的技术,为基本公共文化服务均等化注入了助推的活力。以服务内容而言,文化共享工程整合了各类文化科技信息,建立了各省级分中心上传信息的激励机制,并利用覆盖全国的网络实现跨地域的文化信息资源共建共享。以管理机制而言,从国家中心到省级分中心和各地市(区)、县的支中心以及基层服务点,都建立了管理制度,不少地方均能够实时了解读者服务的各类数据,人员培训形成了长效管理

机制。以信息传递技术而言,通过文化共享工程以及2010年助推的县级数字图书馆推广计划,全国县级支中心特别是中西部地区的省份的计算机服务的硬件设施进行了空白填补和更新换代,大大提升了县级图书馆在信息环境下为读者服务的能力。广东、山东、上海、天津、浙江、江苏、河南、吉林、山西、广西、四川、辽宁等地在文化共享工程的均等化服务方面都创造了许多经验,如广东的流动服务,上海的城市信息化结合推进服务,天津的延伸服务,吉林的跨行业共享联盟服务,辽宁的进村入户服务等,成为新形势下要构建全国公共图书馆服务体系、惠及千家万户的一项重要的文化基础工程。据统计,至2009年,数字资源已增加至90个TB,全国先后建成1个国家中心、33个省级分中心、2814个县级分中心、15221个乡镇基层服务点,与农村党员干部现代远程教育工作和农村中小学远程教育工程合作共建的服务点75万个,其中配备文化共享专用设备的达45.7万个。文化共享工程的布点覆盖率在县级支中心达到了96%,乡镇基层服务点达到了44%,至2010年底,文化共享工程的村基层服务点将计划实现全覆盖。⑦

四、未来的基本公共文化服务均等化发展战略与需要破解的难题

建立覆盖全社会的公共文化服务体系是近一段时期国家文化发展的重大战略,这一发展战略要求实现基本公共文化服务的均等化。尽管文化共享工程在发展的八年中取得了令人瞩目的成就,但是依然面临着巨大的挑战和需要破解的难题。实现基本公共文化服务均等化是一项中长期的任务。要实现文化共享工程的可持续发展,必须进一步进行体制和机制的创新,为破解实践中的难题提供保障。胡锦涛总书记在中共中央政治局第二十二次集体学习时强调:“各级党委和政府要把文化体制改革和文化建设摆在全局工作的重要位置,纳入经济社会发展的总体规划,建立健全领导体制和工作机制,坚持一手抓繁荣、一手抓管理,牢牢把握文化发展的主动权。”就文化共享工程的未来发展而言,笔者认为要做到以下几个方面:一是各级政府持续投入的公共财政保障制度。公共财政

具有公共性、公平性、公益性和法制性等特征。近年来,文化共享工程通过中央财政的转移支付和各级政府的配套投入,大大改善了文化共享工程的服务基础设施和服务环境,服务资源有了较大的增长。但是文化共享工程并不仅仅是基础设施和硬件的一次性投入建设,而是一个需要持续投入予以维护建设并提供服务的载体。无论是中央财政和地方各级财政,都需要在原有基础上进一步明确和科学界定各自的职能和权限。二是各级政府的人力资源保障机制。文化共享工程的各级支中心和基层服务点目前依然广泛存在队伍不稳定、专业素养差、收入待遇低的问题,需要从政策机制层面对基层文化队伍的稳定性和专业性做出长效管理的制度安排,以加强公共图书馆服务的基础性建设,提高基层服务点的服务品质。三是城乡与地区资源共建共享保障机制。近年来,国家先后实施了西部开放、东北振兴、中部崛起等战略和专项的政策支持,但地区与城乡的差异依然明显地存在。以购书经费而言,东部地区 2008 年最高的人均年购书经费超过了 7 元,而中西部地区较低的地区仅维持在 0.2 元至 0.3 元,仅此一例,便可看到中国公共文化服务在地区上的巨大落差。我们要促进基本公共文化服务均等化,就要实施城乡与地区资源共建共享保障机制。近年来,文化共享工程国家中心积极倡导资源上传机制,使一馆的资源成为全国各地的资源;此外,从国家图书馆到一些省市文化共享工程分中心都先后实施了文献资源共建共享的协作,有的是双方共享,有的是多方合作,还有的是地区或跨地区的合作,这些都逐步形成了以城促乡的氛围,为打造东部地区支持联动中西部地区和东北地区的基本文化服务均等化发展形态起到了添砖加瓦的作用。资源共享的机制还可打破行业的界限,争取社会各界的支持和加入,使基本文化服务均等化在跨界中拓展新的空间,增加新的活力。

参考文献

[1]顺应时代要求,深化文化体制改革,推动社会主义文化大发展大繁荣. 人民日报,2010 -7 -24(1)

[2]程焕文．普遍均等，惠及全民：关于公共服务普遍均等原则的阐释．图书与情报，2007(5)：4－7；王世伟．关于加强图书馆公共文化服务体系结构与布局的若干思考．图书馆，2008(2)：5－7，13；高尚全．基本公共服务如何实现均等化．光明日报．2008.4.15(10)；于良芝等．走进普遍均等服务时代：近年来我国公共图书馆服务体系构建研究．中国图书馆学报，2008(3)：31－40

[3]希腊共和国文化和旅游部．雅典：栩栩如生的城市(配合展览发行，上海图书馆，2010年6月10日至20日)

[4]常修泽．逐步实现基本公共服务均等化．人民日报，2007－1－31(9)

[5]林卡，高红．社会质量理论与和谐社会建设．社会科学，2010(3)；新华文摘，2010(14)：14－15

[6]中共中央政治局召开会议研究加强公共文化服务体系建设．人民日报，2007－6－17(1)

作者简介

王世伟，上海图书馆原副书记，现任上海市社会科学院信息研究所所长。

文化共享工程——中国特色社会主义公共文化服务体系建设与发展的创新实践

◎ 李忠昊

中国现代化建设是在全球化的新型国际环境中进行，新一轮全球化时代国家间竞争不仅靠硬实力的比拼，更重要的是道义的影响和文化软实力的较量。党中央、国务院高度重视文化建设，由文化部、财政部组织实施的全国文化信息资源共享工程（下简称文化共享工程），是我国正在积极建设与完善“星罗棋布”的公共文化服务载体环境下，中国特色社会主义公共文化服务体系建设与发展的创新与实践。目的在于“繁荣社会主义先进文化”，对中华优秀文化信息资源进行数字化加工整合，利用覆盖全国城乡的网络化管理和服务体系，实现全国范围内优秀文化信息资源的共建共享。以基本需求、引导需求、科技实用分类需求，多元化、多层次地满足人民群众基本文化需求最大化。通过充分发挥引导社会、教育人民、推动发展的社会职能，保证我国文化的主体性，塑造我国当代国家形象，提升我国文化软实力，把握文化发展主动权，以多层次立体化的公益性、基本性、均等性、便利性公共文化服务，最大限度保障人民群众基本文化权益。

一、占领文化阵地，塑造当代中国国家形象的历史使命

文化承载了滋养国家进步的厚望，公共文化服务中蕴含着特定的民族文化传统和国家文化意识，表征着一个民族、国家和地区世代相传的集体无意识及其文化意识形态，凝聚着民族身份和国家形象的社会文化心理。

建国60年，特别是改革开放30年来，我国文化建设取得可喜成果，这中间公共文化服务功不可没。与此同时，信息时代的到来，文化多元化的趋势，我们也面临着很多挑战和文化安全问题。西方主流意识形态有计划、有步骤地对中国进行文化侵略，用大量的资金颠覆中国文化价值观。部分国人特别是年青人在这样一种被强势文化虚构出来的所谓氛围中，不断迷失，进而习惯性的木讷和迟缓，最终自我失语和自我后殖民化。毛泽东同志曾提出“文化思想阵地我们不去占领敌人就会占领”。党中央、国务院也高度重视中国文化的振兴与发展，反复强调中国文化的发展，中国文化不能与中国经济同步，是令人担忧的问题。随着经济全球化、信息网络化的发展，不同政治思想文化力量的较量更加短兵相接，面对西方各种非马克思主义思潮以更具隐蔽性、迷惑性和欺骗性的方式和形式对我国社会主流意识形态建设带来强烈冲击和影响，如何应对新的挑战，开辟新的阵地，这是信息时代下，中国公共服务需要深刻思考的问题。

公共文化服务与生俱来的国家属性、民族属性和先进属性决定了它肩负着保护、利用和开发公共文化资源的任务，传承和弘扬民族身份认同和塑造国家形象的使命。文化共享工程在这个历史时期应运而生，是公共文化服务迎接信息化时代，凝聚力量、开拓创新的一次重要实践。

一方面，文化共享工程用新手段、新方式占领文化阵地。它将传统的公共文化服务与现代信息技术紧密结合，利用公共图书馆的传统网络和图书馆专业背景技能以综合性、专业性、技术性整合的文化科技服务，有别于一般表象性的群众文化，它用喜闻乐见的内容和信息化的网络将主流的、先进的文化思想方便快捷地传递给广大人民群众，特别是阵地相对薄弱的基层农村，改造落后文化，抵制腐朽文化、潜移默化地发挥着重要作用，丰

富、活跃基层群众的文化生活。

另一方面,文化共享工程通过对我国优秀民族文化资源系统性的采集、记录、修复、加工存储、归档、组织和展示、宣传、服务、研究的全过程,建设了大量具有强大吸引力和针对性,多层次、开放、互动的中华优秀数字文化资源库群。这些资源炫目的表现形式,高科技的技术平台,巨大的数据容量,精彩丰富的文化资源,在现代信息环境下的文化阵地特别是中文信息资源缺乏的互联网上尤其值得关注。工程所展示的正是由中国元素到中国现象、中国形式、中国文化全方位的塑造和提升中国繁荣发展、民主进步、文明开放、科学发展的国家形象。

二、文化共享工程的公共文化服务创新实践

(一)凝聚公共文化服务力量的新手段

近年来我国公共文化服务体系建设取得了举世瞩目的新成就。在党中央、国务院关怀下,在文化部的领导下,按照结构合理、网络健全、运行有效、惠及全民的原则,以政府为主导,以公益性文化单位为骨干,社会积极参与,覆盖全社会的公共文化服务体系已逐步建立。文化共享工程在这一背景下,以创新的思路、高科技的技术进一步凝聚了公共文化服务体系的力量,实现了事半功倍的效果。

一方面,文化共享工程利用现有的公共文化阵地建设进一步加强和丰富其公共服务职能和作用。工程思路源于图书馆文献资源共建共享的理念,是数字图书馆的前期使用方式。工程的先进性、创新性、科技性,为公共图书馆发展吹来一阵强劲东风。同时工程又进一步发挥完善了乡镇综合文化站作为集成文化阵地,为广大基层群众提供具备书报刊阅读、广播电影电视播放、信息提供、宣传教育、文艺演出、科普教育、体育和青少年校外活动等综合性功能的作用,夯实其作为公共文化基础设施、场所和基本文化服务的职能。使文献资源共享的理想和传统图书馆传播知识、信息的理想得到真正的实现。

另一方面,文化共享工程整合了公共图书馆服务网络、丰富了乡镇综

合文化站阵地文化资源。扎根基层,面向农村提供大众性、雅俗共赏、实用的公共文化资源,既至上而下构建贯通了国家、省、市、县、乡镇(街道)、村(社区)六级公共文化服务网络,创新了文化资源传输和服务模式。从而,进一步优化了公共文化资源配置与传输模式,扩大了优秀文化资源传播面和影响,已成为中国特色社会主义公共文化服务体系的成功实践。

(二)提高文化软实力的新模式

当今社会,谁具有更强的文化软实力,谁就能够占据文化发展的制高点,就能够在激烈的国际竞争中更好地掌握主动权。文化共享工程通过有计划有重点系统性的资源建设规划与高标准的资源建设技术,丰富资源总量,提高精品比例,增强资源的吸引力和针对性,打造多层次、开放、互动、全社会共建的资源建设体系,建立了以中华优秀数字文化资源为主体的公共文化数字资源基础库群,并通过互联网、卫星、电视、手机等新型传播载体,把阅读、知识的获取、主流意识传播紧密地结合,以多元化、多样性、多层次的全新的发展模式,向世界展示中国文化魅力,呈现中国文化品格。这正是通过凝聚全社会、全民族的意志和力量,激励与整合人民对社会、民族和国家的文化认同,形成全民族的向心力、凝聚力和文化竞争力,实践国家意识形态的塑造,文化软实力的提高。

(三)传播社会主义核心价值体系的创新工程

胡锦涛总书记在党的十七届三中全会第二次全体会议的讲话中在重点谈到意识形态问题时着重指出:“在信息技术高度发达的当今时代,谁的传播手段先进,谁就能更有力地影响世界。要抓紧研究制定提高我国国际传播能力的总体战略和实施方案,加大投入和支持力度,着力建设语种多、受众广、信息量大、影响力强、覆盖全球的国际一流媒体,使我们的图像、声音、文字、信息更广泛地传播到世界各地,进入千家万户。”文化共享工程利用先进的信息网络技术已基本建成遍及国家、省、市、县/区、乡镇/街道、村/社区六级文化共享工程服务网络体系,形成了多手段、多形式的社会主义核心价值体系有效传播和全方位展示的重要渠道和媒体，从而以创新工程的方式实现数字文化服务承载以社会主义核心价值为灵魂的国家意识形态的塑造和传播。

三、文化共享工程的展望

文化共享工程正处在“十一五”的探索建设阶段向“十二五”的跨越式发展阶段过渡的关键时刻，工程有着良好的政策环境，面临难得的发展机遇，只有通过不断创新提高，实现可持续发展，才能使文化共享工程巩固已有建设成果，把握机遇，进一步加快、协调发展，进一步彰显社会效益，成为我国公共文化服务体系建设的骨干和主流。

因此，文化共享工程在“十二五”时期，必须进一步深化项目创新机制，加大投入、科学投入，加强提高精品资源建设，完善网络平台，以培养提高掌握前沿信息技术高素质人才梯队为保障，将公益性、基本性、均等性、便利性的公共文化服务惠及全民，永恒地扎根在人民群众身边。

可以预见，在社会主义文化建设新高潮、推动社会主义文化大发展大繁荣的历史机遇下，文化共享工程这一中国特色社会主义公共文化服务体系建设的成功实践，必将为保障人民群众基本文化权益和日益增长的文化需求再立新功。

参考文献

[1] 论文化体制改革:牢牢把握文化发展主动权．人民日报．2010－08－06

[2] 全国文化信息资源共享工程“十二五”规划纲要

[3] 陈利权．从意识形态内涵看中国意识形态建设．浙江学刊．2010(1)

[4] 文化是民生之魂——专访省文化厅厅长郑晓幸．四川党的建设(城市版)．2007(8)

作者简介

李忠昊，四川省图书馆馆长，文化共享工程四川省分中心主任，研究馆员。

数字信息技术的发展与文化共享工程的提升与拓展

◎ 谢 林

全国文化信息资源共享工程(以下简称文化共享工程)自2002年在全国逐步展开,经过八年的不懈努力,取得了显著的建设成果。计算机、服务器、电子阅览、数字服务等过去在发达地区才能看到的现代化设备与技术,已经在经济尚不发达的中西部图书馆落地生根;闭塞的县、乡、村图书馆(室)"孤岛"借助现代通讯手段,从此融入图书馆大家庭的共享空间;一大批图书馆员经过不间断的技术培训,成长为新一代技术骨干;丰富的数字资源运用现代传播技术为广大贫困地区的人民群众所共同分享;特色鲜明的地方文化资源不断丰富着各地群众的精神生活。文化共享工程面向农村大众搭建信息通道的目标初步实现。

然而,应当清醒地看到,在文化共享工程取得初步成效的同时,社会环境的变化特别是信息技术的迅猛发展与广泛应用,推动着知识信息的来源日趋丰富和多样,人们获取、应用知识信息的方式也随之悄然发生变化,越来越多的人在享用信息的同时,更多地选择信息互动,主动参与信息建设,使知识信息的传播呈现前所未有的繁荣景象。这种技术进步引发的知识信息繁荣,的确为广大农村的知识信息普及起到了良好的推动作用,但是囿于城乡人群在知识信息储备、信息应用条件、信息获取技能等方面的差异，城乡数字鸿沟依然存在继续拉大的趋势。如何更好地与时俱进，借助日新月异的现代信息技术，提高农村群众的信息应用技能与水平，扩大知识信息在农村传播的广度与深度，是文化共享工程“十二五”建设当中必须面对的课题。

一、无障碍：让信息与用户“零距离”

据《2009年中国农村互联网发展状况调查报告》显示，截至2009年底，互联网在城镇的普及率是44.6%，在农村仅为15%。对比2004年以来中国城乡互联网的发展差距，农村互联网发展速度放缓，城乡之间的“数字鸿沟”有扩大的趋势。2009年底中国网民规模达3.84亿人，年增长率28.9%，互联网在总人口中的普及率从22.6%提升到28.9%。其中城镇网民总数为27719万人，年增长率29.9%，年增长6379万人，而农村网民虽然已经达到10681万人，但年增长率只有26.3%，年增长2220万人。

再以陕西为例，看看西部地区的情况。陕西省作为西部欠发达地区，截至2009年底网民总数为995万人（占陕西总人口的近27%），年增长25.9%（全国排名第17位），低于全国28.9%的平均增长水平。陕西农村人口占总人口的57.9%，但农村网民仅占全省网民总数的25.8%，低于全国27.8%的平均水平。可见，西部地区不仅网民总数少，增速低，且农业人口所占比重大，农村网民增速更低。

这组数据说明，农村群众利用互联网的人数低于城镇群众，增长速度也比城镇缓慢，西部经济欠发达地区更是低于全国平均水平，农村特别是经济欠发达地区的农村群众与知识信息之间尚存在较大距离。消除这种距离除了发展经济这个根本因素之外，主要应当解决好以下几方面的问题：

一是消除空间障碍。

目前部分农村地区网络使用的基础条件还很匮乏，网络使用的条件和空间不足。据调查，农村的非网民中19.7%的人是由于没有电脑等上网设备,3.5%的人是由于当地没有网络接入条件。尤其是中西部经济发展落后的农村地区,家庭拥有电脑率较低,网吧和学校成为农村居民接触和使用互联网的重要场所。

农村家庭网络普及率低,缺乏上网场所,导致在农村的黑网吧现象往往高于城镇。据2010年6月24日《华商报》报道,西安市授权网吧1100家,年上网300万人次。而西安市公安局今年6月下旬针对黑网吧开展"网剑行动",仅五天就荡除黑网吧922家(2010年7月5日《三秦都市报》)。这些黑网吧多设在城乡结合部及农村,有的黑网吧甚至开在养猪场里,其隐蔽性可见一斑(2010年7月2日《西安晚报》)。

对此,文化部拟在全国依托文化共享工程基层服务网点开展公共电子阅览室建设,无疑是一项填补农村上网场所空白的具体措施。公共电子阅览室建设的目的在于消除农村群众与知识信息之间的空间距离,其硬件建设重点在于村、镇,难点在于基层电子阅览室是否能够具有稳定的日常服务队伍及其必要的专业服务技能。在服务内容上应严格区分市场经营与公益服务的性质,把握公益性、基本性、均等性、便利性的服务原则,避免因性质混淆开展经营性服务项目(比如网络电子游戏)而带来的负面影响。

二是消除技能障碍。

农村地区网络基础知识匮乏,对互联网的认知存在偏差。非农村网民中有38.8%的人是由于不懂电脑、网络而不上网。其比例高于城镇非网民群体。农村互联网使用制约因素从过去的观念(觉得没用)占首位,经济(没电脑)和文化水平(不会用)占次要地位,转变为文化水平(不会用)占首位,经济(没电脑)居其次(陈刚、张卉:《中国农村互联网发展的有关问题研究》)。消除农村非网民的技能障碍,促进农村网民的增长,促进农村群众利用网络信息的能力和水平的提高,是共享工程以及公共电子阅览室必须认真做好的一项基本的和长期的服务工作。

三是消除经济障碍。

农村上网成本相对于农民收入水平仍较高。根据国家统计局调查显示,目前中国农村居民年平均收入在5000元左右。电脑、上网仍是奢侈品。因此,在公共电子阅览室以及文化共享工程的其他服务中坚持开展免费服务,消除农村群众与知识信息之间的经济障碍,是文化共享工程坚定不移的一项基本原则。

农村互联网用户的发展,将随着剩余的农村非网民进入门槛越来越高,出现网络技术传播、扩散速度放缓的“衰减效应”。因而无障碍是一个不断努力的过程。对此我们必须保持充分的思想和组织准备。

二、自由:让信息传播方式从固定到移动

移动互联网以手机为终端,是移动通信技术与互联网技术结合的产物。而3G技术则是移动互联网取得成功的关键。3G技术所带来的高速率,使得移动通信从语音扩展到多媒体(图像、语音、视频),大大提高了移动互联网的应用。据摩根士丹利2009年12月发布的《移动互联网报告》,美国2009年3G用户为1.03亿,普及率为37%;日本同期3G用户为9481万,普及率为87%;韩国3G用户为3384万,普及率为71%,为世界前三位。预计2012年将形成包括中国在内的新兴地区(非洲、亚洲)的发展拐点,3G用户将达到10.9亿。

手机是社会公众最为常见的随身携带的通信设备(中国手机用户7.86亿,其中中国移动的用户超过5亿)。截至2009年底,我国的手机普及率达到56.3部/百人,超过固定电话23.6部/百人的普及率。手机的高普及率决定了移动互联网的无限发展空间。

中国互联网络信息中心《第25次中国互联网络发展状况统计报告》显示,中国手机网民2009年增加1.2亿,达到2.33亿人,占整体网民的60.8%,手机和笔记本上网使用率迅速攀升,其中手机增长率为98.5%,笔记本增长率为42.4%,而台式机的增长率仅有5.8%。互联网随身化、便携化的趋势进一步明显。

文化共享工程是面向广大农村用户的信息普及工程。为了更广泛地普及共享工程的内容应用程度,应当充分借助日趋成熟的移动通信技术

与农村群众现有信息工具的特点，提高知识信息与农村群众的随身度与自由度。

1. 农村手机拥有量远高于电脑，使用门槛低于电脑等终端；农村网民网络使用相对较浅，手机聊天互动和手机新闻推送可满足初期需求。

2. 农村网民由于收入低、消费支付能力有限及上网设备相对匮乏，手机以价格低廉、上网日渐便利获得农民青睐。2009 年农村网民台式机上网率下滑至 68%，手机上网率提升 20 个百分点，达到 67.3%，高于同期城镇水平（58.3%），成为农村网民主流的上网终端。

3. 国家图书馆、上海图书馆、文化共享工程国家中心均已开通手机服务。利用手机终端，借助 3G 带来的移动互联网发展，把握三网融合的契机，进一步开发出更加丰富的手机知识信息多媒体应用，应当成为文化共享工程今后技术与内容研发的重点。

三、融合：让信息应用工具从单一到多样

文化共享工程在“十一五”期间生产的资源总量已经达到 92.27TB。但是从应用工具的角度看，目前主要是采用桌面电脑、电视机、投影等几种基本工具。在信息发布方面，资源发布平台多而分散，缺乏整合，内容格式多，开放程度低，搜索工具繁多，操作程序也比较复杂。对于农村一般群众来说，普及应用限制多，要求高，难度大。

随着数字信息技术的发展，目前在一些关键技术上已经取得突破性成果，为文化共享工程当前乃至今后的建设方式开辟了丰富的应用前景。

在搜索工具融合方面，2010 年 6 月，北京书生公司推出了“移动图书馆”解决方案，其中最大亮点是能够基于手持设备对各类数据库资源进行统一检索和全文访问，实现了跨平台、跨格式、跨终端阅读。

在阅读工具方面，涌现出更多的应用终端及其相互融合的技术，使知识信息能够借助各种阅读工具广泛传播。

三网融合：以电视网、互联网、电信网为内容的三网融合开始试点，标志着三种接收终端（电脑、手机、电视）的传输协议将逐步融合，信息接收

工具之间的壁垒将被打破。今年7月22日,广电总局与摩托罗拉签署了NGB(下一代广播电视网)合作协议,标志着广电总局在与硬件厂商建立战略合作的同时,NGB网络建设的工作也在提速(内容数字化、移动多媒体广播电视、网络)。按照今年6月12日公布的三网融合试点方案,广电网络在2012年底前在全国12个城市实现宽带接入能力达到100兆,同时以光纤同轴混合网为基础推进光纤入户。

网络电视:谷歌联合索尼、英特尔、罗技等公司开发的网络电视计划在今年秋季问世。网络电视使得电视信息内容的选择性、互动性都得到空前提升,借助搜索引擎,谷歌网络电视可以收看到100万个节目频道。尤其是用户可以利用谷歌手机实现与网络电视之间的互动沟通、节目转换,实现了不同信息设备之间的对话交流。

随着信息阅读工具的日趋多样,内容提供商纷纷更加积极主动地关注面向不同阅读工具的应用开发,以期为内容产品的推广赢得更大市场。美国苹果公司的平板电脑IPAD于今年4月上市后,仅仅80天,就实现销售300万台的纪录。腾讯QQ视频、新浪视频、凤凰网(凤凰移动台)、南方都市报、东方早报等媒体不失时机地开发了针对IPAD的应用工具。有消息说,美国现有电子阅读器(不包括电脑上的)280万台,但2009年电子图书销售环比增长176.6%,占图书销售总量的3%。亚马逊今年计划销售370万台阅读器,而亚马逊电子书的销售33个月就超过纸本精装书15年的业绩,达到180:100。继汉王电纸书之后,盛大文学也已经在建立"云中图书馆"的同时,推出了自己的"锦书"电子阅读终端。

文化共享工程"十二五"建设规划提出,利用云计算、智能分析、数字图书馆跨库检索等先进技术,建立整合型知识服务平台,为社会公众提供"一站式"知识服务(红色历史文化)的建设目标,预示着全国的文化共享工程建设将广泛借助新兴的电子信息技术,推动文化信息资源在更广的范围和更多的信息终端上的全面应用。

四、互联:让文化共享工程从单一群体到群体互联

目前,文化共享工程架构的国家、地方双重资源建设、发布体系,已经开始发挥服务作用。国家中心通过多种渠道传送的文化资源遍布全国,各省根据不同的地方实际,采用相适应的技术方法搭建的服务平台,也已经形成了独具地方特色的互联服务群。但是从用户的角度来看,这种百花齐放、异彩纷呈的服务格局也还存在着一些问题,比如由于缺乏跨平台之间的资源检索方法,资源的查找、使用还比较麻烦;由于目前尚无统一的资源整合方法与服务策略,众多的文化资源大都散见在各个独立群内,无法展现整体规模优势,难以吸引用户的广泛关注和利用;重复、分散的资源配置也浪费了宝贵的设备资源,硬件设备效率低下,持续发展存在隐性危机。

日益兴起的"云"技术对文化共享工程的资源整合与服务策略是否能够有所帮助呢?答案是肯定的。所谓云技术,就是将 PC 等终端设备独立的计算、存储任务,交由大规模、分布式、集群化的服务器、存储设备集中承担,用户则选择方便的信息终端,按照需要个性化地索取服务。利用云技术,将有可能极大地解放和包容终端设备,为用户提高效率,降低成本。

据数字出版在线 2010 年 3 月 10 日报道,盛大文学将建立"云中图书馆",将旗下五家原创文学网站的内容全部接入,并且开放平台,允许报纸、杂志、论坛、博客等内容提供商自由加入,自主定价,同时向所有硬件厂商开放。2010 年 5 月 26 日,国台办发言人杨毅在新闻发布会上宣布,两岸学者将共同构建"中华语文云技术数据库"。(参见人民网北京 5 月 26 日电)

文化共享工程国家中心初步计划在"十二五"建设期间,引入"三网融合"、云技术、智能调度等最新技术,实施"文化祥云"全网优化计划,整合系统内 1 万 TB 的存储空间和 100 万台以上的计算机终端,提升工程的整体管理与服务能力。此外,还将整合国家、省、市、县/区四级分布式互

联网网站群，建设支持各种传播媒体的公共文化信息服务网：中华文化门户网。相信借助不断发展、成熟的数字信息技术，文化共享工程一定会为缩小数字鸿沟，普及中华文化作出更大的贡献。

参考文献

[1]中国互联网络信息中心《2009年中国农村互联网发展状况调查报告》
[2] 2010.5.27 西部e网《2009年陕西互联网发展报告发布》
[3]2010.6.24 华商网《西安市公安局"网剑行动"启动》
[4]2010.7.5 三秦都市报《西安黑网吧非法收入超10万》
[5]2010.7.2 西安晚报《黑网吧藏身养猪场》
[6]陈刚、张卉：《中国农村互联网发展的有关问题研究》
[7]摩根士丹利《移动互联网研究报告》(2009.12)
[8]中国互联网络信息中心《第25次中国互联网络发展状况统计报告》
[9]北京书生公司《书生移动图书馆开启学术速读新纪元》
[10] 数字出版在线《盛大文学发布电子书战略，建立"云中图书馆"》
[11]人民网《两岸专家学者将共同构建"中华语文云技术数据库"》
[12]《全国文化信息资源共享工程"十二五"规划纲要》

作者简介

谢林，陕西省图书馆馆长，文化共享工程陕西省分中心主任。

公民文化权益均等化的重要实现途径

——以文化共享工程为例

◎ 陈彬斌

文化权利是公民人人应该享受的基本权利。《世界人权宣言》规定:"人人有权自由参加社会的文化生活,享受艺术,并分享科学进步及其产生的福利。"[①]我国宪法规定:"中华人民共和国公民在法律面前一律平等。""国家尊重和保障人权。"随着经济社会的发展,文化权利越来越受到关注和重视。

公民基于文化权利而享受基本的文化权益,从法理上来说,毫无疑问是平等的,但由于自然、历史、现实及个人的多种因素,文化权益均等化始终只是一个重要发展目标。客观看,绝对的均等从来不存在,所有的均等都只能是基于某个历史发展阶段,公共服务所能提供的最佳方式所达到的结果而已。

因此,要实现"公民文化权益均等化",必须实现"公共文化服务均等化"。实现公共文化服务均等化的途径,包括制度、机制、保障、评价、产品等多个维度。本文以全国文化信息资源共享工程(以下简称文化共享工程)为例,阐述其对实现公共文化服务均等化的重要性,并提出今后发展的方向。

一、我国公共文化服务均等化发展现状分析

公共文化服务的均等化主要指公共文化资源分布、公共

服务对象群体、公共服务的水平等方面的公平;公共文化服务的均等主要保障的是公民基本文化权益的均等与公正,包括平等地享受文化成果、参与文化活动、进行文化创造及其成果得到保护。

自新中国成立以来,我国逐步建立起了公共文化服务的基本架构,公众的基本文化权益得到了切实保障。目前,全国共有县以上公共图书馆 2778 个,文化馆 3214 个(含群艺馆),博物馆 1617 个,文化站 36874 个,社区、村文化室 137665 个。除文化文物系统外,其他部门的图书馆、展览馆、科技馆、工人文化宫(俱乐部)、青少年宫等公益文化事业也有了快速发展。据统计,目前全国共有高校系统图书馆 1100 多个,科研专业图书馆 8000 多个,全国工会系统有工人文化宫、俱乐部 3.9 万个;全国各种青少年校外活动场所 12000 多家,其中教育系统有 2600 多家,共青团系统有 1400 多家,妇联系统 1200 多家(包括青年宫、少年宫、青少年活动中心、妇女儿童活动中心、青少年素质教育基地、少年科技站、科技馆等)。全国还有科技馆 400 多个,展览场馆 158 个。对公共文化服务的投入持续增长。"十五"期间对农村文化投入达到 134.23 亿元,占全国文化事业费比重为 27.05%。实施县图书馆、文化馆建设工程,到"十五"期末,县县有图书馆文化馆的目标基本实现。"十一五"期间,又实施乡镇综合文化站建设规划,新建和扩建 2.67 万个农村乡镇综合文化站,到 2010 年基本实现"乡乡有综合文化站"的建设目标。财政部也将边疆文化长廊建设补助资金和基层文化设施设备维修补助资金从每年 1100 万元增加到 6000 万元。各地也加大投入力度,落实了一批基层文化设施建设项目,扶持公共文化建设。

近年来,文化部和财政部联合实施了文化共享工程、送书下乡、流动舞台车工程等一些重大有影响的文化项目,成为推动公共文化服务的有力抓手,促进了各地不断加大文化经费投入,带动了公共文化资源的整合,促进了公共文化建设,产生了很好的社会效益。

随着经济社会的发展,我国人均 GDP 超过 3000 美元之后,公众对文化的需求迅速提高;同时,在由于贫富差距拉大、社会矛盾不断积聚的阶段，文化的“慰藉效应”没有得到充分体现，公共文化服务的短板迅速凸显，公民基本文化权益的实现缺乏制度、经费保障，缺少灵活、持久的实现方式。主要体现在：

(一)公共文化投入明显偏低

2001 年到 2006 年，全国文化事业投入总计 654 亿元，教育事业投入总计 19911.9 亿元，卫生事业投入 5193.8 亿元，科学事业投入 2002.15 亿元。与教育、卫生、广电等社会事业部门相比，文化建设经费投入明显偏低。相当于教育的 1/30，卫生的 1/8，科学事业的 1/3。2006 年文化事业费仅占国家财政总支出的 0.38%，文化事业费占国家财政总支出的比例偏低(教育事业费占 11.75%，卫生事业费占 3.24%，科学事业费占 1.19%)。2006 年人均文化事业费仅为 11.91 元，而教育却达到了 365.59 元，卫生 100.89 元，科学 37.18 元。2006 年全国文化事业费总计 158 亿元，其中，用于县乡文化机构的经费仅 41.8 亿元(县 30.85 亿元，乡镇 10.9 亿元)。按乡村人口计算，人均 5.66 元，主要用于县乡文化机构维持基本运转的人员及公用经费支出。[②]

(二)东西部地区差距显著

据统计，2007 年东部地区城镇居民家庭人均教育及文化娱乐服务支出为 1711.26 元，而西部地区仅为 1039.76 元，仅占东部地区的 3/5 左右。(见表 1)，其中 2007 年上海市城镇居民家庭人均教育文化娱乐服务支出为 2653.67 元，而云南省仅为 705.51 元，仅占上海的 27% 左右(见表 2)。

表 1[③]　东部、西部地区城镇居民家庭文化娱乐服务支出(2007 年)

单位：元

项目	东部地区	西部地区
人均消费支出	12126.61	8477.49
人均教育文化娱乐服务支出	1711.26	1039.76

表2[④] 全国各地区城镇居民家庭人均年消费支出(2007年)

单位:元

地区	消费性支出	教育文化娱乐服务	文化娱乐用品	文化娱乐服务
北京	15330.44	2383.96	788.83	718.21
广东	14336.87	1994.86	468.75	714.08
上海	17255.38	2653.67	740.99	709.11
浙江	14091.19	2158.32	465.09	495.34
广西	8151.26	1050.04	301.42	299.22
甘肃	7875.78	1058.66	238.53	297.06
陕西	8427.06	1230.74	284.74	260.05
宁夏	7817.28	863.36	263.91	223.53
云南	7921.83	705.51	163.41	240.42
全国	9997.47	1329.16	343.17	347.59

(三)公共文化资源分布极为不平衡,城乡文化发展水平差距较大,农村文化投入明显不足,农民工等特殊群体文化权益难以得到保障

公共文化资源分布的不平衡比较突出地表现在城乡差别巨大,长期以来,我国对农村文化投入明显不足。2006年对农村文化共投入44.6亿元,仅占全国财政对文化总投入比重的28.5%;对城市文化投入占总财政投入的比重高达71.5%,超过对农村投入比重43个百分点。扣除对县级文化单位的投入,2006年全国财政直接为7.37亿农民提供文化服务的乡镇文化站投入经费只有10.9亿元,每个农民一年仅能享受1.48元的文化投入。2006年对西部地区文化共投入34.3亿元,占全国文化事业财政投入比重为21.9%,比重偏低。[⑤]据统计,我国目前有1.2亿左右的农民工,绝大多数的农民工很少参加文化活动,大量被排斥在公共文化服务对象之外。

二、文化共享工程是实现公共文化服务均等化的重要途径

公共文化服务均等化难以实现,主要涉及公共文化产品的生产、提供不能有效实现。其中,提供方式即服务方式的严重滞后,导致资源分布不均衡、区域及人群服务水平差异显著等瓶颈的出现。

文化共享工程的全面实施,从根本上改变了文化资源的传统传播方

式,从而使基层服务机构能够更为便捷地获取资源、提高服务质量,从而达到在较短时期内能迅速改变公共文化服务不均等的状况。

(一)海量数字文化资源储备,无限复制与传输的数字资源特性,有效提高了各级公共文化服务机构的服务能力和水平

截至2010年6月底,文化共享工程资源总量已达92TB,资源内容包括舞台艺术、讲座、影视、少儿动漫、专题片、多媒体资源库、电子图书与电子期刊、少数民族语言资源八大类别,基本完成了"十一五"规划要求的100TB容量、5万种电子图书、1.4万部/集视频资源的建设目标。资源首先整合了全国图书馆、美术馆、博物馆、艺术研究单位、艺术表演团体、电影厂、农业科技资源制作单位等机构的各类优秀文化信息资源,形成了207个不同门类的资源库群,达到了海量的92TB。[⑥]其次,根据基层需要,从2007年开始,文化共享工程的资源建设按照"三贴近"原则,面向农村,面向基层,增强了农业科技知识及大众实用性的资源,建立起了一批满足农村需要的电子图书、讲座、戏曲、电影等优秀资源。另外,针对少数民族群众的特殊需求,从2006年起,国家中心与新疆、内蒙古等少数民族地区密切合作,从文化共享工程资源库中挑选精品资源,陆续开展了藏语(含卫藏、安多、康巴方言)、蒙古语、维吾尔语、哈萨克语、朝鲜语的译制工作,受到了广大少数民族地区群众的普遍欢迎。[⑦]

通过对这些资源的利用,各级公共文化服务机构的服务能力得到大幅度提升。许多原来门可罗雀的乡镇文化站、村文化活动室,在开通文化共享工程服务点后,利用资源创作、改编、播放文艺作品,辅导群众文艺,传播科技服务信息,开展农业科技培训等,大大改变了这些基层服务机构原来艰难的生存状况,从而使广大群众受益。

(二)充分利用科技发展的成果,建立有效地全覆盖网络体系,创新了公共文化服务方式

数字文化服务体系是文化共享工程建设的方向,为此,建立层级清晰的各级中心和服务点,是实现服务的关键所在。自建、合建及依托其他系统建立服务点,是文化共享工程建设过程中探索出来的多种方式。其中,

如河南、山西等地的IPTV模式、辽宁的与电视结合的模式，与农村党员远程教育、教育网络的合作推广，以及原有的移动存储器、光盘等模式，都是针对不同地域、不同群体实施的传播方式。形式多样的传播途径，确保了全覆盖的逐步实现。到2010年年底，文化共享工程服务点覆盖到全国绝大部分村将有望实现。海量的文化资源随着全覆盖的实现将彻底突破公共文化资源分布不均的瓶颈，为实现公共文化服务均等化创造了最为重要的基础条件。

（三）数字化服务全面深入基层，对推动中国社会进步、提高国民素质、真正实现公民文化权益，具有划时代的意义

数字化、网络化是当今社会公共服务发展的方向。文化共享工程利用网络数字技术，根据公众的需求，把数字服务全面推向基层，一方面能够改变基层文化生态，通过丰富的文化资源迅速跨越原有的不均等的瓶颈，使基层文化得到持久发展的动力；另一方面，通过数字化的文化服务，基层群众能够在文化共享工程的平台上领略到与世界同步的最新文化、科技、经济等信息，崇山峻岭将不再能够隔绝沟通，加速了文明的传播、学习、欣赏、参与、创造……一切都因此变得顺畅。由此观之，文化共享工程对于推动中国的数字化发展，对于社会与文明的进步，对于提高国民文化素质，具有难以估量的意义。

三、推动公共文化服务均等化，文化共享工程未来需要解决的几个问题

（一）培养和建立能够充分利用数字资源开展公共文化服务的人才队伍

人才决定事业的成败。从实践中看，目前困扰文化共享工程开展公共服务的一个问题是，缺少一支既掌握现代传播方式、又熟悉基层文化工作的队伍。要将文化共享工程丰富的文化资源充分用于现实的文化工作，有一个认识、利用的过程。从目前情况来看，我国基层文化队伍总体上队伍不健全，整体素质偏低，没有严格的职业资格制度，没有常规的培训和进修。以乡镇文化站为例，全国现有文化站人员中，高中及中专以下

学历的3.5万,占人员总数(6.27万)的55.8%;很多文化专干知识老化,专业素质不适应工作需要。依托这样的队伍,要实现文化共享工程文化资源充分为群众利用,显然还很不够。近年来,各地依托大学生村官,有效推动了文化共享工程的服务工作,就证明了建立一支符合数字服务时代需求的队伍的紧迫性。

(二)海量资源必须根据公众需求,进行细分化,形成系列公共文化产品,有效提高被采用的概率

数字时代的一个特征是信息泛滥。要有效提高信息资源的利用率,必须对资源进行再次加工,形成系列文化产品。例如,可以根据基层文化站工作的需要,设计"文化站数字资源库",在这个资源库中,基层文化站人员能够便捷地获取开展活动所需要的艺术资源、服务信息等。

(三)建立资源建设与服务的公众需求反馈机制

网络的普及使得即时沟通成为可能。要进一步提高资源建设的针对性,提高资源的服务性,应该建立资源建设与服务的公众需求表达反馈机制。可以借鉴经济部门的经验,在访问者进入查询库时,自动咨询其需要的信息资源种类,除迅速给予答复外,还可通过对访问者回答的分析,获得今后资源建设与服务的重要方向。

(四)分众化市场服务也是满足公民文化需求、保障文化权益的一种途径

完善的公共文化服务的最大的结果之一,必然是培育了一个巨大的文化市场。作为国家公共文化服务体系的基础性工程,文化共享工程以公益为己任,但也应根据文化产品的特性,充分考虑市场因素的客观存在。要建立文化共享工程长期发展机制,应该对服务的公益性和市场性进行划分。首先应该确保公民的最基本的文化权益,但差异性的文化服务应该进入市场,这也是维护社会主义市场体系健康发展的需要。应该通过对产品的分众化处理,建立一个通过市场支付的资源服务库。以音乐培训为例,通过对公益性资源的获取和利用,一个音乐爱好者可以得到最基础的培训,如识谱、乐理知识、基本演唱和演奏方法等;但如果需要进

一步掌握一门乐器，就应该支付相应的资源报酬。

注释

①《世界人权宣言》第二十七条，联合国大会1948年12月10日第217A(III)号决议通过并颁布，见联合国官方网站（www. un. org/chinese/work/rights/rights. htm）。

②《中国统计年鉴－2009》，中华人民共和国国家统计局编，中国统计出版社2009年9月。

③《中国统计年鉴－2008》，中华人民共和国统计局编，中国统计出版社，2008年，第322页。

④《中国统计年鉴－2008》，中华人民共和国统计局编，中国统计出版社，2008年，第328页。

⑤《全国农村文化投入增幅较大对西部投入比重略有上升》，李建军，《中国文化报》2007年8月2日，第1版。

⑥《风雨兼程：共享工程的八载拼搏与奋进》，焦雯，《中国文化报》2010年8月25日。

⑦《文化共享工程累计服务超过6.9亿人次》，陈彬斌，《中国文化报》2010年2月2日。

参考文献

[1]文化部社文司，中国文化报社．中国公共文化服务体系建设论丛，2005．11

[2]李景源，陈威．中国公共文化服务发展报告(2009)．社会科学文献出版社，2009

[3]李军鹏．公共服务学——政府公共服务的理论与实践．国家行政学院出版社，2007

[4]刘熙瑞．中国公共管理．中共中央党校出版社，2004

[5]〔美〕塞缪尔·P·亨廷顿．变化社会中的政治秩序．三联书店，1992

[6]高伟华．我国基本公共文化服务的地区差异分析．福建行政学院学报，2010(2):55

作者简介

陈彬斌，中国文化报社编委。

充分发挥政府职能,探索具有吉林特色的共享工程服务模式

◎ 林 君

胡锦涛总书记在中央政治局第二十二次集体学习时的讲话中,深刻阐述了文化在社会主义现代化建设总体布局中的地位作用。全国文化信息资源共享工程(以下简称文化共享工程)是公共文化服务体系的重要基础工程,是改善和扩大城乡基层群众文化服务的惠民工程、创新工程。自2002年实施文化共享工程以来,我们始终坚持“因地制宜、示范在先、层层推进”的原则,大力推进文化共享工程建设,满足群众不断增长的文化信息需求,得到广大群众的欢迎和好评。2006年9月16日,中共中央政治局常委李长春同志来我省专门视察文化共享工程,给予了充分肯定和高度评价。

截至目前,我们已建成对外开展服务的各级中心和基层服务点总数已达7134个,形成了以省级分中心为龙头,以市、县(区)、乡镇(街道)图书馆、文化馆为依托,以社区、村屯为重点,覆盖全省九个行政区域的服务网络。自建资源总量达1.2TB。整合各类资源76TB。目前,省分中心为各级中心和单位免费提供各类资源累计已超100TB。全省共开展各类活动11815次,受众达491.4万人次,其中农村基层网点开展活动8512次,受众267.2万人次,极大地丰富了人民群众的文化生活,在建设社会主义新农村,构建和谐社会中发挥了重要作用,

产生了巨大的社会效益和经济效益。

在文化共享工程实施和运行过程中，省文化厅充分发挥政府职能作用，统筹规划，全面部署，强化措施，按照“城乡文化发展一体化、建设与服务并重、硬件与软件并进”的工作思路，初步探索出一条具有吉林特色的文化信息共享工程管理和服务模式，即“政府主导、分级负责、多个平台、优化队伍、服务基层”。

一、政府主导，搭建公共文化服务网络

文化共享工程在我省的实施，得到了各级领导的高度重视。省委、省政府领导多次对我省文化共享工程建设作出重要批示，要求各部门密切合作，共同推进文化共享工程发展。省委常委、宣传部长荀凤栖多次到基层调研，听取和过问文化共享工程建设情况，指导我省文化共享工程工作；副省长陈晓光多次组织召开相关部门协调会，听取有关我省文化共享工程实施情况汇报。

作为公益性文化惠民工程，要保证健康、持续发展，必须有充足的资金作支撑。我省各级财政部门在财政非常困难的情况下，积极调整支出结构，不断完善投入机制，将文化共享工程建设专项资金纳入各级财政预算。几年来，我省财政已先后投入资金近 560 万元，各级地方财政投入 1735.6 万元，各级财政累计为各级中心和基层网点投入资金已达 2295.6 万元。

文化共享工程是我省乡镇文化站和农村文化大院中重要组成部分。乡镇文化站和农村文化大院是文化工作的神经末梢，也是各级党委和政府公共文化服务职能在基层的具体体现。农村文化建设几十年的发展历程说明，越到基层，党委和政府的公共文化服务职能如果不能从体制、机制上加以保障，国办文化机构的发展必然受到影响，主流文化的传播也必然受到阻碍。中央从 2007 年至 2010 年陆续投入资金 39.48 亿元，新建和扩建两万多个农村乡镇综合文化站，基本实现乡乡有综合文化站的目标，我省 624 个乡镇中，有 614 个乡镇综合文化站纳入国家建设规划，今

年吉林省财政将为乡镇综合文化站建设投入7018万元。2008年，中宣部在我省长春地区召开了“欢乐庄稼院”经验交流会，不久，省委、省政府以两办名义出台了《关于加强全省农村文化大院建设的意见》。规划中提出，2010年至2013年，每年将建设1500个农村文化大院。这些乡镇文化站和农村文化大院作为共享工程的基层点，实施全面覆盖。

二、多个平台，实现服务的方便快捷

为实现优势互补，资源共享，联合服务，省文化厅与省委组织部、省教育厅多次协调，达成共识，联合下发了《关于全省农村党员干部现代远程教育、农村中小学现代远程教育和文化信息资源共享工程实现共建共享的意见》的文件，加强三方合作，实现优势互补。将文化共享工程优秀的文化资源纳入农村中小学现代远程教育和党员干部现代远程教育之中，通过吉林省农村党员干部现代远程教育和农村中小学现代远程教育平台，传播先进文化，实现数字资源共建共享。目前，组织部的5218个基层点已纳入文化共享工程网点，并在农村党员干部现代远程教育网站主页面上设置了文化共享工程栏目。优秀的资源通过农村党员干部现代远程教育网传送到千家万户，拓宽了服务渠道。

文化共享工程的生命力源于服务的不断创新。2005年初，吉林省分中心与省内最大的网吧航母店——英图网络合作，建立了全省首家文化共享工程网络示范基地。实践证明，让文化共享工程走进网吧这一探索是可行而且成功的。它对净化文化环境，提升网吧品质，扩大文化共享工程影响起到了重要作用，是一个各方共赢的创新之举。目前，全省已有24家英图网吧连锁店成为示范基地，服务终端由当初的80台发展到现在的5000台，点击次数达110万人次，网吧示范基地已辐射到全省五个地区。

省中心于2004年专门为青少年制作了少儿网站——青青草网站。不仅丰富了孩子们的课外生活，也为他们提供了一个展示才华的舞台。现在青青草网站已经走入课堂，成为学校教学的一个重要载体。

三、分级负责，发挥调动多方积极性，形成齐抓共管的局面

为加强文化共享工程建设，吉林省成立了由文化厅、财政厅领导担任组长和副组长的文化共享工程领导小组，制定了文化共享工程实施规划，联合下发了《关于加强全省文化信息资源共享工程建设的意见》(吉文发[2005]65号)，对全省文化共享工程工作提出了具体要求和部署。各地区也先后成立了由主管市(县)长任组长的文化共享工程领导小组，并将文化共享工程工作纳入了政府工作报告，作为各地年终考评、评选先进的重要条件之一，有的县市还实现了"一票否决制"，加大了工作力度。各级文化部门都把文化共享工程建设作为推进公共文化服务体系建设的切入点，摆在文化工作的首要位置上。

为进一步加强和完善我省文化共享工程的管理，确保各级中心和基层服务点做到人员到位、管理到位、使用规范、服务正常、设备良好、运行顺畅，充分发挥文化共享工程的效能和作用，我们制订颁发了《吉林省文化信息资源共享工程十一五发展规划》、《吉林省文化共享工程基层网点管理办法》、《吉林省文化共享工程资源建设管理办法》、《吉林省文化信息资源共享工程试点县建设方案》等，明确了工程建设宗旨、管理规范和服务内容，在资源建设、服务标准及人员培训等方面提出了具体要求。制定了完善的工程设备管理制度、工作人员管理制度、培训制度、监督机制和相应的激励机制，健全和完善了运行管理制度。通过加强管理，规范服务，形成了有效的工作机制，提高了工作效率，保证了我省文化共享工程的持续快速发展。

四、优化队伍，以人才为文化共享工程提供支撑

近日，中宣部下发了《关于加强地方县级和城乡基层文化队伍建设的若干意见》,《意见》中明确指出要适应加快公共文化服务体系建设的需要，切实加强县级文化馆、图书馆、广播电视台(站)等部门工作队伍建设，着力提高从业人员的业务能力和服务水平。我们在全省建立健全了

文化共享工程管理、服务机构，合理设置了专业岗位，配备规定数量的工作人员，建立了完善的机构队伍网络体系。近年来，全省各级中心按照文化厅的要求和部署，有计划、有层次、有针对性地开展对基层从业人员的培训工作。省分中心先后举办各类、各层次培训班和“文化共享工程知识与技能竞赛”百余次，1 万余人次接受培训，全面提升了我省文化共享工程从业人员的业务素质和服务水平。由于我省在文化共享工程基层人员培训工作中，努力创新，注重实效，成绩突出，在 2008 年和 2009 年全国评比中均荣获一等奖，得到文化部国家管理中心的表彰。在 2009 年 10 月国家中心举办的“文化共享杯——全国文化信息资源共享工程知识与技能竞赛”中，吉林省代表队喜获全国第三名。目前，我省已形成了一支万余人的专业队伍，有效保障了文化共享工程服务功能的充分发挥。

五、服务基层，让更多享受公益文化的雨露阳光

农业的发展，农村的进步，农民的富裕，离不开文化的哺育和支撑。在文化共享工程的实施过程中，我们把服务的重点放在了农村。

按照党的十七大会议精神，研究和探索农村文化的长效机制建设，就是要解决中国几亿农民如何享有公平的文化权利问题。而让全体人民共享改革发展成果也是创建和谐社会题中应有之意。多年来，各级政府坚持和倡导的“三下乡”活动，就是积极有益的实践和探索。“三下乡”活动也确实使广大农民受益匪浅。但如何变“三下乡”为“常下乡”？这应该说是农民多年的一种企盼。而文化共享工程特有的几大优势，即可满足农民的这种需求。

1. 引领广大农民“求知”

文化共享工程的实施，为培育新型农民提供了一个行之有效的途径。遵纪守法、远离愚昧、诚实守信已经成为新时期新型农民的精神特征。桦甸市金沙乡密胜村刘佰言等四名法轮功练习者，虽然实行了包保责任制，但很不稳定，经常反复。分中心在村里建立文化共享工程站点后，村支书要求工作人员对这四个人要实行特殊服务。只要他们来，哪怕是一个人，

也要选择有教育意义的法律讲座、文化娱乐节目等为他们播放。久而久之,这四个人受到了教育和群体的影响,现已脱离了法轮功,融入了正常的生产和生活,其中一位还成为了村文化室的管理员。对此,中共中央政治局常委李长春在密胜村调研时给予了充分肯定。他说:文化共享工程通过你们的实践,对社会主义精神文明建设,抵制邪教以及腐朽文化的渗透,对于农民传统的生产生活习惯和思维方式的转变,起到了非常大的作用。

2. 引领广大农民"求富"

致富奔小康是当代农民朴素的生活追求。而发展现代农业,快速步入小康生活靠的是科学技术。文化共享工程种养殖方面的农业科技资源以其实用性强,成为了农民致富的好帮手,深受农民的欢迎。各级中心针对农民需要,重点采集的实用性较强的科学养殖、种植、卫生保健等资源成为农民炙手可热的"抢手货"。文化共享工程资源的播放使农村的产业结构得到了科学调整,农民彻底改变了以往单纯种田谋生的现状,走上了农、牧、副全面发展的道路,对形成大农业的链式循环经济起到了重要的促进作用。前郭县查干花镇的牧民徐学友投资几万元买下了镇政府的酒厂,经济效益不错,但酒厂产生的大量酒糟却得不到合理利用。他在观看了基层中心播放的《酿酒与养牛》、《牛饲料科学配方》等科教光盘后,深受启发,又投资建起了养牛场,利用酒糟配制饲料养牛,粪肥支援农业生产。这样既降低了养牛的成本,又解决了酒厂酒糟的销路,还解决了一些农村剩余劳动力,可谓一举多得。使酒厂形成了农业——工业——养殖业——农业的链条式循环经济。受益的农民感慨地称文化共享工程服务是"致富的直通车"。

3. 引领广大农民"求乐"

由于多种原因,农村现有的文化设施和活动一直无法满足农民日益增长的精神文化需求。"仨月种田,仨月过年,仨月耍钱,仨月干闲"是东北很多农民生活的真实写照。文化共享工程在村屯建点之后,一些农村基层文化室经常播放东北农民喜闻乐见的二人转、小品、电影、文学欣赏等资源,吸引了大批村民前来观看,目前村屯基层点已成为村民茶余饭后的好去处。有的青年农民看了名家名作赏析之后发出了这样的感慨:

“奔小康不但要富口袋，还要富脑袋”！

按照努力构建惠及全民的公共文化服务体系的要求，为继续推动我省文化共享工程再上新台阶，今后一个时期重点做好以下几方面工作。

（一）贯彻落实文化部全国工作会议精神，加快文化共享工程建设。4月12日文化部在浙江省嘉兴市召开了全国农村公共图书馆服务体系建设经验交流会，6月9日至10日，中宣部、文化部、财政部和广电总局在辽宁省沈阳市联合召开了文化共享工程进村入户工作现场会，先后就进一步深入推进文化共享工程建设作了总体部署，我们要以此为契机，进一步加快我省文化共享工程建设。

（二）制定《吉林省文化共享工程十二五发展规划》。要深入各地进行调研，全面了解我省文化共享工程建设情况，根据我省实际，组织制定《吉林省文化共享工程十二五发展规划》，进一步推进我省文化共享工程建设，使之成为公共文化服务体系的重要支撑点。

（三）推动文化共享工程和数字图书馆建设的创新发展。要推进吉林省文化共享工程深入发展，依托遍布城乡的文化共享工程设施网络，积极推动吉林数字图书馆建设进程，努力提高数字化信息资源对基层群众特别是广大农民的辐射面和影响力。我省已与共享工程国家中心达成意向，近期将实现全省数字图书馆县级支中心的全覆盖。

（四）加强培训，造就一支高素质的工作队伍。文化共享工程是用数字技术组织的、由网络形式发布的一项重大文化创新工程，技术含量高。工程实施需要一批掌握计算机、网络、多媒体等技术的业务骨干和资源采集、整理、加工开发方面的专业人才。要根据各级中心和基层服务点工作人员的具体情况，有区别、分层次地开展技术培训，通过集中培训、现场培训、以会代训、以赛代训等方式开展有针对性的培训工作，提高基层开展网络文化服务的水平，建设一支文化共享工程建设管理的专业人才队伍。

作者简介

林君，吉林省文化厅党组书记，厅长。

文化共享工程服务贵州省新农村建设的实践与思考

◎ 徐 圻

全国文化信息资源共享工程(以下简称文化共享工程)是新形势下构建公共文化服务体系、惠及千家万户的一项重要文化基础工程,是政府提供公益性服务的重大文化项目,是实现广大人民群众基本文化权益的重要途径,对于打破落后地区信息闭塞的状况,缩小“数字鸿沟”,提高广大人民的科学文化素质,推进社会主义文化大发展大繁荣和建设和谐社会的文化创新举措。工程采用现代科学技术,将中华优秀文化信息资源进行数字化加工和整合,通过文化共享工程服务网络,以互联网、政务外网、卫星、有线电视/数字电视、光盘、移动存储等方式,实现优秀文化信息资源在全国范围内的共建共享。

社会主义新农村建设是指在社会主义制度下,按照新时代的要求,对农村进行经济、政治、文化和社会等方面的建设,最终实现把农村建设成为经济繁荣、设施完善、环境优美、文明和谐的社会主义新农村的目标。其中,社会主义新农村建设对文化建设提出专门的要求,即要在加强农村公共文化建设的基础上,开展多种形式的、体现农村地方特色的群众文化活动,丰富农民群众的精神文化生活。文化共享工程正好满足这一新的要求,而且通过几年的努力,实践证明文化共享工程在我省社会主义新农村建设上发挥了重要的作用。

一、贵州省文化共享工程现状及服务新农村建设的成效

（一）现状

1. 组织保障方面

自2002年开展文化共享工程试点工作以来，贵州省委、省政府领导高度重视，充分认识到文化共享工程对丰富经济欠发达地区群众的精神生活，保障农民群众的基本文化权益，满足不同层次的文化需求，缩小城乡之间文化发展的差距，建设社会主义新农村，构建和谐社会等方面的重要作用。2005年，贵州省文化共享工程领导小组成立，由时任贵州省副省长的吴嘉甫同志任组长，省文化厅、省财政厅等十多个单位的主要领导和分管领导分别任副组长和成员，同时各级地方人民政府也参照省文化共享工程领导小组成立了各级地方文化共享工程领导小组。目前全省已经形成了“分级指导、上下联动、各自开展服务、资源共建共享”的工作机制。

2. 经费投入方面

文化共享工程建设资金方面，我省主要依靠国家财政投入和省级财政配套。截止到2009年底，中央财政用于我省文化共享工程建设的资金已达2.5亿元，省级财政共计投入3355万，地（州、市）级财政投入642万，县级财政投入1502万。

3. 完善服务网络方面

2002至2004年底，在文化部和文化共享工程国家中心的大力支持下，我省建设了2个市（州、地）支中心、13个基层服务网点；2005年上半年利用我省基层文化建设资金建立了25个基层服务点；2005年底，在国家文化部和文化共享工程国家管理中心的资助下，一改过去的分布式零散建点，首次开展集中连片式建设，在遵义市的14个县市、遵义县的34个乡镇，都匀市的22个乡镇和威宁县的8个乡镇都建立了基层服务点；2008年3月，在凤冈、湄潭等遵义市7个县的114个乡镇建设了乡镇基

层服务点，并完成了习水、铜仁等23个县级支中心的建设，同时与远程教育合作，完成全省18369个村级基层服务点共建任务。截至2009年底，共计完成各级文化共享工程点19290余个，其中省中心1个、市级支中心2个、县支中心88个、乡镇基层服务点750个和村级基层服务点18450个，其中有电子阅览室的乡镇基层服务点428个和社区基层服务点20个。

4. 资源建设方面

资源建设是文化共享工程的核心。在这方面，我省紧紧围绕民族文化资源优势，努力提升资源的吸引力。文化共享工程贵州省中心自成立以来，共接收国家中心下发光盘12533张，刻录了中国农业知识库、农村医药科普知识库、农广天地、共享美好夏日系列电影、贵州民族戏曲、少数民族舞蹈等2000余种83000余张光盘发放到各基层点为群众服务。目前，省中心文化信息资源总量已达30TB，每月平均刻录光盘5000张发往各级支中心。2008年至2009年，文化共享工程贵州省中心从国家级非物质文化遗产代表作名录入手，制作了《安顺地戏多媒体数据库》等15个多媒体数据库和《侗族大歌》等10个高清专题片。自建资源总量已达2.5TB，所有自建资源均通过国家中心的验收。

我省积极探索资源的本土化和民族化，如黔东南州一些基层服务点将发布的科技、电影、民俗等资源用民族语言译制后通过移动播放器放映或农村电视网络送入百姓家中，老百姓听得懂、学得会、效果突出。

5. 队伍建设方面

我省通过人才引进和培训学习等方式加强文化共享工程队伍建设，截至2009年底，全省共有从事文化共享工程专兼职人员21492人，其中省中心专职工作人员9人。省中心通过举办培训班、远程网络指导、电话指导等方式培训各级支中心和基层点人员，举办培训班共计21期，培训人员3000余人次。各级支中心开展地区性培训累计70余次，培训人员6500余人次。通过培训，有效提高了我省文化共享工程队伍的素质和服务能力，为在全省开展文化共享工程工作奠定了人才基础。

(二)服务新农村建设的成效

我省自开展文化共享工程工作以来,就坚持为社会主义新农村建设服务,为群众开展内容丰富、形式多样的服务活动,如每年春节的“共享工程新春服务行”活动,“迎国庆”系列服务活动,“共享工程长征行”活动,“文化共享奥运行”活动,爱国主义电影放映活动,文化共享工程“五进”活动,让文化共享工程走进社区、进农村、进学校、进军营等。截至2010 年6 月,我省各级文化共享工程服务机构利用电子阅览室、基层服务点和移动播放器等服务群众达 1000 多万人次,播放新旧电影 860 余场,播放农村实用技术讲座 1100 场。另外,不定期组织广大群众开展农技培训活动,让老百姓从活动中学到更多致富本领,有力推动了农村产业结构调整进程。各基层服务点还组织当地外出务工人员利用共享工程资源有关法律、法规对他们进行培训,提高了务工技能和自身保护意识,极大丰富了群众的精神文化生活,极大地提高了广大基层群众的科学文化素质,有力促进了农村产业结构调整,切实解决农民生产、生活问题,真正使老百姓得到更多的实惠,取得良好的效果。我省的黔南州都匀市江洲镇富溪村文化信息服务站和遵义市遵义县南白镇龙泉村文化信息服务站被文化部、工业和信息化部、科学技术部、农业部、商务部评为全国先进农村综合信息服务站。

二、我省文化共享工程在服务新农村建设工作中的实践

我省文化共享工程在服务新农村建设工作的实践过程中,开展多种形式的、体现农村地方特色的群众文化活动,丰富农民群众的精神文化生活。其中最具贵州特色的服务模式体现在以下几个方面:

(一)推出文化共享工程便民服务卡

我省在农村基层服务点推出了文化共享工程便民服务卡,村民只要拨打便民服务卡上提供的电话,文化共享工程的免费放映就会如约而至。为广大农民群众通过文化共享工程了解信息、查阅资料、学习技能以及丰富文化生活提供了实实在在的便利。

(二)建立科技信息帮扶示范点

近几年来,随着经济社会的发展以及返乡农民工回乡创业的增多,对信息和技术的渴求也日益强烈,针对这一需求,我们充分利用文化共享工程农村基层点的信息资源和设施设备,与村远程教育办公室、镇畜牧站、村委会等联合建立科技信息帮扶示范点,搭建科技助农平台,收到良好效果。

(三)不定期放映电影和讲座

根据群众需求,积极放映新老电影、科普知识、娱乐节目、文化讲座以及政策法规等视频资源。一是只要群众需求,采取随到随放的形式,并在播放前向群众公布节目播放时间表;二是利用节假日、赶集、婚丧嫁娶、民族节日等有利时机,印发群众所需的科技资料,播放农业科技视频等资源;三是不定期对广大群众开展农技培训活动,让老百姓从活动中学到更多致富本领。

(四)注重为弱势群体提供服务

为让农村老年人度过快乐健康的晚年,让留守儿童健康快乐成长,充分利用共享工程丰富的文化信息资源以及设施设备,到农村敬老院、留守儿童较多的聚集地放映电影和动画片,丰富了他们的文化生活。

(五)协助农村党支部抓好党建工作

我省广大农村党支部结合文化共享工程农村基层服务点和农村党员干部群众实际情况,利用文化共享工程提供的资源和设备,采取集中学习与个性化教育相结合的办法,组织党员干部群众学理论、学政策、学法规,这不仅提高了农村党员干部群众的政策理论水平,同时使村干部与群众有更多的面对面交流的机会,密切了党群、干群关系。并且还畅通了农民参与村务管理的渠道,为实行民主决策、民主管理、民主监督提供了便利,有效地促进了农村基层民主建设。

三、我省文化共享工程建设和发展存在的主要问题

(一)资金和组织保障体系尚未完全建立

由于我省各地经济发展水平存在较大的差异,部分地方财政十分困

难,难以落实部分配套经费和运行保障经费,同时部分地方领导对文化共享工程建设不够重视,没有把保障人民群众基本文化权益纳入政府的重要工作内容来抓,没有意识到文化建设也是新农村建设重要内容之一,一切以经济效益为主,以至于影响了我省部分文化共享工程基础建设和服务工作的开展。

(二)专业人才匮乏和不稳定性影响服务工作的正常开展

文化共享工程是一项利用高新技术传播先进文化的文化创新工程,工程的建设和开展工作需要专业的技术人才,由于我省基层文化队伍建设滞后,导致专业人才匮乏,加之基层文化工作长期没有很好地纳入绩效考核范围,基层文化人才队伍很不稳定,有岗无人、或者被借用到别的工作岗位上的现象在我省广大基层文化队伍中比较普遍。

(三)运行管理机制尚不够完善,长效运行机制还没有完全建立

目前我省还未将公共文化服务体系建设和为群众提供基本的文化需求、保障群众基本文化权益作为对各级地方党委政府的目标考核范围,《贵州省文化共享工程管理办法》尚未颁布,运行和管理机制尚未完善,长效的运行管理机制还没有完全建立,影响了文化共享工程各项功能的发挥。

(四)资源的针对性、实用性还有待提高

资源是开展一切服务的核心,资源的针对性和实用性决定着服务工作的效果和质量。由于是一项文化创新工程,没有任何经验可以借鉴,因此,我省在开展文化信息资源建设上资源的针对性和适应性还需加强和进一步完善。

(五)宣传力度还不够,广大农村群众对文化共享工程的认知度亟待提高

虽然我省在开展文化共享工程建设和服务过程中也注重了宣传工作,但总体来说宣传的力度还需要加强,宣传方法和途径需要改善。广大农村群众对文化共享工程的认知度还不够,参与活动的积极性还不高,影响了文化共享工程对农村群众的服务质量和服务面。

(六)基层服务工作自觉性不够,服务方式和内容有待加强

我省的服务工作虽然取得一定的成绩，但是基层服务工作的自觉性不高，服务方式和服务内容较为简单，服务工作的创新不够。

四、下一步工作思路

（一）积极争取领导重视和资金支持，为文化共享工程服务社会主义新农村建设提供组织和资金保障

要通过各种渠道提高各级地方党政领导对文化共享工程的高度重视，特别是增强文化行政部门主管领导对文化共享工程的使命感、责任感和紧迫感，让他们意识到文化共享工程作为新时期政府提供公益性服务的重大文化工程，是构建我国公共文化服务体系的基础工程，是改善城乡基层文化服务的创新工程，是用先进文化占领新媒体阵地的重要举措，也是社会主义新农村建设的重要内容。同时积极争取各级财政支持，多方面、多渠道筹措资金，为文化共享工程可持续发展提供资金保障。

（二）努力建设高水平的工作队伍，为文化共享工程服务社会主义新农村建设提供人力资源保障

一要把好“入口”，探索建立职业资格准入制度；二要坚持培训工作常态化、制度化，出台人员培训计划、队伍建设机制和人才奖励办法；三要以县级支中心为重点，分级开展人员培训，加强对城乡基层兼职队伍的培养，重视发挥业余文化骨干的积极作用，确保村和社区基层服务点的管理人员能正确使用文化共享工程设备，为基层群众服务。

（三）建立健全管理机制，为文化共享工程服务社会主义新农村建设提供制度保障

要进一步健全管理机制。要用规章制度、管理机制把好的措施、好的办法固定下来、推行下去。尽快颁布《贵州省文化共享工程管理办法》，加强分类指导，规范各级中心日常管理。尽快建立贵州省文化共享工程绩效评估体系，量化运行管理、资源建设、日常服务等各项业务评估指标。进一步加强监管，完善运行管理系统功能，提升远程监管与维护的能力。将文化共享工程建设和服务开展情况作为公共文化服务体系建设的重要

内容,纳入文化建设各项评估定级、表彰奖励机制之中,作为评价和衡量一个地区文化工作的重要标准。

(四)认真研究我省群众需求,坚持需求牵引,为文化共享工程服务社会主义新农村建设提供内容保障

积极探索建立群众评价和反馈机制;深入分析和研究新形势下群众需求的新特点、新变化,坚持贴近实际、贴近生活、贴近群众;抓好内容选题,树立精品意识,提高资源质量,增强资源内容的吸引力;加强资源建设的针对性,进一步调动地方的积极性,提高各基层中心在地方特色资源建设中的参与度,建设更多适用性强的资源库;突出资源建设重点,加大适农类资源、少数民族语言资源、未成年人思想道德教育资源、残疾人适用资源的建设力度。

(五)加大宣传,进一步提升文化共享工程的社会影响力

群众使用的越多、利用的越充分,共享工程的社会效益就越大。这就需要加大宣传,不仅要利用平面媒体,还要加强与广播电视、互联网、移动通讯等新型媒体的合作,策划与各地方电视台等在当地具有影响力的媒体合作,通过开辟专栏、访谈、名专家讲座等形式宣传文化共享工程,扩大文化共享工程的社会影响力和知晓度。

(六)加强组织策划,全面推动基层服务活动的开展,为贵州社会主义新农村建设提供更好的文化服务

进一步创新服务手段和服务内容。充分利用现代信息技术,研究开发方便快捷、易于为群众所掌握的服务手段。深入基层,深入农村,充分利用文化共享工程资源,将阵地服务与流动服务相结合,与当地基层群众文化活动相结合,充分调动和发挥基层群众的参与热情。加强对广大群众的技能培训和科技知识普及,提高广大群众的职业技能和致富能力,扩大就业、提高农民收入、为促进贵州新农村建设和和谐社会建设发挥重要作用。

作者简介

徐圻,贵州省文化厅党组书记,厅长。

大力加强文化信息资源共享工程建设，积极推动公民文化权益均等化

——文化共享工程与公民文化权益均等化研究

◎ 韩子勇

这些年来，随着改革开放的不断深入，随着国家综合国力的不断增强，中央始终把公共文化建设作为提升国家软实力的优先战略来部署。在众多的公共文化建设中，全国文化信息资源共享工程（以下简称文化共享工程）建设规模之大、覆盖面之广、信息化程度之高，给人的印象最深。据有关资料显示，2002 年至 2009 年，国家和地方各级政府投入文化共享工程的专项资金达 55.71 亿元，已建成国家中心 1 个、省级分中心 33 个、县级支中心 2814 个、乡镇基层服务点 15221 个，以及与全国农村党员干部现代远程教育工作、农村中小学现代远程教育工程合作共建基层服务点 75 万个；整合各类文化、教育、科技数字资源达 90TB。文化共享工程的飞速发展，既为提高基层文化科技含量搭建了最好的平台，更为构建社会主义和谐社会、建设社会主义核心价值体系，真正把“广大人民群众的基本文化权益实现好、维护好”开辟了新的途径。

一、推动公民文化权益均等化,是文化共享工程建设的基本目标和主要任务

作为中央推动的重大文化惠民工程,文化共享工程的实施,对于贯彻落实党的强国富民政策、实现公民文化权益均等化具有十分重要的地位作用。

1. 国家对文化共享工程的战略定位,决定文化共享工程在推动"公民文化权益均等化"中必须发挥基础性作用。2002 年,围绕"保障人民群众的文化权益,满足群众不同层次的文化需求,努力提高群众的科学文化素质,逐步缩小东西部地区之间、城乡之间文化发展上的差距",文化共享工程这项重大的文化创新工程在全国铺开。9 年来,在党中央、国务院的亲切关怀下,文化共享工程年年有新举措、上新台阶。2005 年,中办、国办转发了《文化部、财政部关于进一步加强全国文化信息资源共享工程建设的意见》(厅字〔2005〕5 号);2006 年,党的十六届六中全会决定,要"优先安排关系群众切身利益的文化建设项目,突出抓好广播电视村村通工程、社区和乡镇综合文化站(室)工程、全国文化信息资源共享工程",并及时将文化共享工程列入了《国民经济和社会发展第十一个五年规划纲要》,列入了《国家"十一五"时期文化发展规划纲要》;2008 年,党的十七届三中全会明确要求,推进文化信息资源共享等重点文化惠民工程;2005 年至 2010 年,文化共享工程连续六年写入了中央一号文件。期间,特别是 2006 年《文化信息资源共享工程"十一五"发展规划》的制定,文化部在客观分析形势、把握现状的基础上,系统地提出了文化共享工程的指导思想、总体目标、工作原则以及主要任务和保障措施,为贯彻落实中央决策、确立文化共享工程在公共文化建设中的地位作用奠定了坚实的基础。

2. 地区发展不平衡、城乡发展不平衡,需要文化共享工程在实现"公民文化权益均等化"目标中大有作为。治穷必须先治愚,从文化的角度思考解决地区和城乡发展不平衡问题,必须在解决"地区之间、城乡之间

公民获取文化信息知识的内容、方式方法和能力的差别”上下工夫。以2009年为例，新疆农牧民人均纯收入4000元，新疆城镇居民人均可支配收入12120元，城镇居民人均收入超过农牧民的3倍；上海城镇居民人均可支配收入28838元，约为新疆城镇居民的2.4倍。经济收入的不平衡，难免拉大地区间文化发展的差距，条件好的地方占据信息优势，发展越来越好、越来越快；条件差的地方，信息资源闭塞，发展越来越弱、越来越慢。因此，从实现公民文化权益均等化入手，缩小地区差别、城乡差别，文化共享工程的空间越来越大。一方面，在知识信息化、经济全球化的背景下，乡镇文化站、行政村文化室“一本书、一台戏”等传统的服务模式、服务手段，已不能满足人民群众特别是边远农村“求知、求富”的需要，推动地区之间、城乡之间公民文化权益均等化，建设以数字化、信息化为基本特征的文化共享工程更加刻不容缓。另一方面，文化共享工程作为重大的文化惠民工程，主要由政府投资建设，不增加农牧民经济负担，可以最大限度保证农牧民获得最新的文化信息资源。同时，文化共享工程建设信息化程度高、信息容量大，信息结构涵盖“农村实用技术、农经市场信息”、“农村政策法规、道德文明、医疗卫生、科普知识”、“地方戏曲、优秀电影及文化讲座”、“重大宣传教育主题”、“民族民间文化精华”、“少数民族语言影视作品”等各方面内容，能够满足农牧区群众各种文化精神需要，真正是中央的重大文化惠民工程，前景十分远大。

3. 公民文化权益均等化的内在要求，需要做大做强、做深做细文化共享工程工作。从国家、社会、个人三者之间研究公民文化权益均等化的内涵，至少包括两个层面的基本含义，一个是国家或者社会保证公民获取文化信息知识能力的均等，一个是国家或者社会保证公民获取文化信息知识安全健康的均等。特别是后一个层面的内在要求，对于边疆地区来说，针对性更强、意义更大。以新疆为例，新疆文化具有很强的“战场属性①、民族属性②、边疆属性③、政治属性④”，新疆文化的“四个属性”，需要各级政府部门在公共文化建设中更加注重维护国家的文化安全。只有站在维护国家文化安全高度谋划边疆文化共享工程建设，基层的积极性才能得到最大限度的激发,公民获取“文化信息知识安全健康的均等”才有可靠的保证。如,2002 年以来,在国家的大力支持下,新疆先后投入 15670 万元资金(中央补助 12106.24 万元,自治区配套 3564.16 万元),建成了 1 个省级文化共享工程分中心、108 个地县两级支中心,400 个乡镇和 9224 个村级基层服务点,初步形成了自治区、地州市、县市区、乡镇和行政村五级“文化信息资源共享”服务网络,既方便了群众,又有效地抑制了西方敌对势力及境内外民族分裂势力的文化渗透,收到了很好的效果,受到了各族群众的欢迎。

二、推动公民文化权益均等化,当前文化共享工程建设面临的主要矛盾与困难

建设文化共享工程、推动公民文化权益均等化,国家虽然取得了很多突破性进展,但与群众的实际需要相比,还有很大的差距。从新疆的情况看,主要面临 5 个方面的矛盾与困难。

一是基础设施建设还比较薄弱。全疆 14 个地州中,克州等 3 个地州至今没有群艺馆和图书馆,其他地州的群艺馆、图书馆均建于上世纪 70 年代,馆均面积不足 1500 平方米,地州级“两馆”馆舍基本不达标;全疆 87 个县市中,有 74 个文化馆和 47 个图书馆不达标;新疆南疆三地州行政村文化室建设项目 2009 年才启动,其他地州行政村文化建设正在筹划之中。基础设施建设的缺失,挤压了文化共享工程的服务空间。

二是基本运行经费缺乏有效保障。一方面,发挥文化共享工程支中心、基层服务点的作用,需要各级文化部门加大人力、物力的投入;另一方面,由于基层财政力量薄弱,该投入的经费很难给服务单位增加。特别是农村服务点,目前基本由村干部代管无偿服务,服务的质量难免打折扣。

三是专兼职人才队伍整体能力素质偏弱。新疆文化系统从业人员 11126 人,本科以上学历的仅占 5%;全疆 93 家公共图书馆仅有从业人员 942 人,平均每馆 10 人,不足全国平均水平每馆 17 人的 59%。文化共享工程建设的服务机构、骨干队伍,主要由公共图书馆承担,力量过于薄弱

的，也只能从系统内调剂，加强人才队伍建设的任务紧迫而繁重。

四是少数民族文化信息资源译制力量不够强大。目前，新疆作为少数民族文化信息资源的大省区，译制工作主要依托新疆维吾尔自治区图书馆在做。一肩双挑，队伍虽然专业，但力量有限，还不能满足各族农牧民的文化需要。

五是边远地区的环境条件限制。新疆农牧区群众居住高度分散，多数居户以数家数户的自然村落形式散布在新疆广大戈壁绿洲、深山峡谷，特别是牧区，户与户之间的距离少则一、两公里，多则十几公里，村落与村落之间的距离就更远。在当前文化共享工程只能实现“进村”的情况下，要保证“人人、时时、处处”都能从文化共享工程中受益，还有很多工作要做。

三、推动公民文化权益均等化，当前和今后一个时期文化共享工程建设需要重点把握的着力点

从长远看，尽管文化共享工程尚处在起步阶段，还不够完善，但独特的数字化、信息化特征，决定文化共享工程在推动公民文化权益均等化中具有无比强大的生命力。紧盯目标，推动发展，今后一个时期文化共享工程建设重点要把握好四个着力点。

1．要着力强化公民文化权益均等化意识。客观地讲，文化共享工程既是一项重大惠民工程，也是一项耗资巨大的“耗钱工程”。仅从经济效益考虑，作为文化共享工程的主要实施者，各级地方政府、各级文化部门或者各公共文化服务机构，在工程建设中可能存在“有支无收”的问题。引导不够，难免影响基层建设的积极性。切实把这项利国惠民的文化共享工程抓出成效来，广大文化工作者特别是各级文化部门领导，必须带头强化公民文化权益均等化意识，从解决制约文化共享工程建设的人才、资金、技术等难点问题入手，自觉加强文化共享工程建设的组织领导，做到“三个优先”，即：涉及文化共享工程建设的项目优先安排，涉及文化共享工程建设的资金优先列入年度预算，基层涉及文化共享工程建设的人才、

技术、基础设施建设等困难优先解决,真正把中央文化惠民的工作做扎实。

2. 要着力突出"现代文化引领"的时代要求。文化共享工程,作为信息传播手段最先进、覆盖面最广、容量最大、速度最快的公共文化建设工程,在人民群众生产生活中的地位作用越来越突出。真正把文化共享工程管好、建好、用好,必须始终坚持"现代文化引领"的时代要求不放松,始终把"学习实践科学发展观"、"建设社会主义核心价值体系"、"构建社会主义和谐社会"、"建设社会主义新农村"的基本要求,融入工程内容建设、人才队伍建设、阵地建设的各个方面,贯穿于文化传递、科技普及、时政宣传的全过程。只有把握了现代文化引领这个关键,文化共享工程才能健康有序地发展,公民获取安全健康文化信息资源的权益才有可靠的保障。

3. 要着力加大跨行业、跨系统协作的力度。文化共享工程建设规模大、基础性强,实施跨系统、跨行业协调的难度比较大,有时不仅需要部门、行业之间的协调沟通,个别时候还需要各级地方党委政府主要领导出面。扩大文化共享工程的覆盖面,拓宽文化共享工程的服务渠道,重点要加强组织、宣传、文化、教育、科技、卫生、广播电视等相关成员部门的协作,落实好"两个《规划纲要》",抓住一个"协同",建立好"三项制度",即:要根据国家社会经济发展的节奏和中央的总体部署,认真落实好各个时期国家的《文化发展规划纲要》、《文化信息共享工程建设规划纲要》,这是基础,是开展协作的动力源。组织、宣传、文化等成员部门,要围绕丰富农牧民学习教育内容、拓宽农牧民学习教育渠道,加强与"文化共享工程建设办公室"和"农村党员干部现代远程教育办公室"的协同,建立好"成员单位联席会议制度"、"工程进展情况通报制度"、"惠农信息共享制度",遇有困难共同协调解决,在全社会形成文化共享工程建设的合力。

4. 要着力建立群众受益的长效机制。重点建立好四项长效机制。一是政策保障方面的长效机制。围绕工程建设力量与工程建设任务目标的匹配,按照不同级别承担任务的不同,或者同一级别不同机构服务人口数量规模、环境条件的不同,制定相应的政策规定,从政策层面解决基层组织机构不健全和人员编制落实不到位的问题。特别是少数民族语言文化资源较多的省区,政策上应给予更多的倾斜。二是财政保障方面的长效机制。中央财政怎么“保”、地方财政怎么“保”、边疆地区怎么“保”,需要有一个制度性的规范。比如新疆,目前各级财政自给率普遍不足30%,怎么解决“财政保障到位”的问题,显得更加紧迫。三是服务补贴方面的长效机制。坚持把村级服务点的服务补贴与村级服务定级达标结合起来,根据基层网点开展服务的次数、人数,并参照当地最低工资标准(评级按小时制计算,服务补贴也按照小时计算),建立适合于不同地区、不同经济水平的村级共享工程服务点服务补贴办法。四是工作激励机制。坚持以精神奖励为主,以物质奖励为辅,坚持把文化共享工程作为系统工程来抓,结合创建文化建设先进县,层层建立检查、考核、评比、奖励的办法,切实把各个层面的积极性调动起来。

注释

①新疆处在国家对敌意识形态领域反分裂斗争的最前沿,与西方敌对势力、民族分裂势力破坏渗透活动的斗争历来延绵不断,新疆文化具有很强的战场属性。

②新疆有13个世居民族、47个民族成份、5种少数民族语言文字,少数民族占60%。多个民族与境外的同一民族跨国分布,语言文字、宗教信仰基本相近,新疆文化具有很强的民族属性。

③新疆周边与8国接壤,边境线长达5600公里,搞好文化交流,处理好与周边国家的关系,是新疆文化建设的重要内容,新疆文化具有很强的边疆属性。

④新疆农村文化活动与宗教活动“一冷一热”,文化与宗教对群众的影响“一弱一强”,新疆文化肩负宣传、教育、植根群众“四个认同”的责任,新疆文化具有很强的政治属性。

作者简介

韩子勇,新疆维吾尔自治区文化厅党组书记。

大力实施文化共享工程　实现惠民工程真正惠民

——兵团文化共享工程建设情况概述

◎　万卫平

自西汉以来，屯田垦荒就是历代中央政府开发建设边疆、治国安邦的一项基本国策。我们党继承这一历史遗产，在1949年新疆和平解放后，以驻疆人民解放军为主体，组建了新疆生产建设兵团。自1954年10月成立以来，新疆生产建设兵团就承担着国家赋予的屯垦戍边职责，是在自己所辖的垦区内，依照国家和新疆维吾尔自治区的法律法规，自行管理内部的行政、司法事务，在国家实行计划单列、党政军企合一的特殊社会组织，为稳疆兴疆发挥着建设大军、中流砥柱、铜墙铁壁的作用。目前，兵团所辖面积7.43万平方公里，总人口259万人，占自治区的12.6%，其中从业人员98万人；下辖14个师、4个军垦新城、175个团场、2200个连队，1400多个国有独立核算的公交建商企业和控股13家上市公司，形成了门类齐全的经济体系和健全的科研、教育、文化、卫生、体育、金融等社会事业和公检法司机构，是一个既融入新疆社会又高度集中统一的集团化组织。

全国文化信息资源共享工程（以下简称文化共享工程）是国家文化部、财政部组织实施的一项社会主义文化建设标志性工程，是新形势下构建我国公共文化服务体系、惠及千家万户的一项重要文化基础工程，是深受群众欢迎的民心工程，始终得到党中央和国务院的高度重视，发展前景非常光明，发展天地十分广阔。新疆建设兵团自2006年启动文化共享工程以来，立足为职工服务，充分发挥文化信息资源在发展经济、提高职工群众思想道德和科学文化素质等方面的重要作用，克服设备简陋、经费不足诸多困难，通过移动硬盘服务、光盘服务、有线电视网络传播等模式，把文化信息资源传送到师、团、连，使职工群众受到文化实惠和精神教育，为巩固基层文化阵地，活跃职工群众精神文化生活、宣传党的方针政策、弘扬文明新风、培养“有文化、懂技术、会经营”的新型职工群众搭建了新平台。

一、兵团文化共享工程建设取得的成绩与经验

1. 党委高度重视，为推进兵团文化共享工程提供了组织保障

文化共享工程在兵团启动以来，始终得到了兵团各级党委的高度重视。为了加强领导，构建和完善领导和管理体系，兵团成立了以分管副政委为组长的领导小组，各师也均成立了领导小组。在兵团党委重视和支持下，2010年，兵团文化中心正式承接文化共享工程兵团分中心的业务，配备专人开展工作，加强了兵团文化共享工程的管理、业务。兵团及各师财务局、组织部、教育局、党委党校、电视台等部门积极配合，在资金、技术、资源、人力、项目选点等各方面给予了帮助，提供了强有力的支持。各县级支中心克服没有编制没有经费的特殊困难，选派文化共享工程专兼职工作人员，从工程进入施工开始全程跟踪服务，采取参与工程建设的同时了解和熟悉业务的方法，使一批业务人员成为兵团文化共享工程的骨干力量，保证了兵团文化共享工程县级支中心建设质量及日常管理工作的正常进行。在兵团上下有关部门的一致关心、帮助和支持下，为兵团文化信息资源共享工程顺利推进提供了组织保证，使兵团在起步晚、基础差的情况下，克服诸多困难，全力推进了文化信息资源共享工程建设项目的实施。

2. 狠抓基础工作,初步形成兵团文化信息服务网络体系

2006年以来,兵团文化共享工程经过几年的努力,规范了兵团级、师级分中心和团级支中心的工作职责。为了加大文化信息资源共享工程服务基层工作力度,2007年,兵团文广局与兵团工会联合制作《兵团连队职工素质教育》系列光盘,具体包括:兵团精神教育类、农业科技类、法律常识类、健康文明生活方式类等四大类,77项内容,共计50张光碟下发到连队,播放收看,收到好的效果。组织完成国家文化部下达给兵团的81个县级(团场)支中心试点县建设项目,同时规划完成73个乡镇馆站共享服务点的建设任务,初步形成了兵团自上而下的文化信息共享工程服务网络体系。现兵团有省级分中心1个,县级支中心81个,乡镇文化共享服务站73个,基层连队服务点2297个,专兼职工作人员169人。

3. 做好工程规划,着力实施兵团文化共享工程建设项目

在文化部重视支持下,将兵团81个县级支中心、2297个连队基层服务点建设任务纳入全国"十一五"建设规划中,累计中央投资5463.02万元,其中,县级支中心投资4406.4万元,连队基层服务点投资1056.62万元。目前,投资已经全部下达,截至2010年年底将完成"十一五"全部建设任务。建成后的县级支中心建设项目包括中控机房、电子阅览室、电子放映室各1个,为各点提供了资源建设平台、卫星接收系统、硬件及网络等一整套设备,确保文化信息资源更新快捷、资源存储量较大、数据存储安全,为推动兵团基层文化事业建设,提高职工群众整体素质,丰富基层群众文化活动发挥着应有的作用。

4. 加强技术培训,建立和完善各项工作制度,切实发挥文化共享工程的作用

文化信息资源共享工程是一项技术性很强的系统工程,对管理人员的技术要求也高,要管理和使用好这些设备,使其切实发挥作用。为建立一支技术过硬的骨干力量,兵团文广局采取多种形式,每年都举办1-2期技术人员培训会议,或者以会代训,邀请有关师、团领导观摩学习,在实际操作中提高业务水平,各县级支中心一批技术骨干,在团场和连队一线

发挥着重要作用。近几年，我们在工程建设过程中不断总结经验，加强了制度建设，按照文化部及国家中心的要求，制定了一系列工作制度，如《兵团文化信息资源共享工程县级分中心管理制度》、《兵团文化信息资源共享工程县级分中心职责》、《电子阅览室管理规定》、《电子阅览室工作制度》等，进一步建立健全各项制度，加强管理，规范各项工作。

5．注重服务实效，加大信息资源的传输工作，更大程度地满足职工群众的需求

兵团各县级支中心充分发挥现有资源设备优势，想办法、出新招，利用切实可行的各种手段向职工群众传输文化信息。农二师27团县级支中心利用广播电视网络将文化信息资源传输到职工群众家，使职工群众在家就能定期观看信息资源，备受职工群众的欢迎。有的团场编辑职工群众所需的信息资源，制成光碟，配送连队进行播放，取得好的效果。农六师五家渠市利用广播电视网络，将编辑的文化信息资源分别形成模拟、数字信号，传输到千家万户，实现了文化信息进连入户的目标。

兵团文化共享工程启动5年来，虽然取得了一定成绩，但还存在很多困难和问题，有的需要我们去努力克服，有的是我们能力之外的，需要国家和兵团党委的支持和帮助，比如没有专职管理和技术人员，技术力量薄弱，不能适应文化共享工程的推进，工作正常开展的基本运行费用不足，这些问题如得不到有效解决，势必影响工作的正常开展。

2009年5月份，“文化共享工程2010年度全国技术交流会”在辽宁省沈阳市举行，旨在总结交流辽宁进村入户工作经验，探索和推广资源传输及服务的先进模式，进一步推动文化共享工程更好更快地发展。这次会议的召开，为我们解决了实践中的一些具体问题，文化信息资源共享工程进入了新的发展期。目前，已进入“十一五”至“十二五”过渡的关键时期，我们将理清思路，不断探索，求真务实，为推动兵团实现跨越式发展和长治久安目标作出积极的努力。

二、今后的工作思路及打算

1. 抓紧完成“十一五”建设任务，总结经验，为“十二五”发展谋篇布局

文化部“十一五”期间下达兵团的建设任务中，81 个县级支中心和 2297 个基层服务点经过招标程序，建成并投入使用。在完成“十一五”任务的基础上，规划设计了兵团文化共享工程今后的发展思路，结合兵团师、团场、连队分布、人数、规模实际，编制“十二五”期间各级网点分布规划，探索如何加强管理、如何发挥工程建设后最大效益的长效机制。

2. 加强共建共享，把保障人民群众基本文化权益作为文化共享工程建设的出发点和落脚点

文化共享工程要充分利用现代信息技术的发展成果，全面推进工程建设，在实现和保障人民基本文化权益上取得新突破、迈出新步伐、开创新局面。去年以来，文化部在全国介绍并推广信息传输“辽宁模式”，兵团按照文化部的安排，积极借鉴“辽宁模式”，专门下发通知，部署了利用广播电视网络传输文化信息资源工作。2010 年 9 月召开了兵团文化信息资源共享工程工作暨技术培训上，组织全兵团各师文广系统负责人观摩了农六师五家渠市利用广播电视网络传输文化信息资源的好经验和做法，要求各单位结合实际充分发挥广播电视村村通工程和有线数字电视整体转换优势，把文化信息资源传输到千家万户。“十二五”期间，我们还要尝试将文化共享工程与农村党员干部现代远程教育、农村中小学现代远程教育工程在基层网点建设、资源建设等方面进行合作，实现资源整合、共建共享。

3. 加强组织领导，为建设好文化共享工程提供组织保障

各师党委宣传部、文广局高度重视此项工作，主动承担主管责任，把文化共享工程建设纳入重要议事日程，作为文化事业建设的重要内容予以安排部署。各单位要适时加强对所属团场支中心和基层服务点的管理和指导。兵团分中心在完善管理机制的同时，承担起对全兵团各级网点

的组织协调、管理服务、技术指导和绩效考核工作。各个师分中心和团场县级支中心承担起日常管理、资源更新以及对基层服务点的人员培训和绩效考核等职责。各连队基层服务点承担信息服务和需求反馈的任务。通过兵团上下各级的共同努力,把兵团文化共享工程各项任务完成好,真正体现国家惠民工程的效益,让兵团广大职工群众充分享受应有的文化权益。

4. 进一步完善文化共享工程各项管理制度

要制定和完善有关工程服务、设施设备管理、维护、工作人员岗位职责等规章制度,提高工程的管理水平。要进一步加强文化共享工程对未成年人服务的管理,为未成年人利用文化共享工程营造良好氛围。要加强信息报送和统计工作,责成专人负责,将各师各团场工程进展情况、有关统计数据及时报送兵团分中心,由兵团分中心呈报国家文化部及国家中心。

5. 强化服务意识,使“惠民工程”真正惠民

推进文化共享工程建设,目的是将丰富多彩的文化信息资源通过一定的传输手段,送进千家万户,极大地满足职工日益增长的精神文化需求,实现惠及各族职工群众的目的。为此,我们要求各单位强化服务意识,丰富服务方式,注重服务效果,把工作的触角延伸到最基层,让更广泛的职工群众共享社会主义先进文化成果,最大限度地满足职工群众基本文化需求。

6. 重视和加强资源建设,形成信息资源体系

在“十二五”期间,进一步推进文化共享工程建设,争取文化部支持兵团 108 个县级支中心新建项目,提升 14 个师级支中心建设,力争形成文化共享工程与有线电视网络建设、现代远程教育工程共建合作机制,充分发挥各部门的优势,形成规模效应。与此同时,要提高资源建设的针对性和质量,积极协调各方,整合全兵团文化、教育、农业、人口计生、科协等部门有关信息资源,形成包括科普之窗、教学园地、知识讲堂、文化艺术、图书展览等在内的、贴近职工群众日常生产生活实际的信息资源体系,增

强资源对群众的吸引力。

作者简介

万卫平，新疆生产建设兵团党委宣传部部长。

黑龙江省文化共享工程服务新农村建设的实践与思考

◎ 宋宏伟

近些年,我省始终将加强农村公共文化建设作为工作重点,将农村公共文化建设摆上更加重要的位置,纳入对地方政府的目标考核体系,已经形成了政府主导、社会共建、城乡协调、广惠农民的良好局面。无论是在全省"十一五"总体规划、新农村建设专项规划等重要规划中,还是在每年的《政府工作报告》中,省政府都用较大篇幅安排部署农村文化建设工作。特别是2007年,省政府正式启动实施"文体繁荣工程",在更大范围、更高层次和标准上,全面系统地开展农村文化建设。省委省政府高度重视全国文化信息资源共享工程(以下简称文化共享工程),将文化共享工程的实施纳入我省"十一五"总体规划、社会主义新农村建设规划之中,成为我省十大民生工程中的文体繁荣工程之一,并作为一项重要工作推进。按照投资公益性文化事业的有关政策,形成以政府为主导、社会广泛参与的良性投入机制。

一、文化共享工程成为新农村建设的有力抓手

省级财政的大力支持以及各级地方政府积极落实配套资金,促使我省文化共享工程建设在全国率先实现县、村全覆盖,在一定程度上推进了我省新农村建设的步伐。经过多年

的建设和发展，特别是在农村的发展，取得了比较显著的成绩。目前已建成省级分中心1个、市支中心13个、县支中心81个、农场支中心82个、乡镇基层服务点479个、村基层服务点9054个。截至2009年底，中央、省级财政用于支持文化共享工程1.27亿元。通过大力推进文化共享工程，进一步缩小了城乡之间在文化发展上的差距，基层特别是农村公共文化服务薄弱得到了一定程度的改善，人民群众尤其是农民群众看书难、看戏难、看电影电视难、获取信息难、参与活动难等问题得到缓解，大大提升了广大农民的文化生活质量。几年来，主要做了以下几方面的工作：

（一）注重加强建设的规范化，做到"五个统一"

一是统一配置标准，设备的配置参数原则上依照文化部下发的标准，但在具体实施过程中，考虑了每个村的个性化需求，印发了《黑龙江省文化共享工程村级设备调查表》，以县为单位上报，做到有的放矢。二是统一政府采购，严格按照国家要求，履行招标程序。三是统一安装调试。中标公司进行设备安装的同时，省级分中心组织统一的安装队伍，到县、乡、部分村进行调试以及使用指导，大大提升了乡、村基层服务点的设备使用、管理以及服务水平。四是统一技术培训，由逐级培训到重点加强乡镇村级培训。五是统一检查验收，对工程的资金配套、实施质量等统一进行督导，确保工程顺利实施。

（二）注重因地制宜，提高建设质量

1. 基层网点建设。基层点建设，突出重点，以点带面。我省有10个世居少数民族，边境县有17个、国家级贫困县14个，省级贫困县7个。这些地区大多地处偏远，文化资源匮乏，那里的农民也最需要丰富文化生活内容，省级分中心无论是建立基层点还是下发资源，首先考虑民族地区和边境地区人民群众的文化生活需求，及时送去他们需要的资源，指导其生产和生活。因此率先建设了少数民族基层服务点：阿城市料甸子满族乡红新新村、同江市街津口赫哲族乡、同江市八岔民族乡（赫哲族）、杜尔伯特蒙古族自治县胡吉吐莫镇和一心乡（蒙古族）、呼玛县白音纳乡（鄂伦春族）等。2008年，国家全面启动乡镇综合文化站项目，我省737个乡镇列入国家项目规划。目前，全省新建总数达 481 个，建设总规模 17.9 万平方米，采用“六合一”方式，建立村文化室 2000 余个，文化共享工程与之设备互补，资源共享，已初步形成了县、乡、村三级文化设施网络。

2．合作共建。省委组织部、省教育厅、省文化厅和省财政厅联合下发了《关于农村党员干部现代远程教育、农村中小学现代远程教育和文化共享工程共建共享的意见》，在建设村级基层服务点时，与我省农村党员干部现代远程教育工作相结合，互通有无，做到设备合理配置；通过广播电视“村村通”工程，将文化共享信息资源进行有效搭载；在农垦电视台农业频道开辟专栏，传送文化共享工程资源。

3．资源建设。我省大力实施并推进黑龙江历史文化资源保护开发利用工作，将我省的历史文化梳理归纳为民族历史源流、民族民间非物质文化遗产、中外文化交流、红色历程、文化名人、流寓文化、重大历史事件、开发建设、历史文献、地域风情等十大系列。与之相适应，我省文化共享工程建设了具有浓郁地方特色的数据库近 20 个，如北大荒专题数据库、龙江艺术精粹、寒地黑土农业等，购买了 9 大公司的数字资源，在全省范围内免费共享。省级分中心可供传输的数字资源已达 30TB，建设了具有黑龙江特色的文化信息资源库群，在一定程度上满足了农业发展和农民群众的文化需求。

（三）注重创新，提高服务质量

1．拓宽乡、村资源传输新渠道。文化共享工程几年来已经逐步形成了互联网、卫星、有线/数字电视、IPTV、VPN、无线网、电子政务外网、光盘/移动硬盘等模式。而我省通过不断的技术实验和创新，主要采取适用于网络不发达地区的卫星地面接收站模式、易于普及的有线电视模式和互联网模式相结合。对第二批建设的县支中心进行远程监控管理，由省级分中心通过远程监控系统软件，对各县支中心的服务器随时进行数字资源的远程下载和更新操作，并对服务器、存储等核心设备运行情况进行远程监控、故障恢复和技术维护指导。搭建了一个顺畅的资源传输平台。对村基层服务点，通过试验，利用有线电视传输资源，先在五常市拉林满族镇的12个村、林甸县三合乡12个村、阿城市双丰镇的9个村、富裕县实现了100%覆盖,并将成熟经验逐步推广。省级分中心搭建了“基层服务数字资源平台”、“延伸服务共享技术平台”,通过网络将数字资源免费提供给基层群众。

2. 服务能力得到新提升。文化共享工程提升了各级文化单位的服务水平和能力,丰富了基层群众的文化生活。通过主题活动,使文化共享工程走进农村、走进学校、走进军营、走进社区、走进企业开展服务,受到广大群众的一致好评。各地组织了丰富多彩的活动,如齐齐哈尔市支中心的“红星闪耀83年”露天电视周、望奎县支中心的暑假多媒体视听室、北林区支中心的露天电影进农家、西林区支中心的“送文化到警营,慰问人民子弟兵”等。近些年,借助文化共享工程,我省农村文化活动规模之大、参与人数之多、覆盖面之广是前所未有的。

3. 队伍建设观念新。队伍建设是保证文化共享工程持续发展的关键,我省的培训在层级上采取逐级分层,在内容上采用基础与强化并进,重点内容反复培训的原则。省文化厅加大了对全省乡镇文化站站长的培训,全省性的培训每年一次以上,每次培训150余人,并将文化共享工程的内容作为培训重点。省级分中心每年至少进行4次分级培训,每次培训100余人。海林、林甸等县支中心对所属的村级基层服务点也进行了多次培训。同时,省级分中心搭建了“远程视频教学平台”,降低了各级中心的培训成本,提高了工作效率。同时建立了网络互联机制,遇到问题随时给予解答。

二、关于推动文化共享工程健康发展的思考

几年来,我省实施文化共享工程取得了一些成绩,为农村解决了一定的文化需求,但总体而言,与全面建设小康社会的目标要求还有距离,仍存在一些需要解决的问题。

(一)关于文化共享工程可持续发展的问题

从我省看,网点建设已基本完成,国家和省都投入了大量资金,如何

使这一民心工程更长远、更广泛地惠及广大农民，是我们面临的重大问题。

1. 如何健全所依托的文化设施，才能保证文化共享工程长远服务的问题。文化设施是构建公共文化服务体系的基础，是发挥公共文化服务作用的阵地。当前，我省基层和农村的公共文化设施不够完善，特别是一些老少边穷地区公共文化设施还比较落后。全省虽然已建成新型乡镇综合文化站481个，但村文化室建设仍然处于薄弱状态。

2. 文化共享工程设备本身的运行费用问题。公益性文化事业发展依存度高，一个良好的资金保障是公共文化服务的血脉。文化共享工程下发的设备普遍面临维护与更新的问题，这部分运行经费是由国家下拨还是地方政府投入，解决这一问题至关重要。政府应当建立和完善公共财政对基层文化投入的稳定增长机制，要确保人员经费和业务活动经费等方面的拨款。唯有如此，才能更好地发挥文化共享工程为民服务的作用。

3. 人才队伍培养问题。文化共享工程能否坚持下去，关键在于人才，建设和发展壮大一支熟悉和热爱文化工作的基层文化队伍至关重要。人才的缺乏，技术支撑不到位，会影响文化共享工程的可持续发展。首先，要建立一套完整的培训体系，培养精通业务的师资队伍，编写专门培训教材；其次，要充分调动市、县级支中心对培训的积极性和责任感，改变以往完全由省级分中心承担培训的现状；再次，对人才的选拔特别是对乡镇文化站长的选择，应该要求具备文化共享工程所需的专业水平；第四，争取培训工作的常态化，将培训经费列入地方财政预算中。

（二）关于创新服务方式的问题

要不断评估服务工作，研究群众需求，明确服务职责，创新服务模式。文化共享工程建设的根本目的是服务于民，不开展相应的服务，就等同虚设。而做好服务要注意以下几点：

1. 资源建设是核心。资源从质量上来讲，要实用。从内容上来讲，要丰富。

2. 扩大服务范围。服务的根本是根植到最基层，坚持工程建设的“六进”。

3. 探索新的服务方式。既要发展与阵地服务相补充的流动服务，同时积极探索适合基层特点、适应群众需要的新的文化服务方式。

4. 提高服务的吸引力。要运用品牌活动的影响，加强对群众自发的日常活动的扶持和引导。在知识性的基础上，提高服务的趣味性，丰富基层群众的精神文化生活，促进精神文明建设。

（三）关于共建共享问题

我省一直提倡文化共享工程的共建共享，但在实际推进过程中依然存在薄弱环节。问题的关键在农村，如果村级缺乏文化设施，文化共享工程无法推进。目前虽然与农村党员干部、中小学现代远程教育结合，通过“六位一体”建设，取得了一定的成效，但缺乏专门的管理人员。村级基层服务点是群众受益最广泛之地，是文化共享工程的神经末梢，建设并管理好村级基层服务点必须保证设施共建共享、人员共用共享以及配有固定经费。

全面推进新农村文化建设，是构建农村公共文化服务体系的重要组成部分，我省的文化共享工程，将继续肩负建设新农村的责任和使命，为推动龙江文化的大发展大繁荣作出新的贡献。

作者简介

宋宏伟，黑龙江省文化厅副厅长。

构筑新型公共文化服务体系背景下的浙江省文化共享工程建设研究

◎ 陈 瑶

0 引言

公共文化服务体系建设是关注文化民生、实现文化惠民的重要举措，它以农村文化建设为重点，在构建社会主义核心价值体系、保障广大人民群众基本文化权益的高度下，不断提高公共文化服务水平，大力推动城乡基本公共文化服务一体化、均等化，完善公共文化服务体系设施建设、丰富社会文化生活、满足群众精神文化需求。

全国文化信息资源共享工程（以下简称文化共享工程）是一项惠及千家万户的民心工程，党和国家领导十分重视，在国家实施的重大公共文化工程中列为二号工程。下面就浙江省如何推进文化共享工程建设，构筑新型公共文化服务体系，谈几点看法。

1 正确理解公共文化服务体系具体内涵，深化认识文化共享工程建设意义

当今时代，文化越来越成为民族凝聚力和创造力的重要

源泉，越来越成为综合国力竞争的重要因素，丰富精神文化生活越来越成为我国人民的热切愿望。十七大确立构建覆盖全社会的公共文化服务体系，按照体现公益性、基本性、均等性、便利性的要求，坚持社会主义先进文化前进方向，激发全民族文化创造活力，提高国家文化软实力，使人民基本文化权益得到更好保障，使社会文化生活更加丰富多彩，使人民精神风貌更加昂扬向上，调动广大文化工作者的积极性，更加自觉、更加主动地推动文化大发展大繁荣，在中国特色社会主义的伟大实践中进行文化创造，让人民共享文化发展成果。

文化共享工程是公共文化服务体系的基础工程，是政府提供公共文化服务的重要手段，是实现广大人民群众基本文化权益的重要途径，是改善城乡基层群众文化服务的创新工程，对于打破落后地区信息闭塞的状况，缩小“数字鸿沟”，提高广大人民的科学文化素质，推进社会主义新农村建设，具有重要作用，文化共享工程真正体现了公共文化服务体系的公益性、基本性、均等性、便利性。

文化共享工程要从落实科学发展观、执政为民和构建城乡公共文化服务体系的高度，充分利用城乡基层文化设施建设力度不断加大、广播电视和宽带网络等信息化基础设施比较完善等有利条件，坚持机制创新、管理创新、服务创新，实现资源共享，联合共建，稳步扩大文化共享工程的覆盖面，切实提高其社会效益和影响力，使之成为公共文化服务体系的有机组成部分，使广大基层群众特别是农村群众能够普遍享受到数字文化服务，努力满足广大基层群众日益增长的精神文化需求。

2　以构筑新型的公共文化服务体系为契机，推进文化共享工程建设

浙江省公共文化服务体系建设近年来取得辉煌的成绩，形成了设施网络化、供给多样化、载体品牌化、服务均等化、投入多元化的格局，即基本形成了省、市、县、乡、村五级公共文化服务基础设施网络；形成了送文化、种文化等多种形式的公共文化服务供给方式，形成了一大批广大群众喜闻乐见的文化产品和活动；形成了一批“钱江浪花”、“文化走亲”、“赏

心乐事”、“雏鹰计划”、“新年演出季”、“高雅艺术进校园”等以政府采购公共文化产品为主导的公益性文化品牌；形成了最大限度保障全社会各个群体基本文化权益的良好态势；形成了各级政府投入大幅增长，社会力量积极参与公共文化服务的保障格局。公共文化服务体系为文化共享工程建设提供了宽广的舞台，而文化共享工程为公共文化服务体系建设提供了强有力的一个支撑点，主要做法如下。

2.1 组织健全，财政政策到位，确保文化共享工程有序展开

浙江省委、省政府高度重视文化共享工程建设，在省委、省政府制订的《浙江省推动文化大发展大繁荣纲要(2008 -2012)》中明确提出了要加快推进文化共享工程建设，省委省政府领导多次组织文化等相关部门对文化共享工程实施情况开展调研，明确要求创新工作方式，制订实施相关文件政策，加大财政投入力度，有力地促进了文化共享工程的深入开展，也为公共文化服务体系建设支起一个强有力的支点。

“十一五”期间浙江省成立全省文化信息资源共享工程建设工作领导小组，设置文化共享工程机构单位——全国信息文化资源共享工程浙江省分中心，对全省文化共享工程进行组织规划、分类指导和分批实施。并设立了文化共享工程专项资金，2006 年到 2010 年省财政专项投入资金 4200 万元。全省各地财政也加大了投入，据不完全统计，仅 2009 年全省各市、县地方财政用于文化共享工程的投入达到 2256. 3 万元，其中市级投入 1148. 7 万元，县级投入 1107. 6 万元，保证了我省文化共享工程建设的持续发展，也让全省人民群众又一次享受到公共文化服务体系建设成果。

2.2 积极探索，大胆创新，建立资源整合平台

浙江省一直探索文化共享工程建设与数字图书馆的有机结合，工程资源与图书馆传统资源的有机结合。2009 年 5 月 26 日，一个全新的全省统一的资源服务平台——浙江网络图书馆正式开通运行。中共中央政治局常委李长春同志在嘉兴市图书馆大桥分馆实地考察的时候，亲身体验了网络图书馆操作，给予了高度评价。浙江网络图书馆是以浙江省文

化信息资源共享工程和全省公共图书馆的传统文献与数字资源为基础，以“共建、共享、共通、共赢”为目标，以促进全省公共图书馆整体、协调、均衡发展为宗旨，运用先进的网络技术，实现数字资源的无缝链接、跨库检索，打破地域限制，提供读者“一站式”资源检索和文献服务的统一平台。它实现了各馆传统文献和数字资源在同一平台上的整合，实现全省公共图书馆用户信息和资源的统一认证，实现全省公共图书馆和文化共享工程基层服务点资源统一使用，实现全省范围的电子文献传递和纸质文献的馆际互借。为促进“资源丰富、技术先进、服务便捷、覆盖城乡”的数字文化服务体系建设，为广大读者提供全方位、公益性文献获取服务打下了良好的基础。自 2009 年 5 月 26 日开通以来，网络图书馆的点击量已达到 200 余万次，电子图书全文下载 3.5 万余册次，电子文献原文传递 8 万余篇，电子期刊论文下载 500 余万篇。

2.3 文化共享工程进企业，开拓服务新领域

浙江是民营企业大省。文化共享工程进企业行动，是新形势下加强企业文化建设，提高企业文化服务能力，让先进文化走进千厂万企、服务职工群众的文化民生工程。2009 年 5 月，浙江省文化厅与浙江省总工会联合开展“浙江省文化共享工程进企业”行动，提出了在三年内创建千家“文化共享工程进企业示范服务点”，万家“职工电子书屋”，依托网络化管理和服务体系，逐步实现文化信息资源在全省企业中的共建共享的目标。省分中心专门设计制作了浙江省文化共享工程进企业网页，在浙江数字文化网开辟了“共享工程进企业”专栏，整合适合企业职工学习和娱乐的文化资源，并给每个企业授权账号，职工通过授权账号和密码，就可以免费登录省文化共享工程网站，浏览报纸、期刊、电子书籍，欣赏电影、戏曲、讲座等视频资源。首批“浙江省文化共享工程进企业示范服务点”有 288 家，“浙江省文化共享工程进企业职工电子书屋”有 567 家。

2.4 强化特色资源库建设，打造精品文化

具有鲜明特色的浙江文明历史，沉淀出无数文化明珠，孕育出许多文化精品，这为文化共享工程提供了丰富的素材，也充实了公共文化服务的

内容。为了加大特色资源建设的力度，浙江省文化厅从2006年起陆续下发了《关于征集优秀地方戏剧的通知》、《关于浙江省文化信息资源共享工程资源建设申报工作的通知》、《关于征集优秀特色文化视频资源的通知》等文件，并给予了一定的经费支持。

目前，全省有33个数据库项目经过专家组评审获得立项，将于2010年年底完成建设。这些地方特色资源包含了地方戏曲、家谱、民俗文化、历史人物、新农村建设、传统食品等方面的内容，正在逐步形成内容丰富、结构完善的浙江省地方文化资源库。完成228部优秀作品的征集工作，其中向国家中心推荐139部，国家中心审查通过136部。开展讲座资源的征集与数字化，文澜讲坛已有112场讲座进行了数字化并在文化共享工程视频点播系统提供点播。同时积极争取国家管理中心的支持，浙江省分中心与国家管理中心合作拍摄《浙江藏书楼和越剧百年》专题视频，现所有拍摄工作即将完成。

2.5　开展知识培训、知识竞赛活动，提高业务人员专业素质水平

浙江省在实施公共文化服务体系建设过程中，一直重视人才的培养和培训工作。2009年4月，经国家中心批准，“全国文化信息资源共享工程培训基地”在萧山图书馆设立，文化部副部长周和平、省文化厅厅长杨建新共同为培训基地揭牌。

“文化共享杯——全国文化信息资源共享工程知识与技能知识竞赛”的举办是一次全省大练兵，更是提高业务人员专业素质水平的契机。从2009年8月开始到10月，全省从下至上，组织了覆盖范围到村的文化共享工程人员选拔活动，各级中心高度重视，将竞赛活动作为贯彻落实文化部关于进一步加强培训的指示精神、为文化共享工程培养骨干队伍的重要工作来抓，推动工程培训工作深入发展。

2.6　加强合作，优势互补，促进资源的共建共享

开展共建共享是文化共享工程建设快速推进的基本途径，也是加速推进公共文化服务体系建设的重要手段。浙江省文化厅与省委组织部合作共建树立了一个典型的案例。2009年，浙江网络图书馆开通以后，我

们及时为农村党员远程教育开通访问账号，省远程办第一时间在《时代先锋网》上推荐浙江网络图书馆。2010 年 7 月 1 日，集在线学习、移动阅读、互动交流、服务管理等功能于一体的浙江领导干部网络学院开通，浙江网络图书馆向网络学院同步开放。网络学院首期向全省省管领导干部开放，今后将逐步扩大到省直单位处级干部和市、县（市、区）委管理的干部。

浙江省分中心与华数数字电视有限公司合作共建以来，在华数数字互动电视开设了“文化共享”栏目。为了进一步推动文化共享工程进村入户工作，浙江省分中心与华数数字电视签订了《浙江省利用数字电视开展文化共享工程建设试点进村入户项目合作协议书》，合作共建工作正在深化，使公共文化服务体系向底层植根。

3　开拓创新，谋划新思路，展开公共文化服务体系新布局，开创文化共享工程新局面

随着经济体制改革不断深入推进，我国的经济获得了快速的发展，人民群众物质需求不断得到满足，同时，人民群众对精神文化提出新的要求，期盼多层次、多方面、多样化的精神文化产品不断涌现。公共文化服务体系建设要代表先进文化发展方向，与时俱进，满足广大群众不断增长的精神文化需求。我们应该清楚认识到“凡事预则立，不预则废”，所以我省以开拓创新的精神，先期规划，展开“十二五”公共文化服务体系新布局，开创文化共享工程新局面，以下是下一个五年准备开展的工作。

3.1　拓宽工程服务领域，推动公共文化服务均等化

重点依托文化共享工程各级分、支中心的电子阅览室和基层服务点，开展公益性电子阅览服务。面向基层群众、特别是面向青少年和进城务工人员，通过优秀丰富的数字资源、统一规范的网络管理，引导和帮助广大基层群众学习电脑和网络知识，享受文化共享资源，浏览绿色网站，构建和传播体现社会主义核心价值的先进网络文化。

以文化共享工程基层服务网络为基础，在县区支中心及乡镇街道、村

和社区基层服务点建立“文化共享网园”，进一步优化布局，形成结构合理、发展均衡、网络健全的公共数字文化互联网络服务体系格局。加大绿色网络资源整合力度，特别要针对青少年、新一代农民工的需求专门定制资源，吸纳健康的公益性网络游戏进入网园。

利用文化共享工程的资源，深入社区、部队、企业、学校，为广大基层群众播放影片、戏曲、讲座等，使基层群众既深入了解了文化共享工程，又享受了文化共享工程为大家带来的文化娱乐大餐。

3.2 充分挖掘地方特色资源，彰显工程活力

在继续采购基础数字资源的同时，加强本地特色资源库建设。充分调研各地资源情况，制定我省特色资源库建设框架，逐步建成以省分中心为总调度网站的分布式大型特色资源库群，每年完成2-3个系列特色资源库的建设。加强未成年人数字资源建设。征集优秀地方特色资源，发挥各级文化行政主管部门的职能，统筹协调，把政府投资制作的各类舞台演出、讲座等优秀文化资源纳入文化共享工程资源库。

加强未成年人数字资源建设。未成年人是文化共享工程服务的主要对象之一，是公共文化服务体系中主要服务对象之一，目前，共享工程针对未成年人的资源相对较少，我省将在资源相对集中、条件相对较好的少年儿童图书馆建立省文化共享工程未成年人资源服务中心，采购、整合、制作一批思想性、艺术性强，内容健康、寓教于乐的未成年人思想道德教育资源，加强对全省未成年人服务。

3.3 利用现代科技创新服务形式和内容，扩大工程影响力

进一步完善浙江网络图书馆的服务功能。加强各市支中心资源平台建设与服务，惠及更多基层用户。各市支中心通过定制个性化服务平台、资源类型和服务方式，突显区域特色。加强服务平台的统计监管功能，实时提供应用数据。开展3G信息服务网建设。利用3G移动通讯网，建设文化共享工程3G信息服务网站，打造移动网络图书馆，为公众提供文化视听服务。提供文化博客服务，在提高服务平台流量的同时，让用户产生信息资源，吸引更多的用户。

3.4 探索长效机制，保障工程可持续发展

长效保障机制是确保文化共享工程可持续发展的必备条件，将文化共享工程作为公共文化服务长效运行的重要组成部分，将文化共享工程工作纳入各级政府的日常工作范围，予以经费保障，并落实各级分、支中心、基层服务点的组织机构、人员编制。

由省财政和地方财政按比例投入，根据不同类型地区，按基层网点开展服务的情况予以财政补助。制订全省基层服务点服务流程和管理规范，建立示范服务点，对建设、管理、服务工作成绩突出的地区和单位予以奖励，调动各地做好文化共享工程工作的积极性。

实施人才培训计划，省分中心每年培训200人次，地市级支中心每年培训50人次，县区级支中心每年轮训乡镇、街道、村、社区基层服务人员1次。开展师资力量培训，挑选骨干，成立文化共享工程培训讲师团，轮流开展本地区人员的培训工作。因地制宜开展用户培训，帮助用户更好地了解文化共享工程，熟悉和利用共享工程的各类信息资源。建设“文化共享信息素质学习馆”。

4 结束语

按照体现公益性、基本性、均等性、便利性的要求，建立健全公共文化服务体系，这是人民群众基本文化权益的重要保障。以构筑新型的公共文化服务体系为契机，深入、全面推进文化共享工程建设，有利于传播先进文化、促进社会和谐，让人民共享文化发展成果。

参考文献

[1] 胡锦涛在中国共产党第十七次全国代表大会上的报告[EB/OL].[2007-10-24] http://news.xinhuanet.com/newscenter/2007-10/24/content_6938568_6.htm

[2] 浙江省推进公共文化服务体系建设成果新闻发布[EB/OL].[2009-11-25] http://v.zj.gov.cn/html/showvideo/200911/24/1012241851.shtml

[3] 王艳. 公共文化服务体系中的县级公共图书馆发展研究. 图书与情报,2010(1):124 – 126

[4] 张晓明,胡惠林等. 2010年中国文化产业发展报告. 社会科学文献出版社

作者简介

陈瑶,浙江省文化厅副厅长。

特色文化信息资源建设的策略与方法

——以闽南文化专题资源数据库建设为例

◎ 陈 朱 郑智明

全国文化信息资源共享工程(以下简称文化共享工程)自2002年4月启动建设起来,以资源建设为核心的指导方针就一直贯穿工程建设始终。经过近八年的探索与实践,工程资源建设思路越来越清晰,目标越来越明确,方法越来越得当。从最初面对众口不一的资源供给需求的无所适从,到当下明确提出国家中心重点建设普遍适用型资源,各省重点建设特色型资源的任务分工;从早先采取渠道较单一的资源组织模式,如采购社会资源或征集文化系统内部资源,到目前通过行政调拨、社会捐赠、社会采购、资源征集、委托加工等途径多渠道广纳内容涵盖舞台艺术、讲座、影视、少儿动漫、专题片、多媒体资源库、电子图书与电子期刊等方面的社会资源,工程资源建设成效越来越显著。截至2010年6月,工程资源总量已达到92TB。此外,各省市自建的特色资源库已达100余个,其中包括福建、安徽两省分中心依靠自身技术力量,采拍制作的、拥有自主知识产权的18集《闽南文化》、20集《徽州文化》电视专题片。这些资源共同组成文化共享工程服务资源基础,成为工程彰显特色、实现运用现代信息技术保护并传播中华优秀文化目标的有力保障。

2010 年是文化共享工程“十一五”建设规划目标的收官之年。此时此刻,回顾既往,检视我们已取得的经验与成效,对工程特色文化信息资源建设的思路、方法与手段及一些概念性的问题等进行理性分析与思考,对于“十二五”资源建设工作的有效推进极有裨益。

一、文化信息资源的概念与建设内涵

一般而言,文化资源是指凝结了人类无差别的劳动成果精华和丰富思维活动的物质、精神的产品或活动,包括历史人物、文物古迹、民俗、建筑、工艺、宗教信仰、语言文字、戏曲等。特色文化资源是指一个地区或一个民族不同于其他地区或民族的、具有独特性的文化资源。

文化信息资源是文化资源信息形态的体现,是文化资源的文字、图形、符号、声频、视频化表达,可通过信息化实现其开发利用与价值提升。运用信息技术开发利用文化信息资源的方式通常有二:一是将文献、声音、绘画、影视等视听觉方面的文化内容,以不同方式进行数字格式转化,通过网络提供服务;二是利用互联网技术原创产生并提供服务的,例如网络文学、网络游戏等等。

随着互联网的迅速普及与信息技术的飞速发展,网络的开放性、便捷性以及它在信息交流和共享方面的优势使之迅速在社会各行业中得到广泛应用,并愈来愈成为当代社会人们日常学习、生活、休闲娱乐和工作中不可或缺的一部分。据中国互联网络信息中心(CNNIC)在京发布的《第26 次中国互联网络发展状况统计报告》显示,截至 2010 年 6 月,中国网民规模达到 4.2 亿人,普及率达到 31.8%。网民规模较 2009 年底增长 3600 万人,提高 2.9 个百分比。网民队伍的迅速壮大,以及互联网信息在文化层面对网民的思维和价值观念的重塑作用,使得中央对网络文化建设工作愈来愈重视和关注。胡锦涛总书记指出,要把“博大精深的中华文化作为网络文化的重要源泉,努力形成一批具有中国气派、体现时代精神、品位高雅的网络文化品牌”“要把互联网建设好、管理好、维护好”。

因此，文化信息资源的开发与利用具有国家意志性。

网络具有辐射面广、覆盖范围大、延伸速度快、不受时空限制等特性，开发文化信息资源，利用网络提供公益性服务，是实现文化信息资源价值最大化的有效途径，能够最大限度地提高社会公众的受益面，最大限度地保障社会公众普遍、均等的文化权益。这种服务模式既减少了文化传播的成本，又扩大了文化存在的形式，还提高了文化交流的速度与广度，增加了文化资源利用的可能性，从而促进了文化资源的价值、地位和作用的提高，使文化资源作为一个国家、一个民族必须保护的战略资源的地位，显得更加重要和具有基础性、全局性。

二、特色文化信息资源建设的策略与方法

作为文化共享工程资源建设的主体，公共图书馆的特色文化信息资源开发建设，可以追溯到上世纪90年代后期，时下所进行的数字图书馆建设探索。但因受观念、技术、经费、版权等因素的制约，我国早期的数字图书馆资源建设手段简单（多是将无版权问题的馆藏通过扫描方式实现），表现形式单一（基本为单一媒体且以平面形式揭示），内容缺乏生动性，以致难以吸引眼球，影响甚微。这种局面直到2002年文化共享工程启动实施之后才得到改观。文化共享工程的实施给公共图书馆的数字图书馆建设带来勃勃生机。资源内容更丰富，不仅仅是书报刊，还扩展到舞台艺术、知识讲座、影视、文化专题片等；服务空间更广阔，不仅仅是阵地服务，还通过网络将服务辐射到全国城乡基层；建设意境更深远，不仅实现每个社会成员均等、普遍的文化权益，还为中华优秀文化的数字化保护开辟了一条新路。

但对图书馆而言，此中处于“核心”、“根本”、“关键”位置的数字文化资源建设，在实际运作过程中，经常遇到如下难题：①所需的文化信息资源供给不足，特别是图片与视频资源，且部分资源制作质量较差；②所需的文化信息资源难于协调解决知识产权问题，以致影响使用授权；③单纯以图书馆的名义收集文化信息资源困难重重；④建成的数据库往往表

现形式较为单一，且规模较小，生动性不足，等等。

经过八年多的文化信息资源建设经验与教训，我们一个十分深切的体会是：文化共享工程省级分中心的资源建设重点，必须是也只能是千方百计、全力以赴地努力建设自身拥有完全知识产权的，具有本省鲜明特色的文化信息资源。它的理想建成形态，应当是开放的、可控的、又可不断扩展的数据库。同时，在力所能及的前提下，兼收并蓄，采集转化其他系统的可用资源为我所用。基于这样的认识，我们在资源建设内容重点和建设主要手法上实现了一个“提升”，两个“回归”。一个“提升”即从图书馆单独建设数据库，提升为以文化行政主管部门为主导，举全文化系统之力，联合建设以图书馆为平台的富有特色的文化信息数据库群。两个“回归”即将资源建设内容的重点，从以往眼光大多盯着外系统，“回归”到文化系统内，即把注意力转到文化系统内大量丰富的资源上；在资源建设选题上，将文化信息资源建设内容和非物质文化遗产保护项目及数字图书馆的数据库建设结合起来，这种做法，将使公共图书馆的数字图书馆建设具有更加鲜明突出的文化本色、文化记忆功能，同时也有利于进一步解决长期困扰我们的数字图书馆建设中的知识产权问题。

正是在这样的认识基础上，经过充分的论证，我们将我省文化信息资源建设的突破口选定在具有鲜明地方特色的非物质文化遗产项目范畴。而第一个重点建设项目内容，则选定为国家文化部和我省人民政府联合建设的闽南文化生态保护实验区中的核心内涵——闽南文化。在国家中心的大力支持下，经过二年多的探索与实践，《闽南文化专题资源数据库》建设取得阶段性建设成果：采访专家、老艺人、国家级大师和传承人100余位；记录下高清晰专题视频素材140多个小时；收集相关文字约百万余字；整理馆藏相关典籍1000卷次；拍摄高质量图片1万余张；制作了18集《闽南文化》电视专题片。通过对原始素材的数字化转换并序化组织，形成了集知识性、史料性、学术性为一体的，图、文、音、影并茂，以自有知识产权资源为组成的，可不断扩充的多媒体数据库。该数据库的建设理念、思路与方法得到文化部领导、国内专家及同行的充分肯定。

在《闽南文化专题资源数据库》建设的具体实践中,我们深刻认识到,在资源建设的观念与理念、内容与形式、方法与手段、体制与机制等方面秉承创新精神,注重策略与方法,是取得成效的重要保证。

观念与理念突破策略。①在项目建设中融入文化遗产保护意识,将图书馆的数字资源建设融入更广博的文化资源建设空间,以增进项目建设意义,提高项目的社会关注度、支持度与参与度。②将图书馆拥有自主知识产权的数字资源建设工作的重点确定为特色文化信息资源。从图书馆单独建设数据库,提升为以文化行政主管部门为主导,举全文化系统之力,联合建设以图书馆为平台的富有特色的文化信息数据库群。③更新图书馆馆藏建设传统理念,拓展图书馆收藏地方文献的载体范畴。从以往大多只注重收藏纸质形态地方文献,扩展到多媒体等数字形态均收,极大地丰富了地方文献入藏种类,提升了地方文献的保存价值和利用价值。④树立依靠图书馆自身力量建立自有知识产权资源的意识。从以往只能收集社会现有资源建库,转为在需要时可以依靠自身力量,有计划、有目的地主动采集数据库建设所需重要资源,弥补所缺,为图书馆的数据库建设提供更丰富、更全面的资源保障。

同时,树立图书馆自有知识产权资源保护观念。从以往图书馆开展数据库建设中经常需要考虑防止发生对著作权人的侵权行为,转变为需要考虑采取措施,防止自有知识产权资源被非法侵权。

内容与形式建设策略。①在图书馆原有建库数据源(如失去版权保护有效期的资源、拥有使用权的资源、未解决版权问题的资源)基础上,增加自有知识产权数据源,且将其重点定位于濒危、珍贵的非物质文化遗产的原生态记录内容,如真实记录老艺人、传承人的工艺、技艺和作品等,丰富了数据源内容,增强了对资源支配的自主性。②在表现形式上,注重学术性、艺术性与观赏性的融合。利用数字图书馆技术,将数据源以立体揭示的资源组织形式,建立多媒体资源数据库;在保障资源访问速度的前提下,通过艺术设计、融入 FLASH 技术创作等,提高资源表现形式的精美性;通过在资源内容中融入原生态记录素材和利用其编辑制作的文化艺术专题片,提高资源的生动性与可观赏性。③在资源使用形式上,依照知识产权法规的有关规定,将所采集的数字资源,按我馆对其拥有知识产权的程度,作公开使用与限制使用之分。在数据库中,将资源分为互联网完全公开、互联网部分公开、本馆局域网公开、典藏不公开使用四种方式,较好地处理了图书馆数字资源收藏与利用、传播与保护之间的关系。

方法和手段采用策略。①项目建设融合了数字图书馆技术、广播电视技术等运用,把电视片的拍摄和数据库的建设结合起来。既立足于图书馆的特长,又吸收了广播电视技术的优势,为数字文化资源建设开辟了一个新的领域。②与 TRS 公司合作,根据项目需求设计管理模型,构建文化系统内外协同开展数字资源建设的内容协作平台,实现元数据输入输出、知识产权保护、资源立体揭示等功能。③在图书馆原有的信息资源采集方式的基础上,投入专项资金搭建广播级电视摄录编系统、多机位演播室系统、数字媒介加工制作系统,拓展了图书馆图片、视音频资源的采集手段,丰富了信息资源类型,实现了建设手段的更新和建设方法的改进。

体制和机制创新策略。①项目实行以文化行政主管部门为主导,以图书馆为骨干力量,文化系统内外积极参与配合的数字资源建设崭新工作模式。这种通力合作、多方共赢的运行机制,扭转了单纯以图书馆名义开展专题资源数据库建设,力量较为薄弱的局面。探索了公益性文化事业单位在资源建设过程中,将自身力量发挥与外部力量借用、行政手段协调和经济手段保障相结合的新模式。②在项目建设中,建立了方案预先审议、计划事先安排、进展实时跟踪、质量层层把关的运行机制,重点把握了人力资源组织、方案论证、标准规范选用、软硬件建设与管理、资源采集与版权处理、质量控制、资源后期转化整合建库、成果验收与档案归总等九个环节,形成了较为完善的组织、管理与运行体系。

三、特色文化信息资源建设应注重把握的几个关系

对数字图书馆与文化共享工程资源建设关系的认识。笔者认同国内

有关专家提出的文化共享工程是数字图书馆建设的早期形式的观点。文化共享工程的实施使公共图书馆的数字图书馆建设的概念实现有了现实的可能与较坚实的基础奠定。文化共享工程与数字图书馆资源建设的本质相同,即同是开展文化信息资源建设,只是现阶段二者的建设侧重不同,目的有所不一。以重点满足农村基层群众“读书、娱乐、求致富”需求而实施的文化共享工程,在资源上更注重贴近农民群众的需求特点,侧重于对娱乐类、教育类等视频资源的建设组织,以服务为主要目的。而数字图书馆的资源建设更多实现的是对馆藏文献资源的数字化转换,侧重于对图文资源的组织,以保护为主要目的。因此,我们认为,在正确认识与把握文化共享工程与数字图书馆资源建设的规律与特点的基础上,文化共享工程与数字图书馆资源建设工作组织完全可以得到有效统一,实现有机融合。

对普适性资源与特色性资源建设关系的认识。文化共享工程建设目标是构建覆盖全国城乡的数字资源服务体系,其服务对象具有遍布全国的广泛性及构成的区域性、民族性特征。这就要求工程资源建设既应从满足社会大众的普遍需求出发,开发提供具有广泛适用性的资源产品,如电子书报刊、讲座、影视及科教片等,又必须兼顾各地区各民族的文化特点,开发、建设、提供满足其特定文化需求的资源产品,如地方戏曲、民族文化等。即在工程资源建设中坚持普适性资源与特色性资源共同建设原则,通过合理发挥国家和地方两方面力量的优势作用,来丰富并完善工程资源体系建设。

对自主建设与引进外援关系的认识。图书馆长期以来形成的馆藏资源建设理念,均是被动收集已有的地方文献。这种做法在实际工作中常有许多缺憾,即资源供给不足,特别是在多媒体时代。文化共享工程的实施使得有目的、有计划地主动采集特色地方文献,且以珍贵的地方特色文化信息资源为重点成为可能。通过建立自身的资源采拍队伍,扩充对省级分中心数字媒体制作设备的配备,以数字记录形式,对濒危、珍贵的原生态非物质文化遗产进行“物质化”保护,可在极大丰富图书馆多载体特色文化信息资源收藏的同时,有效提高入藏资源的使用价值和保存价值。但在自主建设与引进外援关系的处理上,我们认为必须注重把握如下原则:凡经论证有使用保存价值而又尚无人采集或本馆无法获得使用权的文化资源,依靠自己的资源采集队伍和自动化技术人员采集并构建数据库;凡通过购买、征集可获取知识产权或使用权的文化资源,均通过购买、征集获取;凡本馆技术人员暂时无法完成的工作任务,在经费许可的条件下,均实行外包。

对保护与利用关系的认识。通过运用广播电视技术与数字图书馆技术,以数字记录形式,对濒危、珍贵的原生态非物质文化遗产进行"物质化"保护工作的开展,图书馆获得了大量珍贵的、一手的文化信息资源,其中不乏"涉密"技艺或工艺。应从保护知识产权角度出发,将所采集的数字资源,按对其拥有知识产权的程度,作公开使用与限制使用之分。对一些"涉密"技艺或工艺资源仅做典藏保护;对一些尚未获得使用授权的资源做不公开使用处理;对无版权纠纷资源包括自有知识产权资源实现互联网公开访问,从几方面来妥善处理图书馆数字资源收藏与利用、传播与保护之间的关系。

运用广播电视技术与数字图书馆技术,以数字媒体记录和数据库形式,对濒危、珍贵的原生态非物质文化遗产进行"物质化"保护并通过网络实现资源共享。此举既充实和丰富了图书馆的特色文献收藏并提升其价值,特别是自有知识产权资源内容,又进一步壮大了图书馆自身的实力,并有效扩大和提高了图书馆的影响力和知名度,更为非物质文化遗产的数字化拯救、留存与保护探索出一条新路。且将省级图书馆的人员、技术、设备、资金优势与地方文化部门的资源、地缘优势形成互补,这种合作共赢的模式,能有效调动各参与方的积极性,为扩大联合,有效推进文化系统拥有自有知识产权的特色文化信息资源建设,提供了可资借鉴的经验。我国历史悠久,文化积淀深厚,加之地域辽阔与民族多样性,使得文化资源种类丰富、特色鲜明。加快对这一资源宝库的开发、利用与服务,形成互联网上独具特色的文化信息资源库群,为于繁荣我国网络文化事业,促进公共文化服务体系建设,提高中华文化的影响力、凝聚力、感召力等具有巨大意义。

参考文献

[1] 焦雯．风雨兼程:共享工程的八载拼搏与奋进．中国文化报,2010 - 8 - 25

[2] 王怀诗．非物质文化遗产数字图书馆建设初探．图书馆论坛,2009(6)

[3] 朱丽珍．图书馆与非物质文化遗产的保护和利用．科技情报开发与经济,2009(29)

[4] 王文章, 陈飞龙．非物质文化遗产保护与国家文化发展战略．求是, 2007(17)

[5] 孙承鉴．数字图书馆建设和发展．数字与缩微影像,2006(2)

[6] 孙承鉴、申晓娟、刘刚．我国数字图书馆发展十年回顾——综述．数字图书馆论坛,2006(1)

作者简介

陈朱,福建省文化厅副厅长。

郑智明,福建省图书馆馆长,文化共享工程福建省分中心主任。

山东文化共享工程及公共电子阅览室建设的实践与创新

◎ 李宗伟 李西宁 周玉山

全国文化信息资源共享工程(以下简称文化共享工程)是现代信息技术应用于公共文化服务的一项创新工程,这项工程广泛采用数字处理技术和新媒体技术,以数字信息网络作为主要的运行服务载体,无论是从技术手段、实现途径,还是从服务方式上,都是公共文化服务的一项全新探索,工程自2002年实施以来,以国家中心为主导,各省在技术模式、管理模式、服务模式等方面积极探索,形成了百花竞艳的可喜局面。今年以来,在文化共享工程建设的基础上,文化部又着手实施"公共电子阅览室建设计划",依托图书馆、文化馆、文化共享工程基层服务点等公共文化服务设施,以及文化共享工程和国家数字图书馆的资源,建设内容健康、服务规范、环境良好的公共电子阅览室,为广大人民群众提供健康、便捷的网络文化服务。山东是文化共享工程的先期试点和后来的示范省份,同时也是文化部确定的公共电子阅览室的初期试点省之一,在建设、管理、运行、服务等方面积累了一定的经验,初步形成了自己的运行服务模式。

一、山东文化共享工程建设的实践和思考

山东自2002年开始在全国较早进行试点建设,到2006

年建立起覆盖全省的文化共享工程的网络框架。实施文化共享工程，山东有着自己的有利条件：一是各级领导高度重视，各级公共文化设施建设较为完善；二是基础网络设施较为完善，农村党员现代远程教育网络已覆盖全省；三是数字图书馆建设初具规模。2006 年底，文化部将山东列为全国的两个试点省之一，积极鼓励山东在文化共享工程技术运行模式上进行创新探索。各级政府积极投入资金进行建设，山东省文化厅将这一课题列为 2007 年度重大科技攻关项目。

到目前为止，山东文化共享工程已经高标准地建立起 1 个省中心、17 个市级支中心、140 个县级支中心、9 万多个乡村社区基层站点，实现了全省服务站点省、市、县、乡、村五级的全面覆盖，在网络建设、资源整合、队伍素质、服务群众上取得了显著成效。建立起内容丰富的共享数字资源库，并通过完善的网络向城乡基层提供服务。2008 年山东省被评为文化共享工程示范省。2010 年，山东又成为公益性电子阅览室建设的首批试点省和县级数字图书馆首批实现全省覆盖的省份。

在文化共享工程建设中，山东以推动城乡统筹发展为主要目标，以现代信息技术、电子技术和信息资源流动共享为服务手段，以提供农村急需的信息资源、向群众提供便捷有效的信息服务为工作重点，在文化共享工程农村基层服务站点的建设上，全省 84540 个行政村都建立了设备配置较为齐全的基层服务站点，其中约 20% 的农村基层站点，建立了拥有 10 至 20 台电脑的电子阅览室和多媒体投影教室，接入了宽带互联网，成为功能强大的农村信息服务阵地。

山东省在实施文化共享工程的过程中，清醒地认识到文化共享工程的建设和创新应当着重解决以下三个方面的问题：一是系统的基本运行网络如何建设？二是信息资源如何建设和进行有序化的整合？三是海量信息资源如何大规模向基层传输并提供便捷的服务？并因此形成了自己的建设思路。首先是注重基础运行网络建设。基础运行网络包含了文化共享工程各级中心、基层服务站点设施和相互之间的网络互联体系，是文化共享工程服务运行的基本载体，山东运行网络体系建设的总体目标是在县以上支中心要形成具有资源接收、存储、转发、整合建设以及技术指导服务能力，可以提供数字图书馆服务的主干网络；县级以下的终端服务体系要重点加强，以城乡全面覆盖为目标，形成传输渠道完善多样、各种服务设施完备的终端服务体系。基层服务网络建设要注意与党员远程教育、农村中小学远程教育等成熟的网络体系实现共建共享，同时与农村文化设施建设统筹规划，综合利用，使乡镇文化站、村/社区文化大院逐步具备提供数字文化信息服务的能力。其次是紧紧抓住信息资源建设的核心，整合数字图书馆资源和地方特色文化资源，针对不同群体的资源需求，要将面向青少年服务和面向农村服务的资源作为建设的重点。第三是充分利用山东的网络设施优势，大胆采用新技术，妥善解决海量信息资源互联网传输服务问题，形成运行高效、传输流畅的技术支撑平台。

基于这种建设思路，经过多年的实践和探索，我们逐步建立起文化共享工程建设和服务的山东模式。概括地说，这种模式是以文化共享工程省、市、县三级中心为主干，以遍布全省的乡村终端服务站点为资源接收服务对象，建立起基于网络环境下的海量资源整合、传输和服务利用的平台，通过以互联网为主的资源传输渠道，在服务终端形成集网上图书馆、网络视听、公益性网络信息服务于一体的、内容丰富、使用便捷的“一站式”服务体系。

二、山东文化共享工程的创新要素

一是创新资源传输体系，实现海量信息资源向基层传输。

资源传输体系要解决海量信息资源向广大基层传输的问题。资源传输途径的多样化和高效率是系统对资源传输体系的基本要求。经过多年探索，我们在全省建立了以互联网为主导的复合型多样化资源传输体系，大大提高了服务效率。具体包括：立足自身优势，创立了天地人三网合一的立体的、多样化的资源传输体系。卫星、互联网、政务专网、人工的光盘、硬盘传递相辅相成，更多地突出互联网在资源传输兼容性强、交互性强、方便快捷的优势。目前全省 90% 以上的基层点和所有支中心都接入

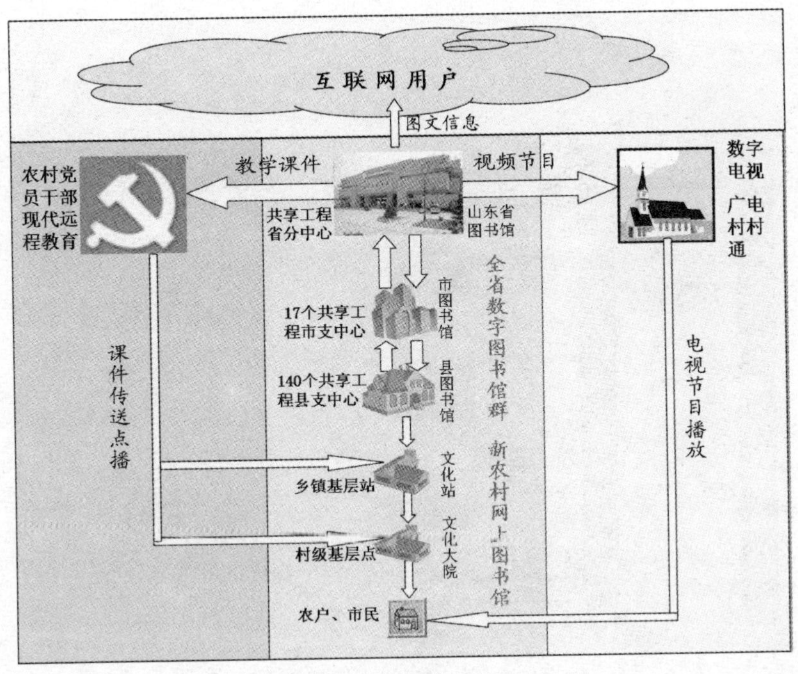

宽带互联网，核心节点带宽普遍达到100M—1000M。通过建立网上图书馆和网络视听服务平台，使互联网成为资源传输的主渠道；在新的技术条件下，我省将进一步研究利用移动互联网和数字机顶盒技术进行资源传输的模式。

二是创新合作共建机制，破解农村基层网络建设难题。

我们根据山东作为党员干部现代远程教育试点省、乡村社区基层服务网点已经覆盖全省的实际情况，在乡村社区基层站点与党员现代远程教育进行合作共建，建立并完善了省、市、县、乡、村（社区）五级网络架构，基层网络覆盖全省84540个村，是全国第一个实现全覆盖的省份。这种合作共建机制在技术融合和共同管理上都有所体现。在技术层面上，有效地实现了共享工程与远程教育8万多个基层站点在资源传递、资源共享、终端服务方面的技术对接，在卫星电视频道上开设共享专栏，合作共建远程教育一体化网站；在管理层面上，出台文件，实行一个站点、两块牌子，一套班子，共同管理，共同抓好队伍建设和培训，在服务上体现党员

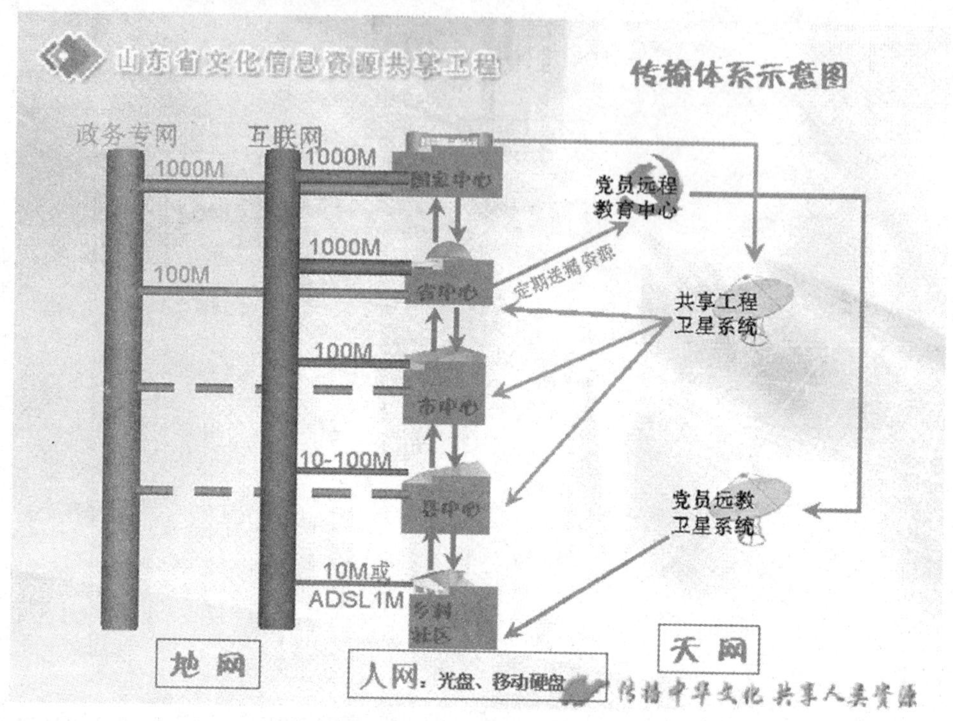

教育和群众服务的双重职能，共同进行站点扩展和规范化建设；通过合作共建，避免了重复建设，为国家节省了10亿元的站点建设投资和后续管理成本。

三是创新资源整合模式，使数字图书馆资源走出围墙。

文化共享工程与数字图书馆有机结合，实现海量资源全民共享。建立文化共享工程省级资源库，将各级图书馆馆藏的大量数字资源纳入文化共享工程资源体系，通过妥善解决传播权、使用权问题，使这些资源走出图书馆厚厚的围墙，在全省范围内共享使用。

2006年底，我省文化共享工程中心通过资源整合，构建了“山东省网上图书馆”，汇集了35万种电子图书、5700万篇全文电子期刊，并向全省县以上公共图书馆和部分基层站点提供服务。在此基础上，我们又经过认真调研论证，专门组织采购了针对农村需求的农业科技、种植养殖、产品营销、农村文化、政策法律等方面的电子图书2万种，实时更新的电子期刊1600多种,构建了“山东新农村网上图书馆”,通过互联网免费向8万多个农村基层站点提供服务,这样就使每个村级站点拥有了相当于一个小型图书馆的电子信息资源,并通过我们的一站式服务平台,通过直观的界面、便捷的操作,向基层群众提供全面的数字信息服务。

另外,针对视频多媒体资源易于被基层群众接受,较受群众欢迎的特点,我们于2007年开通了山东文化共享工程网络视频服务平台,目前这个视频资源库上载并提供服务的专题视频节目达到9000余部,其中包含了农业科技、农民工务工技术、影视戏剧、群众文艺、地方特色文化、医疗保健等各个方面,这些资源通过网络点播、网络直播、卫星直播的方式,同样免费向农村基层提供服务。

通过部署“山东省网上图书馆”、“新农村网上图书馆”、“网络视频服务平台”和“县级数字图书馆推广计划”,有效地整合了各级公共图书馆的数字资源,包括数十万种电子书刊,在文化共享工程网络中实现共享共用。文化共享工程省级资源库总容量达到35TB,丰富的资源信息,便捷的利用方式,对改变城乡文化服务的差距起到了巨大作用,受到了农民群众的普遍欢迎,也取得了可观的服务效果。

四是创新终端建设和终端服务方式。

终端是指文化共享工程的基层服务站点和各级中心的电子阅览室等服务设施。终端系统是文化共享工程体系中直接面向群众服务的单元,其建设与运转质量直接影响文化共享工程的整体服务效果。山东网络体系实现全覆盖之后的这几年,各级文化主管部门一直把终端建设作为工作的重点,把提升基层站点终端系统的功能配置、服务能力、管理水平作为工作的主要切入点。几年来,山东省文化共享工程在与全省党员远程教育合作共建基层站点的基础上,致力于规范化站点建设,制定了规范化站点建设的设备场地配置标准,即在原有党员远程教育站点一台微机、一台电视、一台卫星小站的基础上,扩建成具有10-20台微机、一个多媒体投影教室的规范化电子阅览室。目前这类站点已经占站点总数的20%。

在站点服务方式上,重点体现了基层站点“公益网吧”、“视频剧场”

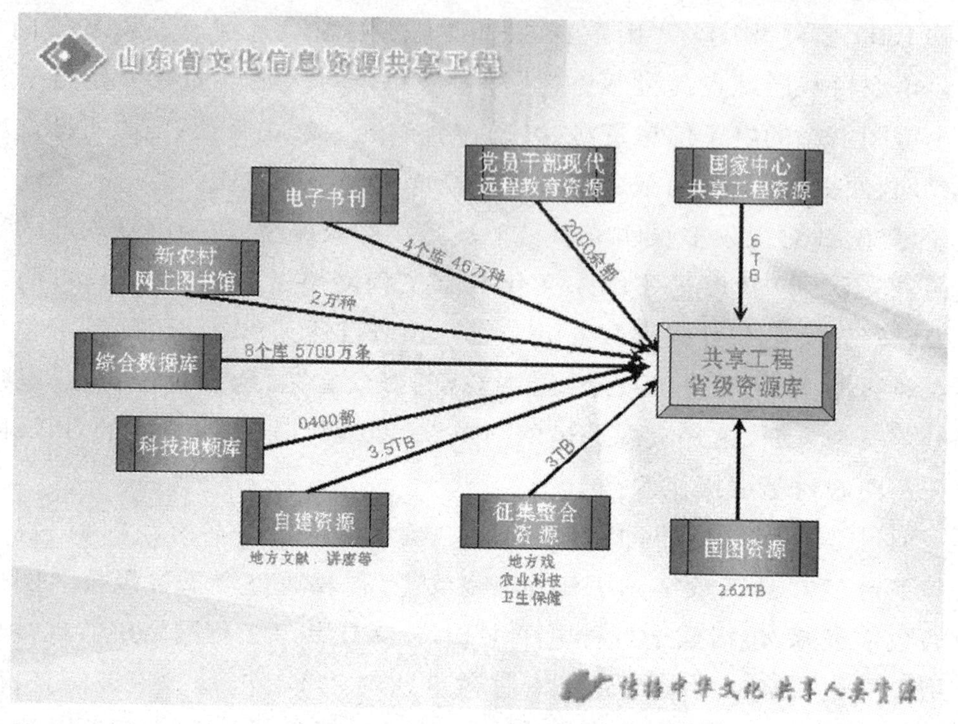

和"网上图书馆"三大功能，通过基层站点"一站式服务平台"软件，实现资源整合、界面易用，实现了公共图书馆服务的最大延伸，目前这类具有自主学习功能的规范化站点已经占全省基层站点总数的20%以上；通过文化共享工程进广场、进机关等活动进一步拓宽文化共享工程的服务范围。今年以来，按照文化部的部署，在前期规范化站点建设的基础上，山东省进行了公共电子阅览室在全省的试点和推广工作。山东省作为全国公共电子阅览室建设试点的九个省之一，积极进行试点探索，首批15个基层公共电子阅览室的试点的资源配置打包、软件安装工作已经完成，我们以打造健康、安全、公益、有吸引力的网络文化服务阵地为出发点，组织整合了动漫资源、互动学习、益智游戏等方面的资源，并专门开发制作用于公共电子阅览室的桌面专题和资源服务平台，加强了对用户上网行为的监控、引导和管理，初步取得了良好的效果。

五是创新多媒体资源的传输和服务。

视频多媒体资源是文化共享工程向基层服务的主要资源类型，因其数据量大，向广大基层传送需消耗大量网络资源，一直是文化共享工程面临的难题。为此，我们积极应用先进的多媒体传输服务技术，采取了CDN网络智能分发、CDN + P2P网络视听、分布式镜像、用户就近访问的策略，实现多媒体资源有效传输、网络点播、网络直播等应用，建立起功能较为完善的网络视听台。通过这一技术的应用，充分利用了各级支中心网络带宽优势和镜像存储空间，有效地分担省级分中心的单点压力，形成多点分发、分布存储、负载均衡的资源传输服务系统，解决了流媒体资源的网络传输和点播服务问题。另外，为满足个别网络带宽不足的站点的服务需要，以及广场放映的需求，省中心和青岛市还研发了文化共享一体机、文化共享多功能播放器，取得了不错的使用效果。

六是创新基层服务手段。

在推广信息服务的过程中，我们除平时向基层站点发送大量信息资源供群众选用外，还紧紧贴近群众需求，积极为丰富的信息资源找对象，为有需求的群众找信息资源，利用各种各样的服务方式，最大限度地发挥好服务群众的作用。

（一）紧扣经济发展、农民增收开展主题培训。各地文化共享工程支中心和基层站点，根据当地产业结构特点、群众增收致富的需求，积极运用文化共享工程开展农村科技信息培训。如潍坊市是蔬菜基地，该市许多县级支中心开展菜农培训，两年来共选用蔬菜种植知识 2400 多条次，举办培训班 25 期，受惠群众 2400 多人次。临沂市各级支中心和基层站点根据当地产业特点，积极开展林果业和畜禽养殖知识培训，全市农民为此每年人均增收 450 多元。

（二）着眼民生热点，开展信息服务。几年来，各级站点急群众所急，解群众疑难，积极围绕扩大就业、关心农民工生活、疾病防治等民生热点，运用文化共享工程提供信息服务。如济南市济阳县利用乡镇站点举办农村青年就业培训班，组织查找用工信息，与有关部门联合，向外输出大量农村劳动力。临沂市郯城县每年夏季都有雷击灾害发生，县支中心制作了《怎样防雷击》的专题信息，刻录光盘发放到乡村站点为农民群众服务。在防治手足口病、甲型H1N1流感等活动中，各级站点紧急提供了专题视频和图文信息向农民群众推荐，受到广泛好评。

（三）围绕和谐社会建设，丰富农民的精神文化生活。去年以来，各级中心和站点利用视频课件为农民群众进行网上文化辅导20多万人次；利用流动服务方式在乡村广场放映文化共享工程电影、戏剧等节目40000多场次；在寒暑假期间组织农村学生网上读书活动600多次，丰富了他们假期生活；全省有3600多个村级庄户剧团利用站点学习、排练文艺节目，对农村文艺繁荣发挥了不可替代的作用，文化共享工程乡村站点真正办成了农民精神文化的家园。

（四）根据不同对象，选择不同服务方式。为了增强针对性，使有限的乡村站点发挥更大的作用，许多站点创造了灵活多样的服务方式。有的通过实行节目预告，吸引群众有序进站点参加活动；有的按照不同群体的特点安排信息，并成立不同的学习小组，如泰安市满北村就成立了党员干部、老年人、育龄妇女、外出务工人员、个体工商户、种粮大户等12个学习小组，分别按专题组织了630多个视频课件和75万字的电子文档资料，有计划地组织学习，增强了服务的针对性和实效性；有的注重个性化信息服务，农民既可以到电子阅览室上网学习，也可以利用多媒体投影或大屏幕电视集中培训，还可以借阅光盘书刊回家使用；有的推动文化共享工程进数字电视、有线电视等渠道，把优质数字信息发送到农民家庭。文化共享工程服务农民群众方式的多样化，扩大了服务的覆盖面，增强了服务效果。

七是创新系统运行监管体系。

对文化共享工程这样一个遍布全省的大型复杂应用网络的运行管理问题进行了创新探索，通过部署“业务协作交流平台”和“信息浏览监控平台”，实现了网络各级节点之间的在线协作交流和监控管理。实现动态业务信息汇总、公文信息传递、运行维护的在线答疑、网上培训等功能，有效解决了系统内部的业务协作交流问题，这也是全国范围的文化共享工程实施中的一个创举。

三、山东公共电子阅览室试点建设的探索

山东是文化部确定的公共电子阅览室的 9 个初期试点省份之一，政府和各级文化主管部门高度重视和积极推动此项工作，并按照文化部相关指示要求，于 2010 年下半年着手开展初步的试点工作。

2010 年 9 月，根据省文化厅安排，我们从全省选定了基础条件较好的历下区燕山社区、济南市市中区图书馆、济南市市中区小庄村等 15 个站点进行先期试点。在原有硬件系统的基础上有针对性地整合配备包括动漫书、互动学习软件、网络游戏等在内的适用资源，开发部署公共电子阅览室桌面管理服务平台软件，能够对符合公共电子阅览室要求的游戏、动漫书、学习软件、视频等资源进行分类管理，实现资源导航一站服务。强化管理手段，统一安装不良信息过滤软件和上机管理软件，实现对用户上网行为的有效监管，并通过向当地群众发放免费上网卡的方式，为特定用户群体提供服务。

下一步，我们将全省范围内选择一批基础设施条件较好、服务工作开展比较扎实的公共文化服务场所进行了试点建设，在选点上充分照顾到不同层级、不同类别、不同服务群体的需求，并重点向未成年人和进城务工人员倾斜。并重点完成以下几个方面的工作：

(1)逐步推进免费开放，实施公益性服务。注重为未成年人服务，在公共电子阅览室设立未成年人服务专区，有条件的省市级馆（如省图书馆）可以建立专门面向未成年人服务的电子阅览室。

(2)完善资源服务平台，创新技术应用。在资源建设和整合上，要有针对性地向未成年人、进城务工人员倾斜。建立适合未成年人和进城务工人员的共享工程基础资源库及相应的推荐性目录，内容应当涵盖阅读

资源、视听资源、课外学习资源、素质教育资源、在线互动类资源、大众文化资源、务工技能资源等。在资源服务平台的服务功能上,更加注重系统的个体参与、群体互动、个性空间、资源上传与分享等功能,增强电子阅览室的趣味性和吸引力。

积极探索利用新的传输媒介提供服务,如移动通信、数字电视,在有条件的站点和中心建立覆盖读者活动区域的无线局域网,充分发挥个人移动设备的作用;完成山东网络视听台的平台升级和资源配置工作,增加资源,扩展频道,建立资源上传分享专区,建立运行机制,提高服务效率。

(3)建设一批大型示范性公共电子阅览室。根据目前的电子阅览室规模小、标准要求低、接纳能力有限的实际情况,着手在全省九个地级市的人群密集、商业繁华、交通便利的中心地区,分别建设规模大(100 台以上电脑)、标准高、服务能力强、服务环境好,软硬件设施设备均超过目前网吧水平的大型公共电子阅览室。

在管理上,9 个大型公共电子阅览室由省中心直接监管指导、各试点市中心与所在市区图书馆、所在社区共同成立公共电子阅览室理事会,统一组织协调运营管理工作。省、市、县图书馆介入管理,当地县、乡镇(街道)、社区投入扶持,在政府投资主导的基础上,积极探索灵活的运营模式,可以通过企业冠名、共同投资等形式实现公共电子阅览室的合作共建和共管,让公共电子阅览室的发展形成良性循环。

(4)积极探索公共电子阅览室的合作共建。文化部门与教育、工青妇部门、农业、远程教育、企业与社会团体等协作筹划,在具备条件的相关场所,如中小学、青少年宫、工人文化宫、妇女儿童活动中心及其他企事业单位,在文化部公共电子阅览室建设的整体框架下,建设符合要求的公共电子阅览室。针对不同社会群体有针对性地整合资源,建立服务模式。近期计划针对未成年人与教育、青年团等部门联合建立“公共电子阅览室·新希望网苑”,整合文化、教育、工青妇等系统的优秀资源,在全省中小学及青少年宫、儿童活动中心等各类青少年活动场所建立公共电子阅览室,为广大青少年营造一个内容健康、绿色安全、信息丰富、功能完善的网络服务空间。

作者简介

李宗伟，山东省文化厅副厅长。

李西宁，山东省图书馆馆长，文化共享工程山东省分中心主任。

周玉山，山东省图书馆副馆长，文化共享工程山东省分中心副主任。

抓住机遇　努力推进西藏文化共享工程又好又快发展

◎ 辛高锁

2002年4月，国家文化部和财政部共同实施全国文化信息资源共享工程以来，特别是2005年中办国办转发《文化部财政部关于进一步加强全国文化信息资源共享工程建设的意见》以来，在自治区党委、政府的高度重视下，我区的文化信息资源共享工程（以下简称文化共享工程）建设紧紧围绕工作中心，狠抓落实，取得了初步成效。

一、文化共享工程建设在西藏具有重要意义

西藏自治区位于祖国的西南边陲，地处反分裂斗争的前沿。长期以来，国外敌对势力和达赖集团妄图分裂祖国，对西藏的局势稳定进行一次次的破坏活动，他们在国外通过互联网等媒体鼓吹"西藏文化灭绝论"等反动言论，对西藏的历史文化进行歪曲报道与宣传，迷惑了不少国外不明真相的民众，对我区的社会稳定、经济发展带来了不少负面影响。近年来，达赖集团和西方敌对势力不仅加大对我精神文化领域渗透，而且他们的渗透途径和方式呈多样化趋势，他们加大了从空中渗透的力度，同时还利用图书、报刊、音像制品、电子出版物、反动宣传品以及互联网反动信息等进行地面渗透，与我争夺群众、争夺青少年、争夺人心，敌我斗争十分尖锐，意识形态

领域已成为各种斗争的主战场。

而在我区,农牧民群众又占总人口的80%以上,由于历史和地理等各方面的原因,广大农牧民群众的精神文化生活还相对贫乏。但随着人民群众生活水平的不断提高,目前我区正处在农牧民群众精神文化需求逐步旺盛的时期,与此相矛盾的是,我区基层文化阵地建设严重滞后,公共文化设施总量不足,公共文化服务体系远未实现全覆盖,同时,受人才、技术等条件制约,农牧民群众看得懂、用得上、喜闻乐见的精神文化产品也比较匮乏。而文化共享工程在我区的全面实施,如春风吹拂雪域大地,从很大程度上改变了我区文化建设的落后现状,不仅消除了不同地区在获取文化信息资源上的不平等,解决了广大群众"看电影难、看戏难、看书难"的问题,同时用铁的事实有力回击了达赖集团鼓吹的"西藏文化灭绝论"等反动言论,维护了西藏意识形态安全,用先进文化占领了基层文化阵地。可以说,文化共享工程在西藏的实施具有深远的政治意义。

二、文化共享工程建设在西藏稳步推进

(一)成立领导机构,提供组织保障。2005年6月,区党委办公厅 政府办公厅向全区转发了《区文化厅 财政厅关于在我区实施全国文化信息资源共享工程的意见》(藏党办发[2005]18号),明确了在我区建设文化共享工程的重要意义、指导思想、总体目标、原则要求和主要措施。2005年10月,自治区人民政府下发了《西藏自治区人民政府办公厅关于成立西藏自治区文化信息资源共享工程领导小组的通知》(藏政发[2005]84号),成立了以自治区一名副主席为组长,以自治区文化厅、发改委、财政厅、西藏图书馆等为成员单位的领导小组及办公室。明确了领导小组和办公室的主要职责和工作任务。2006年,自治区财政厅与文化厅共同研究形成了《西藏自治区全国文化信息资源共享工程实施方案》,提出了我区共享工程的建设目标。领导小组的成立、建设方案的制定、《意见》的出台,为我区文化共享工程的顺利启动和实施提供了有力的组织保障。

(二)自治区分中心工作开局良好。自治区分中心是开展技术服务、

数字资源建设、人员培训的中心，是推进文化共享工程建设的重要基础。2007年文化共享工程西藏自治区分中心成立，并完成了相应硬件设施的安装。几年来，在上级主管部门的正确领导下，自治区分中心积极利用现有设备及人员力所能及地开展了各项工作，同时承担了指导基层业务、培训业务人员及传输信息资源等大量日常工作。2009年，自治区分中心克服资金短缺等诸多困难，接入了互联网，购买了清华同方近2 TB的数据库、万方视频数据库镜像版（内容包括：哲学与宗教、历史与考古、经济、管理、法律、社会、教育、医药卫生等方面3000多部视频讲座）。目前电子阅览室在局域网内可以查询报纸、法律期刊、工具书等数据库资源和各类视频讲座。局域网导航页面在内网导航中也已加载了2900多本电子书，其中藏文电子书280多册、电子图文15GB以上、在线视频100多部、有声读物320部等。上述资源已经提供给读者享用，并一直不断加工、上传各种资源来提高读者可用资源的多元性。总之，自治区分中心各项工作已逐步迈入正规化。

（三）县级支中心建设工作进展顺利。自2006年国家为我区下达了三个试点县建设任务以来，由于受各种因素制约，我区的基层网点建设任务一直举步维艰，严重滞后于全国其他各省市。为尽早完成国家下达的基层网点建设任务，不拖全国建设目标的后腿，自治区主管领导亲自过问，并做出一定要加紧推进我区文化共享工程建设进程的重要指示。根据自治区领导的指示精神，厅党组高度重视此项工作。在2009年年初召开的全区文化局长工作会议期间，将文化共享工程建设工作纳入本年工作重点，并严格按照《文化部关于做好全国文化信息资源共享工程2009年度工作的通知》和《文化部办公厅关于做好2009年全国文化信息资源共享工程网点建设的通知》等文件要求，周密安排，精心策划，协调各方，狠抓落实。经公开招标，中国电信集团公司西藏分公司凭借其技术与人才力量雄厚，业务网点分布广，后续服务工作保障有力等优势而中标，并分两批保质保量完成了2007年度和2008年度国家下达的41个县支中心建设任务。至此，我区县支中心已达到44个。已建各县支中心在丰富基层文化生活方面正发挥着积极的作用。比如日喀则地区南木林县、昌都地区芒康县、那曲地区安多县、山南地区洛扎县等县支中心利用学生假期专门举办了电脑应用培训班,增强了当地中、小学生的电脑应用能力。山南地区洛扎县技术人员还携带播放设备到非常偏远的乡村为当地农牧民播放爱国主义影片和各类农村实用技术信息,受到了基层广大群众的热烈欢迎。我区基层工作人员凭借自身的不懈努力,2008 年,山南地区洛扎县支中心和日喀则地区南木林县支中心被国家中心评为"优秀基层点",两名工作人员获得了"优秀个人"的荣誉称号。

目前,2009 年国家下达的 29 个县支中心的建设工作正在紧锣密鼓地实施,有望在年底前全面完成。届时,我区的文化共享工程县支中心建设任务将实现全覆盖。

(四)乡镇基层服务点建设工作有序进行。根据国家的投资安排和我区的实际情况,目前共安排了日喀则地区和那曲地区的四个乡镇综合文化站建设任务,并将建设资金下达到各地区财政。目前两个地区正在着手进行设备采购工作。

(五)村级基层服务点建设工作全面启动。按照国家已经明确的"共享工程村基层服务点要随着农村党员干部现代远程教育工程基层点建设同步推进"的要求,2008 年,国家财政部为我区安排了 1524 个村级基层服务点建设经费 650 万元(财教[2008]214 号)。鉴于西藏农村党员干部现代远程教育目前才建成 752 个村基层服务点的实际,为确保按时保质保量完成村级基层服务点建设任务,我们积极与自治区财政厅和区党委组织部农村党员干部现代远程教育工作办公室沟通协调,目前,752 个村基层服务点建设工作经政府采购已由中标单位进行设备采购,预计于 2010 年 12 月底全面完成。

(六)不断加强对业务人员的培训力度。根据文化部就加强文化共享工程建设中人才培训的相关要求,为提高已建基层网点业务人员的实际操作技能及业务水平,形成一支适应工程发展需要的工作队伍,更好地发挥基层网点的作用,我区加大与国家中心与兄弟省市的联系,通过技术援藏这一有效途径，本着工程建设培训先行的原则，及时举办多期培训班，通过业务理论讲解、上机操作等理论与实践相结合的方式，已完成对44个县支中心业务人员的培训，使他们对文化共享工程总体情况及基层业务流程有了初步的了解，取得了良好效果，对提高我区文化共享工程技术人员的业务水平起到了积极的推动作用。

（七）特色资源建设工作稳步推进。我区是得到中央财政补助进行资源建设的省区之一，由于受人才等各方面条件的制约，此项工作一直未能启动。根据近年工作部署，为尽快完成2007年、2008年文化部下达的地方资源建设任务，保证资源建设项目达到预期的社会效益和经济效益，经过广泛深入的调研，我们与北京百年树人科技有限公司签订了资源建设合同，做到了资源与技术的强强联合。目前已完成《西藏藏戏资源专题库》（八大藏戏）资源建设任务，并已通过验收。2008年度地方资源建设任务——《西藏民间舞蹈资源专题库》已完成全部资源的拍摄和素材征集等前期工作，有望在年底全面完成。两部资源库的建设，将对优秀民族文化实施抢救性保护、发展起到不可估量的社会效益。

（八）制度建设得到不断加强。为进一步规范管理，使国家投入不浪费不闲置，切实发挥文化共享工程各网点的作用，积极推动我区文化共享工程建设，我区制定出台了《西藏自治区文化信息资源共享工程管理暂行办法》，为进一步提高管理水平，管好、用好、维护好所有设备，尽最大努力发挥设备的作用等方面都提出了明确要求。各县支中心也结合各自实际，相继制定了操作性极强的规章制度。各项制度的出台，为利用文化共享工程这一现代文化传播手段，因地制宜，积极开展各类活动，切实发挥文化共享工程在丰富基层群众精神文化生活，有效利用现代技术手段传播知识信息，巩固基层思想文化阵地，推动基层文化事业繁荣发展等方面将发挥积极作用。

三、西藏文化共享工程建设存在的问题与面临的困难

虽然，我区的文化共享工程建设取得了些许成绩，但我们也清醒地看

到，目前我区文化共享工程建设工作还处于起步阶段，建设现状与文化部、财政部等国家有关部门的要求不相适应，与全国兄弟省市的发展水平相距甚远，还面临着许多亟待解决的困难和问题。主要表现在：

一是工程建设还未摆到应有位置，亟待加大领导力度。一些地方的文化行政主管部门还没有认识到工程的重要性，未将工程建设列入重要议事日程，更未引起各级党委、政府的重视，有效的工作机制还未搭建。亟待进一步统一思想，提高认识，进一步增强推进工作的责任感和紧迫感。

二是建设进度还相对滞后，建设任务十分艰巨。根据自治区人民政府与国家文化部联合签署的《全国文化信息资源共享工程建设责任书》已经明确的任务是：到2010年底前，要完成县、乡、村三级基层服务网络的建设任务，实现县、乡、村基层服务网络全覆盖。但是，到目前地（市）、乡镇和行政村基层点建设任务仍然十分繁重。究其原因，既有我区经济发展滞后，投入有限，资金渠道不畅等客观原因，也存在着与自治区有关部门协调不力的问题。

三是管理技术人才严重匮乏，工作队伍急需建立。由于文化共享工程是一项新型工程，对计算机网络技术水平的要求很高，而目前，我区没有一个能够熟练操作、管理和维护共享工程设备的人才。虽然举办了多期业务培训，但是，全区从事文化共享工程工作人员的业务素质普遍不高，西藏图书馆作为自治区分中心，业务人员的技术水平仍无法满足共享工程的建设需要，无法胜任对基层服务点的业务指导和设备维修等工作，人才匮乏问题已成为我区文化共享工程顺利推进的最大障碍。因此，急需培养和建立一支适应我区文化共享工程建设工作的专职工作队伍。

四是特色资源需求巨大，资源建设急需加强。根据国家下达的资源建设任务，我区的工作已滞后于全国。由于文化共享工程自治区分中心的许多工作尚处于摸索阶段，目前没有资源建设和传输能力，资源建设和传输工作仍处于起步阶段。因此，已建的县支中心也只能接收国家中心提供的资源，特色资源建设任务繁重。

四、抢抓机遇，推进我区文化共享工程又好又快发展

2010年是"十一五"的总结之年，也是"十二五"的谋划之年。根据国家有关要求和我区文化共享工程建设实际，我们将认真汲取教训，切实加大工作力度，抢抓中央召开第五次西藏座谈会和全国上下大兴文化大发展大繁荣的良好机遇，有效推进工作进度，努力推进文化共享工程在我区又好又快发展。

（一）建设一批乡镇和行政村基层服务点。根据国家明确的文化共享工程乡镇和村基层服务点建设要求，我区将根据国家的投资安排情况，在已经建成的乡镇综合文化站中，安排文化共享工程乡镇基层点建设，同时将继续与区党委组织部农村党员干部现代远程教育工作办公室合作共建，切实促进文化共享工程与远程教育共建共享共发展。

（二）进一步加强队伍建设。人才是各项事业健康有序发展的关键因素。我们将继续采取"走出去"、"请进来"、集中培训、下基层指导等灵活多样的方式，进一步加强对自治区分中心、各县支中心、基层服务点业务人员的培训力度，为我区文化共享工程顺利推进提供必要的人才保障。

（三）进一步加大资源建设力度。数字文化资源是文化共享工程建设的核心，也是工程能够保持长久生命力的关键。按照"满足广大人民群众的基本文化权利，促进经济社会协调发展，构建社会主义和谐社会"的宗旨，在向各县支中心及基层服务点积极传输国家中心提供的资源的同时，针对我区目前特色资源少，外来资源需译制的现状，抓紧抓实自治区分中心的资源建设工作，切实加大收集、摄录、编辑、译制和传输基层群众最迫切需要的高原农牧业科技知识、各类藏语知识讲座和培训、藏语电影、藏文图书等群众喜闻乐见的、能传得开、用得着的特色数字文化资源的力度，以发挥文化共享工程共建共享的作用。

作者简介

辛高锁，西藏自治区文化厅原副厅长。

文化共享工程促进基层图书馆建设的实践与思考

◎ 蒋惠莉

基层图书馆是公共文化服务的主阵地之一。多年来，在为人民群众读书看报、获取信息、增长知识、丰富文化生活方面发挥了积极作用。但是，由于经济发展滞后等原因，在前些年，基层图书馆特别是西部的多数市、县图书馆，也曾出现过由于购书经费极少，购书难，导致图书馆藏书少、难于满足读者需要，图书馆门可罗雀的尴尬局面。

全国文化信息资源共享工程（以下简称文化共享工程）像一缕春风使基层图书馆焕发出生机，成为老百姓文化生活的好去处。

笔者结合陕西省文化共享工程的实施，浅谈文化共享工程促进基层图书馆建设的作用与发展思考。

一、文化共享工程促进基层图书馆建设的实践

陕西省现有公共图书馆 112 个（含少儿图书馆 3 个），其中，省级馆 1 个，地、市级馆 6 个，县（区）级馆 105 个。从业人员 1944 人。全省公共图书馆图书总藏量 1059 万册，人均图书 0.28 册。公用房屋建筑面积 18.6 万平方米，其中书库面积 4.3 万平方米，阅览室面积 4.2 万平方米。阅览室座席数共计 12656 个。近年来，在文化部和省委、省政府的重视支持

下，在相关部门的配合协作下，我们以实施文化共享工程项目建设为抓手，通过各级的共同努力，基层公共图书馆的基础设施建设得到较大改善，服务理念和服务内容得到进一步更新，服务手段和服务方式得到新的拓展，服务水平跃上新台阶，从而有力地推动了全省基层公共图书馆事业的发展，取得了一定的工作成效。

（一）实施文化共享工程，促进基层图书馆服务网络建成

2002 年，我省抓住文化共享工程建设这一机遇，积极争取资金启动工程建设。在建设思路上，将文化共享工程和全省信息化建设相结合，和数字图书馆建设相结合，努力建设以各级图书馆为依托的省、市、县、乡、村五级服务网络体系。目前，已建成省分中心 1 个，市支中心 3 个，县支中心 107 个，基层服务点 4783 个（其中市级服务点 6 个，县级服务点 8 个，乡镇服务点 336 个，村服务点 4401 个，社区服务点 2 个，学校服务点 1 个，灾区安置点 29 个）。全省已搭建起省分中心，市、县（区）支中心，乡、村基层服务点相结合的文化共享工程网络框架和服务平台，有力地推动了全省公共图书馆、乡镇文化站和村文化室的数字化、网络化建设步伐，提高了各级公共图书馆、乡镇文化站和村文化室对网络信息的获取及服务能力，基层图书馆的自动化、网络化、信息化、数字化建设由此得到了提升。

（二）以特色资源建设为着力点，夯实文化共享工程用户服务基础

通过几年的努力，省分中心已整合加工资源约 14.8TB。作为服务窗口之一的“陕西文化信息网”，点击率已达 90.96 万人次。截至目前，我省已建设了一批具有地方特色的专题资源库，共有 20 个大类 180 个数据库，如《西安事变》、《帝王陵墓》、《秦声秦韵》、《非物质文化遗产》、《陕西省文史资料》、《陕西省文化共享工程影视资料库》、《陕西民间美术》等数据库。此外，还重点建设了一批能够满足农村群众需要的讲座、戏曲、图书、电影、专题资源库，特别是适合农民群众急需的种植养殖技术等资源，通过陕西文化信息网推广方式传送到市、县支中心和乡镇街道及村、社区服务点，在一定程度上满足了农村群众的文化生活和科学致富的需要。如凤翔县支中心结合县中心工作和全县产业调整战略开展科普咨询，把

万头生猪大县建设及苹果产业发展两大目标作为文化共享工程服务工作的切入点，对乡镇、村基层服务点的移播宝内容及时更新，把省分中心下传的《猪病防治技术》、《奶牛饲养技术》等内容下载给各乡镇和村服务点，对没有配送设备的村组，采取投影巡回播放进行技术支援。同时，下载了苹果、大棚菜等科教片为当地果农、菜农播放，为县域两大支柱产业发展提供技术支撑，有力促进了县域经济的发展。

（三）以网络服务、特色服务为着力点，满足广大群众日益增长的文化需求

我省属经济相对欠发达省份，多年来，基层公共图书馆馆舍面积普遍狭小陈旧，设施设备落后，藏书贫乏，在开展图书馆阵地服务、阅览服务和个性化服务等方面受到极大限制。自文化共享工程实施以来，我省先后建成的 3 个市级支中心和 107 个县（区）支中心的投入使用，填补了我省基层图书馆自动化建设的空白，一定程度上实现了由传统型图书馆向现代化图书馆的转变，改变了图书馆以往的服务功能和服务手段，丰富了服务内容和形式，提升了图书馆的服务质量和工作水平。各支中心充分利用共享工程搭建的网络平台，或开展馆内阵地服务，或走出馆门流动服务，积极主动地为当地群众提供丰富多彩的特色文化服务，受到广大群众的一致好评。

如蓝田县支中心充分发挥电子阅览室、视听阅览室、多媒体播放室的作用和移动硬盘、光盘服务等形式，采取阵地固定服务与流动走进服务相结合的方式，每周服务时间不低于 60 小时，并根据各基层服务点和群众的不同需求，开展以新农村建设、公民道德纲要宣传、农业科技知识、法制宣传、优秀剧目播放等内容的适合当地特点和要求的特色服务，利用光盘存储等方便快捷的手段，将广大群众喜闻乐见的文化信息资源送到村组、田间、地头和社区。当地村民高兴地说："文化共享工程就是好，在家门口就能学到知识，想看啥就有啥，既方便好用，又能活跃生活，希望你们常来。"他们还制定了"青少年文明上网公约"，积极引导青少年文明上网，并加强电子阅览室的日常登记、管理，为广大青少年开辟了一片绿色

文明健康的空间，深受广大师生和家长的好评。

定边县委组织部把县支中心作为全县农村党员教育网站进行重点建设，组织教育资源和课件，通过县支中心配送到全县党员活动室，使广大农村党员在村里就能享受到教育。县支中心根据国家标准，实行免费服务，每周电子阅览室对外开放达62小时，日接待读者140人次。各村服务点坚持每周一、三、五定期向群众开放，每周开放时间都在20小时以上。充分利用文化共享工程提供的资源，组织群众学习《北方丰产辣椒种植与管理》、《辣椒保鲜与运输》等，现在定边的北部滩区已成为陕北最大的无公害辣椒生产基地。产品运销南方广大沿海城市，经济效益不断提高。

凤翔县支中心电子阅览室在高、中考来临时，为学生开辟服务热线，提供高考志愿填报、成绩查询、录取查询等服务，一些家长深有感触地说，“往年查分，拿钱在网吧排队，需要大半天的时间，现在共享工程为我们提供了快捷的服务，真得感谢政府为我们办了一件大好事”。目前，该中心共免费接待读者6000余人次，深入农村社区为群众提供服务达450余场次，受益群众达3万余人次。

澄城县支中心结合产业发展需求，开展全方位的文化服务活动。一是为全县10个乡镇20多个重点村配送了《怎样办好一个养猪场》、《苹果树修剪》等科普音像资源26部、电影34部、电视剧5部112集，资源总量达578GB；二是利用投影设备巡回城区广场，开展广场宣传文化活动64次，结合北京奥运、党的十七届三中全会精神和国家的重大活动，配合县有关部门下乡开展宣传教育活动，播放文化信息资源29部，配送农业科技图书480余册，受到群众的热烈欢迎。县支中心免费接待读者11086人次，使文化共享工程服务基层、惠及百姓的作用得到了充分体现。

泾阳县支中心每周组织人员到军民共建单位（县武警中队、县消防中队），利用投影仪、移播宝给部队官兵播放文化娱乐节目，活跃部队官兵的业余文化生活；重大节日期间，利用文化共享工程设备在县城街道为群众播放电影、戏曲等节目，丰富了人民群众的文化生活。

富平县支中心和卤阳劳教所携手合作，在劳教所教育室为服刑人员定期播放优秀影视、戏曲、文艺演出等资源，丰富了劳教人员的改造生活，促进了他们的思想转化，激发了他们对改造和生活的信心。

绥德县支中心与县残疾人联合会、县文化局合作共同举办“关爱残疾孩子，发展特殊教育”为主题的绥德县残疾少年儿童才艺作品展。并在绥德县支中心电子阅览室开展残疾少年儿童计算机竞赛受到好评。

韩城县支中心利用共享设备启动了流动电影进工地放映活动，在建筑工地上为农民工兄弟播放精彩影片，为劳累一天的农民工送上他们喜爱的文化大餐。此次服务活动共计服务2000余人次，受到欢迎和称赞。

铜川市耀州区支中心配合电影“2131”工程，使用共享工程投影仪和光碟，与电影公司放映车一起下乡放映爱国影片100余场次。结合建国60周年播放百部爱国主义教育专题片100余部，引导未成年人多读书，读好书，深受家长和社会的好评。

（四）以传播娱乐、科技致富信息为着力点，丰富广大农民群众的文化生活

前些年，由于经济滞后和重视不够，我省部分文化站或有站无址，或有址无人，渐渐失去了文化站应有的功能。文化共享工程建设初期，我们先行调研，提出要求，将有站、有址、有人，且能开展活动的站作为建设对象，通过共享工程乡镇基层服务点建设，充实和丰富了文化站的活动内容与方式，为乡镇文化站增添了活力，增加了人气。各基层服务点在当地县图书馆支中心帮助下，利用共享工程配发的设备，为农民群众开展了文化娱乐和科学致富等服务。眉县金渠镇基层服务点根据农民的需求，从网上下载生猪饲养、水产养殖、果树栽培、农药和化肥的合理使用等信息，制作光碟、编印农业科技资料，为各村的农户服务，推动了乡镇农业产业结构调整。还利用配发的投影仪、易播宝、电视机在各村和村民小组轮流播放电影、科技知识等，农民群众高兴地说：“共享工程真正是我们老百姓文化生活的美味大餐，又方便又好吃。”横渠镇红祥村和武家堡村播放了红提葡萄和辣椒的栽培技术后，村民利用现代科学技术防治病虫害，合理浇水、施肥，葡萄和辣椒的质量大幅度提高，产生了较好的经济和社会效

益。帮助村民刘满存改变经营策略，改变包装，使其红提葡萄成功地出口日本等国家，他深有感慨地说："多亏共享工程，让我少走了弯路，产品出了国，赚了大钱，是党的政策和关怀让我致富。"首善镇红东村聘请农业技术推广中心专家为近百余村民讲授西瓜种植技术，并利用共享工程设备放映《无籽西瓜栽培技术》等科教片，现场解答农民咨询，农民朋友说：又听，又看，又学技术，共享工程真是一项富民的"实用"工程。

泾阳县永乐镇、中张镇等乡镇基层服务点采取走村串户的流动服务方式，坚持每周为群众服务 5 次，及时把群众需要的农业技术、文化娱乐、科学知识等信息资源提供给群众。目前，该镇组织开展的高尚、健康、丰富多彩的文体活动已逐渐代替打麻将赌博现象，成为该镇移风易俗、健康发展的主战场。永乐镇的村民杨方通通过共享工程学到了养鸡知识，去年养鸡 4000 余只，一年净赚 5 万余元。他逢人就说："文化共享工程提供的农村实用新技术看得懂，用得上，形象直观，学技术就像看电视一样方便，这些技术为我们农民插上了科学致富的翅膀，确实让我们得到了实惠。"村民王静说："我有个宝贝，养猪全靠它了，遇到问题和困难都找它解决"。他所说的"宝贝"就是村上的文化共享工程服务点。现在，他一户存栏生猪 600 余头，去年出栏生猪 2000 余头，净赚 60 余万元。王桥镇基层服务点利用周六、周日免费为青少年播放动画片、电影节目、文化知识讲座等，丰富了中小学生的第二课堂生活，取得较好的效果。群众高兴地说，政府真正为群众办了一件大实事、大好事。永乐镇南横流村、中张镇焦家村等村级服务点围绕社会主义新农村建设，经常利用文化共享工程设备，组织开展形式多样的文化活动，增强农民群众参与各类文化活动的积极性。每天下午去文化广场锻炼，观看文化共享工程节目，已成为当地群众业余文化生活中的一件常事。

定边县乡、村基层服务点举办各类文化活动 230 余场次，受益群众达 12 万人次，极大改善和丰富了农民群众的精神文化生活。杨井镇杨井村依托文化共享工程建起了自己的农村产品专业市场，提高了当地农副产品的价格，许多饲养专业户学会了养畜常见病的防治方法。通过共享工程，许多农民从中尝到了甜头，不少村官纷纷找到政府领导要求尽快在自己村也建立共享工程服务点。

通过文化共享工程各级基层网点服务活动的开展，农村整体面貌发生了巨大变化，出现了“三多三少”现象，即学文化、学科技的人多了，求神、赌博闹事的人少了；学法用法，遵纪守法的人多了，游手好闲，寻衅滋事的人少了；邻里和睦，勤劳致富的人多了，打架斗殴，无事生非的人少了。农村上下呈现出讲文明、讲礼貌，勤劳致富、奋发有为的可喜局面。文化共享工程为构建和谐社会、建设社会主义新农村和服务“三农”发挥了积极作用。

（五）以创新培训方式为着力点，实现共享工程持续科学发展

省分中心依托省图书馆较强的技术力量、软硬件设备和人才队伍，加强组织各种培训，开展了对市县支中心主任、乡镇基层服务点的设备安装、维护、操作人员技术培训等工作，目前，我省已初步建立起一支市、县、乡三级文化共享工程管理人员和服务队伍，培养了一批从事资源建设、技术维护的专业队伍。截至目前，全省已培训基层管理技术人员达 300 人次以上。省分中心还创新培训模式，利用远程视频培训系统，持续开展远程培训活动，聘请专业讲师通过远程培训平台为基层工作人员讲授计算机基础课程。据统计，2009 年全年共组织远程培训 34 次，培训人员达 2700 余人次。

（六）以研发创新技术为着力点，提高基层图书馆服务网络运行效率

省分中心针对文化共享工程实践中存在的资源更新困难、交互性差、资源共享程度低、基层技术维护水平低等问题，设计研发了 VPN 专网解决方案，自 2006 年投入使用以来效果很好，使省中心和省图书馆生产、购买、整合的大量数字资源以及自身的专业技术力量，通过 VPN 专网传输到市、县支中心，实现了资源和技术力量的共享服务，降低了基层服务成本，提高整体服务水平和系统保障能力。目前，宝鸡、咸阳市支中心，以及 71 个县（区）支中心都已经接入了 VPN 专网，实现了市、县支中心共享省图书馆和省分中心的数字资源权限。

为增强文化共享工程的互动性和趣味性,更广泛地征集具有地方特色的文化资源,省中心还利用注重交互的互联网2.0技术模式开发播客互动平台,引导各机构或个人自主、有序的上传自创自拍的作品和具有版权的各类视频节目。现在,每天打开陕西文化信息网,都可看到各市、县支中心自主制作和发布的图文并茂的新闻和节目。

为加强基层管理,完善服务体系,省分中心还按照工作需求对专网论坛的板块进行分类,经过一年来的积淀,工作论坛已成为基层查询常见故障的资料汇聚地。省分中心还自主研发了“基层信息管理平台”。平台包括:档案管理、服务管理、资产管理、统计管理、维修服务管理等功能模块。平台的使用大大提高了我省基层工作的管理效率。

(七)整合资源,共同发展

为实现基层网点的进一步共建和扩大资源的共享范围,加大向农村地区提供优质文化信息资源的力度,我厅与农村党员干部现代远程教育工程进行合作,在基层网点建设、资源开发与传输、基层服务点日常管理和服务等方面达成了共识。2009年1月,我厅积极联系农村党员干部现代远程教育办公室,解决了泾阳县南横流村的IPTV接入问题,为我省文化共享工程与农党合作开启了引桥。双方达成协议,由农党负责村级基层点的建设工作,省分中心负责提供视频资源。截至2009年底,省分中心已向农党提供视频资源800GB。

文化共享工程的实施,促进了各级公共图书馆的现代化服务网络建设,增强了基层图书馆的吸引力和生命力,提升了图书馆的服务水平。丰富多彩的文化活动,在缓解人民群众“看书难、看戏难、看电影难、上网难”,满足城乡群众多层次、多样化的业余文化生活,促进农村公共文化服务体系建设等方面发挥了积极作用。对促进农村和谐、引导群众致富、稳定社会秩序均起到了良好的促进作用。

二、文化共享工程促进基层图书馆建设的思考

文化共享工程在我省实施几年来,取得了积极进展,但也存在一些困

难和问题，主要表现在：一是重视程度还有待进一步提高。一些地方的领导对文化共享工程的认识还不到位，没有把文化共享工程摆上议事日程，经费投入不足，工作机制不完善，没有形成工程建设的长效机制。二是队伍素质还需要进一步提高。一些基层图书馆特别是县、乡、村文化共享工作队伍素质不高，专业知识和业务能力不能适应工程建设和开展服务的需要。三是资源建设还需要不断加强。资源建设的资金需要落实，资源的针对性和实用性需要增强。四是基层服务需要加强。一些基层服务点服务形式单一，工作缺乏主动性，也不够经常化，不能满足群众的需求，亟待改进。

针对这些问题，笔者认为，应采取有效措施，在今后工作中切实加以解决，以保障文化共享工程持久顺利推进，进一步巩固和提升基层图书馆的服务能力。

（一）高度重视，始终把文化共享工程作为基层图书馆建设的重要内容

几年的实践已经证明，文化共享工程的实施，使基层图书馆焕发出活力，使图书馆逐步从传统型服务迈上了科技型、现代化服务的轨道。在信息化时代，基层图书馆要始终把文化共享工程作为建设的重要内容，与数字图书馆建设相结合，与提升图书馆服务内容和服务方式相结合，不断推进文化共享工程的深入顺利实施。各级政府和文化主管部门，要高度重视和积极支持基层图书馆的共享工程建设，特别要做好以文化共享工程为基础的公共电子阅览室实施计划，扩大文化信息的受众面；加大投入，将所需经费列入各级财政年度基层图书馆经费预算，并把文化共享工程实施情况列为年度图书馆工作考核指标之一，以确保共享工程正常运行和深入实施。

（二）进一步加强资源的征集建设

资源建设是文化共享工程建设的核心，也是工程能够保持长久生命力的基础。2008 年，我省印发了《陕西省优秀地方特色文化资源征集暂行办法》的通知，规定省分中心采用有偿征集的办法征集资源，要重点做好以下工作：一是加强资源建设的针对性，根据不同地域、不同用户群体

的特点，建设符合群众需求的资源，在重点建设文化艺术特色资源的同时，要增加农业科技知识、农村医疗保健知识、农业生产生活知识等方面的内容，增强大众性和实用性，不断提高资源的吸引力；二是在资源建设质量上，加强科学性、规范性，提高资源建设质量，防止重复建设；三是加大资源版权解决的力度，依据相关政策，多种渠道、多种方式解决版权问题。四是做好资源配送工作。市级支中心负责对县级支中心的资源配送工作，县（区）支中心负责对乡镇基层服务点的资源配送工作，以确保文化共享工程优秀资源能及时更新，及时输送到基层，为广大农民群众服务，不断提高资源的吸引力。“十二五”期间，我省将重点建设爱国主义教育基地专题资源库、红色历史文化专题资源库、地方特色文化精品专题资源库、传统历史文化专题资源库等。在省分中心建立数字资源制作基地，省分中心资源总量不少于16TB，视频资源时长不少于14万小时，地方特色精品资源库不少于15个。

（三）继续抓好队伍培训工作

队伍建设是文化共享工程建设与服务的基础。拥有一支具有较高水平的专业队伍，是实现工程持续健康发展的有力保障。省分中心和市级支中心要拥有一批专业技术骨干，能够在资源建设、技术应用、管理服务方面发挥作用；县级支中心要配备2－3名专职人员，能够对县支中心的运行系统进行日常维护，确保正常开展服务，并能对乡镇、村基层服务点提供技术支持；乡镇、村基层服务点要有技术能手，能够熟练掌握共享工程设备的使用，积极为群众开展服务。要坚持持证上岗制度，各市县要逐步达到每个基层服务点都有获得上岗资格的服务人员。要积极争取有关部门支持，争取发展一批大学生志愿者队伍，使其在文化共享工程基层服务中发挥作用。“十二五”期间，我省将建立“文化网络培训”学校，实施“农村实用人才培训计划”。同时，省分中心将继续通过VPN专网向市、县（区）、乡（镇）、村的工程管理和服务人员提供远程培训。在原有培训形式的基础上增加“每月远程视频培训公告”、“电子签到及参加培训人数统计”、“培训信息反馈”“培训需求调查”等环节，计划联合省图书馆里的师资力量定期为基层开展实用性的远程视频培训，培训课程涉及图书馆基础业务、县级图书馆参考咨询工作及参考咨询平台的使用、省图书馆电子资源介绍、市县支中心电子阅览室的管理及规章制度、全国基层服务案例介绍、基层服务活动的开展、基层资源征集工作、新 WCM 内容协作平台操作与讲解、新闻稿件采写、共享机使用、电子阅览室计算机“网刻”的使用、文化共享工程陕西省基层综合管理系统填写及应用培训等 40 多门 60 多节课程。

（四）切实加强管理和改善服务

服务和管理是文化共享工程保持长久生命力的关键所在。文化共享工程各级中心和基层服务点要加强规章制度建设，通过集中播放、网络互动、活动开展、讲座、培训等方式，为当地群众提供丰富多样的服务。要在广大基层群众中普及共享工程相关知识，让群众了解工程中的资源内容，熟悉设备的使用，让更多的群众了解文化共享工程，使用文化共享工程，喜欢文化共享工程，宣传文化共享工程。围绕国家重大主题活动、传统节假日多策划和组织开展一些丰富多彩的活动，使文化共享工程每个月都有新活动，每个季度都有新内容。要坚持正常开放，公告开放时间，做到活动经常，并做好设备的管理和维护。文化部在去年的公共图书馆评估定级工作中，已经将文化共享工程列入评估的重要方面和重要指标，比重予以增加，并作为评比一、二级馆的必备条件。文化部在开展评选表彰文化先进县和开展文化先进县复查工作时，对文化共享工程建设不达标将实行“一票否决”。因此，各市、县（区）一定要积极争取将文化共享工程建设纳入经济社会发展规划，纳入当地财政预算，纳入各项考核评估体系，争取党委、政府和各相关部门的支持，逐步建立起文化共享工程发展的长效机制，实现工程的可持续发展。

作者简介

蒋惠莉，陕西省文化厅副厅长。

关于文化共享工程建设对山西省基层图书馆发展的调查研究

◎ 岳慧燕 李小强

全国文化信息资源共享工程(以下简称文化共享工程)从2002年开始实施,受到党中央、国务院的高度重视。胡锦涛总书记要求积极推进文化共享工程建设;温家宝、李长春、刘云山、陈至立等领导同志多次对文化共享工程建设做出重要指示;各有关部委和地方党委、政府大力支持,文化共享工程建设取得显著成效。笔者就山西省基层图书馆在文化共享工程实施后发生的变化作了调查研究,在看到成绩的同时,并就基层图书馆在发展中遇到的主要问题作了分析思考。

1 文化共享工程建设为基层图书馆注入活力,加速其发展

1.1 运行正常的图书馆进一步加强自身发展,并致力于构建多层次的公共文化服务体系

在启动文化共享工程之前,我国基层图书馆中能够正常运行开展工作的就算是比较好的,相当一部分基层图书馆不能够正常开展工作,甚至有的无馆舍,无购书经费,无工作人员。在文化共享工程推行后,这些图书馆都发生了显著的变化。

阳泉市图书馆、太原市图书馆在建成文化共享工程市级支中心后,着力加强地方文献资源的收集整理并进行数字化

加工,现已与省图书馆达成交流协议,共享数字资源。

太原市图书馆从2008年起对县区图书馆服务体系工作及时指导,目前,太原市街道、乡镇图书室覆盖率达81%、社区农村图书室覆盖率88%,搭建起以市图书馆为中心,县区级图书馆为分支,社会各类型图书馆积极配合,乡村(社区)图书室为阵地的太原市“四级网络”服务体系的基本框架。

沁源县图书馆一直能够有序开展工作,是山西省县级图书馆中的优秀单位。2008年建成文化共享工程标准化支中心后,沁源县图书馆不仅自身上了一个新高度,阵地服务进一步加强,而且建立起一个以县图书馆为中心,以乡镇图书室为支柱,以村图书室为服务点的三级图书馆服务体系。县图书馆提供部分文献资源,进行业务指导和业务培训,有效地延伸了服务范围,提高了馆藏资源的利用率。各乡镇、村图书室在县图书馆的支持下迅速提升自身的服务能力,14个乡镇图书室总藏书量4.5万册,读者服务与馆藏建设上都采取多种办法。

1.2　曾经停滞甚至瘫痪的图书馆得以复苏开展工作,得到发展

中西部地区相当一部分基层图书馆曾经处于瘫痪状态,也曾引起图书馆界的忧虑与热议。文化共享工程启动以来,这些基层图书馆受到政府重视、财政支持,开始焕发生机。他们利用文化共享工程配备的投影仪、光盘等软硬件资源开展活动,收到一定的社会效益。

永和县图书馆在2004年前无独立馆舍,借在文化局院内办公,藏书均已老化,没有借阅能力。建设成文化共享工程规范化县级支中心后,永和县图书馆积极开展活动,在夏季给群众连续放映电影,扩大了图书馆的知名度,受到县政府领导的重视,得到县财政的支持。2009年,永和县图书馆新馆投入使用,现拥有26台联网电脑,并建起了永和县图书馆网站。每天接收文化共享工程资源包,并建成30个农村图书室和8个农家书屋。

吕梁市图书馆从2004年起从共享资源中下载资源,开始出资千元举办元宵节有奖竞猜活动,由于该馆每年坚持搞这项活动,逐渐有吕梁市工

会、宣传部、妇联、计生委等多家单位主动找上门要求合作。灯谜活动的影响越来越大，受到群众欢迎，引起县领导的注意。到2008年，吕梁市政府将这一活动列入该市每年的春节文艺活动之一，县财政投入也从8000元逐渐增加到2.5万元并列入财政预算。吕梁市图书馆计划将灯谜活动做成产业化，到第十届灯谜竞猜时，他们将举办灯谜节，邀请全国各地谜友到吕梁。吕梁市图书馆在灯谜活动上可谓做足文章，实现社会效益和经济效益双丰收。

在文化共享工程建设中得到扶持的许多贫困县图书馆，如岚县、娄烦县是国家级贫困县，现在也能够有声有色地开展活动，与以前有经费投入、运行正常的图书馆站在了同一起跑线上。

1.3 文化共享工程建设提高了基层图书馆工作人员素质，为各地培养了技术人才

按照文化部及国家中心的有关文件精神，文化共享工程建设提倡培训先行的原则，在全力推进的同时，始终注重对人员业务素质与服务技能的培训。山西省分中心2008年举办规范化县级支中心技术培训、信息专报工作培训、基层服务点投影仪使用与维护等培训共计约7000余人次。2009年举办山西省文化信息资源共享工程知识与技能培训、规范化县级支中心与技术人员培训、村级基层服务点培训共计约7100余人次。几年来持之以恒的培训工作收获到可喜的成果，经过培训的技术人员队伍能够担负起各级支中心自动化网络建设，并指导基层站点开展工作。基层图书馆自动化、网络化水平由此大为提高。

技术培训为基层图书馆培养了人才。这些人才能够熟练地运用现代信息技术，并因此而成为当地的“香饽饽 ”。汾阳市图书馆是2006年建成的规范化县级支中心，也是山西省最早建成的试点县之一。从省分中心举办第一批培训起，汾阳市图书馆就不断派人员参加。参加过培训的技术人员因网络技术水平娴熟不断地被上调到其他单位。对汾阳市图书馆来说，技术人员流失后只好再派人员学习，增加了投入，但是从另一角度理解，图书馆无疑为社会培养输送了有用人才，这正是体现了图书馆是

人民的终身学校的宗旨。

表：山西省分中心2009年度培训工作统计表

培训班名称	培训内容描述	培训模式	培训对象	人次	课时
山西省文化信息资源共享工程知识与技能培训班	规范化县级支中心相关设备合理使用、日常维护以及故障排除等方面的知识与技能;文化共享工程运行管理系统的使用;“文化共享杯——全国文化信息资源共享工程知识与技能竞赛”的工作安排和相关培训	集中培训	县级支中心馆长、技术人员	72	16
文化共享杯——全国文化信息资源共享工程知识与技能竞赛山西赛区决赛	竞赛要求内容	竞赛		30	4
山西省文化共享工程技术服务经验交流会	文化共享工程各级站点技术服务经验交流	集中培训	市、县级支中心馆长及基层点代表	60	16
2008年规范化县级支中心馆长与技术人员培训班	文化共享工程规范化县级支中心建设,农党村级站点升级扩展、信息专报、县级支中心的管理及其活动开展;规范化县级支中心设备的认识、了解、使用和简单维护;县级支中心平台的使用、维护;业务总分馆系统等3方面	集中培训	县级支中心馆长、业务人员	68	24
网络培训在线	全省各级			120	240
6800村级基层服务点培训	投影仪的使用与维护	面授	站点技术人员	6800	4
总计				7140	304

1.4 总分馆制建设提高了基层图书馆的业务标准化、规范化程度，为读者提供便捷的借阅渠道

总分馆制建设是在文化共享工程建设的基础上实施的。实施总分馆

制,可以使公共图书馆建设实现统筹规划,使图书馆服务网点分布更科学、更贴近读者,从而方便读者利用图书馆;促进图书馆的自动化、网络化、数字化建设,使文献资源配置更趋于合理,提升文献资源利用率。基层图书馆加入总分馆,通过实行"通借通还"的"一卡通"服务,方便读者借阅图书。山西省图书馆现已举办两期总分馆 Interlib 系统培训班,使全省基层图书馆业务标准化、规范化建设迈上一个新台阶,真正实现了图书资源在全省范围内"通借通还,资源共享"。

对于广大读者,使用"一卡通"可以到附近的图书馆借阅、归还图书,同时可以了解各个图书馆的馆藏资源,节省了读者的时间与精力,方便而实效。

1.5 文化共享工程在加强基层图书馆知识普及面,让人民群众得实惠的同时锻炼了图书馆员队伍

基层图书馆作为我国公共文化服务体系的重要成员,基本性质、基本目标是要实现图书馆服务的普遍均等和惠及全民。随着文化共享工程建设的推进,基层图书馆建设有了明显的进展。文化共享工程的公益性服务也得到广大基层群众的热烈欢迎。各基层图书馆利用文化共享工程配发的设备、资源,开展多种多样的阵地服务和延伸服务,让广大人民群众真实得到实惠。群众普遍反映,文化共享工程缓解了农民看书难、看电影难、看戏难的问题,各基层图书馆为群众增加了新颖健康的生活方式,使他们享受到优秀文化和实用科技带来的快乐。

2003 年,文化共享工程落户山阴县,把最先进的科技成果,最优秀的文化资源,传送到千家万户。山阴县支中心安排专人下载群众的信息需求,保证群众在第一时间获取所需信息。迄今已登记信息需求 5000 余条;提供养殖信息服务 800 多人次,提供种植信息服务 1300 多人次,提供市场供求信息服务 1500 多人次,提供电影、图书、戏曲服务 2000 多人次。

山阴县的农民群众从这些信息中得到实惠。如合盛堡乡"金茂源奶牛合作社"在文化共享工程山阴县支中心成立以后,经常派人到乡基层站学习,观看养殖视频,并和乡基层服务站结成了帮扶对子。他们掌握了

科学饲养和管理办法，现已拥有100多头产奶牛，经济效益十分可观。吸引附近村镇及河北、内蒙古等地的养殖大户相继入驻园区，对当地经济发展起到了推波助澜的作用。

在开展服务的同时，基层图书馆员的工作能力、社交能力得到提升。基层图书馆员队伍在工作中获得锻炼，同时直观地看到自己的服务效果，进一步激发了他们的工作自信心和爱岗敬业理念。

2 文化共享工程建设中出现的问题及需加强的方面

2.1 部分地方财政投入经费不足

按照中央要求，山西省各县支中心每县补助68万元，村级站点每站补助5000或6000元。所需资金由中央财政与地方财政各负担50%。对地方负担部分，山西省按省、市、县4:3:3比例负担，即县级支中心中央补助34万元，省级补助13.6万元，市、县负担20.4万元；按照要求，资金主要用于配备相应设备以及对场地的改造。在文化共享工程建设过程中，部分市县的配套资金难以到位，其中原因有的是县财政紧张，拿不出钱；有的是县图书馆无场地，不开展工作；有的是县领导不重视，不予划拨经费。

2.2 基层图书馆技术人才缺乏，亟须培养

从2006年开始，山西省分中心每年开展多期培训，为县级支中心培养技术人才。培训效果虽然很好，但每个规范化县级支中心只能有1-2名人员参加，缺口仍然很大，再加上人员变动频繁，人才流失，县级支中心还难以保障对各乡镇、村基层点的技术支持。加强培训力度和范围是各级图书馆今后的紧要任务。基层图书馆在加强现有人员培训的同时要积极争取引进技术人才，壮大人才队伍。县级支中心要加强对乡镇、村基层站点的监督，对不称职的工作人员，要求乡镇加强管理，直至更换。

3 政府主导是基层图书馆文化共享工程建设取得成效的关键

政府主导，行政推动，是基层图书馆文化共享工程建设能够持续发

展、稳定提升的最直接的途径。政府是基层图书馆的建设责任主体,基层图书馆实行文化共享工程建设,离不开政府的支持。政府主导,行政推动,是基层图书馆文化共享工程取得成效的关键。实践证明,凡是文化共享工程建设顺利开展的地区,都与当地政府的大力支持分不开,都是当地政府通过行政手段推动的结果。

例如,山东省把文化共享工程县级支中心的建立与文化先进县评选挂钩,列为省委、省政府重点督办的工程。省政府还将文化共享工程列为“为百姓办的十件实事”之一,并按文化部要求,将其纳入“文化先进县”考核项目,采用一票否决制,从而将文化共享工程提到了相当的高度。山东省分中心制订了“文化信息资源共享工程管理办法”,理顺了各级政府与图书馆之间的协作关系:文化局负责宏观规划和经费申请,图书馆则完成各类实际工作。伴随“管理办法”的制订,山东省文化厅召开数次文化共享工程现场会,并明确规定基层文化局长互换区域和异地督导的制度,大大提高了基层图书馆文化共享工程建设的积极性。

2010年8月,山西省文化厅召开文化信息资源共享工程推进工作会,对不具备文化共享工程规范化县级支中心建设的10个县区进行通报批评。相关市文化广电新闻出版局分管局长、相关县人民政府分管县长、相关县文化广电新闻出版局局长、相关县图书馆馆长参加了会议。会上,督促各地解决图书馆存在的资金、场地及人员编制等问题。山西省文化厅与各市、县文化局签订了《山西省文化信息资源共享工程规范化县级支中心建设协议书》。按照协议,各市县将于2010年10月1日前完成规范化县级支中心建设任务。

4 结语

基层图书馆的服务对象是最为广大的基层群众,基层图书馆员是站在服务阵地最前沿的工作者。在实施文化共享工程建设后,基层工作重心进一步向农村、社区延伸,真正体现了图书馆普遍均等、惠及全民的服务目标,保障了人民群众的基本文化权益。加强公共文化服务体系建设,是繁荣发展社会主义先进文化、构建社会主义和谐社会的必然要求，是实现好、维护好、发展好人民群众基本文化权益的主要途径。

参考文献

[1]李国新. 我国公共图书馆事业进一步发展的突破口. 图书馆,2005(6)1 -5

[2]王以俭. 公共图书馆实行总分馆制管理模式研究. 绍兴文理学院学报,2010. 1:107 -111

[3]潘丽敏. 吴江市乡镇分馆建设的实践与体会. 图书与情报,2010(1):103 -105

作者简介

李小强,山西省图书馆馆长,文化共享工程山西省分中心主任。

岳慧燕,山西省图书馆协作协调部馆员。

文化共享工程与公共文化服务体系建设

◎ 李晓秋

胡锦涛同志在党的十七大报告中指出,“要坚持社会主义先进文化前进方向,兴起社会主义文化建设新高潮,激发全民族文化创造活力,提高国家文化软实力,使人民基本文化权益得到更好保障,使社会文化生活更加丰富多彩,使人民精神风貌更加昂扬向上”。加强公共文化服务体系建设,是全面贯彻落实科学发展观、从中国特色社会主义事业总体布局和全面建设小康社会全局出发提出的一项重要任务,是繁荣发展社会主义先进文化、建设和谐文化、构建社会主义和谐社会的必然要求。在发展社会主义市场经济的新形势下,加快建立覆盖全社会的公共文化服务体系,是维护好、实现好、发展好人民群众基本文化权益的主要途径,反映了广大人民群众的意愿,体现了社会主义制度的优越性,对于促进人的全面发展、提高全民族的思想道德和科学文化素质、建设富强民主文明和谐的社会主义现代化国家,具有重大意义。

一、公共文化服务体系建设的内涵与目标

公共文化服务体系概念是在近年来政府加强公共服务职能的背景下提出来的,公共文化服务是建设和谐社会,树立全面以人为本的科学发展观的基本内容,是体现政府公平、高效

和服务的重要内容。公共文化服务体系是政府举办的、非营利的、传播先进文化和保障大众基本文化需求的各种文化机构和服务的总和，通俗地讲就是政府出钱，相关文化机构负责提供资源，老百姓免费享受的文化服务。涵盖文化政策、基础设施、人才队伍、技术技能、创造发明各方面内容，旨在满足大众的多层次、多样化、整体性的公共利益。公共文化服务体系主要包括先进文化理论研究服务体系、文艺精品创作服务体系、文化知识传授服务体系、文化传播服务体系、文化娱乐服务体系、文化传承服务体系、农村文化服务体系等七个方面内容，具有公益性、基本性、均等性、便利性、普及性等特征。公共文化服务体系建设总体目标是按照结构合理、发展平衡、网络健全、运行有效、惠及全民的原则，大力发展公益性文化事业，实施重点文化工程，切实保障人民群众看电视、听广播、读书看报、进行公共文化鉴赏、参加大众文化体育活动等基本文化权益，率先建成设施网络覆盖面广、文化产品和服务供给能力强、资金人才技术保障有力、组织支撑和运行评估机制灵活、群众满意度高的覆盖城乡的公共文化服务体系。

二、文化共享工程是公共文化服务体系的重要组成部分

全国文化信息资源共享工程（以下简称文化共享工程）是文化部、财政部共同组织实施的一项繁荣社会主义文化的创新工程，于2002年4月正式启动。其主要内容是，利用现代信息技术，将中华优秀文化信息资源进行数字化加工和整合，利用覆盖全国的网络化管理和服务体系实现文化信息资源在全国范围内的共建共享。

1. 文化共享工程是公共文化服务体系的基础工程

实施文化共享工程是全面履行政府职能、促进公共文化服务体系建设的重要内容，是加强公共文化服务体系建设的重要方面，是推动文化大发展大繁荣的重要基础，是培养新型农民推进社会主义新农村建设的重要途径，是缩小城乡差距、打破落后地区信息闭塞状况、促进农村文化跨越式发展的重要手段，也是加强精神文明建设、用先进文化占领农村文化

阵地的有力措施。文化共享工程的实施,丰富了公共文化资源的总量,带动了公共文化资源的整合,改善了公共文化服务质量,提高了公共文化服务水平。在其实现功能的途径上,经过多年实践,成为现代公共文化服务体系的基础工程。

2. 文化共享工程是公共文化服务体系的创新工程

文化共享工程为传统基层文化服务注入了新鲜的内容和活力。由于城乡、地域隔阂,文化资源的分布一向存在不均衡现象。而以现代科技手段为载体的文化共享工程改变了这种状况,通过工程网络体系,以互联网、卫星网、有线电视/数字电视网、镜像、移动存储和光盘等方式,即使是最偏僻的乡村,也能通过工程服务,感受到最新潮的文化娱乐,获得最新的农业科技信息。在中西部地区,许多曾经空无一人的文化站、文化室因为文化共享工程的进入而重新积聚了人气。通过与农村党员干部现代远程教育工程等的共建共享,不仅避免了重复建设,也使农村基层服务功能更加多样化,更加符合农村的实际情况。文化共享工程的建设和完善,在提高农村信息化水平、保障人民群众的基本文化权益、缩小东西部地区之间、城乡之间文化发展上的差距等方面能够发挥重要作用,并将最终成为政府提供公共文化服务的重要手段,成为实现广大人民群众基本文化权益的主要途径以及改善城乡基层群众文化服务的创新工程。

3. 文化共享工程是公共文化服务体系的惠民工程

文化共享工程自2002年实施以来,在广大人民群众中尤其是在农村群众中产生了重大影响。丰富广大人民群众特别是经济欠发达地区群众的精神文化生活,基本解决农民看书难、看戏难、看电影难的问题。农村文明程度和农民整体素质有所提高,文化在促进农村生产发展、生活宽裕、乡风文明、村容整洁、管理民主等方面发挥重要作用。随着新农村建设和文化共享工程建设的逐步深化,新农村综合信息化服务体系建设的重要性日益突显。文化共享工程建设将实现各类涉农信息资源的整合共享,利用网络优势,为农民提供全方位的信息服务,广辟农民增收渠道,全面提高农民素质,切实让农民在新农村建设中得到实惠,人们赞誉它为

"惠民工程"、"德政工程"。

三、文化共享工程在公共文化服务体系建设中的作用

目前,党中央、国务院关于文化共享工程建设的战略部署已经明确,要以文化共享工程建设为抓手,大力推进公共文化服务体系建设,切实发挥工程在公共文化服务体系建设中的重要作用。

1. 文化共享工程是公共文化服务体系建设的重要实践

加快建立覆盖全社会的公共文化服务体系,是维护人民群众基本文化权益的主要途径。文化共享工程承担了公共文化服务体系中的文化知识传授服务体系、文化传播服务体系、农村文化服务体系等各个方面的任务,尤其是在农村文化服务体系中扮演了重要的角色。公共文化服务体系的核心是服务,文化共享工程始终把面向基层、面向农村作为自己的工作出发点,把群众的文化权益放在第一位,把为大众提供精神文化产品和服务放在第一位。各地在文化共享工程建设的过程中,创造了无数丰富的成果,需要加以总结和提炼,使文化共享工程成为公共文化服务体系中的一项成功案例、一种发展模式。实践证明,文化共享工程是消除文化和数字鸿沟的一条有效捷径,是文化体制和机制创新的一次重要探索,是网络文化建设的一项重要内容,也是公共文化服务体系建设的一个重要实践。

2. 丰富的资源内容是公共文化服务体系建设的基础。

提高公共文化产品的供给能力,是加强公共文化体系建设的关键一环,资源建设从文化共享工程开始之初即被定为核心内容。截至2009年底,资源总量达到90TB。资源建设除包括优秀文化信息资源外,还要建设一批贴近农村日常生活的社会文化资源(包括科普知识、农业科技、法律常识、生活礼仪、卫生保健以及百科知识等资源库),围绕与农民日常生活息息相关的内容,合理配置公共文化资源,逐步增加为农村服务的资源总量,改变城乡之间文化发展的不平衡现象,以潜移默化的方式传播先进文化。

3. 完善的服务网络是公共文化服务体系建设的保障。

文化共享工程的网络体系建立在国家现有的骨干通讯网络上，包括由光缆连接的传输网络以及由卫星接发的网络。网络节点由一个国家级管理中心、若干省级分中心以及基层服务点组成。截至2009年底，依托全国各级公共图书馆，乡镇、街道文化站和村、社区文化室，已建成1个国家中心、33个省级分中心、2814个县级支中心、15221个乡镇基层服务点和45.7万个村基层服务点，覆盖全国44%的乡镇和75%的村；文化共享工程入户工作覆盖人口已超过5000万。各级中心和基层服务点累计服务超过6.9亿人次。这种遍及全国的服务网络是贯彻落实党中央关于加强公共文化服务体系建设的有力保障。

4. 丰富多彩的公共文化活动，提高公共文化服务能力

文化活动是提供公共文化服务，满足人民群众基本文化需求的重要载体。为了满足各地群众求知、求富、求健康的需要，各级中心结合实际，开展了形式多样、内容丰富的服务活动。国家中心为迎接“奥运”在全国开展“文化共享奥运行”活动；为纪念改革开放30周年策划举行了“文化繁荣，岁月如歌”全国巡展；为纪念抗日战争胜利60周年举办“纪念抗战·永保和平”等活动；四川开展“重走红军长征路，宣传公共图书馆服务和全国文化信息资源共享工程”、“百场流动讲座”等活动；河北的“网上跟我唱”活动；内蒙古的“消夏电影节”、“草原讲坛”等活动。不断扩大服务覆盖面，丰富服务内容与方式，为社会公众提供多样化、个性化服务，使文化共享工程的服务广度与深度都得到延伸，提高公共文化服务能力。

5. 精干的专业队伍是公共文化服务体系建设的重要支撑

公共文化工作队伍是公共文化服务体系建设的重要环节。文化共享工程通过内部培训和社会招聘等形式培养了一批既懂业务、又懂管理，知识结构合理、技术过硬的复合型信息人才队伍。如各省级图书馆都有一批专门的文化共享工程队伍，各试点县按照国家文化部2007年的试点县建设要求，也配备了计算机专门人才。文化共享工程自身在全国培养建立了一支扎根基层、服务群众的专兼职公共文化服务队伍，成为实现公共

文化服务体系的重要支撑和保障。

总之,我们应该深刻认识公共文化服务体系建设的重要意义,把文化共享工程放在公共文化服务体系建设的重要位置,切实加强领导,建立健全工作机制,加大投入力度,完善投入机制,加强队伍建设,立足当前,着眼长远,有重点分阶段地把文化共享工程建设抓紧抓好,让更多的群众享受到公共文化服务。

参考文献

[1]加强公共文化服务体系建设. 人民日报,2007-6-17

[2]闫平. 试论公共文化服务体系建设. 理论学刊,2007(12)

[3]庄丽敏. 公共文化服务体系建设初探. 黑龙江史志,2010(8)

[4]吴建中. 全国文化信息资源共享工程:文化大发展大繁荣的助力器. 图书馆建设,2008(2)

作者简介

李晓秋,内蒙古自治区图书馆馆长,文化共享工程内蒙古分中心主任。

辽宁省文化信息资源共享工程进村入户工作的实践与思考

◎ 王筱雯

2008年10月,辽宁省将全国文化信息资源共享工程(以下简称文化共享工程)建设作为一项重要的惠民工程加以推进,结合辽宁实际,以"广电模式"为主要传输方式实施文化共享工程进村入户,实现文化信息资源在全省范围内的共建共享。按照"进村和入户相结合,点播和广播相结合"的思路,于2009年1月中旬完成了文化共享工程广电平台建设和平台开通工作,文化共享工程在全省涉农县区的226万农户实现了入户。经过近两年的实践,文化共享工程进村入户工作取得了阶段性的成果,这段时间的工作实践,也使我们对如何以有线电视/数字电视为主要传播方式在辽宁省传输文化共享工程资源进行了深入思考,如何完善技术传输通道,提高传输能力,扩大文化共享工程在全省的覆盖范围,是我们今后需要进一步研究的一个课题。

1 实施背景

辽宁省有14个地市、74个涉农县(区)、942个乡镇、11738个行政村、43131个自然村。广播电视村村通覆盖率达到98%以上。前些年,由于种种因素制约,文化共享工程推进成效不明显,与先进省市有较大差距。2008年10月,省委、省政府把文化共享工程列入为人民群众办实事的民生工程，全力加以推进。基于文化共享工程便利实用和建设成本的考虑，2008 年 10 月开始，在文化部的支持下，辽宁省开始论证通过广电方式实施文化共享工程的进村入户。经过论证认为，依托广播电视网络覆盖面广、乡村通达率高、带宽容量大、维护成本低等优势，是实现文化信息资源进村入户的有效传播渠道。通过广播电视网开展文化共享工程在农村的服务，可以充分发挥辽宁省已有的广播电视网络资源优势，使广大农民群众通过有线电视网开展农村文化共享工程，可以充分发挥辽宁省已有的有线电视网络资源优势，使广大农民群众方便快捷地享受到文化共享工程服务。同时在今后进一步与有线电视数字双向改造结合，还可以不断提高资源的传输能力。

根据辽宁省实际情况，在中央和国家有关部门的指导下，我省提出，以“广电模式”推进文化共享工程建设，实现覆盖全省农村、进村入户。

2　总体规划

2.1　传输方式

辽宁省文化共享工程进村入户工作总的原则是公益事业走公益渠道。采用“进村和入户相结合、广播和点播相结合”的方式分层次推进，让广大农民群众在家里用电视机就能利用文化共享工程的资源，实现文化共享工程的进村入户。在传输方式上，工程初期主要采用有线电视网络传输，在少数偏远地区采用卫星传输。从 2009 年 2 月开始，在工程的二期建设阶段与各地有线电视数字双向平移结合，逐步实施数字电视传输，进而在全省农村实现文化共享工程资源的全覆盖。

在传输渠道上，各级广电机构无偿提供两个频道用于传输文化信息资源，确保有线电视网络连通地区的农民群众，收看到丰富多样的文化信息。从系统结构上，分为省级分中心和前端播出平台、广播电视传输网络、县级有线电视播出前端以及点播型机顶盒四部分。

其中省级分中心负责对国家中心提供的资源和省内资源进行编辑、

合成后通过广播电视传输网将文化信息传输到前端播出平台，前端播出平台设在省广播电视网络传输中心。前端播出平台制作出符合广播电视传输和播出标准的视频和图文信息格式，压缩编码后通过广播电视网络传送到各县有线电视前端。

县级有线电视播出前端播出广播电视网络传送的文化信息资源视频及图文信息资源，使县以下乡村的有线电视用户直接收看。

2.2　资源建设

资源建设是共享工程长效发展重要的生命力。在资源建设上，从实施进村入户工作开始，文化部全国文化信息资源建设管理中心先后为辽宁提供了3000小时的视频资源和农业科技类的电子图书资源。同时，辽宁省还统筹整合了文化、教育、农业、人口计生、科协、广电等部门的信息资源，设置了包括金农热线、聚焦三农、供求信息、科普之窗、教学园地、知识讲堂、文化艺术、新闻回放、阳光政务、图书阅览、电影欣赏等栏目。特别应该指出的是，辽宁省文化共享工程与国家、省教育部门合作，教育部将现有版权的农村中小学远程教育资源，共计700小时的视频节目，全部无偿提供给辽宁文化共享工程使用。省教育厅投资300万元，为文化共享工程专门制作了从小学一年级到初中三年级9年义务教育的名校、名师、名课的视频课件，送到农村学生家里，受到了高度评价。与国家农业部和农业广播电视学校合作，将广大农民群众最需求的农业实用技术和农民务工培训等资源纳入进来。2010年1月，与《人民日报》和《辽宁日报》合作，开通了报纸的点播服务。2010年4月，与东北新闻网合作，在文化共享工程平台传输东北新闻网的政务信息。这一平台已经成为各种公共服务信息的传播载体。

2.3　实施步骤

总体规划从2008年10月到2010年底，用两年时间，基本实现文化共享工程覆盖全省所有自然村，使绝大多数农户能够利用电视机接收文化信息，享受便捷丰富的公共文化服务。具体分三个阶段实施：一期工程从2008年10月至2009年2月，实现已通有线电视的农户通过广播方式收看到文化信息资源节目,同时进行4000户点播入户试点。二期工程从2009年2月至2009年6月底,在总结试点经验的基础上,进一步健全传输网络,完善运行模式,在全省涉农县区所有自然村建成点播服务点,在有条件的地区向广大农户推广点播型机顶盒,力争达到100万户。同时进行1000户卫星接收点播入户试点。三期工程从2009年下半年开始,逐步在全省农村实现共享工程全覆盖。

3 阶段性成果

从2008年10月,辽宁省全面启动文化共享工程进村入户工作到现在近两年的时间,工程取得了阶段性的成果。通过模拟频道和点播两种方式,文化共享工程资源走进了千家万户。其中,采用模拟电视频道方式在全省的226万农户实现了共享工程视频资源的入户,每天服务时间为18小时;采用点播方式,在全省的209万农户实现了机顶盒点播入户,每天更新视频资源3小时,图文信息100条以上。其中依托乡镇综合文化站、村文化活动室及农村计划生育中心户、农业科技协会组织,全省设立了6万多个服务点。包括推送式点播机顶盒(Push VOD)、数字双向点播机顶盒(VOD)、准视频点播机顶盒(NVOD)等多种方式。

辽宁省运用“广电模式”推进文化共享工程建设,得到了中央领导同志的充分肯定。文化部、财政部、广电总局在辽宁召开现场会推广我省“广电模式”。会议认为,辽宁省依托广电网络推动文化共享工程建设,为这一工程进入千家万户找到了一条符合我国基本国情的路子,也为广电网络由单一走向面向全社会的融合服务创造了全新的应用模式,是一次理念创新、模式创新和技术创新。会议指出,辽宁的实践证明,充分利用广播电视村村通取得的成果,把文化共享工程真正送进全省1.1万个行政村、6万个自然屯,送进农村千家万户,让广大农民在自己家里,通过电视机和遥控器流畅点播文化共享工程提供的各项内容,给广大农民送去实实在在的文化共享,走出了一条农村公共文化服务体系建设的新路子。

4 服务效果

文化共享工程"广电模式"的实施,为广大农民群众送来了便捷丰富的信息服务,带来了实实在在的好处。学科技难、获信息难、看电影难、找市场难,这些困扰农民多年的问题得到了有效破解。广大农民群众对此反响热烈,给予了高度评价,认为这是党和政府为农民做的又一件好事实事。

4.1 文化共享工程丰富了农民的业余文化生活

近年来,国家将加强基层文化作为一项重要工作加以推进。但在广大农村,仍然存在着农民业余文化生活匮乏的问题,而文化共享工程的实施深入改变了这一现实。清原县位于辽宁省东部山区,农民的业务文化生活很匮乏。该县被列入文化共享工程进村入户的试点县后,当地农民通过模拟频道和机顶盒可以收看到小品、东北二人转、儿童动画片等资源,当地农民群众对此给予了很高的评价,称赞文化共享工程为"农民的第二食堂"。

4.2 文化共享工程提高了农民的科学文化素质

文化共享工程的资源以惠农资源为主,它的实施,提高了广大农民的科学文化素质,有力地促进了我省农村文化建设和农业科技培训事业,使更多的农民能够更加便捷地了解致富信息、学习致富技能、增强致富本领。沈阳沈北新区的一位农民对"测土配方施肥技术"这一系列节目感兴趣,希望能得到视频资料,用到生产中去,他按照该技术应用,解决了生产中遇到的难题。他高兴地说:"想要的信息一按就按出来了!"沈阳苏家屯区八一镇来胜村王永利因家中有大棚,对文化共享工程播出的信息非常关心,经常收看机顶盒中大棚种植节目,并按照提供的供应信息,卖出自家生产的无公害蔬菜。沈阳一位下岗职工看了播出的"广式靓汤菜肴制作"很受启发,想要自主创业,省图书馆为其提供了资料,他学习了制作方法后开办了一家小餐馆,生意非常好。他说:"这让我看到了生活的美好前景!"

4.3 文化共享工程促进了城乡教育均等化

文化共享工程的实施也促进了城乡教育的均等化，成为在更大范围、更多受众中传播农村中小学远程教育内容的重要平台和途径，在不增加农民负担的前提下，使农村中小学生受到更好教育，对于实现基础教育的均衡发展，促进农村社会经济的发展发挥了积极的作用。鞍山岫岩县黄花甸镇磨盘村张家堡组的村民经常聚集在计划生育中心户王秀兰家观看文化共享平台节目。他们纷纷表示，政府做了一件大好事，丰富了他们的文化生活，提供了实用信息，开阔了他们的眼界。王秀兰正上小学的女儿经常点播上面的《教育园地》、《图书阅览》看，现在作文比以前好多了，受到了老师的夸奖。清原满族自治县王家堡村王光明家说，他上小学的孩子通过收看机顶盒里的教学辅导内容，对学习帮助非常大，学习成绩有了明显的提高。他说："孩子放学后，遇到学习难题也有地方找答案了！"

铁岭市广播电视局副局长高鹏说，文化共享工程是最大限度地为社会公众享用的文化工程，同时也是一项民生工程。它不但有利于发展农业生产、促进农民增收，还极大地丰富了农村文化生活；它在为农民朋友提供致富帮手的同时，也开始影响农村生活的方方面面，推动着农村文化向现代化发展，在城乡一体化的进程中向前迈出了一大步。

5 深入实施进村入户工作的思考

通过广电模式实施文化共享工程的进村入户，其特点体现在，一是整合资源、降低成本。用广电网络传输文化信息，是对文化信息资源共享和广播电视村村通两大工程的有机整合。并可在此基础上将文化信息、党员教育、计划生育、农业科普等公共信息资源传到农户家中。充分利用这一平台，能够降低各项公益传播事业的建设成本，提高综合效益。二是广泛覆盖、便捷传输。广电网络经过多年的建设和经营，已经覆盖大部分地区，带宽容量大，维护成本低，运行管理经验成熟。在广大农村地区，利用有线电视传输文化信息资源便捷实用，可以迅速实现文化信息资源进村入户，提高普及率。三是进村入户、长效惠民。通过广播的方式和机顶盒的方式实现文化信息资源进村入户，通过电视机接收信息，操作简单，广大农民群众足不出户就可以查阅信息资源，实现了就近便捷地享受公共文化服务。

文化共享工程进村入户工作的实施，为辽宁省的农村文化赋予了新的内容，如何进一步提升这项惠民工程的覆盖面和服务水平，是一项重要工作任务。

5.1 资源建设与整合是进村入户工作长效发展的重要基础

通过近两年实施文化共享工程的实践，我们体会到广大农民对文化资源特别是惠农资源的需求。因此，要保证工程的长效发展，必须加大资源整合和建设力度，建立全方位多层次的资源服务体系。要强化资源的征集、整合，以及具有本省特色的地方资源的建设工作，进一步整合各类信息资源，努力推进资源征集和制作的制度化和常态化；根据省内不同地域的特点，发挥各市文化部门的作用，采取征集、委托建设、资源交换等方式整合、建设适应各地不同需求的资源服务体系；同时以广电网络整合为契机，探索利用数字图书馆的海量电子资源，提高资源传输能力，不断满足广大群众的需求。

5.2 提高传输能力是实现文化共享工程全覆盖的重要手段

辽宁省文化共享工程进村入户工作的最终目标是实现文化共享工程的全覆盖，因此积极利用先进技术，提高传输能力是重要的手段，要以全省有线电视数字改造和广电网络整合为契机，探索研究数字电视模式传输模式。同时通过多种方式拓展资源服务功能，扩大推广范围，增强平台的互动性，提升服务水平。

5.3 开展形式多样、内容丰富的活动是扩大文化共享工程影响的重要载体

文化共享工程是国家开展的一项重要惠民工程，只有让更多的基层群众了解、利用此项工程，才能充分发挥工程的作用。因此在实施进村入户的同时，也应该开展多种形式的活动。2010 年，为进一步推进文化共享工程的实施，辽宁省在第八届艺术节利用群众文化活动这一平台和窗

口,举办了文化共享工程进村入户系列活动。一是在辽宁大剧院广场和省图书馆举办了"文化共享工程进村入户成就回顾展",共20块展板。以图文并茂的形式重点展示了文化共享工程进村入户以来,省委、省政府的关怀重视,工程的主要模式、作用和影响及广大群众利用文化共享工程资源取得的实际收益。二是举办"共享花开"——全省首届文化共享工程征文比赛。每个市推荐征文5—8篇,征文内容主要为广大农民群众利用文化共享工程资源发展生产、提高素质所取得的成果或体会。评出优秀征文将在有关报刊刊出。三是在辽宁电视台举办文化共享工程进村入户成果电视报告会,以各市为单位,每市选派2名农民群众代表,采取现场演讲的方式,以真实感受畅谈共享工程进村入户给农村带来的实惠,录播后分期在共享工程栏目播出,有力的扩大了工程的影响和覆盖面。

下一步,我们要在总结前期工程经验的基础上,加快在全省农村全面推开文化信息资源进村入户工程,力争早日实现全覆盖。

参考文献

辽宁省委办公厅、省政府办公厅《关于进一步推进文化信息资源共享工程进村入户工作的实施意见》

作者简介

王筱雯,辽宁省图书馆馆长,辽宁省文化信息资源建设服务中心主任。

队伍建设是文化共享工程的助推力

◎ 石丽珍 严春子

改革开放以来,图书馆事业有了长足的进步与发展,但专业人才短缺是公共图书馆存在的共性问题。全国文化信息资源共享工程(以下简称文化共享工程)实施以来,这一问题显得更为突出。文化共享工程作为综合应用计算机、网络、通信、存储、数字图书馆等现代信息技术,加工整合并通过网络体系传播中华优秀文化信息数字资源的创新工程,必须具有一支技术素质高、服务意识强、善于管理的专业人员作为工程发展的支撑和保证。由此,以培训推动队伍建设,以培训培养人才,成为了文化共享工程建设可持续发展的重中之重。

笔者现以吉林省文化共享工程队伍培训实践为例,介绍一下实际工作中的一些具体做法,指出目前培训工作中存在的问题,同时提出了解决问题的措施和建议。

1 具体做法

吉林省分中心遵循"培训先行,分级负责"的原则,建立了文化共享工程队伍培训体系。

1.1 科学运作,全面推进

在国家中心的组织指导下,吉林省文化共享工程培训工作力求计划性、层次性、实效性的协调统一。计划性即制定培训计划;层次性即划分范围,区分人员进行培训;实效性即需要什么补什么,让培训跟着需求走。如吉林省分中心每年两期的全省试点县技术骨干培训班,前期是设备全部采购完成后,把各县级支中心技术人员集中到一起,现场搭建网络环境,对其进行培训,了解掌握设备基本性能,提高感性认识;后期是待设备全部到位后,让技术人员进行具体操作。同时利用预装资源服务于大众,通过服务实践再次参加培训,强化培训效果。

为保证对培训工作常抓不懈,吉林省分中心采取明确任务,分级负责的办法全面推进,逐步形成全省联动与上下互动的工作态势。即由省分中心负责市县级支中心专业人员的培训,由市县级支中心负责乡镇人员的培训,由乡镇基层服务点负责村基层服务点专业人员的培训与辅导。在这个过程中,各市县级支中心能做到培训有计划、有总结、疑难问题有交流,好的做法有宣传。省分中心经常利用主办的《吉林省文化共享工程工作简报》刊登各地的培训信息,推广值得学习借鉴的典型。桦甸、前郭、敦化等试点县级支中心组织开展的所辖乡镇及村级基层服务点工作人员的岗前培训,对考核合格者颁发文化共享工程上岗证,工作人员持证上岗,挂牌服务的做法;一些市县级支中心把培训工作与年终考评、与评选先进、与干部使用相结合的做法,无论可操作性还是指导性都很强,省分中心及时给予总结,宣传和推广,这对培训工作能起到积极的推动作用。

1.2　借助外力,形式多样

吉林省分中心根据文化共享工程工作需要,采取集中培训、现场培训、跟踪培训、网络培训、以赛代训等方式,开展各种培训工作。在实施培训中广泛应用多媒体课件、互联网、虚拟咨询平台等现代化的科技手段,开辟个性化、互动性、经济实用的培训途径,提高培训效率。

吉林省分中心在充分利用本系统师资力量的同时,还借助吉林省图书馆联盟的“吉林省公共图书馆人才培训基地”,利用高校的师资力量,实现对各市县级支中心领导及技术骨干的培训;邀请外籍专家为各级中心培训技术和管理人才,如聘请美国俄亥俄大学图书馆馆长、著名图书馆学专家李华伟及美国华人图书馆员协会主席李海鹏等外籍专家授课，开阔文化共享工程从业人员眼界；借助各方专业人士，提高各市县级支中心文化共享工程服务活动策划和特色资源建设能力，聘请吉林电视台和吉林日报社的知名专家，就“文化共享工程活动策划”、“专题片制作”、“摄影基础知识及应用”、“摄像基础知识及其应用”以及“影视剪辑技巧及后期包装”等课题，进行系统地讲解。

1.3 按需设课，因人而异

按需设课，因人而异是吉林省分中心培训理念之一。其培训的主要对象是各级文化部门领导、各基层中心的负责人和专业技术人员。所以，无论是工作的决策者，还是普通的执行者，由于他们工作任务、职责、文化水平、信息能力方面的差异，受训内容和方式方法也必然各不相同。吉林省分中心注意处理共性与个性的关系，针对受训者的具体情况制定培训计划、设计培训内容，力求培训效果的最大化。如：决策层的培训——“地区市、试点县文化局长交流会暨研讨班”；管理层的培训——“市县支中心主任暨公共图书馆馆长培训班”；技术层的培训——“文化共享工程知识与技能竞赛”及“技术骨干培训班”；应用层的培训——“吉林省文化共享工程卫星广播电视转星调试培训班”及“通讯员培训班”；服务对象层面的培训——“农民工培训学校”及“养殖、种植专业户专门辅导”。

吉林省文化共享工程实施 8 年来，吉林省分中心先后举办各类培训班 200 余次，1 万余人次接受了培训，制作培训课件 40 余种，编写培训教材 2 部。现在，吉林省文化共享工程已拥有一支万余人的专兼职人员队伍活跃在资源建设、技术保障、基层服务的第一线。培训提升了吉林省文化共享工程从业人员的业务素质，提高了服务水平，促进了文化共享工程的发展。

2 存在的问题

2.1 培训机制不够健全规范

科学规范、实施顺畅的培训机制是实现培训目标的有力保障。目前，文化共享工程培训机制存在诸多不足。缺乏规范合理的培训规划。培训工作作为队伍建设的一项“系统工程”必须具有计划性和系统性。只有对培训做出比较可行的计划,制定详细的规则,形成一个系统、规范的培训计划,才能确保员工培训有条不紊地进行。由于文化共享工程是一项创新工程,工程起步阶段对培训缺乏详细、周密的计划,因此在实际培训中具有较强的随意性,常常是临时抱佛脚,有的培训只是为某些即将使用的设备的简单培训。没有形成一个针对性强、周密规划的培训计划。具体体现在:缺乏科学的培训需求分析,仅仅满足于短期需求,对工程人才需求的预测和人才规划工作不到位。

2.2 基层培训经费缺乏保障

从吉林省已建成的支中心运营情况来看,大部分地方政府没有将文化共享工程培训经费列为专项予以保障。培训经费的不足严重制约了开展文化共享工程培训工作的广度和深度。由于经费有限,目前许多省分中心及市县级支中心的培训范围很有限,形式单一,培训课程不系统,不能满足更多从业人员的培训需求。

2.3 基层队伍不稳,无法开展有效的延伸服务

文化共享工程是一项有一定知识含量和技术含量的服务项目,基层队伍不稳定是文化共享工程工作中的严重问题。由于没有相应的法律法规做保障或其他一些难以抗拒的政府因素,基层队伍结构不合理,专业人才匮乏,导致培训难度加大,培训效果不够理想。经过培训的部分基层技术人员成为当地的计算机专业人才,又屡被上级部门或权威机构“挖”走,导致人才流失,管理人员屡换屡新,虽然为当地培养了人才,但却为文化共享工程的培训工作增加了难度。即使资金、设备全部到位,却显现出支中心业务人员素质低下,人力资源极度不平衡,服务能力不足,缺乏专业技术人员,无法独立管理维护支中心设备与运行,也无法开展有效的延伸服务。

3　措施与建议

3.1　完善运行机制

文化共享工程的培训工作要长期开展，就必须在一个完善有效的机制下运行，这就需要各级政府的有关部门下发相关的政策性文件，要求文化共享工程各地区的培训工作分工协作要达到严格程序、职责明确、相互制约。建立健全文化共享工程考评体系，不仅要制定基层从业人员管理制度、监督机制和相应的激励机制，同时要加大执行力度，以制度化的形式将包括文化共享工程培训工作在内的文化共享工程工作的绩效评价结果纳入政府工作和干部岗位的目标责任制考核中。建立一种自上而下的层层管理的线性管理体系，即省文化厅——省分中心——市县级支中心——乡镇（街道）文化站——村级基层服务网点（社区文化站），省文化厅负责对文化共享工程开展情况进行宏观指导，制定项目管理办法，督促各级部门有效地组织和开展各类文化共享工程的培训及服务活动；省分中心在省文化厅的授权下，负责文化共享工程的具体组织实施工作，包括业务建设、技术模式、资源建设、人员培训、服务指导等等；市县级支中心、乡镇（街道）文化站、村级基层服务网点（社区文化站）则具体负责所属辖区的培训及服务活动工作，并及时进行信息反馈，反映用户所有需求，提出可行性建议等，从而保证文化共享工程运行体系能够良性运转。

如：浙江省在《浙江省文化信息资源共享工程培训工作计划（2009－2010）》中，对省、市、县中心业务人员和乡镇、村基层点业务人员应具备的能力、素质进行了明确的规定，并要求各地建立相应的考核制度，对培训人员进行备案管理，制定考证办法，将业务人员的培养、培训大纲的制定及其完成效果等纳入本级文化行政部门对文化共享工程的考核范围内，并形成了有效的激励机制。

3.2　保障培训经费

文化共享工程的培训工作与其他培训有所不同，越到基层越是困难重重。要想搞好文化共享工程的培训工作，各级政府应将文化共享工程培训经费列入财政预算,使培训有足够的经费作为保障。

如:北京市自2009年开始,所有文化共享工程基层站点,分别按照区县级支中心、乡镇基层服务点、村基层服务点不同行政级别划拨文化共享工程运行维护经费。即,区、县支中心:按照120万元设备配置标准的20%执行,每个区县支中心每年有24万元的运行维护经费;街道、乡镇级基层服务点:每个点每年1万元的运行维护经费;行政村基层服点:每个点每年1千元的运行维护经费。为此,北京市分中心制定了《运行维护经费使用细则》,明确规定了费用可用于维护文化共享工程设备、开展文化共享工程培训等多种项目,各级培训经费有了稳定来源,由此,强有力地保障了文化共享工程的培训工作全面开展。

3.3 创新培训模式

充分发挥文化共享工程的技术优势和网络优势,利用先进的信息技术提高培训效益,扩大工作覆盖面。

如:黑龙江、陕西等地利用远程监控技术管理与视频会议系统,通过远程培训,系统管理员可透过Web Server远程监控、管理服务器,包括CPU、内存、硬盘使用率、风扇转速、操作系统、进程、网络流量及其他运作状态等。节省了人力、财力、物力,既提高了培训工作效率又在第一时间及时解决了各基层服务点的技术问题,培训效果显著。

3.4 拓展培训途径

在文化共享工程培训工作中,应坚持从实际出发,形式灵活多样,积极探索新思路、新方法,不断提高培训质量。通过集中面授、网络培训、培训专栏、在线交流、现场培训、光盘发放等多种形式开展培训工作。

集中面授由于可以和老师进行面对面的交流,因此,这种方式是提高培训工作质量的有效手段;国家中心、各省分中心、市县级支中心、许多乡镇及村级站点也已接入互联网,国家中心及各省分中心均可以利用网络电视,聘请教师进行网络培训,一举多得;培训专栏可以发布国家中心、省级中心、市(县)支中心编制的培训教材、培训视频课件等内容,便于各基层站点从业人员在线点播和下载使用。如:河南省分中心在IPTV平台上即设置了"培训专栏",培训效果非常显著;可以利用QQ群、MSN搭建一个线沟通和交流的平台,相互交流培训经验和体会,并可以在线答疑解惑;国家中心、各省分中心技术力量相对较强,在对各基层站点培训需求调研的基础上,可利用当地设备环境,对基层站点的工作人员进行现场培训,也可通过委托相关公司的现场安装设备工程师,在施工现场就设备的一些基本性能、日常维护等对基层工作人员进行现场培训和指导,以便他们能第一时间了解设备,培训直接动手的能力;由于文化共享工程基层站点尚有一些未接入互联网,采用光盘发放的形式开展培训,不仅便于学习,还可以帮助他们反复学习,直到掌握相关技能和知识。

3.5 全面推动培训

根据文化共享工程需要,因地制宜,以需求为导向,紧扣时代脉搏,不断提高培训工作的针对性和时效性。不时要举办具有凝聚力、向心力的全员培训活动,有效地促进文化共享工程培训工作的开展。

如:各级积极组织、广泛参与的2009年国家中心举办的"文化共享杯"知识与技能竞赛,全面地推动了各级文化共享工程基层的培训工作的开展,促进了文化共享工程工作人员业务素质的提高。

文化共享工程的培训工作,应采取积极有效的措施,加大培训力度,增加培训形式,充实培训内容,努力使培训工作朝着建立科学的培训体系、规范的培训流程、完善的管理机制、丰富的培训手段的方向发展,为文化共享工程的建设培养一支服务意识好、技术素质优良、善于管理且基本稳定的文化共享工程专业队伍,促进文化共享工程建设又好又快地发展。

参考文献

[1]浙江省分中心. 浙江省分中心培训工作经验交流材料. 全国文化信息资源共享工程培训工作经验交流材料汇编,92-100

[2]北京市分中心. 探索培训工作机制 提升共享工程服务水平——北京市分中心培训工作经验交流材料. 全国文化信息资源共享工程培训工作经验交流材料汇编,1-16

[3]黑龙江省分中心．黑龙江分中心培训工作经验交流材料．全国文化信息资源共享工程培训工作经验交流材料汇编,73－79

[4]陕西省分中心．文化共享工程陕西省分中心培训工作经验交流材料．全国文化信息资源共享工程培训工作经验交流材料汇编,225－229

作者简介

石丽珍,吉林省图书馆原馆长,研究馆员

严春子,吉林省图书馆文化共享工程办公室主任,副研究馆员

广西文化共享工程与数字图书馆相融合建设的探索

◎ 徐欣禄

1 引言

随着信息载体的数字化和信息传播的网络化的快速推进,上世纪90年代中期,催生了数字图书馆。经过十多年的发展,尽管人们从不同的角度对数字图书馆有不同的理解和认识,同时信息技术的高速发展也给数字图书馆不断赋予新的内涵,但数字图书馆基本的属性还是得到普遍的认同,那就是数字图书馆是以资源共建共享为主要特征,全面开放与合作的数字信息资源体系。主要特征表现为:是由众多多媒体的数字信息资源库构成,数字信息资源库分布式存贮,通过计算机网络实现跨库、跨地区进行查询,数字信息资源的组织按一定的格式标准进行保存,借助于网络提供服务,发展中不断采用大量的高新技术,能为广大用户读者提供了方便、快捷、全面的服务。

文化共享工程是文化部、财政部2002年4月开始共同组织实施,以现代信息技术为手段,以数字资源建设为核心,以基层服务网点建设为重点,以多种传播方式为手段,以共建共享为基本途径的一项重点文化创新工程。根据2005年中办、国办转发的《文化部、财政部关于进一步加强全国文化信息资源共享工程建设的意见》,文化共享工程建设要依托国家图书馆以及省、市、县级图书馆建设统一的全国性技术服务平台,实行统一服务、分级管理的精神。广西充分认识文化共享工程是公共文化服务体系建设的基础工程,是政府提供公共文化服务的重要手段,是实现广大人民群众基本文化权益的主要途径,在最大限度地促进文化公平,保障文化民生,努力实现全体公民在利用文化空间、享受文化成果均等权利等方面有着重大作用。在实施和建设文化共享工程中,我们以文化共享工程为抓手,有效地将文化共享工程与数字图书馆建设相结合,来推动文化事业的信息化建设。将信息组织、信息传播等数字图书馆技术和成果应用于文化共享工程建设之中,并不断吸收新出现的IPTV、移动通信、P2P和数字电视等新媒体技术融入文化共享工程建设之中,提高和探索文化共享工程数字资源建设和服务的效能。

2 建立基于元数据结构的数字资源体系

资源建设是文化共享工程的核心和灵魂,是文化共享工程建设取得实效的关键,没有丰富的信息资源,文化共享工程将成为无源之水,无本之木。同时如何有效地组织和整合数字资源,让数字资源有序化,在文化共享工程建设中绝不可忽视的问题。广西在文化共享工程数字资源建设中,注重引进和利用数字图书馆资源建设标准规范,建立基于元数据结构的数字资源体系,为文化共享工程数据交换和查询打下了良好的基础。

众所周知,互联网的发展,使得网上信息资源日益膨胀堆积,网络用户一方面为资源的丰富而惊喜,另一方面又为检索的不便而抱怨。这其中除了技术原因外,就是网上信息资源缺乏有效的组织和管理,无序信息泛滥,严重影响了用户利用信息资源的效率。面对庞大的网络资源,搜索引擎检索效率低,检索结果甄别量大,而其中包含的有效信息少;机读目录著录格式(MARC)过于专业化和繁琐,非编目人员使用不便,著录的速度远远落后于网络资源增长的速度。再加上大量数字资源所描述的实体(如文字、图像、声音、视频、动画等实体等)和它们的表现形式(如TXT、

DOC、PDF、HTML、GIF、JPEG、MP3、MPEG、AVI、3GP）都具有多样性，于是人们希望能有一种基于数字信息和网络服务的元数据标准，在保证相当检索精度与准确度的前提下，方便快速地建立对浩如烟海的数字信息的描述，元数据这一概念被提了出来。

元数据（Metadata）是用于提供某种资源相关信息的结构化数据（Structured Data），或者说是描述其他数据的数据（Data About Data）。它的用途主要体现在两个方面，一是元数据能为读者用户提供基于对象数据的信息，也就是记录数据项的业务描述信息的元数据能帮助用户使用数据；二是元数据能支持系统对数据的管理和维护，关于数据项存储方法的元数据能支持系统以最有效的方式访问数据。广西文化共享工程数字资源建设就是根据数字图书馆相关元数据规范进行数字信息组织和整合的。

在文化共享工程资源建设中，以DC的15个元素所包含的对资源内容的描述、知识产权的描述和对外部属性的描述为基础，进行扩展。主要引用科技部科技基础性工作专项资金重大项目《我国数字图书馆标准规范建设》中部分数字图书馆标准规范，主要是包括基本元数据部分的《基本数字对象描述元数据标准》、《基本数字对象描述元数据扩展规范》《基本元数据应用规范与著录规则》等；视频资源建设借鉴广播电视行业编目标准，并结合文化共享工程资源应用特点制定了《全国文化信息资源共享工程视频资源编目规范》，并完成了这5类资源著录的细则，包括《电影类节目初级编目实施细则》、《专题片类节目初级编目实施细则》、《舞台艺术类节目初级编目实施细则》、《动画片类节目初级编目实施细则》、《讲座类节目初级编目实施细则》。

广西在采用文化共享工程国家中心推荐和指定的元数据规范基础上，制定了相应的实施细则，制作了《广西舞台艺术》、《广西游记》、《刘三姐文化》、《广西农业》等数字资源。在资源建设中通过元数据提供了对资源的各种属性的描述，通过对元数据管理而实现对资源的管理，建立起了基于数字图书馆框架的数字资源体系，支持XML（Xtensible Markup

Language,可扩展标记语言)技术标准规范,为资源的利用和服务创造了良好的条件。

3 建立数字图书馆框架的服务平台

数字资源的有效利用,提供服务的方便快捷,是文化共享工程不断追求的目标。计算机通讯等信息产业技术的日益更新,增强了数字资源的生产、加工、保存及传播的能力。面对大量不同来源的数字资源集合,如何对诸如文本、图像、语音、视频等多媒体信息资源进行高效管理,建立跨越数字资源平台、数据库系统及语义的异构性,在广域网上实现高速的跨库查询检索,为用户提供统一的门户、整合的资源和个性化的服务;如何实现高效率的元数据互操作与资源共享,如何保证采集数字资源的时效性;如何建立可互操作、分布式的文化共享工程信息共享系统是迫切需要解决的课题。广西根据自身资源建设的实际和基础,选择基于 OAI - PMH 协议,建立了符合数字图书馆框架的互操作广西文化信息资源共享系统平台。

OAI 的制定最初是为了解决电子期刊的预印本的互操作及检索的目的,但这与各类数字图书馆建设中所遇到的元数据互操作问题类似,在美国数字图书馆联盟(DLF)等组织的推动下,在 2000 年上半年,OAI 使用范围迅速扩展到数字图书馆领域,目的是实现分散的、不同系统平台之间的元数据交换和共享,提高系统的互操作能力。该协议采用互联网和元数据两种技术,平衡了增强功能与实现难度之间的矛盾。通过 OAI - PMH 元数据获取协议,用户可以方便快捷地获取自己所需要的数字资源。

建立广西区域性,基于 OAI - PMH 协议互操作的广西文化信息资源共享平台,是针对当前广西各级公共图书馆文化信息资源利用和管理存在的问题,参照科技部基础条件平台工作重点项目研究成果,数字图书馆标准规范建设:OAI - PMH 协议应用指南等,基于 OAI - PMH 协议,采用数字图书馆技术框架。平台建立涵盖、整合全广西各级文化共享工程分中心数据与其他资源系统及功能模块，由建立在省级分中心的 OAI 收割服务器，自动定时对各级公共图书馆资源加工层的元数据进行收割；元数据系统收割过程不需人工干预，按照既定设置自动运行机制，实现广西文化资源利用元数据集中、对象数据分散各分中心保存管理的模式，实现全区各级文化共享工程分中心资源的共建共享，掌握全区文化资源建设和利用情况，读者用户可通过一个界面查询全区文化共享工程的信息资源。

系统平台建设的作用表现在：

3.1 进一步完善了文化共享工程共建共享的机制

改变了广西各级分中心信息孤岛的现状，使广大用户要查询检索文化信息资源，不再需要分别访问分散在全区各地的文化共享工程网站，读者用户通过一个检索界面就可查询全区文化共享工程的信息资源。

3.2 有效解决信息资源整合问题

在将文化共享工程国家管理中心提供给广西的符合元数据标准的数据入库后，可使国家、省和市、县图书馆资源成为一个整体。改变目前，国家和地方的资源放在同一中心的网络系统中，也无法通过统一检索界面进行查询利用，造成资源利用率不高的局面。

3.3 解决资源建设管理和统计分析问题

由于国家提供的信息资源和广西各级分中心资源建设在管理上处于分散状态，不能进行有效查重。资源建设中造成国家与地方、广西各地信息资源有重复建设，浪费资金和人力的现象；而且资源处于分散状态，不能很好地了解资源的服务和利用情况，并且无法掌握读者用户的信息需求。通过建立的广西文化信息资源共享平台系统，可以随时了解广西各级中心资源建设情况，进行查重和统计；跟踪资源服务和使用情况，掌握读者用户的文化信息需求。

建立广西区域性基于 OAI－PMH 协议的互操作广西文化信息资源共享平台，符合数字图书馆通过计算机网络实现跨库、跨地区查询，元数据集中，对象数据分部存贮的建设理念，有效地提高了文化共享工程数字资源的利用和管理。

4 借助新媒体技术拓展文化共享工程服务功能

以互联网和移动多媒体为主要形式的新媒体业务快速发展,新信息技术的不断应用和我国电信网、广播电视网和互联网三网融合的推进,使文化共享工程信息资源推送变得多样化,更加方便快捷。广西也注重各种技术的跟踪和研究,并结合自身的实际加以应用,不断丰富文化共享工程信息传播的手段。

4.1 通过网络电视将信息资源送到乡村

IPTV 俗称交互式网络电视,基于互联网,根据不同的使用方式可分为,以电视为主,即小"IP"大"TV"的方式,将 IPTV 定位为电视与 IP 技术结合后,利用 IP 宽带网络,以"电视机 + 机顶盒"为主要终端设备,为用户提供包括电视节目在内的互动多媒体服务的宽带增值业务,我国 IPTV 业务目前基本也以此模式为主。另外一种则以网络为主,即大"IP"小"TV"的方式,应用如"P2P"、"CDN"等技术,在 IP 网络上传送包含电视、视频、文本、图形和数据等,主要通过计算机等进行利用。两者之间的区别在于,前者运行在可管理的 IP 网上,后者运行在开放性的互联网上。

广西利用网络电视传输文化共享工程资源方面,一是与广西党员远程教育网络相共建,为他们提供戏剧、电影、讲座、少儿等数字资源,在广西党员远程教育网络上开设专门的"文化共享工程"栏目频道,提供点播服务,依托广西党员远程教育网络将资源送到乡镇分中心和村级服务点,;二是建立基于 P2P + CDN 技术的视频点播系统和网络直播系统,提高舞台艺术、电影、知识讲座、农业科技等视频文献的利用效率。

4.2 通过数字电视走进市县家庭

数字电视是一个集节目采集、节目制作节目传输直到用户端,都以数字方式处理信号的端到端的系统。针对广西数字电视在市、县基本覆盖的实际,我们将与广西数字电视网络合作,向他们提供数字期刊和文化共享工程资源,在数字电视中开设相关频道,推送文化共享工程资源,使文化共享工程资源走进千家万户。

4.3 通过移动通信提供多无线服务

建设基于移动技术的掌上图书馆，为读者提供无线移动信息服务。广西将建立的“手机图书馆”主要以基于图书管理系统的无线应用和基于知识服务的无线应用，设立的栏目有：馆藏书目检索，行业新闻、广西文坛、数字期刊等，并不断丰富移动服务的资源内容，发挥手机新媒体的优势，使阅读变得随时随地随需，让广大读者享受到随身阅读的乐趣。

在文化共享工程和数字图书馆的发展中，很多新技术在不断应用，文化共享工程和数字图书馆的内涵也在不断丰富，从实践中我们也看到数字图书馆并没有固定的模式，只有不同类型和不同对象的数字图书馆。其实文化共享工程就是一个目前全国能覆盖从国家到村屯6级最大的数字图书馆系统。我们坚信在党中央和国务院的领导和支持下，通过共享人的共同努力，文化共享工程在构建公共文化服务体系，保障和实现广大人民群众基本文化权益，满足人民群众日益增长的精神文化需求，促进社会主义文化大发展大繁荣中将发挥出更大的作用。

参考文献

[1]刘永胜等．数字图书馆研究文献的增长态势及其核心著者．晋图学刊，2010(3)

[2]赵保颖．数字图书馆应用规范在共享工程资源建设中的实践．图书与情报，2008(6)

[3]魏 彬，张明果．OAI－PMH协议在数字资源共享中的应用．情报杂志，2005(8)

[4]孙承鉴，刘刚．中国数字图书馆建设的起步与发展．国家图书馆学刊，2000(3)

[5]陈军．新媒体传播中的文化构建．新闻爱好者，2010(5)上半月

作者简介

徐欣禄，广西壮族自治区图书馆馆长，文化共享工程广西分中心主任，研究馆员。

农民自己的学校

◎ 李友仁

全国文化信息资源共享工程（以下简称文化共享工程）实施以来，在提高农村信息化水平、丰富广大人民群众特别是经济欠发达地区群众的精神文化生活，保障人民群众的基本文化权益，缩小东西部地区之间、城乡之间文化发展上的差距，建设社会主义新农村，构建和谐社会等方面发挥了重要作用，成为推进农村信息化、构建公共文化服务体系的重要抓手。

随着文化共享工程建设进度的不断推进，县、乡、村基层服务网点覆盖率的不断扩大，文化共享工程离最基层的农民群众也越来越近。但是，由于乡、村基层农民群众的信息素养较差，对高科技产品及网络信息资源的认识还有相当的差距，因此，越是贴近农民群众的基层服务点，文化共享工程的设备和资源的利用率就越低。为了提高文化共享工程设备和资源的利用率，将海量的文化信息资源以老百姓喜闻乐见、容易接受的方式传播开来，云南省结合当地情况，整合相关资源，首创了“文化信息资源共享工程农民素质教育网络培训学校”（以下简称“农文网培学校”），并在全省推广，取得良好效果。

一、云南省总体建设情况

（一）文化共享工程建设概况

在各级政府和领导的关心和支持下，按照中央的要求，云南省以各级公共图书馆为依托，于 2003 年起正式启动了文化共享工程，通过 6 年多的建设，取得了重要的进展。截至目前，已接收和下传文化共享工程国家中心提供的数字资源 14TB，自建地方特色资源 4TB，培训工作人员 8000 多人次，建成了 1 个省级分中心、15 个州（市）级支中心、129 个县级支中心、855 个乡镇基层服务点、1800 个村基层服务点，已实现“县县建有支中心”，62% 的乡镇和 17% 的行政村建有基层服务点。按照建设进度，文化共享工程基层服务点近期将覆盖 100% 的乡镇和 100% 的行政村。

（二）农文网培学校建设情况

2009 年 5 月，云南省在昭通市水富县两碗乡文化站建立了全国首个农文网培学校，并在全省推广开展农文网培学校建设工作。这是云南结合农村文化工作实际，提升农村公共文化服务能力，实现文化惠农而实施的一项重大创举。截至目前，全省已建成 855 个农文网培学校，1800 个农文网培分校。在“十二五”期间，我省农文网培学校将努力实现“乡乡有、村村通”。

二、农文网培学校的建设模式

农文网培学校以文化乐民、文化育民、文化富民为办学宗旨，按照资源共享、网络健全、运行有效、惠及农民的原则，以提高农民思想道德和科学文化素质为目标，以文化共享工程为平台，以乡镇综合文化站和村文化活动室为依托，以文化教育资源整合为手段，以多媒体教学为方式，动员社会各界积极参与。通过建设农文网培学校（分校），努力构建覆盖农村的文化信息素质教育网络，力争两年内全省每个乡镇均建有一个农文网培学校，五年内 100% 的行政村建有农文网培分校，实现“乡乡有、村村通”。

（一）组织架构

农文网培学校建在乡镇综合文化站，设名誉校长 1 名，聘请乡党委或政府领导担任；设校长 1 名，由乡文化站站长担任，负责学校管理工作；设教员2名，由乡文化站站长及工作人员担任，负责学校教学管理及辅导、电子阅览室管理、设备维护等工作；设辅导员若干名，从相关企事业单位专业技术人员中聘请，负责某一培训项目的辅导工作。

农文网培分校建在行政村文化活动室，聘请村支部书记担任分校校长，聘请村文化活动室管理人员担任辅导员，负责分校日常管理、教学和服务等工作。

（二）设备配置

每个农文网培学校设有电子阅览室、培训教室和图书室，其基本配置如下：

1、电子阅览室：文化共享工程专用服务器1台，用于培训资源的存储、管理与服务；教育用电脑6台以上，用于培训资源的个性化浏览、多媒体培训课件点播、网上信息资源检索；投影机及投影幕布（100寸）1套，用于集中培训和教学辅导；高清移动播放机1台，用于流动培训和辅导，以及电影的流动放映；此外，安装有不低于2MB带宽的互联网接入，以及音箱、网络设备、稳压电源、标牌等其他设备。

2、培训教室：课桌椅20套左右；黑板、教具等。

3、图书室：2000册以上图书；5张以上阅览桌；5个以上书柜（架）。

（三）教学方式

1、根据本地“三农”工作的需要和农民群众脱贫致富、文化娱乐的需求，确定培训项目和内容，科学合理地制定教学大纲、教学计划和课程设置，分批分期组织实施。

2、培训对象为本乡农民群众、民办企业职工、个体工商户、乡村干部等。

3、对具有一定基础的农民，可开展专项培训。专项培训以上机自学为主、集中授课为辅、基地实训为重，采取学时制和学分制的方式，对学员进行综合考评。考评合格并达到学分规定的颁发培训合格证书。

4、对文化素质不高的农民，主要开展流动培训，为他们提供科技文化信息和文化娱乐。

三、农文网培学校的建设经验和做法

(一)领导重视,资金到位,推动了农文网培学校建设的顺利实施。

在2009年召开的云南省农村文化信息素质教育工作会议上,云南省文化厅首次提出了建设农文网培学校的创新举措,突出强调了建设农文网培学校的重要意义,使全省各级文化行政主管部门充分认识到建设农文网培学校对于推动农村文化发展繁荣、促进农村文化与经济社会协调发展的重要意义。特别是省文化厅及时制定下发了关于农文网培学校建设的指导意见,全面安排部署了农文网培学校建设任务,明确了农文网培学校建设的目标、重点和方法步骤。在2010年初召开的云南省十一届人民代表大会三次会议上,秦光荣省长在政府工作报告中专门提到了农文网培学校建设工作,指出这是云南省基层文化建设中的一大创新举措和重要成果,将农文网培学校的建设上升到更高的政府行为和战略高度上。按照秦省长的指示,省文化厅于2010年1月底召开了全省文化共享工程专题工作会议,进一步安排部署了当前和今后一个时期的全省农文网培学校建设工作,有力地推动了农文网培学校建设的深入开展。同年4月底,在全省第七届州市图书馆馆长联席会上,文化共享工程云南省分中心以"农文网培学校的建设"为主题,对省内各级公共图书馆如何参与农文网培学校建设提出了指导性意见,进一步统一了思想,提高了认识,明确了工作重点。按照省里的统一安排部署,目前我省各州市、县、乡党委、政府均高度重视农文网培学校建设,及时成立了当地农文网培学校建设领导小组和办公机构,根据省文化厅下发的农文网培学校建设指导意见,制定具体方案,精心组织实施,积极落实配套资金,对原有的乡镇基层站点按农文网培学校的建设模式进行改建。截至目前,全省已建成的855个农文网培学校,除个别因文化站改扩建无场地外,绝大部分均已开展教学和服务。

(二)健全机制,有力保障了农文网培学校的顺利运行。

精心研究制定相关政策,明确文化共享工程和农文网培学校建设是一项政府行为,要求各县文化行政主管部门必须在项目规划、资金保障、场地设施、人员配备、绩效考核等方面切实担负起职责。通过加强联系与合作,层层抓落实,建立绩效考核和责任追究体系,逐步建立健全省、州、县、乡都支持和参与农文网培学校建设的工作机制。特别是乡镇党委、政府必须把农文网培学校的建设纳入当地总体发展规划,纳入班子的重要议事日程和年度工作要点,作为新农村建设的重要内容来抓。通过努力,形成了上下联动、齐抓共管的建设格局。建立了严格的绩效考核机制,使督导工作规范范、制度化,对建设、管理和服务中存在严重问题的予以"黄牌警告"。

(三)观念转变,从重建校向重服务转变。

建设农文网培学校,不仅仅是配几台电脑、几张课桌、几册图书的问题,而是要充分发挥学校的功能,努力实现针对农民群众的素质教育、文化信息服务、知识培训、文化娱乐等多层次服务功能。因此,在整合农村公共文化服务的设施、设备、人员、信息等资源的基础上,创新文化共享工程基层站点运行方式,多渠道、多途径开展服务,真正实现"文化乐民"服务农村、"文化育民"服务农民、"文化富民"服务农业。

(四)树立典型,以点带面。

针对前期我省农文网培学校建设工作的整体推进不平衡,开展服务情况各有差异的情况,目前的农文网培学校建设是一边抓建设,一边抓管理,一边抓典型。根据各州市实际情况,结合经济发展状况、文化基础条件和农民文化素养等因素,确定几个条件较好的乡镇文化站进行重点帮扶,使其成为本地农文网培学校建设的先进典型,并通过宣传推广、以点带面,促进本地农文网培学校建设的整体推进。如楚雄州的和平镇和仁兴镇农网学校、泸西县三塘乡农网学校等都是作为当地的先进典型。

(五)根据需求,进行资源建设。

省分中心及各级支中心积极收集整理各地农民群众对资源的需求,有针对性地征集和整合资源。尤其加大了对适农资源、科普等方面资源建设的力度,进一步开展农业科技信息资源库、农村市场信息资源库、农民知识讲座等专题资源的建设,建设一批农民群众喜闻乐见的数字资源,丰富农民群众的文化生活。

(六)加大培训力度,提高师资队伍素质。

省分中心及各级支中心加强对农文网培学校工作人员的培训,使他们深刻认识到农文网培学校的重要性,了解办学宗旨和目的,从根本上转变观念。通过不同内容的培训,努力培养能够开展农文网培学校基本教学工作的师资人才;熟练掌握计算机网络技术、能够开展技术指导与服务的技术人才;能够使用文化共享工程设施设备,开展日常服务的基层服务人才,建设一支结构合理、能力较强的农文网培学校工作队伍。

(七)充分发挥农文网培学校的教育功能,开展了形式多样的服务。

1、开展电脑基础知识和网络基础知识培训。目前,我省农文网培学校的电子阅览室均免费对农民群众开放,但由于大多数农民文化水平低,不会使用电脑,如何教会农民使用电脑成为农文网培学校的首要教学任务。为此,水富县两碗乡农文网培学校从开机关机、使用电子文档、上网查询资料等基本操作开始,手把手培训村委会干部,再让他们对其他群众进行培训。在培训时,特别注重引导群众学员了解网络带来的好处,享受网络的方便快捷,增强学员的学习兴趣和积极性。两碗乡三角村学员王明清的几句话说出了学员参加学习后的感受:“以前不知道电脑是什么东西,更不知道什么是互联网。刚拿起鼠标时觉得比锄头还重。通过参加农文网培学校的学习,让我学到了很多东西。现在,我也会上网了,不但可以查各种资料,还能通过视频与在浙江打工的兄弟见面聊天,既省钱,又比打电话好”。

2、结合农村电影放映“2131”工程,开展电影放映活动。我省农文网培学校把数字电影放映与普及科学技术相结合,与宣传党的方针政策相结合,不仅保障了农村数字电影放映工作的正常运行,还充分发挥了视频数字资源的宣传作用。昆明市盘龙区鼓楼街道办事处将桃源广场的露天电影放映内容与文化共享工程工作结合起来,充分利用文化共享工程的资源优势,每周末都播放电影、地方戏剧、科技知识、生活小常识、法律知识等不同内容的节目,使文化共享工程的服务惠及社区千家万户。楚雄州元谋县黄瓜营镇、大理州祥云县云南驿镇、晋宁县夕阳彝族乡等地的农文网培学校也定期为农民群众播放电影和农业科普短片,受到了当地群众的喜爱。

3、结合本地实际,因地制宜,开展多种形式的培训。以大理州巍山县永建镇农文网培学校为例,在实施教育培训的过程中,一是以农村"两后生"为重点,开展农业技能培训;二是以外出务工人员为重点,开展农民工实用技能和法律知识培训;三是以党组织基层党员为重点,开展农村党组织建设和农业知识培训;四是以村组干部为重点,开展领头型人才培训;五是以清管会成员为重点,开展民族宗教政策法规知识培训;六是以镇属干部职工挂钩涉毒帮扶对象为重点,开展《禁毒法》、禁毒形势教育和相关技能知识培训;七是以农村妇女和致富女能手为重点,开展妇女健康、家庭护理、科技等知识培训;八是以计划生育重点服务对象为重点,开展计划生育政策法规、妇女生育保健等知识培训;九是以培育"五型农民"(即知识型、文明型、技能型、经营型、开拓型农民)为重点,开展各种知识技能和精神文明培训,成效十分明显,有力地促进了农民思想道德素质和科学文化素质的"双提高"。

4、加大与其他单位的合作力度,拓宽农文网培学校的服务对象,丰富服务内容。昆明市晋宁县夕阳彝族乡农文网培学校与当地农科站、社保所一起,利用可移动播放设备,组织已毕业的学生和农村剩余劳动力进行《实用电焊技术》、《农村实用养猪技术》培训;与乡综治办、司法所、派出所工作人员一起到民族中学、保安村委会开展"送法进校、进村"等宣传教育活动。楚雄市中山镇农文网培学校与当地农业推广服务中心、科协、卫生院、文化站共同举办了文化、科技、卫生等方面的知识培训;与镇纪委、人大办共同组织开展了党风廉政建设方面的警示教育;还与林业站合作,深入全镇11个村委会,进行了护林防火安全知识宣传。

总之,我省农文网培学校经过一年多的建设,取得了较好的成绩。云南省委、省政府将农文网培学校的建设写进了2010年省政府工作报告中，对这项工作给予了高度重视和充分肯定，这是对我们工作的极大鼓舞和有力鞭策。在今后的工作中，我们将依托文化共享工程的广阔平台，充分利用文化共享工程的海量资源，抓好农文网培学校的建设与管理，努力构建覆盖到村的农村文化信息素质教育网络，切实推进农村公共文化服务体系建设，为社会主义新农村培养一大批具有一定科学文化素质和思想道德素质的新型农民。

作者简介

李友仁，云南省图书馆馆长，文化共享工程云南省分中心主任。

区域数字图书馆与公共电子阅览室建设研究

◎ 詹利华 刘晓清

1 文化共享工程的特征分析

1.1 文化共享工程的定位和机制分析

文化共享工程由文化部、财政部共同组织实施。中央和各地财政部门负责工程建设、运行所需的人员、资金等的保障。根据《中共中央办公厅、国务院办公厅关于加强公共文化服务体系建设的若干意见》要求，文化共享工程作为国家公共文化服务体系的组成部分，在承担"满足人民基本文化需要，保障人民基本文化权益，让人民共享文化发展成果"这一任务中发挥重要作用。

《世界人权宣言》第22款规定"每个人都有权实现自己的经济、社会和文化权利，无论其地位尊卑，同时也有发展自己个性的自由。"第27款规定："每个人都有权参加所在社区的文化生活。"①按照通俗的说法，"基本文化权益就是人民不用买单就能享有的一些基本文化消费。"②

公共文化服务是政府主导的、以保障公民基本文化权益、满足公众基本文化需求为目标的基本文化服务。在目前阶段，公共文化服务主要包括保障人民群众读书看报、听广播看电视、进行公共文化鉴赏、参与大众文化活动等内容。公共文化服务体系是政府提供普惠型公共文化服务的保障机制和实现途径。公共文化服务体系主要包括五大体系：设施网络覆盖体系；产品生产服务供给体系；人才、资金和技术保障体系；组织支撑体系；运行评估体系。这些内容构成了公共文化服务体系的基本框架，也体现着公共文化服务的基本特征与价值取向。公民的文化需求是创新公共文化服务体系的动力，公民的文化需求将决定公共文化服务体系的目标、内容、特征和途径，并为公共文化服务指明方向。

文化共享工程作为公共文化基础设施的组成部分，由各级公共图书馆具体负责实施和建设，它利用现代信息技术，将中华优秀文化信息资源进行数字化加工和整合，利用覆盖全国的网络化管理和服务体系，实现文化信息资源在全国范围内的共建共享，满足公众的基本文化需求，保障公众的基本文化权益。

文化共享工程是我国在现代信息社会中构建公共文化体系的一种有效的载体设计。"中国公共文化服务体系发展 2009"总体报告中提到："我们之所以对文化信息共享工程青睐有加，是因为这是一个负载在最新技术手段之上的、由使用者自主取用并可进行网上实时互动的信息平台；互联网日益成为人们获取信息的最重要和最基本的来源。用好这个信息平台，可以最大限度地落实我国农村偏远地区居民的基本文化权益和基本民主权利，即十七大报告中具体提到的知情权、表达权、参与权和监督权等。"③

文化共享工程在公共文化服务体系构建中承担着更多的新技术推动、创新应用的责任，它在消除公众之间、城乡之间的信息鸿沟方面发挥了非常积极的作用。

1.2　文化共享工程的技术体系

文化共享工程经过八年的建设和积累，已经初步建立了层次分明、互联互通、多种方式并用的数字文化服务网络。

文化共享工程技术体系，在资源数字化方面以数字图书馆技术为依托，建成了国家中心和各省分中心的资源加工管理系统；在传输通道建设方面形成了以互联网、卫星网、有线(数字)电视网、移动通讯网、电子政务专网为主要传输渠道,光盘/移动硬盘为辅助传输手段的网络传输体系;在终端服务上提供了国家中心网站,省分中心网站,卫星终端服务系统,文化共享工程基层服务系统,有线数字电视、光盘、移动硬盘等手段,方便广大群众以多种方式从不同渠道获取和使用文化信息资源。

从全国文化共享工程体系来分析,其技术体系庞大而复杂,除了文化共享工程国家中心的中心系统以外,在工程的总体框架和技术标准协调下,按照国家中心、省分中心、市县支中心及乡镇、村基层服务点的体系,各省已形成了适合本地区资源组织、传播和服务的文化共享工程技术体系。

文化共享工程的技术体系除了以数字图书馆技术和标准为核心外,紧跟信息技术发展的步伐,以一切社会公众可以获得的信息产品和服务,搭载文化共享工程的信息内容,激发和满足公众的基本文化需求,实现文化传播的使命。

2 区域数字图书馆的定位和模式分析

2.1 区域数字图书馆的概念

区域数字图书馆,作为一种数字图书馆的形态之一,具有区域性、领域性的特点。它是地区数字文献资源组织、运行和服务的有效组织形态。文献资源的共建共享是图书馆界多年来积极倡导和努力实践的目标,围绕着这一目标,各类图书馆开展了多种联合与协作,促进了图书馆联盟的形成。近几年,区域图书馆联盟形式得到快速发展,极大提升了区域文献资源尤其是数字文献资源建设、组织和服务的水平。区域数字图书馆是实体图书馆联盟模式的突破和发展,也是形成更大规模(如全国性)数字图书馆的基础。

我国数字图书馆的研究和建设,申晓娟的《2005－2009年我国数字图书馆发展综述》[4]已经做了一个全面的分析和阐述。国家层面的数字图书馆研究和建设取得了可喜的成就,引领着我国数字图书馆事业的发展方向。随着国家层面数字图书馆建设的深入发展,区域性数字图书馆建设日渐活跃,呈现出联合共建、彰显特色的发展态势,如上海图书馆、深圳文献港、浙江网络图书馆等都在近几年取得了令人瞩目的成果。

2.2 区域数字图书馆的定位

区域数字图书馆(包括系统、领域数字图书馆)的定位应该是地区资源的汇聚节点。采用一种共建共享的机制,整合地区的智力、财力和文献资源,按照数字图书馆的技术和标准,与国家层面的数字图书馆工程建立资源的调度体系,为本地区的公众提供数字图书馆服务。

早在2002年,向桂林的文章通过阐述图书馆自动化发展的历程,提出中国数字图书馆的发展道路是:个别实现、区域融合、全国以至世界融合的发展道路[5]。同时,有文章提出,区域数字图书馆建设可以借鉴发达国家的成功经验,以美国俄亥俄州图书馆与信息协作网(OhioLink)、伊利诺伊州图书馆系统、弗吉尼亚高校图书馆虚拟协作网等为例,他们的成功运作主要体现在以下几个方面:将地区数字图书馆视为整个国家数字图书馆建设事业的一个分布系统;树立互利互惠,合作共享的建设理念,建设本地区统一的联合目录数据库,并以此为基准,统一规范全区的采购、编目、馆际互借与文献传递等工作;从地区政府、公司、企业、基金会等机构获得政策、技术、资金等方面的支持和保障[6]。

2.3 区域数字图书馆的组织模式

从几年来区域数字图书馆建设的需求和成功的案例来分析,区域数字图书馆的组织模式主要分为行业联合与地区联合。行业(或系统)联合:在一个行业或系统的图书馆,按照共建共享的原则和协议,构建区域数字图书馆。行业图书馆间的联合发展得一般都比较好,全国高等学校文献保障体系(CALIS)、上海高教网络图书馆等。因为一个系统、行业具有更多的共性,提出的问题易于协调和解决。地区联合,在一个省或市域范围内的图书馆形成区域数字图书馆联盟。如浙江网络图书馆,深圳文献港等。一方面,地区性的区域数字图书馆容易得到地方财政的资金支持,另一方面,区域数字图书馆的建设有助于资源版权问题的解决,再者,区域的经济和文化发展同步，容易激发共同的需求，借助更多的地方资源推进文献资源的共建共享。

3 文化共享工程与区域数字图书馆融合

文化共享工程的技术框架、资源体系和传输系统随着工程建设的推进和研究发展，系统架构经历了从大中心向分布式变迁，资源建设体系从单一的资源建设规范向开放的资源建设体系转变，传输系统从单向通路为主朝多网双向传输方向发展，终端应用系统从计算机向信息化家电设备演进。[⑦]这一开放的技术架构，为文化共享工程与区域数字图书馆的融合提供了可能。

根据文化共享工程的总体目标，进一步明确了总体建设原则和要求：文化共享工程是数字图书馆服务的早期实现形式，是面向农村，面向基层，为消除现阶段城乡之间的数字鸿沟而建立的有效组织形式，因此，文化共享工程要与正在实施的国家数字图书馆工程建设紧密结合，要在数字图书馆技术体系框架下，按照统一规划、统一标准、统一格式进行建设，并将各地已建的数字图书馆资源通过文化共享工程平台为群众提供服务。在基础设施建设上，文化共享工程要与各地图书馆、文化馆的自动化、网络化设施建设紧密结合，科学规划，避免重复建设。[⑧]

回顾文化共享工程的建设历程，一些省份根据财政的经费投入，结合本省的实际，以数字图书馆的技术推动文化共享工程的实施，通过文化共享工程的实施为更多基层用户提供数字图书馆资源服务，从而全面提升了各级公共图书馆的信息化水平，取得了文化共享工程和数字图书馆实践的同步发展。浙江网络图书馆等多省区域数字图书馆的成功案例，很好地佐证了文化共享工程与数字图书馆之间是相辅相成、相互融合、共同发展的关系。

浙江网络图书馆是以浙江文化信息资源共享工程和全省公共图书馆的传统文献和数字资源为基础，以全省公共图书馆为成员馆，以“共建、共享、共通、共赢”为目标，运用数字图书馆技术而建成的一个统一的、

"一站式"资源和服务平台。[9]通过这个平台,全省的4.5万个文化共享工程基层服务点,近万家企业职工电子书屋,各级公共图书馆的20多万持证读者免费获得数字文化服务。从2009年5月底开通到2010年5月,网站点击量突破200万次;电子期刊阅读下载500余万篇,下载电子图书3.5万余册;完成原文传递8万余篇。

四川省将文化共享工程与数字图书馆建设紧密结合,在数字图书馆技术体系的框架下按照统一规划、统一标准、统一格式进行建设。通过文化共享工程形式,将数字图书馆的资源传递到千家万户,提高图书馆的信息服务能力。[10]

贵州数字图书馆让每一位公民在贵州省任何能上网的地方,都能免费获得数字文献资源的查询、浏览、下载、原文传递和知识导航等服务。[11]

区域数字图书馆的实施,丰富了文化共享工程的内容,活跃了工程的表现形式,扩大了工程的覆盖面,将工程对终端用户(基层服务点、户)的服务,扩展到了个体(读者)的服务。区域数字图书馆建设直接引入数字图书馆技术发展的最新成果,为用户带来了"一站式"、全方位、公益性文献获取服务,促进了"资源丰富、技术先进、服务便捷、覆盖城乡"的数字文化服务体系建设,为保障公众的基本文化权益,满足公众的基本文化需求作出贡献。

4　公共电子阅览室建设

文化共享工程的实施和区域数字图书馆的建设,极大地丰富了互联网上的文化信息资源内容,大大推进了图书馆间的合作共享,提升了公共文化服务体系的科技含量,用最新的信息技术引领传播体系的构建。在这个传播体系中,图书馆电子阅览室这一互联网上网和获取信息的场所承担的职责也逐渐明确。然而,电子阅览室如何承担共享工程服务和数字图书馆服务的融合,把如此丰富的资源展示给用户,如何推进管理和服务的规范等都存在不少问题,也缺乏有效的管理办法和统一的技术平台支持。文化部拟在"十二五"期间实施的"公共电子阅览室建设计划",已经明确了公共电子阅览室建设的意义，指出了公共电子阅览室功能定位，提出了规范电子阅览室的运行管理和服务的要求。推进公共电子阅览室建设，可以从以下几个方面进行思考：

一是落实保障措施。作为公益性的电子阅览室，各级政府必须承担电子阅览室运行所需的人力、资金和设备的保障，并有可持续性。二是统一的标识和特征对公众公告，让公众了解公共电子阅览室是什么东西？能干什么？与自身有没有关系？让公共电子阅览室与公众的利益发生关系，才能吸引公众。三是资源的内容和组织形式。文化共享工程和数字图书馆的内容不能说不丰富，存储的数量巨大，但公众的关注可能仅仅是一小部分，他感兴趣的部分。资源的表现方式应该迎合公众的上网习惯和爱好。第四是规范的管理和技术维护平台。借鉴网吧的发展和运行维护经验，从小、乱、差到利用市场的力量逐步规范，形成相对一致的技术、维护和管理平台，内容和维护的专业化分工形成。一个区域甚至全国的公共电子阅览室应该形成一个统一品牌，统一服务要求，资源共享，用户体验相同，用户信息连通和上网安全的公共信息空间。公众到任何一个地方的公共电子阅览室可以使用自己个性化的上网环境和习惯，就像到肯德基和星巴克，你走到世界的任何地方，不用考虑其他因素，自然地走进你所熟悉的场所享受你所熟悉的服务。对未成年人的上网行为可以进行控制。第五是建立激励机制。企业追求的是利润，这是它的驱动引擎。公益性服务也必须建立相应的激励机制，才能保持和提高公共电子阅览室的运行效率和服务影响，否则无法长久有效运行下去，或者会逐渐变得运行效率低下，进而影响这一公益性服务体系的效果。文化共享工程的资源和数字图书馆的内容是公共电子阅览室的提供服务的主体，但不是全部，它应该建设成为一个公众的信息共享和交流的空间，并与公众的日常生活、工作、学习和娱乐相关的场所。

5　社会对公共文化服务基本需求的提升

在我国，公共服务是进入 21 世纪以后正式提出的。2002 年，党的十六大报告第一次把政府职能归结为四个方面:经济调节、市场监管、社会管理和公共服务;提出要“进一步转变政府职能,改进管理方式,推行电子政务,提高行政效率,降低行政成本,形成行为规范、运转协调、公正透明、廉洁高效的行政管理体制。”2003 年,党的十六届三中全会进一步提出了“完善政府社会管理和公共服务职能,为全面建设小康社会提供有力的体制保障”的目标。2004 年 2 月,温家宝总理在中央党校省部级主要领导干部“树立和落实科学发展观”专题研究班结业式上的讲话中,鲜明地提出了“努力建设服务型政府”的要求,指出公共服务,“就是提供公共产品和服务,包括加强城乡公共设施建设,发展社会就业、社会保障服务和教育、科技、文化、卫生、体育等公共事业,发布公共信息等,为社会公众生活和参与社会经济、政治、文化活动提供保障和创造条件”。

我国的公共服务包括公共文化服务体系还处在一种政府文件推动,地方政府重视不一,经费投入不足,发展不均衡的阶段。整个公共文化服务体系的框架也处在初步设计、边建设边调整边完善的时期。今年,随着国家公共文化服务体系制度设计研究工作会议的召开,中国公共文化服务体系建设进入了制度层面,它将从政府积极推动的工作转为为社会公众提供公共服务的社会制度的设计,真正体现出公共文化服务的公益性、基本性、均等性、便利性。

公共文化服务体系建设趋向制度化层面,将对体系的构建提出更加明确和规范的要求。文化共享工程已经大大提升了各级公共图书馆系统的信息化水平,为数字图书馆的建设、利用和普及奠定了较好的基础。数字图书馆的建设和发展在信息交流和共享领域具有战略性的意义,文化共享工程这一积极推动文化资源共享、消除城乡数字鸿沟的工程,需要利用数字图书馆这一在现代信息社会保障信息共享的有效形式,强化工程的规律性,共同服务于公共文化服务体系建设。

注释

①[新加坡]阿努拉·古纳锡克拉,[荷兰]塞斯·汉弥林克,[英国]文卡特·耶

尔主编. 全球化背景下的文化权利. 北京:中国传媒大学出版社,2006:13

②许纪庸. 保障人民的基本文化权益. 太行日报,2009 年 3 月 15 日

③李景源,陈威主编. 中国公共文化服务体系发展 2009. 北京:社会科学文献出版社,2009:4

④申晓娟. 2005 -2009 年我国数字图书馆发展综述. 数字图书馆论坛,2010(3-4)

⑤向桂林,陈定权. 中国数字图书馆系统的发展道路. 图书情报工作,2002(4)

⑥翟春红,赵铁锁. 我国数字图书馆可持续发展管理机制研究. 图书馆工作与研究,2007(2)

⑦吴晓,孙承鉴. 全国文化信息资源共享工程技术体系的发展与展望. 图书馆建设,2008(2)

⑧孙家正. 在全国文化信息资源共享工程电视电话会议上的讲话. http://www.wenhua.sd.cn/web/shareprojectfiles/2005/9/22/20050922135247.shtml

⑨浙江网络图书馆. http://www.zjelib.cn/

⑩郑蜀. 与数字图书馆紧密结合,推动共享工程高速发展. 文化部党建在线. http://dangjian.ccnt.com.cn

⑪贵州省数字图书馆. http://www.gzlib.org/

作者简介

刘晓清,浙江图书馆副馆长,浙江省文化共享工程领导小组办公室常务副主任,研究馆员。

詹利华,浙江图书馆文化共享工程办公室主任。

利用电子政务外网传输文化信息资源的实践与思考

◎ 张小燕 蔡荣生

全国文化信息资源共享工程(以下简称“文化共享工程”)是新形势下构建公共文化服务体系、惠及千家万户的一项重要文化基础工程,是政府提供公益性服务的重大文化项目,是实现广大人民群众基本文化权益的重要途径,对于打破落后地区信息闭塞的状况,缩小“数字鸿沟”,提高广大人民的科学文化素质,推进社会主义文化大发展大繁荣和建设和谐社会,具有重要作用。文化共享工程应用现代科学技术,将中华优秀文化信息资源进行数字化加工整合,通过互联网、卫星、移动存储、镜像、光盘、有线电视/数字电视网等手段将资源传输到基层,为广大群众提供公益性服务,实现优秀文化信息资源在全国范围内的共建共享。

1 江西省文化共享工程建设的基本情况

江西省于2003年正式启动文化共享工程建设。在省委、省政府的高度重视和大力支持下,在文化部全国文化信息资源建设管理中心的正确领导和悉心指导下,江西省文化共享工程着重夯实发展基础,强化服务效能,不断拓宽建设思路,创新技术手段,完善服务机制,取得了良好的社会效益。

江西坚持以推进县级支中心和基层服务网点建设为重

点，省级财政已完成县级支中心建设配套资金5440万元。截止到目前，江西已完成1个省级分中心，9个市级支中心，65个县级支中心，408个乡镇级基层服务点，11368个村级基层服务点的建设任务。剩余35个县级中心的建设正处在设备招标采购阶段。到今年年底，可以搭建完成覆盖全省各市、县、乡、村的五级服务网络，圆满完成文化共享工程"十一五"建设任务。

江西坚持以数字资源建设为核心，省分中心现已完成了29个江西地方特色资源库的建设，自建资源总量达4TB。其中《江西地方戏剧资源库》、《江西非物质文化遗产资源库》、《江西旅游文化资源库》、《江西景德镇陶瓷文化资源库》和《鄱阳湖生态经济区建设专题资源库》等5个资源库内容丰富，特色鲜明，获得了社会各界的广泛好评。

为了更好地开展服务，充分利用网络传播资源，同时加强各级中心沟通，江西省专门建设了一个文化共享工程门户网站——江西文化信息资源网。网站有"工程介绍"、"新闻动态"、"视频点播"、"视频推荐"、"讲座展厅"、"讲座预告"、"专题数据库"、"地方文献"、"专题文献"、"江西人文"、"特色之乡"、"走进农村"、"走进企业"、"走进社区"、"少年文化"、"工作论坛"等19个板块，提供浏览、点播、下载和交流等功能。特别是"农民网校"版块，提供各类实用农业技术视频资源，成为"江西文化信息资源网"的一大亮点，突出了以现代的信息传输手段、丰富的资源内容、实用的科学技术，帮助农民朋友脱贫致富的功能。

江西省文化共享工程注重传输技术与信息服务技术的合理搭配，创新技术服务模式，拓宽资源传输渠道，确保文化共享工程基层网络建设稳步有序。目前已形成了以互联网、电子政务外网、卫星网、镜像站等为主要传输渠道，光盘、移动硬盘为辅助传输手段的多种传输模式，实现了文化信息资源的有效传递，使广大群众能够通过多种途径方便地使用文化信息资源。

2　江西电子政务网建设的基本情况

江西省政务信息网按照“满足要求、量力而行、统筹规划、分步实施”的要求，分三期进行建设。第一期工程启动于1997年，江西省信息化工作领导小组第一次会议专题研究了全省政务信息网统一平台建设问题。会议决定，集中力量建设全省党政信息网省级统一平台，实现省委、省政府和省直党政机关的网络互联和信息共享。此后，多位省政府领导都始终如一地按照集中统一原则，大力推进全省电子政务建设。第二期工程启动于2002年4月，江西省信息化工作领导小组第二次会议决定，集中力量建设省政务信息网纵向网，构筑省市政务信息网统一平台。第三期工程启动于2003年8月，江西省信息化工作领导小组第三次会议决定，将省政务信息网纵向网省市网络平台延伸到县，构筑全省统一网络平台。

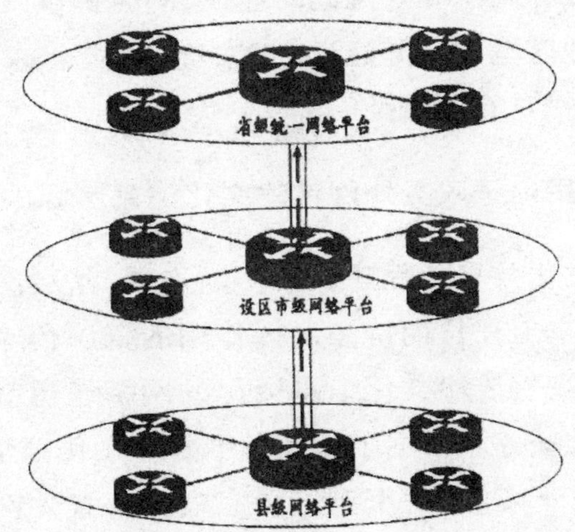

江西省电子政务统一网络平台分为内网和外网，内网主要传输涉密信息，外网主要传输非涉密办公信息，内网与外网物理隔离，外网与互联网逻辑隔离。省级横向网络主干为1000M，入户为100M；省至市纵向网络采用155M SDH线路；市至县纵向网络采用捆绑的100/10M SDH线路。内网和外网分别构筑了两个“王”字型网络，支持数据、语音和图像传输(参见上图)。在统一网络平台上,横向省市县三级网络平台分别连接了党委、人大、政府、政协和各直属部门,纵向省市县三级实现了对口部门联网。2004 年 6 月,覆盖江西省、市、县三级党政机关的全省电子政务统一网络平台顺利建成开通,实现了省委,省人大,省政府,省政协和省直各部门与市、县党政机关的网络互联、信息共享、业务协同和安全管理,制止了网络分散重复建设,取得了显著的社会效益和经济效益。2006 年,国家政务外网江西分中心建成,江西政务信息网与国家政务外网实现了互联互通。

目前,江西省政务外网已横向连接了省委、省人大、省政府、省政协和 200 多个省直副厅级以上部门或单位,纵向覆盖了全省 11 个设区市 109 个县(市、区、管委会),为全省各级党政机关提供了一个具有高安全性、高可靠性、方便快捷、可管理的统一电子政务"信息高速公路"。江西成为全国首个电子政务内网和外网同时建设,同时提供服务的省份,走出了一条经济欠发达地区电子政务建设"方案优、功能全、效果好、投资省"的成功路子,建设模式富有创新性。

3 江西省利用电子政务外网传输文化信息资源的实践

随着江西省文化共享工程建设的不断发展,基层网点建设的不断推进,建立起确保共享工程长期持续发挥作用的资源传输网络显得十分迫切,建立一条能够高效传输文化信息资源的网络通道就成为江西省分中心面临的一大工作任务。根据国家信息中心和文化部全国文化信息资源建设管理中心联合下发的《关于利用国家电子政务外网平台开展文化部全国文化信息资源共享工程应用试点的函》文件要求,共享工程江西省分中心多次与江西省信息中心进行具体的接洽,成立了专门的工作小组就有关技术合作的可行性进行了认真的调研。省文化厅分管厅领导多次带队与省改委、省财政厅、省信息中心进行沟通。经过充分调研和积极沟通,2009 年 5 月,江西省文化厅和江西省信息中心联合下发了《关于依托省政务外网对全省公共图书馆进行联网建设的通知》。通知要求,省文化厅、省财政厅为每个县图书馆解决光缆建设费(带宽不低于10M,含20年的维护费、光电转换器或交换机光模块)2万元。各市县信息中心至各市县公共图书馆(共享工程支中心)的网络通信线路由各地信息中心负责建设,各地图书馆配合实施。

2009年年底,江西省分中心通过电子政务外网与9个市级支中心、65个县级支中心实现了互联。经过测试,县级支中心从国家中心和省中心FTP服务器下载资源的速率达到1.27MB/S,较好地实现了文化信息资源通过政务外网传输的预期目标。

经过半年多时间的运行,江西省分中心已通过政务外网将超过10TB的数字信息资源提供给各县级支中心。各市、县级支中心通过电子阅览室和投影机,乡镇和村级基层服务点通过光盘/移动硬盘和电视机/投影机为广大群众提供文化共享工程的信息资源服务。全省利用这些资源共开展服务活动2000余次,服务人次达500余万人。2010年春节期间,江西省通过电子政务外网向各级支中心输送地方大戏、春耕知识等数字资源,缓解了农民看书难、看电影难、看戏难的问题,受到了群众的一致好评。群众普遍反映,这些服务活动使他们享受到优秀文化和实用科技带来的快乐。

4 关于利用电子政务外网传输文化信息资源的思考

江西省依托电子政务外网进行文化信息资源传输工作已经取得了一定的成效,较好地解决了制约共享工程发展的传输网络建设问题,为共享工程的发展找到一条避免重复建设,节约投资成本,促进信息共享,保障信息安全的科学发展的新路子。通过实践,我们认为,利用电子政务外网传输文化信息资源有以下几个方面优点:

1. 依托政务外网,能够高速将文化信息资源传输到每个县级支中心,满足基层服务点利用资源开展服务工作的要求。2009年以前,江西的资源传输方式包括互联网、卫星、移动硬盘、光盘等,视频资源主要是通过移动硬盘、光盘等方式下发。据统计,江西省文化共享工程通过互联网进行数字资源传输的平均速率是80KB/S,通过卫星进行数字资源传输的速率是60KB/S,利用地方电子政务外网进行文化信息资源的传输速率达到了1.27MB/S,24小时资源传输量可达到100GB。

2. 依托政务外网,能够实现方便快捷为群众提供文化信息资源服务的目的,体现了很好的时效性。在使用政务外网之前,江西省通常是通过复制移动硬盘或光盘的形式下发资源,这种方式至少需要三天时间,有些资源时效性很强,如果通过邮寄移动硬盘或光盘的方式下发资源,往往会延误开展服务活动的最佳时间。利用政务外网传输信息资源后,真正实现了文化信息资源纵向贯通、横向互联,大大缩短了资源传输的时间,为各级支中心和基层服务点利用资源为广大群众提供更好的服务活动打下了坚实的基础。例如,2010年春节,江西省的文化共享助春耕活动,省分中心通过在"江西文化信息资源网"上设立"文化共享助春耕"专栏,各市县支中心一天之内就通过政务外网FTP下载了所需的农业科技视频资源。

3. 依托政务外网大大降低了资源传输的资金投入。在利用政务外网传输资源之前,省分中心通过复制移动硬盘和光盘的方式下发视频资源,各级支中心也需要通过复制移动硬盘和光盘提供服务。这样的运作模式,费时费力又费钱,还有很多隐形的费用,长此以往,这是一笔非常大的开销。2009年以前,江西省分中心每年需要复制下发50000余张光盘,按每张光盘3元计算,每年仅下发光盘就需要150000余元的费用。在利用政务外网之后,这一情况得到了根本的改变,传输文化信息资源再也不需要额外的经费,只需利用建好的网络体系就能轻松地实现资源共享。

4. 依托政务外网,为共享工程建设的加速推进提供了强有力的保障。政务外网以其构架坚实、传输快捷、安全可靠、运行稳定、覆盖广泛的优势,已成为江西省分中心与市县支中心进行资源传输的主渠道。江西省分中心积极依托政务外网,结合本省的数字资源建设,加强文化信息资源的传输工作,实现资源共建共享,为文化共享工程建设提供了强大的网络支撑和资源保障，加快了江西省文化共享工程建设的进程。

下一步，我们将在国家中心的直接领导和具体指导下，认真查找自身工作中的差距和不足，积极利用政务外网进行数字资源传输，努力实现数字资源共享全覆盖。

一是按照要求全面完成共享工程“十一五”期间的各项建设任务。2010 年年底前，完成全省所有的县级支中心建设，并同时完成政务外网联网建设任务，实现政务外网传输到县级支中心的建设目标。

二是扩大政务外网传输的速率，争取将省分中心带宽提高至 300M，将资源传输速率提高一倍。在加强本省资源建设工作的同时，增加政务外网传输资源容量，争取做到每年每个支中心可通过政务外网获得的资源达到 10TB。

三是扩大政务外网传输的覆盖面。目前，江西省政务外网传输的覆盖只能到县，省信息中心正在 2 个县试点，将政务网覆盖到乡村，我们将紧密跟踪，争取政务外网覆盖到哪里，文化共享资源就通过政务外网传输到哪里。

今后，我们将一如既往地认真学习，努力探索，把江西省文化信息资源共享工程建设提高到一个新的水平，为江西省文化事业的大发展大繁荣、为文化共享工程建设做出我们的努力。

作者简介

蔡荣生，江西省图书馆副馆长，文化共享工程江西省分中心副主任。

张小燕，文化共享工程江西省分中心工作人员。

文化信息资源共享工程控制与评价体系建设研究

◎ 夏　雁

全国文化信息资源共享工程（以下简称文化共享工程）从2002年4月开始建设以来，已经形成了一套相对完善的运行机制和体系建设，这是文化共享工程存在和发展的基础，只有文化共享工程体系建设具备了完整性、系统性、严密性、高效性，才能够保证文化共享工程建设的健康发展。

文化共享工程的体系建设涉及面较多，结合河南地区近年文化共享工程建设与服务的发展历程，笔者认为主要应包括目标体系、组织体系、控制体系、评价体系、反馈纠偏体系、激励体系等六个方面。本文重点对河南文化共享工程的控制体系和评价体系进行探索，剖析其运行机理，探讨河南省文化共享工程的体系建设。这对于河南省文化共享工程而言，是一个涉及从工程建设结构层面解决工程建设发展的问题，对我们每一个文化共享工程建设的参与者具有现实的意义。

1　文化共享工程的控制体系

1.1　控制体系及其必要性

控制体系是文化共享工程组织内部诸因素相互结合和相互作用的方式，是文化共享工程组织在实施过程中对指挥调度、组织规划、实施计划、管理工作行为等方面进行监督、检查和调节监控的能力，是文化共享工程体系建设中至关重要的一环。

控制体系的必要性，在于文化共享工程建设的内部控制在运行过程中会存在着许多问题：比如治理机制不完善，机构设置分工不合理，职责不明确，控制分散和控制不足等。建立控制体系，正是解决上述问题的有效途经。

1.2 文化共享工程的控制对象

文化共享工程控制的对象是文化共享工程建设的全过程，涉及建设中各种要素、各个环节。其内容主要包括服务站点建设控制（包括对网络设备的维护、维修）、资源建设控制（资源建设进度与资源建设内容）、专项资金使用情况控制、管理控制（队伍培训、服务效果）等。

1.2.1 服务站点建设控制

服务站点建设控制是以制定的建设目标和建设标准为依据，对网络建设和网点建设活动进行的一种控制活动。实行站点建设控制，事先应根据省、市（县）、乡村各级站点的特点、服务人群及工作目标制定各种建设标准及实施要求。服务站点建设控制的内容可以分为三个方面：一是对站点软硬件平台建设进行控制；二是对各个站点的服务情况进行控制；三是对各个站点的管理情况进行控制。截至2009年底文化共享工程建立了1个国家中心，33个省级分中心，2814个县级支中心，与农村党员干部现代远程教育工程以及农村中小学现代远程教育工程结合，建成基层服务点约75万个。按照规划到2010年实现文化共享工程城乡全覆盖。

1.2.2 资源建设控制

资源建设控制是根据资源征集、生产、加工的环节、步骤、工艺要求，建立规范的资源建设流程程序；在资源的接收、存储、发布等服务活动的各环节建立规范的工作程序；根据资源建设目标，合理配置人力、资金等以及搭建资源建设软硬件平台；依据各种程序来合理运作资源建设任务，建立相应的规章制度，使资源建设的各项活动按照各种程序的要求来运行。从2002年至2009年底，文化共享工程数字资源总量已达到90TB。

国家中心根据技术发展潮流，先后陆续制定并下发了《全国文化信息资源共享工程资源建设标准规范》、《文化共享工程视频资源建设格式（V1.0）》、《全国文化信息资源共享工程 2008－2010 年资源建设规划》、《全国文化信息资源共享工程视频资源编目规范》（暂行）、《视频资源数字化加工格式规范》、《5 类节目初级编目实施细则》，包括文本数据数字化技术标准、图像数据数字化技术标准、音频数据数字化技术标准、视频资源数字化技术标准等，成为今后全国各级分支中心资源建设的依据。河南省分中心也制定了《河南省文化共享工程资源建设指南》，从技术、授权、质量验收、资源征集等方面进行资源建设控制。

1.2.3 专项资金使用情况控制

专项资金使用情况控制主要是为了保证财产安全以及会计资料的真实性、正确性而形成的一种控制。专项资金使用情况控制主要方式是建立资金审计制度和机构。资金审计机构是指在文化共享工程管理组织内部建立的，相对独立的监督机构，宗旨是保证各项决策能得到贯彻执行；保证工程的财产安全，它是整个控制体系的关键环节。自 2002 年以来中央累计投入已达 15.6 亿元，地方累计投入超过 15.35 亿元，2007－2010 年中央财政计划投入 24.7 亿元。

1.2.4 管理控制

文化共享工程是一个各行业、各部门、各地区分工协作的系统工程，为保证分工协作达到严格程序、职责明确、相互制约的目的，必须明确分工各方所拥有的权力和应承担的责任，并形成管理系统。分工协作所具有的分散性特点，也要求必须在文化共享工程管理系统内部形成管理控制体系。所谓管理控制体系，就是以确定文化共享工程管理系统内部各部门、各环节、各层次以及各人员的责任为中心的内部控制系统。它由两个方面组成：第一，工作岗位责任控制，也叫岗位责任制。是指在文化共享工程各级中心和基层站点，从领导到每位员工，按其所在的工作岗位，确定其工作责任，并明确相应的权利，使每个人、每个岗位都有职有权。主要有决策层责任制、管理层责任制、执行层责任制等；第二，各部门、各环节责任制。这里承担责任的主体不是个人，而是文化共享工程各分支机构。它要求根据不同部门、环节、层次的工作任务和工作性质，分别确定其责任区域、权利范围。以保证相互制约、相互联系的各部门、环节和层次的工作任务协调进行。

1.3 河南文化共享工程的控制体系模式

河南省文化共享工程建设经过七年的不断探索和努力，逐步探索出一条适合河南省文化共享工程发展的路子，并初步建立起一套河南省文化共享工程工程建设管理和运行监控管理模式，通过该模式，能够保证各级管理部门权责分明，工程建设进度可控可管，全面实现对基层服务站点、资源建设、人员培训、管理服务等方面的控制，推进全省文化共享工程建设实践。

1.3.1 层级控制

省文化厅是全省文化共享工程在各省文化共享工程领导小组的日常事务办理机构，承担着全省的工程建设规划；指导、协调全省的资源建设和技术研发；审定年度工作计划并监督执行；审定专项资金预算方案，指导、监督、检查专项资金的使用等工作。

省级分中心是各省开展特色数字资源建设、资源分发、资源存储、人员培训、活动管理、互动需求反馈管理和系统运行管理的核心，并承担对本省各级网点的组织协调、管理服务和绩效考核工作。省级分中心设备分别部署在省图书馆的机房、综合业务加工室、电子阅览室和电信的 IDC 机房，主要包括节目格式转换系统、节目检测系统、文化共享多媒体资产管理系统、文化共享运行管理系统、运行管理系统客户端和电子阅览室 PC 点播。

县级支中心是文化共享工程服务网络建设中的重要环节，应具备数字资源的基本加工能力、存储能力、传输能力和服务能力。县支中心要与图书馆自动化、网络化建设、数字图书馆建设紧密结合，加强公共上网场所建设，为广大基层群众，尤其是青少年提供文化信息服务和绿色上网空间。同时，担负起对乡镇、村基层服务点的管理、资源更新、技术维护、人员培训和绩效考核等职责。

通过建立完善的层级控制体系，采用省文化厅—省分中心—市、县级支中心—乡镇文化站—村级基层服务网点（社区文化站）层级管理的线性管理控制方式，省文化厅负责对本省文化共享工程开展情况进行宏观指导，制定项目管理办法，督促各级部门有效地组织和开展各类文化活动。省分中心在省文化厅的授权下，负责文化共享工程的具体组织实施工作，包括业务建设，技术模式、资源建设、人员培训、服务指导等；市、县级分中心、乡镇文化站、村级基层服务网点（社区文化站）则具体负责所属辖区的活动开展工作，并及时进行信息反馈，反映用户需求，提出活动建议等

1.3.2 自动化控制

将自动化控制作为重要的控制手段，开发出河南省共享工程建设管理和运行监控管理系统，实现对文化共享工程各项业务工作的自动化控制。运行管理系统是文化共享工程的重要组成部分，也是IPTV模式相比卫星模式和广电模式最具优势的系统。运行管理系统采用B/S架构，无论从技术先进性、安全性还是免维护性方面具有明显的优势。运行管理系统可以通过网络将全省的工程建设情况、资源建设情况、工程进展情况、资源使用情况、群众反馈处理情况形成相应的报表进行汇总，省文化厅可以依据国家中心要求，把本省的相关数据通过网络上报国家中心的运行管理系统。

该平台能够对站点的基本信息进行查询，能对站点人员信息、收看活动信息、设备信息、设备维修信息和样本站点信息进行管理；能够实时查询在线用户的节目收看情况；能够查看站点的收看记录及栏目的收看情况。并可进行各类统计分析：能够统计全省和各地区终端接收站点建设和使用情况，包括建设数量，开通数量、使用情况和学习情况等信息，形成站点用户清单报表。能以年为单位统计全省和各地区站点建设进度情况，包括站点计划数量、站点完成数量、每月进度情况等。该种模式实现了对整个工程开展情况的实时有效控制，并极大地提升了工作效率。

1.3.3 资源建设控制

控制资源建设资金专款专用，建设符合国家中心标准规范的高质量数字资源。按照《全国文化信息资源共享工程试点工作资源建设经费管理办法》，我分中心在资源建设过程中，严格按照国家中心规定，专款专用，严把资金审批使用关。2007 年国家中心将河南省作为资源建设试点省份之一，并下拨 2007、2008 年度共计 400 万元的专项资源建设经费用于支持河南的文化共享工程资源建设工作。

为用好这笔资金，河南省分中心经过组织多次专家论证和反复修改后，决定选择具有河南地方特色资源色彩的四个数据库进行建设，一是《中州揽胜数据库》，包含历史名人、民俗文化、名城名镇、名寺名观、锦绣山川、文博荟萃、姓氏文化、医药精粹、艺苑新花、红色旅游、聚焦河南等栏目；该数据库可以全方位、多角度、立体化地反映河南省的地理、历史、人文等相关文化资源信息，成为了解河南省文化信息资源的重要工具书。二是《河南地方戏曲数据库》，通过对优秀剧目的整合，生动反映河南地方戏曲历史，这对振兴河南地方戏曲艺术、提高戏曲创作和表演水平，对活跃和丰富广大人民群众的精神文化生活，推进社会主义新农村建设具有突出的现实意义。三是《新农村致富之路数据库》，该数据库的取材全部是发生在河南农村的典型致富经验和致富人物，事例真实生动。建设该数据库可以有效地解决基层群众信息不对称，致富信息难掌握的难题，引导农民了解致富信息，掌握致富经验。四是《河南省民族民间非物质文化遗产保护项目数据库》，包含民间文学、民间音乐、民间舞蹈、传统戏剧、曲艺杂技、民间美术、传统手工技艺、传统医药、民俗等栏目。

在数据库建设与元数据建设过程中，应严格按照国家中心统一的数据制作规范标准来进行数字化加工，严格遵守国家中心关于元数据定义规范、基本元数据组著录规则、专门元数据组著录规则、数字资源检索组协议与服务标准以及资源加工组对于图像、文本和音视频的专门数字对象的格式标准等相关规范。只有这样才能实现数据库的可持续发展，实现数据的交换和提取。目前用于交换的核心元数据还没有标准，每个对象数据也还未具备唯一标识符，只有通过大量和规范的标引，实现数据的便捷检索,以便数据的提取。

在资源建设中河南省分中心十分注重标准规范的应用和制订,所采用的技术方法与技术思路是:将文化共享工程资源建设与数字图书馆建设相结合,建立符合国际和国家相关标准规范,适合网络传送和阅读特点的数字信息资源。该资源基于国家中心提供的数字图书馆应用系统,各库之间可以进行跨库和相关链接;数据基于 CD 和 XML 标准,以利于资源的整合与利用,每条数据均按确定的元数据标准进行著录和标引,视频符合国家中心提出的要求。

视频资源采用 Windows media 编辑器 9 编码压缩为 WMV 格式,加工标准按照《视频资源数字化加工格式规范》进行。视频节目层为 6Mbps、1.5Mbps、300kbps 三种码流。著录细则和加工数据按《全国文化信息资源共享工程资源建设标准规范》执行,著录项目按国家中心的要求,参照科技部国家科技基础条件平台建设专项支持项目“我国数字图书馆标准与规范建设”的研究成果等标准进行;对于电影、电视、音像出版物等视频资源的元数据描述,按国家中心推荐、国家广电总局颁布的《中国广播电视音像资料编目规范》

资源数据库的建设工作流程长,牵涉部门多,只有各部门之间工作协调、衔接顺畅,才能保证数据库建设进度。为了把握进度,及时研究解决产生的问题,资源建设应由专人总体负责,阶段性地组织召集工作会议,协调好各部门参与人员的本职工作与数据库建设工作之间的矛盾。对于标准、规范、要求等部分参与人员可能不了解的地方,应协同编制操作手册,以利工作顺利开展,确保各部门目标一致、行动一致,高质量、高标准的完成建设任务。

2 文化共享工程的评价体系

2.1 评价体系及其必要性

评价体系是指从特定的目的出发,根据一定的标准,通过特定的程序对已经完成或正在从事的工作进行检测,找出反映工作进程的质量或成果水平的资料或数据，从而对工作的质量或成果的水平做出合理的判断。

2.2 文化共享工程评价体系的内涵

文化共享工程评价体系应包括三个方面，一是对各级本文化设施建设的评价，二是对资源建设和资源利用情况和使用效果的评价，三是对工程建设人员业务培训、业务素质和服务质量的评价。评价的依据是检查和考核，对文化设施建设搞得好的县、村、乡应给予表彰和奖励，反之则给予批评和处罚。评价机制中应包含上级单位的评价、自身评价和社会公众的评价，避免单一主体的片面化。同时，要有完善的指标体系、多样化的评价方法、规范的评价程序，绩效评价的实施过程要公开进行，其评价结果也要向社会公开，接受公众监督。就是说，必须以制度化的形式将包括文化共享工程在内的文化建设工作的绩效评价结果纳入政府工作和干部岗位的目标责任制考核中。

2.3 河南文化共享工程的评价体系模式

2.3.1 建立评价指标体系

依照国家中心标准建立评价指标体系，对河南省文化共享工程的各项工作进行评价考核。文化共享工程国家中心在 2008 年制定并下发了《2008 年全国文化信息资源共享工程县级支中心考核评分说明》和《2008 年全国文化信息资源共享工程村级基层服务点考核评分说明》，这个科学的量化标准是河南省共享工程评价体系建设的基本工作标准。《县级支中心考核评分说明》共涉及 7 个项目，包括组织管理、运行经费、资源建设、设备设施、网络接入、服务情况、队伍建设等。从分值上看，组织管理 5 分，运行经费 10 分，资源建设 5 分，设备设施 35 分，网络接入 5 分，服务情况 35 分，队伍建设 5 分。从项目内容上看，首先，设备设施与服务情况合计 70 分，占了整个县级支中心考核的 70% 分值，上述此两项是国家中心考核的重点，一方面是中央财政与地方财政对硬件平台的投入是否满足要求，另一方面是对基层服务的力度与实际效果是否到位。其次，是资源建设与网络接入合计为 10 分，这两项是对上述两项运转的基础保障。其三，组织管理、运行经费与队伍建设是整个工程的生命线，只有充足和科学的“人、财、物”做支撑，我们的工作才能实现最终的目标。

2.3.2 自动化评价

通过河南省文化共享工程建设管理和运行监控管理平台对整个工程运行情况进行评价，包括对站点建设、设备设施、网络接入、服务情况、队伍建设等各个方面通过各种相关的统计数据及统计图表进行分析评价，达到及时了解基层站点服务状况，及时反馈相关需求的目的。具体从以下七个方面体现：统计全省和各地区终端接收站点建设发展进度情况，并列出每年各月的建设发展情况；统计各地区终端接收站点用户对比发展情况；对国家、省级、市级播出资源收看情况分栏目、分区域、分时段进行统计；统计一天中24小时每个时段的站点用户数量；对节目的点击情况进行排名统计；活动管理，通过终端站点开展各项投票活动，并通过投票进行汇总和统计，分析用户需求；互动管理，用户对资源的类型、内容等提出需求，系统对这些需求进行收集和汇总，供工程管理人员参考、答疑服务等。

参考文献

[1] 文化部．全国文化信息资源共享工程实施方案，2002

[2] 文化部全国文化信息资源建设管理中心．全国文化信息资源共享工程“十一五”规划 2007：10－15

[3] 周和平：加快推进全国文化信息资源共享工程

http://www.chinaorg.cn/dzzw/04_rwgd/2007－04/21/content_5002948.htm

[4] “共享工程网站”. Http://www.ndcnc.gov.cn

[5] 张彦博．创新思路 扎实推进全国文化信息资源共享工程建设．图书馆建设，2008(2)

[6] 刘刚．全国文化信息资源共享工程乡村基层服务点的共建共享．图书馆建设，2008(2)

作者简介

夏雁，河南省图书馆副馆长，文化共享工程河南分中心副主任，研究馆员。

湖北文化共享工程服务新农村建设实践与思考

◎ 贺定安

党的十七届三中全会通过的《中共中央关于推进农村改革发展若干重大问题的决定》明确指出：建设社会主义新农村，形成城乡经济社会发展一体化新格局，必须发展农村公共事业，繁荣农村文化，到2020年实现城乡基本公共服务均等化。新农村文化建设是在加强农村公共文化建设的基础上，开展多种形式的、体现农村地方特色的群众文化活动，丰富农民群众的精神文化生活，解决农民群众看书难、看戏难、看电影难、获取信息难的问题。全国文化信息资源共享工程（以下简称文化共享工程）的实施，全面推动了农村文化建设的发展，丰富了农村基层文化生活，为新农村文化建设提供了有效的发展途径，是推动新农村文化建设的重要保障。

文化共享工程丰富的资源、先进的技术、便捷的服务，为新农村文化服务体系建设注入了新的内容、新的手段和新的发展契机。2002年以来，湖北文化共享工程建设迅速发展，受到了基层农民群众的普遍欢迎和喜爱，截至2009年底，湖北省文化系统独立建成对外开展服务的各级中心和基层服务点累积已达1253个，其中省级分中心1个、副省级分中心2个、市（州）支中心12个、县（市、区）支中心79个、乡镇基层服务点793个、街道（社区）和学校服务点125个、村级服务点241个。与农村党员干部现代远程教育和农村中小学现代远程教育工程合作共建的基层服务点共21930个，建立了覆盖全省的文化共享工程服务的五级网络体系。各级财政投入湖北文化共享工程的建设经费达18333.2万元，其中，中央财政投入8449.5万元，省财政投入4174万元，市、县、乡级财政投入5709.7万元。回顾湖北文化共享工程建设的发展历程，可以分为以下发展阶段。

一、因地制宜建设阶段

2002年7月，湖北省政府办公厅转发《省文化厅、省计委、省财政厅关于进一步加强基层文化建设的意见》(鄂政办发〔2002〕58号)提出有计划、分步骤地抓好文化共享工程建设，湖北省图书馆与文化共享工程国家中心签约，成为国家第一批五个省级分中心之一，它标志着湖北文化共享工程建设正式启动。

同年，省文化厅、省财政厅制定了《湖北省文化信息资源共享工程实施方案》，根据湖北的实际情况，提出了2006年以前分步实施文化共享工程建设的方法步骤，将各级基层中心按照规模大小，分为局域网中心、小型局域网中心、简单局域网单机中心和单机系统四种类型进行建设，地方财政分别投入42万、26万、7万和2万元，省里分别发给10万、7万、3万和2万元的设备补贴。严格实行规范建设，统一验收挂牌服务，做到条件成熟一个发展一个。这种结合各地条件选择建设规模，根据各地投入经费多少给予相应补助的因"财"制宜的灵活补助方针，既调动了各级财政投入的积极性，又打牢了基础，强化了管理，保证了湖北文化共享工程稳步发展。

到2006年，全省共建成各级中心和基层服务点366家，其中地市级支中心12家、县市级支中心77家、乡镇基层服务点92家、村级基层服务点169家、街道、社区、学校等基层服务点13家，基本实现了普及市、县级支中心的建设目标。全省12个地级市，全部建成了馆内局域网，建立了电子阅览室，实现了图书馆自动化管理，86个县(区)图书馆，有73家建成县(区)级支中心,其中65%建立了电子阅览室,基层公共图书馆和文化站自动化、网络化、数字化建设全面提升,获取知识信息能力和现代化服务能力显著提高。

为使文化共享工程服务网络向乡村延伸,经与省教育厅协商,2006年6月,湖北教育网台文化共享工程频道开通,全省文化共享工程服务实现了覆盖全省农村中小学的目标。文化共享工程的优秀文化信息资源,如经典优秀故事片、优秀地方戏等,通过农村中小学远程教育服务点直接为全省广大基层中小学开展服务。

二、整体推进发展阶段

2007年底,根据文化部、财政部印发的《关于进一步推进全国文化信息资源共享工程的实施意见》(文社图发〔2007〕14号),省文化厅、财政厅结合我省实际,共同研究制定的《关于进一步推进全省文化信息资源共享工程建设的实施办法》,经省政府批准,全省新一轮文化共享工程进入规范化建设,整体推进阶段,实现了县县建立了支中心,村村有基层服务点。

依据文化部制定的县、乡、村文化共享工程建设规范,我省县、乡、村文化共享工程支中心和基层服务点建设全面展开。县级支中心所需的68万元设备费,除中央财政承担的50%外,其余50%即34万元由省财政和市、县财政按以下比例分担:一是29个国家和省级贫困县全部由省承担,即省财政承担34万元;二是26个城区由省、市、区按2∶5∶3分担,即省财政、市财政、区财政分别承担7万元、17万元、10万元;三是其他县(市、区)按6∶4分担,即省财政、县财政分别承担20万元、14万元。

在支中心建设过程中,我们针对设备技术要求进一步提高的现实,在延续过去规范化建设程序基础上,增加了前期的技术培训,实行统一的建设程序、统一的建设标准,这种因"地"制宜的财政补助政策,既保证了贫困地区建设任务的完成,又调动了各地文化共享工程建设的积极性,使全省区域性建设得以顺利推进,也使湖北文化共享工程建设走上了更加规范化的轨道。

在乡镇基层服务点建设方面，我省采取与国家和省里实施的乡镇综合文化站建设项目统筹安排建设，省财政每年投入2000万元，用于“乡镇综合文化站”项目建设，新建、改建文化站100个，“十一五”建立500个，另外国家投入经费建设480个“乡镇综合文化站”。全省“十一五”期间完成近1000个乡镇综合文化站建设项目，其中包括文化共享工程的设施设备建设。

在普及文化共享工程村级基层服务点建设方面，我们始终坚持与农村党员干部现代远程教育和农村中小学远程教育的密切合作，积极探索、实践文化共享工程与上述两项工程相结合的建设模式。2008年9月，中共湖北省委组织部、湖北省文化厅、湖北省财政厅联合发出了《关于加强全省农村党员干部现代远程教育与文化信息资源共享工程资源整合工作的通知》，落实了农村党员干部现代远程教育与文化共享工程的协作共建。一是两大工程基层站点实现整合，在村级农村党员干部现代远程教育终端接收站点加挂文化共享工程基层服务点标牌。二是实现两大工程省级技术平台的对接和资源整合，在农村党员干部现代远程教育点播主页面，设立“湖北文化信息资源共享工程”的专题栏目，文化共享工程提供近2TB的文化数字资源，实现了村级基层服务点通过IPTV即可享受文化共享工程提供的资源服务。三是实现资金和设备的整合，将文化共享工程用于基层服务网点建设的资金，有计划地用于现代远程教育站点的基础设施升级和扩展，以增强基层服务点的服务功能，2009年完成了10091个扩展型服务点的升级工作。

2008年1月，在实现湖北数字文化网与湖北省电子政务外网的互联的同时，湖北电子政务外网上正式开通文化共享工程频道，设立了电影欣赏、知识讲座、文化广角、欢乐大戏、电子资源、农业科技等众多栏目，文化共享工程的资源可在湖北电子政务外网上通畅浏览，所有加入湖北电子政务的单位均可享受到文化共享工程的信息资源服务。

三、发挥综合效益阶段

2008 年 8 月,湖北文化共享工程开通了数字资源服务平台,共有方正电子书、书生之家、博看期刊、清华科技期刊、维普科技期刊、万方数据库、读秀学术搜索、影视频数据库等数十种数字资源提供给湖北文化共享工程使用,资源总量达 15TB。我省文化共享工程各级支中心和基层服务点,均可以通过固定 IP 和用户认证方式登录使用,极大地丰富了湖北文化共享工程资源服务内容。

随着省、市、县、乡、村文化共享工程服务网络的建立,以及湖北省文化共享工程资源服务平台的投入使用,湖北文化共享工程建设进入发挥综合效益阶段。全省各支中心和基层服务点,以先进的技术、丰富的资源和精彩的活动服务新农村基层群众,充分展现了文化共享工程在服务新农村中,迸发出生机勃勃的经济和社会效益。

文化共享工程的网络传播优势和获取信息资源的能力,已在新农村发挥着农村信息站的重要作用。2008 年,浠水县清泉镇东门河村养鸡专业户杨代胜的鸡感染了病,他找畜牧站兽医治疗,疫情未得到控制,村干部得知后,叫他去找浠水县共享工程支中心,根据疫情症状,他迅速通过文化共享工程网络查找到病因,疫情很快得到控制。尝到文化共享工程甜头的杨代胜,只要有空,就来支中心上网学习,2008 年 6 月,针对鸡厂不时有鸡被啄死、鸡蛋经常被啄破现象,他在网上获得"鸡戴眼镜"可防止鸡啄肛门、啄蛋信息,于是他购回了一批"眼镜"给鸡戴上后,完全杜绝啄鸡、啄蛋的现象。

文化共享工程丰富的农业科技资源,已在新农村发挥着农业科技教育阵地的重要作用。如秭归茅坪镇基层服务点根据农民的要求,从网上下载牲畜饲养、水产养殖、果树栽培、农药和化肥等信息,编印农业科技资料,为各村的农户服务;南漳县便河村基层服务点利用文化共享工程视频资料,为村民播放《大棚蔬菜》、《果树嫁接技术》、《沼气池建造》等农业科技影片,服务当地农民;当阳市中心聘请农业技术推广中心西瓜种植专家为坝陵村近百余村民讲授西瓜种植技术，并放映《无籽西瓜栽培技术》等科教片，现场解答农民咨询，农民朋友说："又听，又看，又学技术，共享工程真是一项富民的实用工程"。

文化共享工程星罗棋布的支中心和基层服务点，已在新农村承担起为农民群众文化娱乐服务的重要职能。目前，湖北省已建有23180个支中心和基层服务点，经常为广大农民群众送去丰盛的文化娱乐大餐。如，大冶金牛镇基层服务点积极开展"文化信息进农村进社区"活动，巡回放映科教片和故事片，年累计达100余场次；保康县支中心充分发挥文化共享工程服务平台的作用，利用国家和省中心下发的资源，在全县开展以"共享文化信息，品味快乐阅读"为主题的视频讲座和影视展播活动，使社会读者体验到多媒体阅读的快乐；黄州区支中心开展"农民读书月"活动，举办各类讲座和文艺演出，文化共享工程携手农家书屋，给渴望知识的农民朋友送来了精神食粮。

文化共享工程在新农村文化建设中发挥着重要作用，但是有些问题，需要我们认真予以探索解决。

1. 文化共享工程运行管理机制亟待建立。文化共享工程市、县、区支中心设在市、县、区图书馆，乡镇基层服务点设在乡镇文化站，村级基层服务点设在村委会，这几级支中心和基层服务点分属不同的组织机构管理，因此必须建立严格的、行之有效的文化共享工程运行管理机制，完善文化共享工程的管理体制与工作机制，规范管理方式和运行程序，严格实行统一服务、分级管理，保障文化共享工程的规范运行。

2. 文化共享工程可持续发展问题需要认真研究解决。文化共享工程可持续发展面临两个问题，一是文化共享工程运行经费的问题，二是文化共享工程设备维护和更新问题。目前文化共享工程农村基层服务点的运行经费，主要依靠收取成本运行费来解决，而设备维护更新经费却存在很大的问题。因此，各级行政主管部门要积极与财政部门沟通，建立文化共享工程运行经费保障机制，确保文化共享工程的可持续发展。

3. 文化共享工程有待与农家书屋等联手协力服务。目前各级组织在农村建立了很多文化信息服务场所，如文化共享工程基层服务点、农家书屋、农村信息服务站等，这些服务机构很有必要进行统一的有效合作，相互补充，扬长避短，如文化共享工程与农家书屋整合，既可以为农民群众提供丰富的电子资源，又可以提供纸质文献，同时还可以优化人员管理。这种文化、科技、信息联手整合的现代农业文献信息服务体系，将实现各种资源的共建共享，为农村经济和社会发展提供最新、最实用的文化、科技和信息服务。

文化共享工程以科学发展观为指导，以数字资源建设为核心，以基层服务网点建设为重点，以多种传播方式为手段，以共建共享为基本途径，2010 年基本建成资源丰富、技术先进、服务便捷、覆盖城乡的数字文化服务体系，实现县县建有支中心，乡乡建有基层服务点，努力实现"村村通"，它将极大地丰富和促进新农村文化建设，有效地推动新农村文化活动的开展，为新农村公共文化服务体系的建立发挥积极促进作用。

参考文献

[1]朱保安．关于社会主义新农村文化建设的对策思考．江西农业学报，2010(3)

[2]杨志今．在 2010 年文化共享工程工作会议上的讲话，2010

[3]贺定安．以地方特色理念构筑全国文化信息资源共享工程资源建设与服务体系．图书馆建设，2008(2)

作者简介

贺定安，湖北省图书馆副馆长，文化共享工程湖北省分中心副主任，研究馆员。

文化共享工程与公民文化权益均等化研究

◎ 莫少强 蓝 青

党的十七大对推动社会主义文化大发展大繁荣，兴起社会主义文化建设新高潮做出了全面部署，提出把建设"覆盖全社会的公共文化服务体系"作为实现全面建设小康社会的重要目标之一。文化共享工程建设是公共文化服务体系的一个重要基础。因此，深刻理解文化共享工程与公民文化权益均等化的内涵及关系并切实保障人民群众的基本文化权益，对于贯彻十七大精神和落实科学发展观，促进社会主义文化事业的大发展大繁荣，具有十分重要的现实意义。

1 文化共享工程与公民文化权益均等化的内涵及关系

文化信息资源是国家信息资源开发的重要组成部分，是弘扬社会主义文明和增强国家软实力的重要组成部分。文化共享工程是一项国家重点文化创新工程，它利用现代化信息技术，将中华优秀文化进行数字化加工整合，通过互联网、卫星、电视、手机等新型传播载体，依托各级图书馆和文化站（含城镇社区）、文化室等公共文化基础设施，结合全国农村党员干部现代化远程教育工作、农村中小学现代化远程教育工程、广播电视村村通工程等，实现先进文化在全国范围内的共建共享，它作为公共文化服务体系的基础，为改善城乡基层群众文化水平，保障基层群众的基本文化权益，缩小城乡“数字鸿沟”，推进基本公共文化服务均等化发挥了重要的作用。

当前，文化越来越成为民族凝聚力和创造力的重要源泉，越来越成为综合国力竞争的重要因素，丰富精神文化生活也越来越成为人民大众的热切愿望。文化权利是人权的重要组成部分，每个公民都应当平等地享有基本的文化权利。保障人民的基本文化权益，是社会文明进步的重要标志。在我国，人民基本文化权益是以宪法和相关法律为依据，主要包括教育、科学、文化等方面的权益。公共文化服务均等化，是指在公共文化服务领域尽可能使公民享有同样的权利，享受的基本公共文化服务水平大致相当，其特点是：(1)公平性，也称均等性，指公共文化服务和资源的公平分配，对基本公共文化服务资源进行有效的配置，使得所有人能够享受到公共部门或准公共部门提供的同等程度的基本公共文化服务。(2)便利性，基本公共文化服务应该是及时的、经常性的服务。(3)多元性，基本公共文化服务除了本身的产品及服务应多样化之外，还要满足不同层次、不同年龄、不同人群对公共文化服务的多元化要求。(4)公益性，基本公共文化服务在理论上应该是免费的，或者说绝大部分应该是免费的，具备公益特征。当前，我国基本公共文化服务的非均等化问题比较突出，由此造成的城乡差距以及地区间不均衡发展的现象非常严重。因此，推进基本公共文化服务均等化，就是要逐步使人民群众在基本公共文化服务方面的权利得到实现和维护，特别是使困难群众和困难地区尽快享受到社会平均水平的基本公共文化服务，其实质是政府为全体社会成员在城乡、区域和不同社会群体之间均等配置基本而又有保障的公共文化产品和公共文化服务，把差距控制在社会可承受的范围内，从而实现公民文化权益的均等化。

综上所述，文化共享工程是公共文化服务体系的基础，而公共文化服务均等化是实现公民文化权益均等化的前提条件。因此，文化共享工程的建设发展与公民文化权益均等化进程是息息相关的。

2 广东省在实现公民文化权益均等化过程中文化共享工程建设的成果与存在问题

2002年底中共广东省委九届二中全会作出建设文化大省的战略决策以来,特别是2003年中央将广东确定为文化体制改革综合性试点省和"广东省文化建设工作会议"以来,广东按照中央和省委、省政府的部署要求,围绕"把广东建设成为文化发展主要指标领先全国,文化综合实力和国际竞争力居全国前列的文化大省"的战略目标,深化文化体制改革,促进文化事业繁荣,加快文化产业发展,文化共享工程建设取得了长足进展。

2.1 建立广东省文化共享工程网络和数字图书馆群,为实现公民文化权益均等化创造基本条件

基于现代化信息技术和国家网络通信平台,各地开拓创新,因地制宜,形成互联网、卫星网、有线(数字)电视网、移动通讯网、电子政务专网和光盘(移动硬盘)等多种传输渠道,目前已建成文化共享工程广东省分中心及广东数字网1个,副省级分中心1个(深圳),市级分中心20个,县、区级分中心和基层中心300多个,基层信息网点1244个,远程终端19343个。文化共享工程极大地提升县级图书馆的数字服务能力,一些欠发达地区县级图书馆从信息化设施基本空白、数字资源匮乏的状况一跃迈入信息化、数字化服务时代。省立中山图书馆、广州图书馆、佛山图书馆、深圳图书馆、东莞图书馆分别建立了技术先进和数字资源丰富的数字图书馆资源库群,并实现了联网和资源共享。全省共享的有电子图书120多万种、期刊论文4000多万篇、668万篇硕博士论文、1481万条中外文专利、54万条中外文标准、多媒体影视节目5000多部,广东省文化共享工程首期实施的17个特色数据库已全部建成并为读者提供免费服务,为实现公共文化资源效益最大化和公民权益均等化提供了有效途径。

2.2 建立联合参考咨询与文献传递网,免费为读者提供网上咨询和文献传递服务,使公民文化权益均等化得到了有效的实施

在文化部全国文化信息资源建设管理中心指导下,由广东省立中山

图书馆牵头，福建、广西、天津、长春、山东、海南、贵州、云南、山西、湖北、甘肃、桂林、杭州、成都、青岛、广州等16个省市的70多个图书馆合作建立“联合参考咨询网”，积极利用文化共享工程网络和服务平台，大力开展联合参考咨询和文献远程传递服务，取得显著服务成效，2007年荣获文化部颁发的群星奖，已成为文化共享工程的品牌服务项目，受到各级领导的充分肯定和图书馆界同行的高度赞赏。2008年，“联合参考咨询网”再次升级为“联合参考咨询与文献传递网”，开通了跨系统的网关咨询服务，接受来自“百度”、“读秀”等搜索门户转发的咨询，服务人次与传递文献数量大幅提高，可每天24小时接受网上检索和查询，并提供180万种图书，4000万篇期刊论文，200万篇学位论文，30万篇会议论文的免费原文传递。省立中山图书馆和南方网合作开展网上读书活动，去年广东数字图书馆免费提供在线阅读图书300多万册次。读者还可以通过联合目录搜素，检索到一句话出现在哪本书的哪一页，同时知道该文献藏在哪个图书馆，通过馆际互借和文献传递等网上图书馆服务形式，很快就可以免费获得所需要的文献，从而使公民的文化权益均等化得到了有效的实施。

2.3　开展合作共建，与广东省科技厅合作开通“文化共享工程——信息直通车”，实行面向全省农村的免费文献信息服务

围绕社会主义新农村建设的需要，针对农民群众的实际需求，以农村科技信息资源开发利用为核心，以信息进村入户带动农民致富为目标，广东省文化共享工程加大投入，开通“文化共享工程——信息直通车”，免费为全省农村信息服务站和服务员提供海量的文献资源，推进公民文化权益均等化进程。德庆县利用文化共享工程网络、广播电视“村村通”工程，开通了农业科技信息服务频道，每天24小时免费为广大农户提供各类科学养殖技术视频节目，指导农民科学化、规范化生产和管理，目前该系统拥有公众种养技术100多套，各类栽培、养殖大户信息2万多条，农户点播系统每天达5000多次。在“送电视进村”的同时“送农科技术信息进村”，进行农科技术的普及，深受农民朋友欢迎，逐步缩小城乡间的文化差异，不断推进公民文化权益均等化进程。

2.4 实施公共电子阅览室的免费开放,引导和帮助广大基层群众享受文化共享资源,推进公民文化权益均等化进程

广东省将依据文化共享工程"十二五"规划纲要的要求:以文化共享工程基层服务网络为基础,进一步优化布局,形成结构合理、发展均衡、网络健全的公共数字文化互联网络服务体系格局。在县区支中心、乡镇街道、村和社区基层服务点建立"文化共享网园"。大力推进公益性电子阅览室的免费开放,实现其社会效益的最大化。广东拟在省内选取30个公共图书馆作为试点,力争在年内实施公共电子阅览室全面向基层公众、特别是青少年和进城务工人员免费开放,通过优秀丰富的数字资源、统一规范的网络管理,引导和帮助广大基层群众学习及普及电脑和网络知识,享受文化共享资源,浏览绿色网站,构建和传播体现社会主义核心价值的先进网络文化,推进公民文化权益均等化进程。

2.5 广东省在实现公民文化权益均等化过程中文化共享工程建设存在的问题分析

由于广东省内经济社会发展不平衡和公共文化服务体制建设存在的一些问题,使广东在文化共享工程建设过程中面临新的挑战。主要问题是:1. 对公民文化权益均等化过程中的文化协调发展观未能引起足够重视。2. 文化资源分布不均衡,文化资源增长缓慢,阻碍了文化共享工程和公民文化权益均等化的发展。3. 公共文化服务体制不健全,文化共享工程投入经费偏少,部分公共文化服务机构不提供免费服务,导致弱势群体如贫困户、农民工的文化权利不能得到充分保障。

3 有效推进文化共享工程建设,实现公民文化权益均等化的政策建议

3.1 调整公共财政政策,加大基本公共文化事业的财政投入,拓宽基本公共文化服务渠道,推进文化共享工程建设及公民文化权益均等化进程

公共财政对基本公共文化事业投入不足是影响当前广东省文化共享工程建设及公民文化权益均等化发展的最主要制约因素。因此,作者建

议:一是发挥发达地区地方财政相对雄厚的优势,不断加大文化共享工程建设财政投入,以带动周边城市的基本公共文化设施建设。基本公共文化财政投入的年均增长速度应不低于地方财政收入的增长速度。文化与传媒支出占全省公共财政总支出的比例应达到3% -4%。二是加强对落后城市的文化财政支持力度,保证落后城市对基本公共文化事业的投入不低于发达城市的支出水平,并建立专项资金,帮助落后城市缩短与发达城市的差距,解决历史遗留问题,逐步实现公民文化权益的均等化水平。三是改变政府基本公共文化投入的范围:在保障国有公益性文化机构、项目等的基本投入前提下,每年占文化预算一定比例的公共财政经费,可以适度投向民办非营利文化机构,采取建立基金、政府采购、项目补贴、定向资助、贷款贴息等办法,这样就可以全面拓宽基本公共文化事业的服务渠道,实现基本公共文化事业主体多元化发展,推进公民文化权益均等化进程。四是积极开展合作共建,改革原有图书情报系统,实现公共、高校、科研三大系统的合作共建,这样每个成员馆可以获得大量新资源,从而大大地提高了资源利用率。这对于我国许多缺少经费购买图书期刊的市、县、区图书馆和基层图书馆,以及各级科技情报所具有特别重大的现实意义,也是缩小城乡文化差距实现公民文化权益均等化的有效途径。

3.2 加强保障公民基本文化权益均等化的制度和政策法规建设

近年来,广东省委、省政府高度重视发展基本公共服务事业,坚持突出民生重点,推动各项社会事业快速发展。但是由于历史遗留问题等原因,在基本公共文化事业发展方面还存在较大不足,尤其缺乏相关配套的政策法规,公民文化最低保障标准迟迟未出台。因此,作者建议:一是将完善文化共享工程建设的规划,将加强保障公民基本文化权益均等化的制度、政策法规的建设列入广东省建设文化强省的总体规划,以《中共广东省委、广东省人民政府关于加快建设文化大省的决定》作为基础,把广东省文化共享工程建设及公民基本文化权益均等化建设作为重要任务,在战略层面予以总体引导。二是完善相关配套法规,例如加快推出公民文化最低保障标准、专项财政扶持基金政策、落后地区/弱势群体财政转移政策、优秀文化人才引进政策、公共文化设施管理法规细则等。

3.3　大力推动免费公益文化事业发展，立足特殊的区域结构，制定专项方案，满足不同区域不同群体的文化需求

根据建设广东文化强省、保障公民文化权益均等化的实际需要，公共文化资源适当向落后地区，弱势群体倾斜，将中西部地区和农村地区作为省市文化行政部门的重点服务对象，为落后地区、弱势群体提供必要而均等的基本公共文化服务。大力推动各项免费的文化公益活动，如：实现图书馆的全面免费开放，针对外来务工和非广东省户籍人群，提供均等的基本公共文化产品与服务。

3.4　加强公益文化事业服务人才体系建设，推进文化共享工程建设及公民文化权益均等化进程

人才队伍建设是实现文化共享工程及公民文化权益均等化发展的智力保障，能否建立完善的公共文化服务体系，提供均等的、高质量的公共文化供给，人才是其中的基础性和关键性因素。因此，必须要树立“人才是第一资源”的观念，高度重视文化共享工程人才队伍建设。一是要利用标准化、高质量的培训课件，通过集中面授、卫星广播、网络互动、光盘教学、教材自学等形式开展培训。二是要建立长效的激励机制，营造良好的人才生态环境、人才发展环境。三是要积极向外省甚至国外引进优秀文化人才，同时引导优秀人才向落后地区流动，切实提高广东省公共文化领域人才队伍的素质。

3.5　建立文化共享工程建设的绩效评估机制，定期发布评估报告，不断推进文化共享工程建设，实现公民文化均等化发展

绩效管理是考察公共文化服务社会效果的方式与方法，它在公共文化服务事业发展中占据了重要的位置。只有建立起科学的评估机制，才能对基本公共文化服务的决策与执行情况进行有效的评价，并对服务手段进行全面的总结与改进。作者建议：一是加强领导，明确责任主体。建立评估机制，成立评估小组，按照一定的程序和指标，对广东省的文化共

享工程建设状况进行定期评价，同时向社会公开。不同年度作适当修正，一般以一年为限，以保证连续性。通过发布年度报告，可以直观地了解各城市当前的差距以及差异性原因，也有利于人大、上级主管部门和社会公众监督地方政府提供基本公共文化服务的行为，确保文化共享工程的服务效率和服务质量，最终实现省域内的文化均等供给。二是加强资金监管，促使资金落到实处，提高资金的使用效率，进一步加强对基本公共文化财政投入执行的监管，尤其是转移支付给落后地区和落后群体的专项资金的使用，要保证资金的合理和有效使用。

参考文献

［1］全国文化信息资源共享工程“十二五”规划纲要（送审稿）［2010－07］

［2］广东省文化厅，2008 年广东省文化共享工程汇报材料［2008－12］

［3］《广东省基本公共服务均等化规划纲要》［EB/OL］．［2009－12－15］．http://economy. southcn. com/node_173311. htm

［4］广东南方网．http://economy. southcn. com/node_173311. htm

［5］王玉斌，王刘生．公民文化权益的现状分析和实现途径．建设和谐文化，2007（3）：27－29

［6］莫少强．建立珠三角数字图书馆联盟实现跨系统文献资源共建共享．图书馆论坛，2009，（6）：121－124

［7］莫少强．将联合参考咨询网建设成为全国文化信息资源共享工程的重要服务窗口和阵地［J］．图书馆建设，2008（2）：106－111

［8］北京市文化局．公民文化权益实现对策研究［EB/OL］．［2005－12］．http://www. bjwh. gov. cn/cms/gallary/upload_images/503_50973_1263528747828. doc

［9］任广伟．关于保障人民基本文化权益的几点思考．党校报，2009－11－10

［10］王华巍，宋文新．更好地保障人民基本文化权益．学习时报［EB/OL］．［2008－3－5］．http://www. china. com. cn/xxsb/txt/2008－03/05/content_11671287. htm

［11］陈威主编，公共文化服务体系研究．深圳：深圳报业集团出版社，2006

［12］李景源等主编：中国公共文化服务发展报告（2007）．社会科学文献出版

社,2007

[13] 深圳市文化局公共文化服务体系研究课题组. 深圳市公共文化服务体系研究. 特区实践与理论,2006(3):18-22

[14] 尚东光,陈志刚. 试论我国公共文化教育设施的免费开放. 法制与社会,2008(2):273

[15] 刘华兰. 探索农村公共文化服务体系建设的新路子. 理论学刊,2008(2)

[16] 蔡卫平. 广州地区文献资源共享存在问题及其原因分析. 图书馆论坛,2008(6):135-139

[17] 李昭淳. 流动的文化风景线:广东流动图书馆侧记. 2008

[18] 广东省统计局编. 广东省统计年鉴 1990. 中国统计出版社,1990:496

[19] 广东省统计局编. 广东省统计年鉴 2009. 中国统计出版社,2009:509-510

[20] 国家统计局编. 中国统计年鉴 2009. 中国统计出版社,2009:268-270

作者简介

莫少强,广东省立中山图书馆副馆长,文化共享工程广东省分中心副主任,研究馆员。

蓝青,广东省立中山图书馆网上参考咨询部,副研究馆员。

文化共享工程与基层图书馆建设发展研究

◎ 钟 琼 谢秋发 付宝华

文化共享工程采用现代科学技术,实现对优秀文化信息资源的整合与传递,在消除数字鸿沟,丰富广大群众特别是经济欠发达地区群众的精神文化生活,保障人民群众的文化权益,建设社会主义新农村等方面发挥了重要作用。由于文化共享工程的依托主体是各级图书馆、文化站(室)等公共文化基础设施,它的实施,把公益文化工程与公共文化基础设施有效结合起来,共同推动着我国公共文化服务建设。在它的推动下,基层图书馆的建设进入了新的历史发展时期。

一、文化共享工程带来了基层图书馆建设的蓬勃发展

在文化共享工程实施以前,许多基层图书馆无法正常运转,有的甚至没有了阵地。文化共享工程的建设,不仅使之正常运转起来,而且具备了信息化和数字资源服务能力,这不但给当地民众带来了便利,也为基层图书馆在新的历史时期,跟上社会发展的节奏,履行图书馆公共文化服务职能,创造了条件。

1. 办馆条件大为改善,现代化程度普遍提高

高起点的设备配置,带动着基层图书馆自动化的建设和发展。从县级图书馆来看,电子阅览室 68 万元建设投入,使

大部分县级图书馆从信息化建设落后、数字资源匮乏的局面,建成规范化的县级支中心,具备了数字资源的存储、传输和服务能力。一些县领导还以此为契机,把文化共享工程建设与图书馆自动化、网络化建设紧密结合,增加投入,完善本馆业务管理设备;有些馆建起了本馆的域名网站,通过网页发布服务信息;有些实现了网上借阅服务等等,县图书馆跨越式迈入了信息化、数字化服务时代,基层读者在图书馆也开始享受到了信息时代的方便与快捷。

服务场所得到保障,馆舍环境大为改善。在地方政府的重视下,基层图书馆按照建设要求落实了文化共享工程建设场地。在一些馆舍紧张的图书馆,政府专门从相关地方调整或划拨场地,并拨出专项经费组织装修,服务场地建设一新。由此,也带来了馆舍条件的改善和新馆建设的热潮。在对桂北地区32个市县支中心馆舍情况调查中,新近建成馆舍的有1个,馆舍面积大幅增加的有5个,新馆建设在建或计划列入和已列入"十二五"规划的有13个,三者占总数的59%。

相关业务经费得到增加。各地通过相关政策、签订协议等方式,落实了配套资金,有些年运行服务经费被列入了政府财政预算;有些获得专款购买电子图书,丰富了图书馆资源;有些利用文化共享工程拓展服务内容,争取到相关经费,如桂林市灵川县支中心建起了"灵川县未成年人活动中心",由于工作有成效,2010年县财政在原有运行经费的基础上又加拨了2万元。

人员素质普遍得到提高。一是文化共享工程对图书馆的人员结构和专业素质要求引起了地方政府的重视。政府领导从文化共享工程的建设上认识到了基层图书馆现代化的发展趋势,为有效开展工作,设法通过多种渠道引进专业人才,甚至破例从其他行业调入,这在许多基层图书馆历史上是没有的;二是通过国家中心、省级分中心开展大量的集中培训、网络培训、现场培训等,培养出一支掌握计算机、网络、多媒体等技术,从事资源采集、整理、加工和开发的人才队伍。尽管水平参差不齐,但是却大大提高了图书馆人员的专业素质;三是馆际交流促进了人员素质的提高。

文化共享工程把各级图书馆紧密地联系在了一起，有了从未有过的业务交流与联系。省中心组织开展的各种服务活动、业务交流与竞技活动，不仅探讨和解决了文化共享工程工作上的难题，而且把交流拓展到了图书馆管理、攻关、宣传，以及其他业务工作，这对基层图书馆的发展非常有利。

2. 丰富的数字资源增强了服务底气

“十一五”期间，文化共享工程广泛整合数字图书馆、博物馆、美术馆等部门的优秀数字资源，各地也深入挖掘、整合、制作出一批具有本地特色文化内涵的优秀资源。此外，国家中心每年还结合形势热点和基层读者需求，下发节庆节日、务农、务工、寒暑假等诸多专题资源，使基层图书馆数字资源不断丰富，弥补了购书经费不足、资源短缺的局面。有些图书馆在此过程中也改变了资源建设理念，向政府申请专项经费，购买适合当地读者需求的数字资源，开展特色服务。丰富的资源使读者流量增多，有些甚至翻了几倍，昔日传统条件下萧条的图书馆人气骤增。

3. 服务活力增强，社会影响大幅提升

计算机技术及数字资源的出现，对传统图书馆的工作方式和服务模式产生了强烈冲击，文化共享工程的开展，带来了理念的更新。随着服务领域的不断扩大，服务形式的多样化，服务空间的拓展，使图书馆更能贴近、走进老百姓的生活，加大了公众对图书馆的认识和了解。定期播放电影、戏曲等服务，丰富了广大群众的文化生活，让年轻一代领略了新概念的文化休闲；通过开展科普培训、农民夜校、讲座和读书报告会，为培养“有文化、懂技术、会经营”的新型农民搭建了新平台；与当地读者需求相结合开展的各种计算机及网络知识培训，向社会传递了新的技术，让老百姓拥有了一个全新的学习空间。这些先进的服务方式，激活了图书馆的活力。河池南丹一位退休老干部称赞“图书馆事业是永远年轻的事业”。

一些基层图书馆还利用文化共享工程设备，参与到当地政府举办的各种庆祝活动、文化娱乐、讲座培训等，增强了图书馆参与当地政府各种活动的能力，提高了图书馆在当地的影响力。

4. 服务能力的提高，带来新业务的拓展

有的基层图书馆依托资源和场地优势，建立青少年科普基地等，开辟了新的教育阵地；有的与科技部门携手推广种植农业新品种，建立“科技+基地”的发展模式，转化科技成果，促进地方经济发展；有的通过采集各种大型文艺演出、体育竞技、少数民族节庆等活动资料，为丰富当地群众文化生活，提供资源存贮等等。

从以上分析中可以看到，文化共享工程给基层图书馆带来了信息时代的跨跃发展，但是对于一直生存在传统根基下的基层图书馆，面对一时间空降而下、以高新技术为依托的文化共享工程，在其结合与过渡、探索与发展的建设过程中同样也存在许多问题。

二、文化共享工程与基层图书馆建设中存在的问题

1. 现代化水平仍处于起步阶段

文化共享工程给基层图书馆提供了良好的硬件环境，但在其业务建设中还没有充分发挥效益。大部分基层图书馆没有建立自己的网站，没有开展互联网服务；资源建设水平较低，仅停留在本馆书目数据库建设上；图书馆间业务的共建共享没有起步，真正转型到现代化图书馆还需要艰苦的努力。

2. 尚未形成有影响的服务品牌

在构建全社会公共文化服务体系的新的历史时期，文化共享工程的开展，使基层图书馆找到了不断创新服务机制的方向，服务活动不断增加，服务领域也不断拓展。但是，由于基层图书馆过去长期处于边缘化、留守服务的状态，局限了其工作思路和服务理念，要创出有影响广泛的服务品牌，仍需积极的探索。

3. 基本建设条件未得到长效保障

基层图书馆的建设需要政策、经费、场地、设施的长期保障。虽然在文化共享工程的推动下，中央和地方政府对基层图书馆的投入加大，使之基本条件得以改善。但是，建设经费的可持续投入在有些地区仍是制约

发展的突出问题。目前，桂北地区 32 个市县支中心，只有 13 个支中心日常经费列入了财政预算，占总数 38%。大部分支中心仍要靠有限的业务费或向读者收取一定的电子阅览室使用费才勉强支撑，造成了网络运行不畅、设施无法维护和更新、共享工程设备被随意挪用、下乡服务和培训辅导不能正常开展等一系列问题。

4. 从业人员的素质仍是制约发展的关键

首先是编制不足。文化共享工程推动图书馆业务得到扩展，工作量增大，但是许多馆目前还是多年前的编制。巴马县图书馆 1985 年定编 5 人，25 年未变。桂北地区最少的县馆只有 4 人，图书馆、共享工程、其他工作，每人身兼数职，难以为继。其次是掌握现代技术的专业人员严重不足。一些馆人员老化、素质偏低，但由于缺少编制，专业人员又进不来，因此，文化共享工程带来的设备设施改善和良好的工作空间，都无法得到充分利用。

三、文化共享工程与基层图书馆建设发展思考

1. 以文化共享工程为抓手，推动基层图书馆长效保障机制的建立

建设社会主义新农村需要文化和信息的支撑，这个工程成为社会文化特别是农村文化建设的抓手，受到党中央的高度重视。而文化共享工程的建设离不开基层图书馆，基层图书馆更要利用好文化共享工程的平台加强自身建设。因此，中央要出台文件，在政策上对文化共享工程长效运行予以保障；地方政府应给予重视，把文化共享工程工作纳入重要的议事日程，纳入经济和社会发展总体规划、财政预算，纳入目标考核体系，在人员、编制、经费、设备管理等方面提供充分保障。要建立激励机制，充分调动基层图书馆工作的积极性，形成良好的行业风气，由此带来图书馆的良性发展。

2. 以“十二五”建设为机遇，推动基层图书馆的跨越发展

2010 年 3 月，温家宝总理在《政府工作报告》中明确提出了“推进美术馆、图书馆、文化馆、博物馆免费开放”的要求。李长春同志在今年 6

月出版的《求是》杂志撰文强调:“要大力推动公共博物馆、纪念馆、美术馆、文化馆、图书馆、青少年宫、科技馆、群众艺术馆以及基层文化活动中心向全社会免费开放,提高公益性文化单位服务群众的能力和水平。”推动公益性文化设施免费开放,将成为“十二五”期间完善与创新公共文化服务体系建设的重要任务,这对基层图书馆的建设又将是一次难得的发展机遇,应该紧紧抓住这次发展机遇,重新审视图书馆的现状,结合文化共享工程,做好“十二五”发展规划,实现图书馆建设的跨越发展。

3. 创新思路,推动文化共享工程、基层图书馆服务的复合拓展

过去基层图书馆长期处于窘迫状态,办馆及服务理念落后。经过文化共享工程几年的建设和推动,基层图书馆服务理念发生了很大变化。“有为才有位”,基层图书馆要跟上快节奏的发展水平,加快各项业务的现代化进程,尽早全面实现业务现代化管理;加强数字资源建设,提高图书馆在地方特色资源建设中的参与度;充分利用好省、市、县、乡镇服务网络,建立区域间共享平台,实现优势互补,开展联合服务,提高服务水平;开创新的服务领域,建设服务品牌。“十二五”期间,文化共享工程“公共电子图书馆”推广计划等重点项目,都是进一步提高服务层次,产生良好社会影响的项目,要借助这些项目,结合本馆本地实际,创出一些有影响的基层图书馆服务品牌。

4. 借助文化共享工程,推动基层图书馆从业人员素质的全面提升

近年来由于文化共享工程的推动,给基层图书馆从业人员的观念和意识都带来了巨大的变化。但是从业人员的素质仍是制约发展的关键。要根据国家中长期人才发展规划纲要(2010-2020年),做好队伍建设和人员培训的长期计划。首先,仍要推动观念的更新、工作思路的创新和服务理念的转变。其次,要充分利用好全国文化共享工程国家中心、国家数字图书馆、共享工程省级分中心提供的各种学习培训机会和讲座资源,开展经常性业务学习和交流,形成良好的学习研究风气。还要积极创造各种学习交流条件,鼓励自学、入学深造、开创多样的培训方式,多渠道培养复合型人才。

参考文献

胡智锋. 公共文化服务的必然之路. 中国文化报,2010－8－12

作者简介

钟琼,广西桂林图书馆副馆长,文化共享工程桂林分中心副主任,研究馆员。

谢秋发,广西桂林图书馆馆员。

付宝华,广西桂林图书馆馆员。

关于重庆市文化信息资源共享工程可持续发展的几点思考

◎ 张 波 毕 涛 谭 莹

全国文化信息资源共享工程（以下简称文化共享工程）是一项繁荣社会主义先进文化的创新工程，是基于数字（化）图书馆技术，对传统信息资源进行数字化加工和整合，并利用现代通信、传播技术，把优秀的文化信息资源直接传送到广大基层群众身边的一项国家级重点文化建设工程。这项工程的实施满足了群众不同层次的文化需求，对于扭转我国中西部地区特别是贫困地区的信息匮乏和经济、文化落后的状况起到举足轻重的作用。文化共享工程重庆市分中心自2003年6月成立至今，在国家中心、重庆市各级相关部门及领导的关心、支持下，经历了硬件条件从差到好、技术力量从弱到强、服务活动和服务手段从少到多、培训工作由点到面全面铺开的过程。虽已取得一些显著的成效，但文化共享工程在全面实施后的可持续发展将要面临诸多问题，这一课题非常值得我们研究和探讨。

1 建立文化共享工程运行经费保障长效机制，确保经费使用有效、到位

文化共享工程运行经费的投入保障，直接关系到文化共享工程能否快速的可持续发展。由于目前大部分国家拨款为

各级中心、基层服务点的专项建设经费，只能用于购买设备，配套费用如电费、网费、人员补贴，以及对实施文化共享工程成效显著的区（市、县）给予奖励和对困难区（市、县）的扶助等，均需各地自掏腰包。建立文化共享工程运行经费保障机制，确保经费使用有效、到位。首先，应以公共财政为支撑，用政策法规性文件把项目经费纳入地方政府每年的财政预算内，这样才有可能在后续运行中解决日常运行、设备维护、更新和资源深加工的资金问题。否则花费大量资金投入的庞大工程，就很可能出现只管建设，不管运转的局面，有可能会出现利用率低、信息资源浪费的现象。其次，应该建立运行经费管理机制，为保障运行经费及时下拨到各基层服务点，采取文化共享工程运行经费定期拨发，专款专用，各服务点须对经费单据进行存档管理。下拨经费到各级分、支中心及服务点时，必须认真组织开展文化共享工程的相关工作，对于经费、设备配套不到位，工作开展不认真的基层点将不予拨发。最后，要建立运行经费激励机制，为激发文化共享工程基层人员工作积极性，对文化共享工程工作突出的支中心、基层服务点和个人进行表彰，并采取“以奖代补”的形式予以发放。

2 关于资源建设的几个问题

资源建设特别是数字资源建设是文化共享工程的核心和命脉，进一步加强和改进数字资源建设工作，是文化共享工程能够持续提供具有社会效益和经济效益的网络信息服务的重要基础和条件。资源建设的效果直接决定着服务的效果。始终把握人民群众尤其是广大农民群众实际生产生活的知识信息需求，形成高质量的具有鲜明特色的资源库，为开展服务提供可靠的资源保障，为工程持续发展、不断壮大提供支持，这是工程的生命力、吸引力之所在。

2.1 “十二五”期间数字资源建设应以特色化为主要原则

所谓特色数字资源是指充分反映当地文化特色，具有鲜明地域特征的知识信息汇总，或者是一馆特色馆藏资源的数字化。资源的特色化是资源共享的前提，也是文化共享工程本来之意。随着文化共享工程的建设发展，资源建设内涵将不断丰富和延伸，若一味建设内容相似甚至重复的资源库，只会造成资源浪费，即使资源数量再庞大也没有实际意义。信息资源建设要追求特色化，就是要紧紧围绕让群众能用得上，满足他们的地域性、个性化需求这个目标。此外，文化共享工程的主要服务对象是广大基层群众，因此在资源建设上必须贴近广大群众的生活，使群众喜闻乐见的文化信息资源成为建设重点，将广大农民群众迫切需要了解的有关"三农"问题的法规政务信息，增产增收的农业种植技术、养殖技术、城镇务工技能和市场经营信息，满足精神需求的文化艺术、影视曲艺及相关人文信息，提高整体素质和生活质量的科普知识、医疗卫生信息等作为资源建设的主要内容。

国家中心的资源建设框架表将资源类型设置为两个层次，一个是知识层，一个是信息层。知识层资源（比如理论著述、艺术作品、发明专利、技术程序等）对社会个体通常具有广泛的普适度，且通常享有知识产权保护。对于这类资源素材的选取尤其要注意避免重复，免受社会上庞杂素材的干扰，范围不应过于宽泛，摊子不能越铺越大，应节约有限的资金，有针对性的选题，打造"人无我有、人有我全、人全我精"的精品资源库；信息层资源主要指各种经过加工以后形成的、不包含原创的发明和发现的内容，通常只提供检索查考，一般情况下不享有知识产权保护的资源类型。比如与生活密切相关的气象信息、进城务工人员需要及时了解的招聘信息、农民迫切要获取的农牧产品销售信息等，这种类型的信息资源本身就具有地方性和专门性的特点。由于信息层的信息多是动态的，因此发布必须及时。

2.2　加强对外合作，建立征集体系，多渠道解决资源的来源问题

实事求是地说，经过几年的努力，重庆市分中心的资源建设已经取得了很大成绩，但信息资源数量不足和内容陈旧，尤其是基层站点资源建设工作落后，仍是重庆文化共享工程可持续发展面临的一个突出问题。内容陈旧过时，反映时代特色的新资源补充不足或不及时，会导致文化共享工程对广大群众的吸引力不强。这其中，人力物力条件的限制是导致这

一问题的主要原因。

如前文所述，要解决这一矛盾一方面是要大力开展合作共建，不仅要将资源“送出去”，更要努力实现“请进来”，积极宣传文化共享工程的社会效益，充分调动高校、企业等社会力量的积极性，让他们参与到资源共建中来。通过不断实践探索，根据不同情况灵活采取自建、合作、整合、购置、捐赠等多种途径相结合，互相补充，在妥善解决版权和保证质量的前提下，尽量降低制作成本；另一方面，积极倡导建立和完善文化信息资源的区、县级征集体系，通过制定管理办法、征集体系、奖励体系等保障资源的征集。另外，分中心除直接搜集、制作资源外，也可对信息资源建设进行规划，通过定期发布资源建设目录，鼓励社会力量广泛参与资源的生产制作，再由分中心根据资源收购标准进行收购。这样不仅能扩大信息资源产量，保证信息资源质量，也能让分中心的工作职能重点从繁重的资源建设工作转到更好地履行管理和提供服务上来。

2.3 建立灵活便捷的反馈机制

文化共享工程覆盖面大，从分中心到基层群众的信息需求反馈渠道的通畅是一个不容忽视的问题。为此，应该尽快建立灵活快捷的反馈机制，以保证基层工作人员能及时将群众的信息需求，反映给上级信息加工和处理部门。基层工作人员应深入调查，认真分析，及时了解群众最关心、最直接、最现实的利益问题；准确把握群众最希望得到、最具有实效的资源需求，并随时把信息上传到上级中心。同时，上级中心也要根据基层群众的需求来制定、补充和修改资源建设规划。同时，各级中心通过建立联合目录和本地目录来对群众的信息需求进行反映，就保证了不同地区不同级别中心之间的相互配合，避免重复建设。

2.4 建立以社会效益为核心的资源建设评价体系

资源建设评价体系应准确反映资源建设和资源推广两个方面的现实状况，包括现存资源总量、资源来源及其比例，内容构成及其载体形式，类别结构及其载体比例，地方资源蕴藏及其开发能力，资源建设资金及其成本，资源建设标准及其质量，资源存储方式及其传播渠道，资源更新周期及其费用代价,知识产权保护方式及其实施状况等方面的基本数据。社会效益主要包括服务对象对资源使用程度、需求诉求程度、诉求响应满足率及其时效等方面的数据指标。开展社会效益评价,不仅可以客观反映资源建设的终极目标实现程度,而且可以为带动基层服务体系的逐步完善,牵引资源建设的方向、结构与数量,提高各级领导和社会各界对文化共享工程的认知度,指引文化共享工程建设发展的正确方向。

3 加强人才培养,保障基层站点建设和运行

文化共享工程能否可持续发展,已建立的基层站点设备能否正常运转,能否提供高质量服务,只有不断加强人才培养,才能切实保障基层站点建设与运行。文化共享工程对工作人员队伍质量的要求是很高的,而提高队伍质量,必须组建一支稳定的、高水平的资源建设、软件开发、网站维护的专业技术人才队伍,同时加强对农村基层服务点的技术指导和人才培养。目前文化共享工程实施中不容忽视的问题,一是部分基层人员资源建设、网站维护等专业技术掌握相对滞后,对网络中出现的常见基本问题如网站死链接率过高、系统安装过于复杂、视频文件打不开等问题无法有效解决,成为文化共享工程建设发展的绊脚石。在今后人才培养工作上,一是在培训方式上求活。主要进行短期集中培训,举办了"学习论坛"、"远程教育培训班"等对基层人员采取理论与实践相结合的方式培训,深入农村一线开展农科培训、现场指导和咨询服务,将培训班办到农民家门口;二是在培训内容上求新。按照"突出重点、分类指导、注重实效"的原则,有针对性地开展专题培训,增加培训的实效性;三是在培训渠道上求宽。积极采取"请进来"、"走出去"的办法加快人才培训步伐。通过举办经验交流会、试点现场会等,不断拓宽培训渠道、总结工程建设经验,对于进一步加强文化共享工程建设将有极大的推动作用。

4 加大宣传推广力度,提高文化信息资源利用率

目前,部分基层群众还不了解此项工程,基层服务点的文化共享工程

资源利用率不高。一是在以前相当长的时间内,社区乡镇图书馆主要是以纸质文献为主,对于数字化信息资源,有的群众不习惯甚至不会使用,还有的不了解图书馆设立的文化共享工程基层点性质和作用;二是对文化共享工程的内容了解不多,对于生产经营、农业科技等实用型信息的查询,有的群众还不知道可以在文化共享工程网站上学习和了解;三是在基层图书馆电子阅览室使用网络的读者群,多数是娱乐休闲型读者,因娱乐休闲网站选择性太大,他们不一定非要上文化共享工程网站。

为了进一步扩大文化共享工程的影响,为加快文化共享工程建设创造有利条件,文化共享工程除了在管理和资源建设上要开拓创新以外,还要采取多种形式,积极主动地宣传推广文化共享工程,让广大基层群众知道文化共享工程的意义和日的,了解文化共享工程的具体内容,从而提高文化信息资源的利用率,让文化共享工程能够更好地为群众服务。我们须制定专项的策划推广方案,采取多种形式的宣传推广模式开展各类宣传,不断扩大文化共享工程的社会影响。积极地组织策划丰富多彩、形式多样的宣传推广活动,如到商业广场进行现场展示,走进农村为农民现场播放优秀视频资源,定期为市民播放共享工程实用技术讲座,坚持定期走进社区、敬老院等地展播电影。此外,通过三下乡活动,向基层群众提供文化共享工程服务,为当地农民讲解如何利用共享工程查阅资料等。充分利用各种传播媒体的优势,在实际工作中把握机会、创造机会,增加文化共享工程的曝光率,努力为群众提供多样化、个性化服务,以满足广大群众日益增长的文化需求,使文化共享工程逐渐深入人心。

参考文献

[1]中华人民共和国文化部,中华人民共和国财政部,文社图发[2002]14号文件《关于实施全国文化信息资源共享工程的通知》

[2]《文化部、财政部关于进一步加强全国文化信息资源共享工程建设的意见》

[3]《全国文化信息资源共享工程“十一五”发展规划》

[4]王芬林．关于全国文化信息资源共享工程数字资源建设的思考和对策．中

国图书馆学报(双月刊).2004,30(2)

[5]杨向明.文化共享工程河南省分中心相关问题的思考.河南图书馆学刊.2007(4)

[6]丁力,张欣毅."文化共享工程"在宁夏:背景、架构与可持续发展.图书馆杂志.2008(2)

作者简介

张波,重庆图书馆副馆长,文化共享工程重庆市分中心副主任。

毕涛,文化共享工程重庆市分中心办公室主任,副研究馆员。

谭莹,文化共享工程重庆市分中心工作人员,助理馆员。

文化共享工程市级支中心地方特色资源建设研究

——以成都市支中心地方特色资源建设为例

◎ 钟刚毅 王 骢

近年来,文化部对文化共享工程地方特色资源建设提出明确要求:2007 年,要求“围绕选题重点,国家中心负责协调并承担全国普遍适用资源的建设,省级分中心主要承担本地区特色资源建设,并兼顾对周边省份的相关区域性资源辐射,同时协助国家中心整合一定数量的普遍适用资源。”2009 年则强调“要进一步加强资源建设的针对性。国家中心和各省级分中心要根据不同地域、不同用户群体的特点,有针对性地征集资源、整合资源,不断提高资源对广大基层群众的吸引力,不断增加资源供给量,提高资源质量”。2010 年又提出“要进一步调动各支中心的积极性,提高各支中心在地方特色资源建设中的参与程度”。

由此可见,资源建设始终是文化共享工程的核心,“地方特色资源”是资源建设的重点。随着文化共享工程的推进,对各级支中心提出了资源建设的要求。成都作为四川省省会城市,是四川省共享工程建设的重要地区,成都市支中心按照文化部要求,主动参与本区域的地方特色资源建设,将“既服务群众又传播文化”的理念同成都市文化共享工程的建设实践相结合，建立了一个覆盖全市乡镇（街道）、村（社区）各级基层点的地方特色资源服务体系。

1 建设地方特色资源是每个市级支中心应尽的责任和义务

1.1 建设地方特色资源的必要性

几千年的华夏文明史，孕育了中华大地上如繁星闪烁的璀璨文化，徽州文化、湖湘文化、巴蜀文化、潮汕文化……不胜枚举。文化共享工程就是要充分利用现代高新技术手段，将中华民族几千年来积淀的各种类型的文化信息资源精华以及贴近大众生活的现代社会文化信息资源，进行数字化加工处理与整合，实现优秀文化信息资源在全国范围内的共建共享。所以要保证文化共享工程长久、持续地发展，既要用好国家中心下发的普遍适用资源，又要制作和传播好各地优秀的地方特色资源，这样才能满足遍及城乡的广大基层群众的文化需求。

1.2 市级支中心具有建设地方特色资源的区位优势和物质条件

地市级支中心在地方资源建设上，无疑拥有优势。随着国家“十一五”建设任务的即将完成，文化共享工程以基础设施、计算机软硬件、网络、传输渠道为重点的各分中心、支中心、基层点的基本建设将基本完成，因而资源建设的任务显得更加突出和重要。市级支中心依托市级图书馆为建设主体，而市级图书馆有着多年数字图书馆建设的经验，在计算机硬件（包括服务器、摄录器材、存储设备等）、软件、技术人才（影视编导、摄影摄像、后期制作、软件开发等）方面都有一定的积累，为开展地方特色资源的制作打下了坚实的基础。所以，从这个意义上来说，市级支中心已经具备了建设地方特色资源的软件、硬件、人力以及政策层面的各种优势。市级支中心参与特色资源建设有利于文化共享工程资源建设选题的深化和数量的扩增。

基于以上的认识，成都市支中心从参与文化共享工程建设工作伊始便将建立本地区的地方特色资源放在了工作的首位。

2 成都市地方特色资源建设的理念及其实践

2.1 “既服务当地群众又传播当地文化”的资源建设宗旨

文化共享工程成都市基层服务站始建于 2004 年 6 月。2007 年之后，根据国家及四川省的规定，更名为“共享工程成都市支中心”，结合成都数字图书馆的资源建设，各有侧重的成都地方特色资源也开始投入全面建设和营运。

随着基层点建设工作的不断增多，成都市支中心意识到服务的阵地已不再局限于本身的实体建筑，尤其是成都遍及城乡的 2250 个基层服务站点的建设完成，意味着拥有了一个互联互通的网络体系。我们一方面要为基层点配送好国家中心的普遍适用的资源，另一方面更要充分利用这个庞大的站点网络，使基层站点的可用资源更加丰富，更贴近当地的用户。为此，成都市支中心提出了“既服务成都群众又传播成都文化”的资源建设发展宗旨，梳理出“要找到切合成都本地文化实际的特色资源建设方向，有体系地建设几个特色数据库，有目的地传播好这些特色文化”的建设思路。经过几年的实践，成都市支中心建立了非物质文化遗产数字博物馆、地方文献等多个地方特色数据库，并通过数字图书馆远程访问系统将采购的 6000 多万篇(册)电子资源一并覆盖到成都的所有共享工程基层点。

2.2 打造成都非物质文化遗产数据库，强化地方特色资源建设

2005 年，非物质文化遗产保护工作得到党和国家的高度重视，《国务院办公厅关于加强我国非物质文化遗产保护工作的意见》要求：“各级图书馆、文化馆、博物馆、科技馆等公共文化机构要积极开展对非物质文化遗产的传播和展示。”“普及保护知识，培养保护意识，努力在全社会形成共识，营造保护非物质文化遗产的良好氛围。”[①]但传统意义上的图书馆，在知识和文化传承的基本手段上，无论其客体对象是什么，都始终回归于通过以文字或部分图片为主要表现形式的资源体系，虽然可以累积相当数量文献、资料，但缺乏必要的灵活性和直观性。尤其对于表现形式多样

的事物，难免有长篇累牍仍不能尽述其一二的尴尬。例如纵有100篇论文或文章也不能尽述川剧某一折子戏的唱词、唱腔、舞美、服饰、表演的全部精妙，只有身临其境才能整体感受它的艺术魅力。也正是因为这个原因，仅用地方文献表现丰富多样的非物质文化遗产，具有一定的局限。

而实际上，非物质文化遗产是超出传统文献表现方式的典型的地方特色资源之一。由于它是一个特定地域环境中，人类参与生产和生活的产物和印迹，具有不脱离民族特殊的生活方式，并存在于民间、民族、某一群体或个人的特殊性和多样性中。这就证明了其特色资源的根本属性。而它的区域独特性正显示了它的珍稀性和不可替代性，它也是本区域居民共同的文化基因和集体记忆。

文化共享工程建设地方特色资源建设推动了非物质文化遗产的传播、传承和保护。将本地的非物质文化遗产数据库的建设纳入到地方特色资源的建设范畴，我们认为是最恰当的一种项目选择。2005年，我们基于“非物质文化遗产就是珍贵的地方特色资源”的认识，提出了“非物质文化遗产数字博物馆”的概念，根据此概念和思路，编制统一的索引标准及加工制作标准，建设了“蜀风雅韵——成都非物质文化遗产数字博物馆”，成为国内较早通过互联网展示和宣传非物质文化遗产的专题网站。它综合运用计算机、互联网、数字图书馆技术、多媒体技术，通过文字、图片、音频、视频四种方式予以立体记载、保存和展示。截至目前该特色资源库建有非遗名录80余项，文字条目15000余条，图片21000余幅，视频450余部，音频600余部，原始素材数据库容量3TB。作为成都市支中心建设完成的第一个特色资源，也覆盖到成都市辖范围内的县级支中心和基层站点并提供使用，该项目在2009年荣获第三届文化部创新奖。

2.3 建立成都地方文献专题数据库，为本地经济和文化建设服务

2008年，成都地方文献专题数据库（网站）建设完成，它收集和整理了从清末民初到改革开放近百年的成都地方历史和现实资源，通过互联网面向世界展现成都古老的文明和灿烂的文化，从而达到弘扬优秀民族文化和传播先进文化的目的，提高人们对成都区域特色文化的认识。该

数据库是成都社会文化历史的一个缩影,内容包括古蜀文明、成都影像、老城旧闻、民风民俗、美食掌故、旅游揽胜、乡土课堂、巴蜀人物等极具地方特色的资源,还拥有方便的检索渠道,便于使用者查询有关成都地方区域的图书、期刊、报纸、年鉴,方志等。

2.4 建设"同心行动——成都讲坛"视频数据库,搭建民众和政府沟通的桥梁

举办讲座、报告一直都是知识文化传递最直接和最有效手段之一。成都市支中心在2005年建立了"同心行动——成都讲坛"视频数据库。我们定期邀请成都市各政府部门的主管领导、行业专家讲述老百姓最关心的话题,然后由专人现场摄录,制作剪辑,压缩后上传至共享工程成都市支中心的网站,目前已制作了25期讲座,总时长约60小时。内容涵盖医疗、教育、卫生、社会保障、住房等老百姓普遍关心的话题。

2.5 将自建的地方特色资源和采购的数字资源全部用于文化共享工程基层服务点

成都市支中心从参与全市文化共享工程工作开始,在服务理念上就将每一个基层点都看作是一个可以提供远程服务的分馆,因此建成之日,覆盖成都全域范围的地方特色资源和数字图书馆海量资源的服务网络也正式形成。

2005年,成都市支中心已将自身建设的特色资源全部以镜像或网页的形式配送到当时为数不多的县级支中心。其后数年,成都市支中心围绕在全市范围内对读者和共享工程各级基层站点免费开放使用全部数字资源,与资源厂商展开了谈判,通过不懈的努力最终取得了很大的成效,到2007年年初,成都数字图书馆采购的全部数字资源,均可在每一个基层点通过分配用户名和密码的可控管理模式提供远程免费使用。我们根据每个基层点的计算机数量和服务规模,为其分配5－10个用户名,每用户名的单日下载量在100M以上。

3 对地方特色资源建设的几点建议

地方特色资源建设，是一个建设和传播并举的合力行为，因而不能只停留在资源建设的层面，而不考量其本身应该通过传播发挥自身实际价值和效用的根本目的；也不应一味考虑把密集的资源送到群众中，却忽略资源本身是否适合传播对象。针对性不强和传播力不足的资源都是不可取的。

3.1 应调动市级支中心参与地方特色资源建设的积极性

目前个别市级支中心在文化共享工程的工作上主抓硬件建设，工作重点相对单一，配合性的工作相对较多，较少考虑主动参与资源建设工作。

全国的市级支中心有300余个。如果都参与到地方特色资源的建设中来，整个资源体量将迅速增加。

3.2 应扩宽筛选地方特色资源建设选题的思路

《全国文化信息资源共享工程2007年度地方资源建设指南》中14个大类的选题，大大超出了传统文化艺术、传统文献和资料的范畴，还包括戏曲、杂技、民族、少儿、适用技术、农村经济、科普、医疗、人居等。各市级支中心可将本省的特色资源，以及市级支中心拟定的特色资源选题在当地进行社会调查，以避免重复建设。同时开展与本地其他行业（如广电、文艺、农科等单位）的横向合作，形成建设有保障，资源有针对，需求有满足的资源建设选题体系。

3.3 在资源的传播使用上还需要下大工夫

就目前文化共享工程国家中心和各省市的资源传播手段来看，卫星、互联网、数字电视“村村通”、党员远程教育网、VPN、镜像站点、移播宝等都在全国范围内有了不同程度的应用。尽管资源本身涵盖的范围和丰富程度都已达到一定的高度，但就资源的使用情况来看，存在着不同程度的差异。就国家中心的现有资源而言，各省、市的地方特色资源较少。地方特色资源并非本地建设就只能本地使用，各地应充分利用省一级的文化共享工程网络,加大资源的利用和信息的传播。在可预见的发展趋势上,还可以构建基于云计算的文化共享工程网络平台,国家中心作为“云端”,各省、市分(支)中心作为“资源池”,通过链接分布在全国各地市级支中心以上的资源中心,实现包括计算能力、存储能力、资源建设、运营管理和服务上的整合应用,各地的特色资源及平台软、硬件资源都可以上升到全国范围内提供按需使用。

3.4 对资源建设有主动性和能力的市级支中心资金、设备的适当支持

市级支中心进行地方特色资源建设,目前还处于主动参与和尝试的初级阶段,可利用的设施设备大部分是图书馆的设备,可完成资源建设的种类和数量受到人力、财力、硬件等的限制,要么鉴于实力不足没有选题,或者有选题又囿于设备不足而难以实施,或者付诸实施但缺乏持续建设的长效机制尤其是常年经费的支撑。因此有必要加大对副省级、地市级支中心资金或设备上的支持,并从资源建设的技术规范、选题等层面进行培训和协助。这既能发挥有条件、有能力的市级支中心的硬件及人才优势,也能鼓励市级支中心广泛参与地方特色资源建设,从整体上加快共享工程资源建设的速度。

参考文献

[1]全国文化信息资源建设管理中心. 全国文化信息资源共享工程 2007 年地方资源建设指南,2007

[2]文全信资发〔2009〕3 号,关于下发《全国文化信息资源共享工程地方资源建设指南(2008 年度项目)》的通知,2009

[3]文社文函〔2010〕859 号,文化部关于进一步做好全国文化信息资源共享工程 2010 年度工作的通知,2010

[4]百度百科,关键词:“文化”,广义的文化的结构和层次,http://baike.baidu.com/view/3537.htm? fr = ala0_1_1

[5]杜森,王童. 地方文化资源与校本课程开发,岱宗学刊,2009,13(2)

[6]谭春英,李亚军. 以“共享工程”为契机推进地方特色资源的开发整合,图

书情报通讯,2006(2)

[7]孙建华. 近5年我国文化信息资源共享工程专题研究,农业图书情报学刊,2009,21(11)

[8]贺定安. 以地方特色理念构筑全国文化信息资源共享工程资源建设与服务体系. 图书馆建设,2008(2)

注释

①《国务院办公厅关于加强我国非物质文化遗产保护工作的意见》,国办发〔2005〕18号

作者简介

钟刚毅,成都图书馆馆长,文化共享工程成都市支中心主任,副研究馆员。

王骢,成都图书馆,信息自动化管理部主任,馆员。

我所亲历文化共享工程建设的八年

◎ 曾玉琴

只用了不到八年的时间，安徽太湖县图书馆就建起了标准化的全国文化信息资源共享工程（以下简称文化共享工程）支中心，配备了先进的设备和专业技术人员；同时文化共享工程落户到全县每个行政村，促进了农村经济效益和社会效益的双增长。文化共享工程的作用如春风化雨，润物无声，使我们这个不发达的山区小县，图书馆事业实现了跨越式发展，特别是广大偏远的农村地区，可谓一脚跨千年，迈入了数字时代。

文化共享工程在安徽太湖县从无到有，几年上了几个台阶：2003 年在全省建起第一个卫星三级站；2006 年被定为全国文化共享工程试点县；2008 年实现文化共享工程覆盖全县行政村。我亲历了工程建设发展的过程，借此，谈些体会和认识。

一、开动脑筋，凝心聚力，办好文化共享工程

1. 要有与时俱进的思想，树立现代化的服务理念

图书馆是公益事业，我县是国家扶贫工作重点县，经济基础十分薄弱，扶贫是党和政府的工作重心，也是图书馆义不容辞之责。当年我们曾抓住图书馆信息丰富的特点，编印《科

技参考》，免费发放全县800多科技示范户和有关人员，帮助广大农民脱贫。但进入新时期后，虽然这项工作仍能发挥一定的作用，但确实已经跟不上时代的步伐，难以满足农民对信息的先进性、丰富性、及时性的要求。

2002年底，我去合肥参加省人大会议，听省馆同志说起文化共享工程，并打算建卫星三级站。这不正是我们一直在想的科技服务现代化的举措吗？我立即向领导请缨，回去办文化共享工程。当时觉得文化共享工程虽然是个新生事物，但是与时而生，是一项合乎时代需求的惠民工程，必将得到大的发展。

回到县城，馆里拿出所有积蓄，并用其他方法筹集了5万元资金，购回服务器、电脑，在安徽省率先建起了第一个文化共享工程卫星三级站，极大地改善了科技服务工作。此外，20世纪90年代，当计算机在小县城还是稀罕之物时，我们已经招聘专业技术人员，办起了打印部和计算机培训班，这为后来实施文化共享工程打下了专业人员的基础。

2. 要提高认识，争取领导的重视，强化领导职能

2005年，文化共享工程工作会议把推广文化共享工程提到践行“科学发展观”的高度。很快，国家文化部在全国开展“共享工程”试点工作，我馆被列为中东部试点县之一，要求把文化共享工程覆盖到100%的乡镇、10%的行政村。试点工作需要经费和人，又是面向乡村，没有领导的重视和推动是不行的，但那时对于县乡领导来说，文化共享工程还是个新概念。为了提高他们的认识，争取他们的重视，我们做到口勤、腿勤，经常向他们汇报，邀请他们到馆里来视察，亲身体会文化共享工程的先进性。

不久，电视里播放了时任文化部副部长的周和平同志，在中央电视台就实施文化共享工程接受采访的专题，周副部长特别强调文化共享工程的意义，认为这是一项创新工程、惠民工程，将给县级图书馆和农村工作带来前所未有的跨越。他的讲话高屋建瓴，很有说服作用。于是，我建议省共享中心将此刻成光盘，发放到各县。利用县乡各级领导来我馆视察之机，我们播放了这段视频，对他们触动很大，对文化共享工程支持力度明显增大了。

2007年后，县里成立了由分管副书记任组长，组织、宣传部长和分管农业、文化、教育的副县长任副组长，相关单位负责人为成员的领导小组。县委书记曾经在一个月内3次主持会议，专门部署文化共享工程工作。各乡镇也分别成立了领导小组，安排专人负责。村级做到了四有：有地址，有设备，有人员，有活动。文化共享工程在各级领导的重视和推动下，开展得轰轰烈烈。一时间，出现了各乡村争先捐款为我馆购买设备的感人场面。

2008年上半年，全省实施了信息工程与远程教育整合共建。此举不仅避免重复投入人力和物力，而且在三农工作中更能发挥作用，使两项工作达到“双赢”，文化共享工程很快覆盖到了全部的行政村。

3. 要因地、因事制宜，不断创新工作方法

试点工作，困难仍然不少，我们因地、因事制宜，在实践中创出了许多切实可行、事半功倍的工作方法。

第一，多方筹资。按照国家要求，要完成试点任务，需要经费超过百万元，而我县乡村财政都很困难。我们争取领导的支持，采取以奖代补的办法，落实了乡级站的资金。建村点的资金最难解决，当时县里有40多名青年干部下派到村，我们选择有条件较好的帮扶单位以及有责任心较强选派干部的17个村建立村级点。这一做法行之有效，帮扶单位乐意出钱，下派干部积极性极高，仅用一周时间，村级点资金全部到位。

第二，设法节资。在技术人员合理建议下，各试点村购买了一种移动播放器。这种移动播放器内存大，由支中心下载文化信息资源，在村里播放一段时间后，再拿回支中心更换。这样做好处有三：一是，可为村级点节约资金；二是可充分发挥支中心的作用；三是，设备便于移动携带，在实际工作能更好地发挥作用。

第三，打破条框。在下乡检查工作中，我发现徐桥镇桥东村对这项工作不重视，村点有名无实，发的设备都没有打开。我很生气，要把设备拉回去。当时，有位村干部问我，他们村有一位热爱农村文化活动叫喻小祥的农民，事业心强，有一定文化素质，如果把设备放到他家，由他来管理，

免费为群众服务，是否可行？我觉得，让私人办未必不可，只要设备发挥作用就行，国家也倡导办“农家文化大院”。于是，经同意喻小祥利用这套设备，办起“农家文化娱乐中心”，工作开展得有声有色，成为全县优秀站点的典型，他还被评为“全国文化信息共享工程工作先进个人”。

第四，建档立案。各行政村级工作繁多，往往会出现文化共享工程工作随意性大的现象。我们在全县村级点建立档案制度，设计了档案簿，要求每次活动记录在案，并附活动照片。这样，不但工作有记录可查，同时也能起到督促作用。

第五，多样服务。文化共享工程落户农村，必须针对农村的实际，方便实惠，喜闻乐见，才能被老百姓接受。我们特别鼓励各村管理员不在村部“守株待兔”，而是带上设备，走村串户“送货上门”。许多管理员利用农户孩子升学、办婚宴寿宴的机会，播放节目，很受群众欢迎。徐桥镇南庄村在重阳节，组织全村老人收视他们喜爱的节目，把党和政府的温暖送到了老人们的心头。文化共享工程到哪个村组，欢乐的笑声便荡漾在哪个村组。

第六，创办简报。今年，我中心创办了名为《共享》的工作简报，及时报道典型，交流经验，传递信息，每期印发500份，送上发下。对上开通了一个汇报沟通的渠道，对下起到了互相促进、取长补短的作用。这张简报聚集了许多作者，他们拿起笔来，经常写共享，议共享。在国家、省中心几次举办的征文活动中，我县作者都榜上有名。

4. 要脚踏实地，持之以恒，把各项工作落到实处

任何工作都忌搞形式，走过场，搞文化共享工程工作不像抓其他经济工作那样能够立竿见影，尤其需要脚踏实地，持之以恒的态度。在工作中，我们想基层站点所想，为他们提供优质的服务，在硬件上，设备出现问题，送到支中心，免费维修；在软件上，我们为村级点制订了各种规章制度，按章办事。

对于村级点管理员，我们要经过认真挑选，年龄35岁左右、素质好、责任心强。每年，支中心要办几期专门培训班，对管理员进行集中培训，使他们能熟练使用设备,提高专业素质。几年来,我们在全县建立了一支比较过硬的队伍,这是办好文化共享工程的主要力量。

每年,我们要组织有关单位人员,对全县站点进行一次大督查。把各级干部是否重视和关心这项工作、管理员会不会使用设备、服务情况记录档案是否齐全列为一项考核内容。检查出的问题,限时督促尽快整改。

二、文化共享效果显著,是服务三农的重要抓手

文化共享工程是一项系统工程,在党和政府的关怀下,在各级领导的重视下,特别是我们县支中心全体工作人员、各基层站点管理员发挥自己的聪明才智,付出了大量的汗水,使这项工程达到了目的,涌现出了一批现代化新农村的先进典型。

党的方针政策得到更深入的落实。通过实施文化共享工程,各村利用固定的播放点开展党员培训、农技培训、文化活动,营造起一种前所未有的文化氛围。为满足更多农民的需要,我们的管理员经常扛着移动播放器,进组入户,为农民播放政策宣传片、文艺片等,寓教于乐。徐桥镇好汉村青年党员唐茂林听了专家讲座后,对国家的经济政策有了较多了解,决定不再外出打工,邀集6个青年一起,创办生态园,现已初见效益。四川发生大地震,支中心及时下发了有关新闻片,在全县各基层点播放,很多人受到教育和震撼,纷纷捐款,全县农民捐款近百万元。

农民脑瓜子活了,钱袋子更加满起来了。共享工程把大量的农业信息、技术传到了千家万户,为农民脱贫致富送去了一把把金钥匙。江塘乡五星村种养大户雷宁,由于缺乏技术,搞种养多年,效益并不明显。2007年夏天,听说村里搞文化共享工程,他抱着看热闹的心情去,但一看就发生了兴趣,找到管理员周端瑞,找来《番鸭养殖讲座》放映。聪明好学的雷宁从这个片子中学会了番鸭断喙及网垫养殖技术,使鸭的成活率及品质大大提高,当年养鸭就赚了4万元。2008年,雷宁参加了全国"文化信息共享工程"先进经验交流会。

有力地促进了农村各项工作的开展。这些年来,由于受社会不良风气的影响，赌博、斗殴在有些村里时有发生。共享工程实施后，农村里许多坐在牌桌上的人，被好片子吸引过去了。看影片、谈影片，成为当地群众劳作之余的生活内容，影片中健康时尚的现代生活意识，也悄然渗透到他们的思想中，影响着他们的工作和生活。一些普法片子的播放，使群众从一个个生动的案例中受到启发，法律法规深入人心，家庭不和、邻里矛盾、打架斗殴的现象大为减少。

三、进一步推动市县文化共享工程建设的几点建议

我所亲历的安徽省太湖县文化共享工程建设的8年，虽然成效显著，但不否认，实践中还存在不少问题和不足。关于如何与时俱进、创新工作，进一步推动市县文化共享工程的建设与发展，有几点建议：

第一，要进一步加大投入。目前我县各村配发的设备都是台式电脑，但村里、特别是山区村，村民居住分散，管理员想上门服务，苦于不便携带设备，应该考虑给各村配备手提电脑或便携式设备。一般情况下，各村管理员都由村干部兼任，但村里工作繁多，忙的时候，兼顾就会有困难。因此，聘请专人专管，建立严谨完善的管理制度，是十分必要的。建议由国家安排一点，有关部门支持一点，各地拿出一点，解决聘用人员经费问题。

第二，要尽可能丰富资源。当前农村电视已经非常普及，不少人家中也有了电脑，要发挥共享工程在推动新农村经济和文化建设中应有的作用，增加工程吸引力以及农民对此的依靠，这就需要文化共享工程配备更生动、更丰富、更新颖的资源，还要结合实际，搞好文化共享工程与党员远程教育的组合。相对来说，目前用于农村党员教育的内容比较丰富，而对于普通老百姓，受他们喜闻乐见的东西还是相对偏少。

第三，要加强监管力度。相关部门应该把这项工程拎在手中，作为当前农村工作的考核内容之一，并组织经常性的检查和监管。现实中，有的乡村国家配发的文化共享工程的设备，在屋里"睡大觉"，农家书屋的书没人管理，以至大量流失；个别人利欲熏心，侵占文化共享工程设备；有些图书馆的电子阅览室承包给私人，变相成了网吧的现象。对于这类问题，一经发现，应严肃对待，对失职、渎职的干部和管理人员应及时处理。

第四，要不断创新方法。县支中心要创造性地开展活动，文化共享工程不仅仅是播放节目，查找资料，可以组织一些其他服务活动。基层站点不一定由乡村来办，可以允许私人或其他单位来办，最大能动性地来发挥设备的作用。应该说，这几年国家、省中心开展了不少诸如征文、知识竞赛等活动，这非常好，但形式还要多样，受众面更要扩大。特别要吸引落后地区的群众，让更多人参与到这项工程中，享受文化共享工程，利用文化共享工程。

第五，向村级文化中心发展。当前，在构建公共文化服务体系中，文化共享工程、农村党员远程教育、中小学远程教育、“村村通”、“农家书屋”，各条战线合作共建，国家为农村配置的各方面资源较为丰富，如果将这些软硬件资源予以组合，成立村级文化中心，为村民提供全方位的文化科技服务，其服务功能必定更强，其效果也必定更为明显。

总之，我认为，文化共享工程已有所为，大有所为，希望全社会都来关心和帮助，群策群力，特别是各级政府要给予高度重视和全方位的支持，让这一惠民工程在服务百姓中发挥更大的作用，促进广大农村跟上时代的步伐，走向繁荣富强。

作者简介

曾玉琴，安徽省太湖县图书馆馆长，文化共享工程太湖县级支中心主任。

共享文化新资源　共建和谐新农村

——宁夏贺兰县实施文化共享工程，服务新农村建设“五个三”实践

◎　蔡生福

文化共享工程贺兰县支中心自2004年8月成立以来，创新服务模式，以推广使用文化共享工程资源为切入点，以服务农民群众、服务新农村建设为抓手，利用新农村信息化服务平台，主动开展服务，获得了良好的社会效益。2008年贺兰县被国家文化部命名为全国文化信息资源共享工程示范县。多年来，我们在推动文化共享工程工作中形成了“五个三”做法，工作实践也使我们深深体会到文化共享工程是基层受欢迎、群众得到实惠的民心工程，其前景广阔，大有可为。

一、服务新农村，在理念上实现“三变”

随着我区农村信息化工程的整体推进，借助新农村信息化平台，广大群众即可享受到丰富的文化信息和影视娱乐、互联网信息资源。但是，IPTV进村不等于文化信息资源已进农家，再多的实用信息必须通过服务才能实现它的价值。我们在服务中打主动仗，在服务理念上实现三变：变三下乡为常下乡；变送文化为种文化；变双手观音为千手观音。

2008年以来,县文化系统开展了"文化服务进农家"活动,以变"三下乡为常下乡","送文化为种文化"等活动为载体,推进数字文化服务进乡村。所谓"种文化",与扶贫帮困是一个道理,最根本的是帮助基层文化站改变"等、靠、要",开展自娱自乐、自我发展、自找出路的"永久牌"文化活动。我们通过"种文化",帮助3个村、2个文化大院成立了自己的文艺团队,并在县城文化广场和和银川市玉皇阁文化广场演出,其中有2个节目荣获银川市农民群众文艺汇演三等奖。更为可喜的是,这些农民文艺团队已经试着走向市场化运作,在各村文化庙会上走台演出,深受广大群众的欢迎。

信息员(贺兰县将党员电教、文化共享工程、农村信息化、农家书屋管理员统称信息员)及科技致富带头人培训工作,我们称为"千手观音"计划。基层服务站的工作是面向广大群众的,单靠县乡文化部门"常下乡"服务,毕竟人力有限、服务人次有限。因此,培训具备基本业务技能和服务群众意识的基层信息服务员,是做好新农村信息化服务的重要环节。我们通过对信息服务员的重点培训,进而开展对农村重点致富人群技能培训和广大农民的普及培训,让"双手观音"变成"千手观音",深入而广泛地、最大限度地让群众共享到文化成果。

二、多方并举,在资源服务上实现"三点"

宁夏推行新农村信息化工程,为基层搭建了基于计算机设备和数字电视两个平台,实现了因特网接入、IPTV点播、卫星接收、资源镜像、光盘和移动硬盘服务多种模式。文化共享工程多方并举,利用新农村信息化服务平台实现资源服务上的"三点",加大加快文化共享服务的力度和速度。

找准切入点。一是,与县委组织部电教中心合作,制作党员电教光盘,把政治理论和农村实用新技术等作为基层党组织开展农村党员先进性教育以及科学发展观学习活动的主要内容。二是,针对农业产业结构调整情况,在产业特色集中的村社设立基层服务站,发放农村实用技术光盘包。三是，与资源需求单位合作，主动为农林牧、科技、文化、教育、卫生、司法、旅游等单位提供资源服务。2009 年在“消防知识进校园”宣传教育活动中，及时为全县 52 所中小学配发 119 集《消防大本营》系列动漫故事片，就是成功的案例。

找准对接点。就是主动上门服务，了解群众个性化需求，尽可能为他们提供帮助。立岗镇科技特派员王林想搞一个发酵床养猪示范基地，我们多方查找资料，在卫星接收的《致富经》栏目中找到了《懒汉养猪技术》，又称《发酵床生态养猪技术》，制成光盘送给他。2 个月后，他的生态养猪示范基地建成。王林深有感触地说：共享工程资源就是基层群众的“科技脑白金”，他们需要这样的“营养”来补充头脑。只要我们主动服务于基层，服务于农民，文化共享的种子就会结出丰硕的果实。

搞好突破点。在工作中，我们始终把宣传作为突破点，增加文化共享工程推动新农村信息化服务平台建设的影响力，进而让更多的群众知晓文化共享，参与文化共享，接收文化共享服务。2007 年 3 月 19 日央视一套新闻联播报道了我县开展文化资源共享服务的情况，大大提高了贺兰县的知名度。新华社、人民日报、光明日报、文化报、宁夏电视台、宁夏日报、央视国际网等多家媒体，对我县“共享工程”工作进行过报道。其中宁夏电视台在《塞上新村》栏目中播出了我支中心的专题片，社会反应良好。

三、突出重点，在应用案例上树立“三个典型”

一是群众文化引领型。常信乡张亮村近年来大力发展特色产业，创出了张亮香瓜品牌，带动了全村各项事业发展。2007 年，自治区团委在张亮村投资建立了青年中心，配置了图书、电脑、体育活动器材等，我中心主动上门将电脑连成局域网，并装入了 130G 容量的文化共享资源。2008 年后，张亮村实现了信息上网、文化娱乐、党员教育一网覆盖，农闲之余，到村文化活动室（基层信息服务站）上网、看书、娱乐的群众络绎不绝。文化信息惠民服务，大大激发了全村群众参与文化活动的热情。张亮村在全县率先成立了农民文艺演出队、社火表演队，他们自编自导小品、方言快板、舞蹈、计划生育小戏等，春节等节假期间在县城、常信乡集市和本村演出，深受群众欢迎。2009 年 5 月，张亮村农民文艺演出队在银川市农民群众文艺汇演中，荣获表演三等奖。

二是技术示范带头型。年生祥同志是贺兰县文化共享工程支中心第一批资源服务的受益者。2005 年，我支中心为了尽快打开资源服务的突破口，率先在习岗镇农技员年生祥家建起了第一个文化共享工程资源应用示范点——习岗镇和平村信息服务站，配置了有关图书和农村实用技术光盘。年生祥带头应用新技术，他通过看大棚油桃种植技术的光盘，掌握了油桃种植的技术，2006 年种植了一棚油桃，2007 挂果后，当年收入 7000 元。2009 年油桃产量达到 3000 斤，加上大棚甜瓜、蔬菜种苗，全年收入达到 4.5 万元。年生祥不仅自己带头创业致富，而且利用文化共享工程资源，帮助周边群众发展设施蔬菜。几年来，他通过实地指导、咨询、办班等方式，培训群众达 3500 人次，培育蔬菜种苗 100 万多株。

三是满足群众求知型。通过进温棚、进养殖小区调查了解，大多数农户在种、养过程中遇到的难题，一是病害防治技术掌握不好；二是缺乏新品种技术支持，又对供需把握不准，种养随大流。我支中心连续数年整理、更新“共享工程”农村实用新技术视频资源，并利用图书宣传周，科技宣传周，赶集、庙会，文化馆专场演出等机会发放资源节目单。这些视频由专家主讲，实地实景拍摄，具体形象，可参照性强，农户可以随时随地把“专家”请回家。习岗镇新平村温棚种植户王天平通过资源节目单，找到我们索取了温棚蔬菜种植和科学养猪的 VCD 光盘。金贵镇一位农民，在集市上看到资源节目单后，反映其中没有他需要的农机维修技术。两周后，我们就把农机维修技术光盘送到他的手中。此类的事例很多，有需要家庭保健的、手工制作的、庭院养花和果木修剪的，还有餐饮服务和食品加工的……总之，凡是群众所需的，就是我们所做的，满足群众多样化的信息需求，是文化共享工程服务于新农村建设的魅力所在。

四、创新机制，通过长效措施推动“三有”

“天天有信息；周周有电影；月月有党课”，“三有”服务是共享工程信息资源服务的一个非常有效的举措，但是，完成“三有”服务的具体工作非常琐碎，持之以恒更是有一定难度。

为了落实“三有”服务，我中心一是创新机制，将基层信息采集点设置在村级信息服务站，信息员享受科技特派员有关政策，鼓励信息员利用信息服务站开展活动。同时，利用农村科技信息化平台，开展科技下乡和农民电脑培训活动，依托“科技 110”专家咨询服务热线，围绕科技成果转化推广和产业化主线，探索送科技、文化、卫生三下乡的新途径。

二是建立长效机制。2010 年 5 月，我中心向县领导提出了整合农村信息员职能，提高待遇的建议。之后，县委出台了《贺兰县关于整合乡村临时聘用人员职能，提升基层社会服务水平的实施方案》。新方案整合了农村信息服务站、党员电教、文化共享工程基层站、农家书屋等工作职能，量化了主要指标任务。例如，把基准工作量设为：文化共享工程基层站（农家书屋）正常开放；每月发布信息 10 条、播放党员电教课件 1 场次、播放文化共享工程资源影片 4 场次（其中插播综合治理、计生、安全、司法、国防等宣传教育片）；每季度组织一场农民培训；考核合格每月补助 1000 元。新方案的实施，提高了信息资源和文化服务设备设施利用率，缓解了基层信息员工作要求高、工资待遇低的状况，也充分调动了大家为民服务的积极性。

五、共建共享，在管理目标上实现“三好”

合作共建，资源共享，不求所有，但求所用。文化共享工程县级支中心不仅要出色地完成“独唱”，更要学会与相关部门协调完成“合唱”。建好是前提；管好是关键；用好是目的，在管理目标上实现“三好”。

通力合作，着力建好“一把手”工程。新农村信息化服务平台的推进，即是一个统一的整体。县委、政府成立了组织部、宣传部、政府办、科技局、供销社、文广局、电信局等21个部门组成的工作领导小组，将该项目列为“一把手工程”进行督办，同时，把新农村信息化建设作为县直单位包村部门的一项重要任务，通过各种方式给予人力、物力、财力的帮扶。金贵镇银河村新村部建设，县委组织部投入资金，装饰布置了党员活动室，配备了DVD播放机，电视机；县科协将科技110项目放在村部，配备了3台微机，1台投影机；图书馆为村文化活动室配置了1000多册图书，一批农村实用技术光盘。习岗镇经济桥新村部落成后，文化局、图书馆配置了10台电脑和一批图书光盘；组织部配备了党员电教设备；信息中心、科协、供销社等单位配置了投影机等相关设备，并负责协调宽带接入等，充分体现了平台共享，设施共建的多元合作机制。

强化培训，管好信息服务站和信息员队伍。近年来，县政府先后出台了《贺兰县新型农民信息化培训工程实施方案》、《贺兰县新农村信息化工作及信息员选聘管理考核奖励办法》、《贺兰县关于整合乡村临时聘用人员职能，提升基层社会服务水平的实施方案》，同时，大力开展信息员培训工作，不断提高信息员素质。每年县政府信息中心牵头，组织技术人员对全县61个行政村信息员进行轮训工作；联合宁夏西部电子商务有限公司、宁夏启智职业技能培训学校，针对信息员信息撰写、文档表格、上网浏览、信息下载、三农呼叫、视频对话等基础知识，先后组织了5批，共计500名信息员接受了综合技能培训。

服务群众，用好文化信息资源。近年来，国家对文化共享工程的投入逐年增加，有效地改善了乡镇村基层服务站的服务空间和设施条件，也提高了各级基层点的服务能力。金贵镇汉佐村供销社信息员李洋在基层服务站学会网上交易，为加拿大绿洲公司驻阿拉善左旗设施温棚园艺基地供应专用肥70吨，烘干鸡粪有机肥360吨，交易额达51.08万元。立岗镇立岗村大学生村官王丹（兼信息员），暑期在服务站为孩子们举办绘画、朗诵、讲故事比赛，并辅导作业，受到家长的欢迎。2010年8月31日，央视一套新闻联播以宁夏文化共享工程造福农民为题，播出了该村基层服务站。我们把文化共享工程优秀影视作品和农村实用新技术视频作为贺兰县大众数字电影公司和30个乡村服务站的全年播放内容;还向县电视台提供农村实用技术片源,制成适合当地的种养殖技术节目,在农业专题《田野四季风》中播出。几年来,全县各基层信息服务站累计组织播放影片、电教片1600多场次,收看达2万多人次,极大地丰富了农民群众的文化生活。

随着国家西部大开发战略的进一步实施,“十一五”期间贺兰县农村文化建设得到了快速发展,农村文艺团队如雨后春笋般涌现,农村群众文化活动日益丰富,农民在农闲之余追求健康娱乐的生活方式日渐放大,广大群众日益增长的文化需求和公益文化设施缺少的矛盾正在逐渐缩小。然而农村文化建设任重道远,我们要随着硬件设施的进一步改善,服务能力的逐步提升,将文化共享工程的工作重点逐步转移到项目管理应用上,使文化建设的各项投资充分发挥应有的社会效益,进而让广大群众真正共享改革发展的成果,从精神文化层面提高对构建和谐社会的认同感,使文化共享工程这项功在当代、利在千秋的惠民工程落到实处。

作者简介

蔡生福,宁夏回族自治区贺兰县图书馆馆长,文化共享工程贺兰县级支中心主任。

图书馆地方特色资源建设研究
——以文化共享工程黑龙江省分中心资源建设为例

◎ 高文华 王 妍

黑龙江省地处我国东北边陲,46 万平方公里的疆域中有祖国最北端的北极村、最东部的东方第一哨(抚远县),3000多公里的边境线与俄罗斯远东、滨海边区接壤,可谓幅员辽阔、资源丰饶。在中国历史上,这里曾有多个北方少数民族建立的王国政权,这些王朝和王国政权对于中国古代社会产生了巨大而深远的影响,至今仍保存着大量的文化遗迹。黑龙江省图书馆作为文化信息资源建设省级分中心,近年来以全国文化信息资源共享工程(以下简称文化共享工程)资源建设为契机,立足黑龙江地域文化和民族特色,有规划地建成了一批突出体现地方特色、图文并茂的多媒体数字资源库,集中展示了黑龙江流域的地方特点与人文内涵,为掌握和传承区域历史和文化艺术起到了积极作用。

1 建设地方特色资源的价值所在

1.1 保护本土文化,传承地域文明

所谓“一方水土养一方人”,一个区域的文明与文化是这个区域繁衍生息历史的积淀,是多少年来民族文化、民族精神

的延续和融合。黑龙江地理环境、经济形态、民族分布以及文化特色始终在多元文化世界中占有一席之地，其恢弘的历史、旖旎的风光、特色的艺术在都市文明繁荣的今天仍然闪耀生辉。因此，作为展示龙江人文资源和对外文化交流的窗口，全省文献信息资源的集散地和中心枢纽，全省最大的综合性公共图书馆，黑龙江省图书馆利用现代化技术和手段将传统的地域文化和艺术特色永久地保存和传承，并建设相应的数字资源库群来加以宣传和展示，是让中国和世界了解黑龙江的重要途径，是对黑龙江有着重要文化与经济价值的举措。

1.2 满足广泛持续的利用需要

近年来，查阅黑龙江地方文献资料的读者增多，研究有关黑龙江地方史、民族史、考古学的学者也越来越多。而目前有关这类的文献资料庞杂零散，查找困难，因此建立具有鲜明主题、开放性的地方特色专题数据库，不仅能保护地方文献的完整性和系统性，而且经过数字化加工后的资源能够更加方便的存储和获取。尤其是运用文化共享工程现代远程传播体系的技术创新，可以实现地方特色资源和民族民间文化艺术的广泛传播和共享，满足了各界对信息资源的学术研究需要，促进了地域文化与人文价值的提升。

2 建设地方特色资源的可行性分析

2.1 可利用的丰富资源

黑龙江省图书馆馆藏黑龙江行政区域内的地方志、年鉴、家谱、人物传记、文史资料等各类地方文献和有关满族、清代以及伪满时期的文献资料、图书共计18000册，报刊约9000册。黑龙江省图书馆设有“地方人士著述查阅室”，向全省各界征集地方名人著述达3000余种；同时建立开放了“黑龙江省版本图书阅览室”，收藏了省内出版社出版的全部书报刊资料和音像制品。黑龙江省图书馆还积极与农科院、农垦总局、民族博物馆、艺术研究所、歌舞剧院、戏剧工作室等单位沟通协作，力求实现龙江地方特色资源的合作互补，共建共享。另外，作为文化遗产的一个分支，黑龙江省图书馆将本省少数民族非物质文化遗产项目资源建设提上日程，通过多方征集和积累，目前已掌握了少数民族非物质文化遗产相当数量的文字、图片和音视频资源。这些丰富的可深入挖掘利用的资源为黑龙江地方特色资源库的建设提供了必要的前提。

2.2 相应的人才保障

黑龙江作为边疆文化大省，人文荟萃，名家辈出。目前在历史学、民族学以及考古学等方面涌现出一批专家学者，如东北史研究专家王禹浪教授、少数民族学研究专家张敏杰老师，他们在各自的研究领域均有较高的造诣，编著有多部专著。资源库的建设首先要体现其特色性，为建设高质量的地方特色资源库，我们聘请他们担任地方特色专题数据库的建设专家和顾问，这也使资源内容的准确性得到了充分保障。

2.3 强大的技术支撑

共享工程资源建设不仅要体现显著的地域特色，而且还要充分考虑面向基层群众的传播与共享问题，因而良好的软硬件设备环境在资源建设中至关重要。黑龙江省分中心作为功能齐全的省级资源建设管理中心，硬件在逻辑划分上有 WEB 服务器、海量磁盘阵列、数据库服务器、FTP 文件服务器、视频服务器、硬件防火墙等。软件开发环境拥有超大容量的分布式资源库群、超大规模的用户访问能力，能实现全年 365 天、24 小时面向全球的多媒体存取、远程网络传输、智能化检索。安全稳定的软硬件环境，为黑龙江地方特色资源库群的建设提供了强大的技术支撑。

3 建设地方特色资源库的实践

2007 年，黑龙江省图书馆文化共享工程建设项目荣获国家文化部第十四届群星奖。也是从这一年开始，黑龙江省图书馆开始了地方特色资源库建设的有益探索和实践，并按国家中心的统筹规划和指导原则，将地方特色资源建设当作共享工程建设的核心内容来抓。三年来陆续建成了一批既与国家中心资源建设对接，又体现黑龙江浓郁地方特色的多媒体数字资源库，包括地方曲艺、农业技术、非物质文化遗产保护、龙江旅游、手工技艺等10余个专题数据库。

3.1　地方特色资源

本文以完成并上交国家中心的北大荒精神、龙江艺术精粹、寒地黑土农业技术开发利用、黑龙江少数民族非物质文化遗产保护项目等四个专题数据库为例，介绍黑龙江省地方特色资源的建设背景与特色体现。

3.1.1　北大荒精神专题数据库

建设背景：北大荒精神的核心是创业和奉献精神，即“艰苦奋斗、勇于开拓、顾全大局、无私奉献”这十六个字。北大荒精神贯穿北大荒开发、建设的始终，而北大荒人是北大荒精神之本。

建设特色：该数据库以黑龙江人民出版社出版反映北大荒60年发展的全景图书——《北大荒全书》为蓝本，结合馆藏相关地方文献以及农垦60年来创造的辉煌成果，力求体现三代北大荒人在把北大荒变成北大仓的历史壮举中形成的独特精神风貌、价值取向和高尚情操。该数据库以大机械化农业为主调，展示无边的原野，丰盈的大地。这是一个集视频、文字、图片于一体的综合型数据库，集31个视频（时长1000多分钟），530幅图片和6574千字。

3.1.2　龙江艺术精粹专题数据库

建设背景：龙江艺术贴近大众生活，是我省基层群众最欢迎的资源。而且因其地方特色浓郁和群众喜闻乐见的特性，又具有较强的研究价值、欣赏价值和利用价值，是不可替代的独特资源，非常适用于在全国乃至更大范围内广泛传播与共享。

建设特色：该数据库主要以视频为主，辅以少量文字和图片，包含385个节目，时长8652分钟。表现形式以红色为基调，分为龙江剧、北派二人转、黑龙江杂技、东北大鼓和话剧剧本五个子项，体现了北方民间艺术的独具特色与开放内涵。

3.1.3　寒地黑土农业技术开发利用数据库

建设背景：寒地黑土是中国特有的土地资源，该库的建设将为农业科研、政府决策提供科学数据和数字化平台，并有利于农业先进生产技术的交流与合作，推进社会主义新农村建设。

建设特色：该数据库主要以视频为主，总计包含1188分钟视频，并实现了图文检索。内容包括黑土资源概况、种植栽培、病虫害防治、畜牧养殖和产品深加工5个栏目。

3.1.4 黑龙江少数民族非物质文化遗产数据库

建设背景：黑龙江少数民族非物质文化遗产承载的是少数民族文化，呈现的又多为手工技艺，因此它的重要性在于传承民族文化和民族精神。但目前很多非物质文化遗产项目传承范围受限，甚至面临濒危和失传，所以借用数字化的手段将其保存下来，有利于更好地保护和流传。

建设特色：本数据库是需不断补充和更新的一个数据库，我们会随着非物质文化遗产保护项目的增加而续建。目前完成的赫哲族鱼皮技艺专题数据库，突出展现了史称“鱼皮部落”的赫哲人“鱼皮文化”的传承和手工制作过程，是一个集文字、图片、音视频为一体的综合型大型数据库。

3.2 建设规范

黑龙江地方特色资源库建设，我们主要依据国家中心下发的地方资源建设指南中的《数字资源加工标准规范》、《全国文化信息资源共享工程视频资源数字化加工格式规范》V2.0和《基本元数据应用规范与著录规则》等标准，进行基本建设和后期加工。

3.2.1 技术方法

地方特色资源库建设基于数字图书馆应用系统进行资源制作与发布。以视频为主的资源库，均实现了关键词等信息源的跨库检索和相关视频（作品）的资源链接。

后台支持数据库选择关系数据库Microsoft SQL Server，Microsoft SQL Server是基于客户端/服务器模式的新一代大型关系型数据库。客户端应用程序负责逻辑和向用户提供数据，服务器负责对数据库的数据进行操作和管理。

资源加工整合采用TRS管理员工具、TRS动态发布工具、TRS采编发系统等几个相关软件；网页制作与发布使用Dreamweaver、Fireworks、

Flash、Photoshop 等软件;对文本信息和图像信息的采集也运用了先进的技术。

3.2.2 实现流程

方案制定→资源收集→资源数字化→脚本编写→数据加工(包括呈现模板设计)→数据发布(局域网)→专家审验→改版→上交。

在数据库建设初期,我们对征集到的文字资源进行重新组织、整合;对视频资源进行了全面的审阅,对视频片源出处不清晰、视频质量不高的资源进行了缜密的筛选,把好先期质量关。

在数据上传、发布阶段之后,我们还组织各项目的专家组成员,对相关数据库从版权、内容、发布形式、整体风格等,全方位、多视角进行了审验,经若干次改版后最终完成上交。

3.2.3 地方特色资源建设中的版权解决

版权问题是数字时代资源建设中不可忽视的问题。《全国文化信息资源共享工程资源建设指南》中,也明确指出要妥善解决数字资源建设中的版权问题。在黑龙江地方特色资源建设实践中,我们充分利用版权法中的相关条款,认真研究分析黑龙江的实际情况,积极与有关部门沟通协商,全部签署了我省地方特色资源建设项目的授权使用协议。我们签订的授权方式主要有以下三种:一是所属单位授权,如龙江艺术精粹数据库中的龙江优秀地方戏剧,因为版权所属单位均为黑龙江省文化厅下属的各大院团,所以我们直接与省文化厅签约授权使用相关资源内容。二是个人授权,如少数民族非物质文化遗产项目中的相关内容,大部分版权归属此项目的研究人员所有,如我省民族博物馆的张敏杰老师手中就掌握有大部分的赫哲族非物质文化遗产项目资料,因此我们直接与她签订了授权。三是集体授权,如北大荒专题数据库,其资源归黑龙江农垦总局所有,所以我们和农垦总局文化委员会签订了授权使用协议。

4 地方特色资源后续建设工作思考

面对数字时代图书馆生存环境挑战,在国家中心的引领和带动下,目前国内各级图书馆都不同程度地认识到了地方特色资源建设的重要性，并普遍开始从资源建设和技术层面改变传统图书馆的建设轨迹与发展模式。但从我省来看，地方特色资源建设的发展还很不平衡，资源的挖掘整合和信息服务能力还受到一定的限制，因此对黑龙江地方特色资源建设的后续工作，笔者作如下思考：

4.1 利用地方特色资源多途径提供服务

在地方特色资源建设上，我们同样要注重“建以致用”的原则，虽然我省的地方特色资源已通过先进的远程服务传播模式实现了省内有互联网的地方共享，但还是要在资源传输的途径和渠道上多思考、多实践，尤其需要考虑的是如何立足地方特色，进行资源的二次整合和深层次挖掘开发，从而进行专业化的资源建设和高层次的资源服务。

4.2 逐步实现数字资源建设标准化

数字资源建设是文化共享工程建设的重要组成部分。目前我们依据《数字资源加工标准规范》、《全国文化信息资源共享工程视频资源数字化加工格式规范》、《国家图书馆征集数字资源建设规范》以及本馆数字资源建设实际，研究制订了《黑龙江省图书馆数字资源建设规范》，其中包括“对象数据建设规范”、“数据存储规范”以及“元数据建设规范”三个部分，本规范既是我们进行地方特色资源建设的指导规范，也是我们在地方特色资源建设实践中的总结。我们将在实际工作运用中进一步完善和修订此规范，并逐步推进我省的地方特色资源建设标准化、规范化。

4.3 积极争取合作共建，合理解决版权问题

文化共享工程地方特色资源均是以数字化形式存在的，而且绝大部分是对地方文献和传统信息资源进行数字化加工后形成的。因此对于地方特色数字资源的建设与传播，版权问题是仍然需首要考虑和解决的课题。作为共享工程地方特色资源的建设者，还是要利用各种机会大力宣传共享工程的重要意义和公益性质，争取通过合作共建的方式来共享使用地方特色资源，从而使数字资源的版权问题能够迎刃而解。

参考文献

高文华,张大尧. 实事求是,科学发展,创新公共文化传播体系——黑龙江省“共享工程”创新探索与思考. 图书馆建设,2008(2)

作者简介

高文华,黑龙江省图书馆馆长,文化共享工程黑龙江省分中心主任,国家二级编剧。

王妍,黑龙江省图书馆数字资源部主任,副研究馆员。

安徽文化共享工程地方特色资源建设的实践与经验

◎ 易向军

全国文化信息资源共享工程(简称文化共享工程)是由文化部和财政部共同组织实施的文化创新工程。作为改善城乡基层群众文化服务的创新工程,其目的就是利用以音像、图片、文字等多种载体形式的数字资源,向群众提供方便快捷的文化服务,实现优秀文化信息资源在全国范围内的共建共享。因此,资源建设始终是文化共享工程建设的核心,只有做好资源建设,才能够保证文化共享工程长久、持续地发展下去。安徽省级分中心在政府主管部门的高度重视下和文化部全国文化信息资源建设管理中心(简称"管理中心")的关心支持下,按照《全国文化信息资源共享工程"十一五"规划发展纲要》和《全国文化信息资源共享工程地方资源建设指南》要求,积极开展地方特色资源的建设工作,在多年的探索和实践中取得了一定的成绩。

1　安徽省级分中心地方特色资源建设的基本定位

文化共享工程启动的背景,就是为改变基层文化信息资源不足、公共文化服务落后的状况,运用现代信息技术将中华民族优秀文化资源进行数字化加工、制作和整合,利用网络等服务体系,将丰富的文化信息资源传输给广大基层群众,让广大基层群众得到更丰富的基本公共文化服务，分享社会发展的成果。因此，资源建设必须适合基层单位使用，贴近百姓生活，特别是广大基层群众所喜闻乐见。管理中心规划设计的“全国文化信息资源共享工程资源建设框架表”，基本涵盖了与城乡生活、农村生产联系紧密的领域，是各省级分中心开展地方资源建设的指导依据。

根据省级分中心资源建设的职责，安徽省级分中心具体承担本地区的特色资源数据化建设。安徽由于历史原因和地形、地貌的特点，形成了具有区域文化特色的淮河文化、新安文化和皖江文化三大文化板块，且各具特色，影响深远，在中国社会、经济与文化发展史上有着独特与重要的地位。开展对这些特色文化的数字化建设，形成文化共享工程资源，服务于广大城乡基层群众，对继承和弘扬中华民族优秀文化，建设社会主义先进文化，推动安徽文化发展和社会进步具有重要的意义。

2　安徽省级分中心地方特色资源建设的实践

2006年以来，安徽省级分中心在地方特色资源建设过程中，充分利用现代高新技术手段，以视频、图文、多媒体和网页等资源形式，整合和建设我省优秀的传统文化以及各类文化信息资源，初步构建起具有一定规模的安徽地方特色资源库。

2.1　地方特色资源征集

安徽省级分中心按照管理中心关于《征集各省优秀地方戏剧目暂行办法》的通知要求，积极地在全省范围内进行安徽地方戏剧目征集工作，解释和宣传文化共享工程优秀地方戏征集工作对传承中华民族地方特色文化，弘扬安徽戏曲风采的意义。

截至2010年8月，从全省各地剧团、音像出版社等单位征集剧目1306部，合格680部，时长73053分钟（1217小时55分钟），容量1272.76GB。剧种涵盖黄梅戏、庐剧、推剧、皖南花鼓戏、泗州戏、岳西高腔和青阳腔等。管理中心对此充分肯定，认为无论是从工作效率、工作细致程度上，还是从征集作品的数量、质量和规范上，均走在全国前列。管理中心于2006年7月20日下发简报,宣传我省分中心的经验做法,并授予文化共享工程安徽省分中心优秀地方戏征集工作杰出奖。

2.2 地方特色资源库建设

在地方特色资源库建设方面,通过运用现代信息技术,规范资源库设计、资源加工、资源存储格式、数据发布等标准,以安徽地方特色文化为重点,建设了一批具有地方特色的专题资源库。

2.2.1 《安徽美术》图文数据库

《安徽美术》数据库通过画家库和作品库两库合一的方式,收录二级专业职称以上的艺术家350人,作品2724幅,容量共计647MB。《安徽美术》数据库以建国后仍健在的当代书画家、美术工作者为对象,涉及的艺术门类齐全,各种风格兼顾,尤为注重具有代表性意义的艺术家及其作品。该库主要以图片和文字的形式,展现了以新安画派为代表的安徽美术风采。

2.2.2 《徽派建筑》图文数据库

徽派建筑是中国古建筑最重要的流派之一,它的工艺特征和造型风格主要体现在民居、祠庙和牌坊等建筑实物中。《徽派建筑》数据库按建筑类别和材质工艺分为古民居、古祠堂、古牌坊、古桥、古书院、古塔、古亭、古戏台、木雕、石雕、砖雕等类别,包括文字介绍386篇,图片3746张,共计1.44 GB。该数据库通过图片、文字全面展示了徽派建筑的历史和建筑特色,使之继续作为活的文化载体在现代社会当中得到继承和发扬。该数据库是我省分中心拥有自主知识产权的地方特色资源库。

2.2.3 《安徽戏曲》视频数据库

安徽是戏曲大省,戏曲剧种多样,最为亮丽的本土戏曲应当算是黄梅戏、庐剧和泗州戏。《安徽戏曲》视频数据库内容涵盖黄梅戏、泗州戏、庐剧、推剧等4个剧种,计213部,容量251GB。该库为视频资源库,所有剧目均源于生活、贴近群众,具有浓郁的民族风情和地方特点,体现了安徽戏曲的艺术特色。

2.2.4 《安徽杂技》多媒体数据库

《安徽杂技》由杂技概述、杂技人物、杂技艺术、走向世界和视频欣赏五个相互独立的部分组成，其中杂技概述采用网页的形式，杂技人物、杂技艺术、走向世界和视频欣赏采用数据库的形式。全部入库素材包含文字11.5万个、图片531张、演出视频21部、杂技艺术节目视频53个，共计22.6GB。该库资源形式为多媒体，通过视频、音频、图片、文字等方式全面介绍了安徽杂技的发展概况和优秀节目，展示了安徽杂技的魅力和风采。

2.3　文化电视专题片建设

文化共享工程资源建设规划中规定，资源形式分为视频、图文、多媒体库和网页。安徽省级分中心把视频资源建设，特别是电视专题片制作作为自己的核心任务。我们在人员少、任务重、条件差、困难多的情况下，通过多年来的学习、实践和锻炼，打造了一支专业的视频制作队伍，培养了一批视频制作专业人才，积累了组织、策划、拍摄和后期制作等方面的宝贵经验，制作了一批具有较高水准的、并且拥有完全自主知识版权的文化电视专题片。

在当今媒介进入高度发达和融合时代，作为一种独立艺术品种的电视专题片尤为广大群众所喜爱，它通过纪实手法的运用和表现，通过画面语言、声音语言、音乐语言、音效语言、动画语言的完美结合，追求“真实性”、“可视性”、“受众性”、“教育性”和“故事性”，把事物表述的形象生动，让人们感受到真实再现的品质，使观众产生情感的共鸣，达到心灵的互动。

我们基于这一考虑，在电视专题片建设方面作了大胆的尝试，经过艰辛努力，不断探索，获得了良好的效果。

2.3.1　《徽州建筑》电视专题片

《徽州建筑》电视专题片分为14集9个篇章，时长432分钟，容量21.03G，主题是表现古徽州“一府六县”所辖的“徽派建筑”。《徽州建筑》电视专题片直观、形象地表现了徽州建筑的独特风格，再现了徽州建筑古雅、简洁、富丽的工艺特征和艺术风采；专题片融知识性、人文性、观赏性为一体,体现了徽州建筑的人文美、建筑美,对于宣传徽州文化、保存中国文化遗产起到重要作用。该片由管理中心作为文化共享工程视频资源建设的示范片发放给有关省份。

2.3.2 《安徽历史文化名城》电视专题片

《安徽历史文化名城》电视专题片 14 集,时长 410 分钟,容量 26.67GB。主题是“历史文化名城”,内容涉及安徽省 5 个国家级、9 个省级历史文化名城。这些历史文化名城在历史上对社会、政治、经济、军事、文化、艺术等方面起过重要的作用,保存有较丰富的历史文物和历史特色的城市格局以及有代表性的传统风貌街区,拥有大量的国家级和省级重点文物保护单位,体现了中华民族的悠久历史与光辉灿烂的文化。它的建设对于加大安徽历史文化名城的研究、保护和发展,宣传安徽文化大省形象具有一定的促进作用。

2.3.3 《安徽红色记忆》电视专题片

《安徽红色记忆》电视专题片 11 集,时长 283 分钟,容量 16.54GB,主题是“红色文化”。安徽人民具有光荣的革命传统,为新中国的建立作出了重要贡献。该片通过对红色人文景观的纪实介绍,再现了中国共产党史中安徽革命斗争的红色旧址、红色起义、红色战斗、红色人物、红色事件、名将故居、烈士陵园、红色纪念馆等红色景观和精神,对于构建和谐社会,发扬和继承革命优良传统具有重要的现实教育意义。

2.3.4 《安徽民间传统工艺》电视专题片

《安徽民间传统工艺》电视专题片 8 集,时长 228 分钟,容量 13.7GB。主题是“传统工艺”,主要是宣传有代表性的国家级非物质文化遗产。安徽民间传统工艺历史悠久,工艺精湛,闻名中外,生产有 100 多种工艺美术产品。《安徽民间传统工艺》电视专题片以文房四宝、徽州三雕、芜湖铁画、界首彩陶、皖北剪纸、凤画、钟馗画等非物质文化遗产为代表,通过电视镜头,从历史沿革、工艺特点、加工技巧和工艺大师介绍等方面,再现安徽民间传统工艺的传承价值和经典风貌。它的建设对于挖掘和传承民间传统工艺以及保护非物质文化遗产具有现实的促进作用。

3 地方特色资源建设的经验

3.1 成立地方资源建设的组织机构

完善的组织机构是资源建设顺利进行的保障,安徽省级分中心在地方特色资源的建设过程中,以“项目制”的资源建设模式,成立了领导小组、专家组、摄制组(兼后期制作组)和验收组,做到责任到人,职责明确。其具体做法是:领导小组给予政策和政府资源支持,负责审议项目的总体规划;专家组负责提供决策建议、专业咨询和理论指导,并负责审议项目的可行性;摄制组承担具体项目的策划、调研和申报、拍摄和制作等;验收组负责项目成果的审核、验收,并提出整改意见。在这种项目管理模式下,各项目组团结协作,相互配合,可以保障资源建设有条不紊地按质按量按时完成。

3.2 妥善处理地方资源建设的版权问题

数字资源建设从采集、加工、发布到存储的每个环节都涉及知识产权问题,必须处理好版权问题才能进行资源的传播和利用。因此,安徽省级分中心进行资源建设时,将妥善解决版权问题作为资源建设的重要环节。安徽省级分中心按照《文化部、财政部关于进一步加强全国文化信息资源共享工程建设的意见》和《信息网络传播权保护条例》等有关规定,通过自建、合作共建、优惠征集等多种方式,妥善解决了所需数字资源的版权问题。

3.3 做好地方资源建设的质量控制

文化共享工程地方特色资源建设必须建立在统一标准的基础上,才能实现全国文化信息资源的共建共享。因此在资源建设过程中,我们始终遵循管理中心关于资源建设所制定的统一技术标准和规范,如《全国文化信息资源共享工程资源建设标准规范》,并结合安徽省图书馆ISO9001质量管理体系的要求,采取多项措施,严格进行资源建设的质量控制,使我省分中心的地方特色资源建设不仅达到了管理中心要求的资源建设标准,而且也实现了一次性建设,多次使用,一家建设,全国共享的目的。

3.4 打造视频资源建设的人才队伍

当今的图书馆正在向数字化图书馆方向发展，安徽省级分中心借助文化共享工程的东风，抢抓机遇，锐意进取，知难而上，从零开始，实现了视频资源建设的跨越式发展。

电视专题片制作首先要抓人才队伍的建设，从长远考虑，以安徽省图书馆员工为主，培养一批影视制作专业人才，打造一支影视制作专业队伍，成为文化共享工程安徽省级分中心资源建设的核心竞争力，是我们的发展愿景。为此，我们采取多种办法加快人才队伍的训练与培养。

第一步是采取“走出去”的方式。我们不惜资金，先后选派多名有悟性、有潜力、能够吃苦耐劳的员工到中国传媒大学、合肥新华计算机学院等院校学习摄像、剪辑、数字媒体等视频专业技术，为专业人才的储备和使用打下了良好的基础。

第二步是采取“请进来”的方式。第一部、第二部电视专题片聘请专业摄像师，在导演的带领下，实行“传帮带”的方式，对我馆两名员工进行实战演练和实际拍摄的强化培训，从第三部专题片开始，两名同志基本具备了独立摄像的能力，其中一位同志摇臂操作有较高水平，这样就不用再外聘摄像师，既培养了人才，又节约了开支。

第三步是采取“公开招聘”的方式。利用单位正式编制的余额，由省人事保障厅统一安排，面向社会公开招聘，先后招聘了后期制作、数字媒体和文字编辑等专业人员各一名，取得了良好的效果。

第四步是采取“战略合作”的方式，有些人才是很难培养出来的，也没有必要花费大量的时间、精力和资金去培养，比如导演、配音和配乐等，导演是一部片子的业务负责人，具有相当的阅历、丰富的知识、良好的业绩以及综合技能和实战经验，是我们短期内无法培养出来的，我们采取的是“长期合作”的方式，本着对公益性文化事业的热爱，我们和安庆黄梅戏剧团、安徽省电影制片厂等知名导演进行了非常有益的合作，他们所拥有的综合业务水平和的敬业精神，为我们安徽省级分中心的视频制作以及人才的培养起到了功不可没的作用。

多年来，我们顺应形势，不畏艰辛，不断探索，不断实践，建立了一支专业的数字资源建设团队，取得了一定的可喜成绩，积累了一定的成功经验，但离群众的要求还相差甚远。在今后的数字资源建设工作中，我们将进一步加大力度，加速发展，使文化共享工程得到持续、良性、健康的发展，以实现真正意义上的文化信息资源共建共享。

参考文献

[1]徐金安，黄晓珈，洪汉娟．共享工程省级分中心资源建设．云南省图书馆（季刊）2004（1）

[2]赵保颖．全国文化信息资源共享工程资源建设流程及相关问题．图书馆建设，2008（2）

[3]贺定安．以地方特色理念构筑文化信息资源共享工程资源建设与服务体系．图书馆建设，2008（2）

[4]喻虹．数字时代公共图书馆特色资源建设——以广西图书馆共享工程地方资源建设为例．情报探索，2009（6）

[5]李 挺．浅析我国文化信息资源共享工程资源建设的特点及其保障．图书馆论坛，2009（8）

[6]李汉伟．"共享工程"中特色数据库建设述略．科技情报开发与经济，2009（9）

作者简介

易向军，安徽省图书馆馆长，文化共享工程安徽省分中心主任。

贵州省文化共享工程特色资源建设的现状、问题及对策

◎ 肖 泓

全国文化信息资源共享工程（以下简称文化共享工程）是新形势下构建公共文化服务体系、惠及千家万户的一项重要文化基础工程，是政府提供公益性服务的重大文化项目，是实现广大人民群众基本文化权益的重要途径；是打破落后地区信息闭塞的状况，缩小“数字鸿沟”，提高广大人民的科学文化素质，推进社会主义文化大发展大繁荣和建设和谐社会的文化创新举措。该工程从2002年由文化部、财政部共同组织实施。

资源是文化共享工程的核心和生命力，为广大群众提供内容丰富、形式多样和群众需要和喜欢的资源，是文化共享工程工作的最终目标。文化共享工程覆盖广泛，服务对象众多，建设地方特色资源尤为重要。如何利用有限的人力和物力，做好文化共享工程地方特色资源建设，最大限度地挖掘、整理和数字化加工地方特色文化资源，是文化共享工程所面临的重大问题。

一、现状

1. 建设成果

在文化部、财政部的支持下，贵州省被列入全国首批文化

共享工程地方资源建设8个省份之一。2006年我省向国家中心申报了6个专题数据库的建设，分别是《贵州省国家级非物质文化遗产专题数据库》、《贵州农业科技专题数据库》、《贵州省医疗卫生专题数据库》、《农村实用技术贵州少数民族语言专题视频库》、《贵州烟草科技专题视频库》和《贵州环保专题视频库》。在资源建设的过程中我们发现原先向国家中心申报的6个资源建设项目中，贵州国家级非物质文化遗产专题库项目如按原申报书中申报的模式进行建设，将不能完整和全面地将我省国家级非物质文化遗产项目资源进行收集、整理、应用以及数字化长期保存。为此，省中心多次召开试点资源建设会，邀请我省有关非物质文化遗产、农业科学以及远程教育方面的专家参加会议，听取专家意见，最后省分中心决定并报省文化厅批准同意，将我省的国家级、省级以及地市级非物质文化遗产项目调整为按名录单个进行多媒体数据库建设，以便完整地、全面地将这些宝贵的民族文化资源进行多角度建设和展示，并以数字化方式长期保存和应用。为此，省中心特将试点资源建设项目申报内容由原《贵州非物质文化遗产专题库》、《贵州环保专题库》、《贵州农业科技专题视频库》、《农村实用技术贵州少数民族语言专题视频库》、《贵州烟草科技专题视频库》和《贵州农村医疗卫生专题视频库》调整为:《安顺地戏多媒体数据库》、《玉屏萧笛多媒体数据库》、《台江反排木鼓舞多媒体数据库》、《水族习俗多媒体数据库》、《苗绣多媒体数据库》、《苗族芦笙舞(锦鸡舞)多媒体数据库》、《苗族银饰锻造多媒体数据库》、《德江傩戏多媒体数据库》、《石阡木偶戏多媒体数据库》、《布依族八音坐唱多媒体数据库》、《贵州蜡染多媒体数据库》、《侗族大歌多媒体数据库》、《侗戏多媒体数据库》、《水族马尾绣多媒体数据库》、《侗族琵琶歌多媒体数据库》等15个多媒体数据库和《贵州环保视频库》、《贵州烟草视频库》、《贵州计生视频库》。2008年，我省又向国家中心申报了《侗族大歌》、《安顺地戏》、《布依族八音坐唱》、《苗绣》、《玉屏萧笛》、《木偶戏》、《德江傩戏》、《苗族芦笙舞》、《侗族琵琶歌》和《木鼓舞》等10个高清专题片。所有申报的项目均通过了国家中心的审批并于2010年3月将以上所有资源的原始素材和加工建设好的 Flash 多媒体数据库和高清专题片，全部上缴了国家中心，并通过了专家组的验收，以用于全国共享。

2．建设思路

在文化共享工程地方特色资源建设过程中，我们的思路是以科学发展观为指导，坚持地方特色，注重精品打造。正确处理好价值与需求，长远与当前、文化与其他、地方特色和全国共享、重点与一般、数量与质量的关系。在具体工作中，一是注重我省非物质文化遗产名录中重要项目的抢救，使其可供长期保存和数字传承；二是始终坚持相关专家全程参与指导，注重文字和音视频的制作规范和严谨；三是始终高度重视知识产权，把对所建设的资源库拥有全部知识产权作为首要任务和目标。

3．建设方式

贵州在文化共享工程地方特色资源库建设方式上，采用自主建设与服务外包形式相结合的方式进行建设，在资源的采集过程中，为保证资源的质量，通过聘请高水平的专业摄像师、导演、场记等专业人员，利用最先进的高清设备进行摄制，确保了资源原始素材的高质量。资源制作和加工，我们严格按照国家中心下达的标准进行制作，确保了资源建设符合国家中心的要求。

二、取得的经验

1．因地制宜、合理规划，是做好文化共享工程地方特色资源建设的前提

由于贵州是文化共享工程地方资源建设的首批省份，没有经验，在向国家中心申报地方特色资源建设数据库时，没有很好地对我省的地方特色文化资源进行调查研究，没有对地方特色文化资源进行合理规划，以至于后来重新修改建设方案，影响了资源建设的时间、耗费了部分人力和物力。因此，在进行文化共享工程地方特色资源建设之前，一定要对本省的地方特色文化资源进行充分、详细的调查研究，合理地做好建设规划，这是做好文化共享工程地方特色资源建设的前提。

2. 丰富的民族文化资源是做好文化共享工程地方特色资源建设的基础

贵州省历史源远流长,民族多样性分布广泛,少数民族人口占全省总人口的37%。在贵州省范围内,居住生活着苗族、布依族、侗族、水族、仡佬族、彝族等十余个少数民族。在漫长的历史长河中,各族人民用自己的聪明才智和勤劳双手创造了光辉灿烂的民族文化,形成了得天独厚,别具特色的,具有较高文化内涵的谚语诗歌、神话史诗、音乐舞蹈、戏剧、节日庆典、民风民俗、民族服饰等,构成了贵州极为丰富极具魅力的民族文化资源。截至2010年初,我省的非物质文化遗产已有国际级1项、国家级62项、省级440项、市级822项和县级3438项。这些民族文化资源为我省建设好文化共享工程地方特色资源奠定了丰富的资源基础,我省已经通过国家中心验收的地方特色资源库多达15个多媒体库和10个民族文化专题片,是全国首批文化共享工程地方特色资源建设完成数据库最多的省份之一。因此,加深对民族文化资源认识丰富性的认识,是做好文化共享工程地方特色资源建设的基础。

3. 领导重视和资金保障,是做好文化共享工程地方特色资源建设的关键

贵州各级领导高度重视文化共享工程地方特色资源建设工作,在启动这项工作之前,我省专门召开资源建设厅际联席会议,参加会议的各位厅局的领导们纷纷要求各有关单位要大力协助做好地方特色文化资源建设,同时省财政厅和省文化厅对超出国家中心建设经费的部分予以经费保证。这两点对于我省能顺利实施和完成文化共享工程地方特色资源建设任务,起到十分关键的作用。因此,领导重视和资金保障是做好文化共享工程地方特色资源建设的关键。

4. 技术路线和标准体系,是做好文化共享工程地方特色资源建设的核心

我省在建设文化共享工程地方特色资源建设中,始终把技术路线和标准体系作为核心问题来抓。在技术路线上采用flash多媒体库与高清

视频专题片相结合的技术路线，全方位、多角度对资源进行运用和展示。在标准体系方面，严格按照国家中心下发的《全国文化信息资源共享工程试点工作资源建设指南》要求，执行统一的技术标准规范，最大限度地实现资源的有序化存储、标准化表述、规范化应用，以及实现通畅的互操作和资源库的跨库检索与无缝链接。我省执行的技术路线和标准规范体系在全国的验收会上也得到了高度的肯定。因此，在地方特色资源建设过程中执行什么样的技术路线和标准体系是整个资源建设的核心。

三、存在的问题

1. 建设经费短缺

贵州是一个地方特色文化资源十分丰富的省份，目前我省在地方特色文化资源建设上刚刚起步，还有大量的、急需抢救性建设的地方特色文化资源。单就我省的非物质文化遗产项目来说，我们仅仅完成了国家级项目的三分之一，还有47个国家级项目和440多个省级、3438个县级项目需要我们进行数字化建设。贵州又是一个红色文化大省，按照中央有关领导的要求，要进行红色文化数字化建设，然而由于贵州是欠发达、欠开发省份，经济基础薄弱，没有将地方特色文化资源建设专项经费纳入每年的财政预算，建设经费短缺，这些急需建设的资源由于没有建设经费而没有进行数字化建设，有些民族文化遗产正在逐步消失。

2. 人才基础薄弱

全国文化共享工程贵州省分中心共有专职人员9名，其中专门从事资源建设的人员不足5名，而且贵州全省各级支中心几乎没有资源建设的专业人员。因此，人才问题也是我们做好地方特色资源建设的一大瓶颈。

3. 其他问题

除了遇到的经费、人才等主要问题外，还有设备不足、资源建设过程中各方面相关人员的配合等问题，如在非物质文化遗产项目建设中，大量的传承人和演员外出打工，无法在固定时间进行摄制。个别地方领导对非物质文化遗产项目建设重视不够、支持不够,影响了建设的效率等等。

四、解决方法与对策

(一)进一步提高认识,加强资源建设的责任感和使命感

1. 在建设经费方面,我们一方面积极争取国家的建设经费和省财政厅的大力支持,同时最大限度地节省各项不必要的费用来弥补资金的短缺。另外也通过产权共有等方式,争取社会各方支持。

2. 通过加强人员培训和聘请社会上相关专业人员,来解决人才不足的问题,贵州省中心多次派专业人员参加国家中心和相关社会机构举办的各类与资源建设相关的培训班,同时省中心也对各级支中心的相关人员进行培训,提高资源建设人才的专业技能。

3. 通过租用相应设施设备的办法来弥补设备的短缺。为了使各资源所在地的相关人员能积极主动地配合工作,贵州省文化厅分别给每个项目所在地发去相关函件,共享工程贵州省厅际联席会议各有关单位也通过各自渠道对文化共享工程地方特色资源建设予以最大的帮助,为顺利地完成各项任务做好准备。

(二)加强资源建设规划,为全面推进资源建设谋篇布局

为了做好地方特色资源建设,我们于2010年上半年制定出了《贵州省文化共享工程资源建设“十二五”规划》,对我省的资源建设进行科学合理的安排和打算。按照规划,我省将在“十二五”时期完成16项国家级非物质文化遗产项目多媒体数据库和视频专题片的建设,同时还将建设《红色贵州》多媒体数据库,通过数字化的方式再现那段红色历史。我省还将在“十二五”期间,对民族文化艺术之乡的成果进行数字化建设,用数字化的方式宣传多彩的贵州,促进贵州经济发展。

(三)加强协作,共建共享

为了更好地完成我省的地方特色文化资源建设,我们将加强同各级地方政府文化主管部门的协调与合作,通过共同建设和共同享用的方式来更好地完成地方特色文化建设。我省的省级和县级非物质文化遗产名

录项目主要由地区级文化主管部门负责，在文化共享工程贵州省中心的指导和支持下，由文化共享工程地区级支中心来完成。建设成果由省中心和各地区共有。

资源建设是全国文化共享工程的核心工作，地方特色资源建设又是文化共享工程资源建设的关键内容。因此，按照“突出重点、兼顾一般、上下联动、分级负责”的原则做好文化共享工程地方特色资源建设，是文化共享工程工作者义不容辞的责任和义务。

作者简介

肖泓，贵州省图书馆馆长，文化共享工程贵州省分中心主任。

云南文化共享工程地方特色资源建设概述

◎ 李友仁 王水乔

全国文化信息资源共享工程（以下简称文化共享工程）是一项繁荣社会主义先进文化的创新工程，它采用现代信息技术手段，对中华民族的优秀文化信息资源进行数字化加工和处理，利用覆盖全国的网络服务体系，实现文化信息资源在全国范围内的共建共享。云南的文化共享工程作为全国文化共享工程的有机组成部分，在文化部、财政部和共享工程国家管理中心的关心与支持下，在云南省委、省政府的领导下，正式启动了工程建设。

工程启动以来，资源建设就一直是云南文化共享工程建设的核心。共享工程云南省分中心始终将地方特色资源建设作为重要的工作来抓。

1 建设思路及进展成果

在资源建设工作中，我省坚持以"三贴近"为原则，把着力点放在面向基层、面向农村、面向普通群众上，以自建、共建等多种方式，系统地整合具有云南地方特色的数字资源。

以特色为导向进行选题和建库。具有云南地方民族特色的文化信息是云南省资源建设的选题及建库重点。一是以云南独有的"立体农业"为选题，以反映云南省农业历史和现状为重点，加工建设了“云南农业资源库”；同时，结合云南省新农村建设和广大农民脱贫致富的需要，建设了农业科技视频资源库。二是针对“云南大力发展花卉产业，鲜切花产量保持全国第一，年产鲜切花占到全国总产量一半”的现状，建设了“云南花卉资源库”。三是以云南历史悠久、品牌影响力大的普洱茶为选题，建设了“云南普洱茶资源库”。四是结合云南建设旅游支柱产业的战略部署，围绕云南省极其丰富的旅游资源，建设了“云南文化旅游资源库”。五是针对云南开展的非物质文化遗产保护工作，建设 了“云南非物质文化遗产资源库”。六是以白族、哈尼族、纳西族等15个云南省独有少数民族的民俗文化为题材，建设了“云南独有少数民族资源库”。七是针对云南地处西南边陲，禁毒防艾形势严峻的现状，完成了5集禁毒防艾专题片的制作，并建成了“云南禁毒防艾资源库”。八是以独具云南特色的青铜器文化为选题，建设了“云南青铜器资源库”。九是结合云南建设民族文化强省的战略要求，立足云南省丰富多彩的民族文化艺术资源，挖掘、展示云南独特而丰富的文化艺术精品，着力打造了“云南舞台艺术资源库”、“云南现代版画图文数据库”和“云南重彩画资源库”。

加强两个创新。一是对资源描述的创新。我们采取了“立体”的方式进行描述。比如，对“禁毒防艾”专题资源库通过不同形式，针对不同受众人群进行资源加工，既有视频这种直观易懂的方式，还有图片、文字和专栏等形式，力争做到多方位、全面形象地描述一个对象。二是对服务方式的创新。即采取“边建设、边服务”的方式，使完成加工的资源在第一时间通过网站、移动硬盘、刻录光盘等方式面向广大基层群众提供服务，确保服务及时有效。

确保实现“三化”。一是在资源存储上做到“有序化”；二是在资源表述上做到“标准化”，我们根据相关“格式规定”、“元数据标准”进行资源表述编目，确保对资源按照标准化表述；三是在资源应用上做到“规范化”，保证资源能更有针对性地为基层群众服务。通过“三化”建设，能更好地组织和管理资源、有效服务，避免了资源格式标准不一、质量层次不

一、信息揭示深度不一的情况。

积极建设网站，提供丰富的网络资源服务。资源建设的最终落脚点是服务，因此共享工程云南省分中心十分重视网络资源服务，将“云南文化信息资源网”网站建设列为工作重点来抓。通过有计划、有目的地收集、选取大量具有云南特色的网上信息资源，进行采集、加工、整理、开发，并分类建立标准化、规范化的专题数据库，形成了有地方特色的信息产品，以利于云南省用户的使用。目前，已建成设有12个专题库、44个栏目、总内容3万多篇（条）的“云南文化信息资源网”。自2007年6月1日试运行以来，网站总访问量50多万人次，资源总量达到4TB。

2　目前资源建设中存在的主要问题

目前资源建设中还存在以下主要问题：

资源建设的针对性还不够强，资源建设的质量还需要进一步提高。有的资源对群众缺乏吸引力，难以满足广大基层群众的需求。

资源版权问题仍很突出，部分优秀资源由于版权问题没有解决，而不能进行推广和传播。随着传输服务模式的不断丰富，应进一步协调解决版权问题。

资源的统一检索、分布式调用机制还未形成，未能充分发挥作用。

资源传输尚不够畅通。部分县支中心没有建立有效的资源传输机制，未能采取有效的传输手段，将资源及时向下传递到基层服务点。

基层工作队伍的业务能力需进一步提高。基层网点的工作队伍素质和业务水平较低，有的还不能熟练操作计算机等设备，制作资源、为群众提供服务的能力相当薄弱，制约了全省地方特色资源的建设。

3　下一步资源建设的工作思路

为了建好地方特色资源库，在“十二五”期间，应该做好以下几个方面的工作。

- 与当地计生、科技、农林等部门合作，多层次地整合加工适合农民素质教育和文化服务的各类资源，进一步丰富“农文网培学校”的教学及服务内容；

• 在完成纳西族、白族、傣族等独有民族文化艺术资源库建设的基础上，继续加强云南15个独有少数民族特色资源的建设，并启动实施其他独有民族的资源加工工作；

• 继续加强惠农资源的建设，进一步开展农业科技信息资源库、农村市场信息资源库、农民知识讲座等专题资源建设；

• 充分调动和发挥各州市、县级支中心的作用，在省分中心的指导下，进一步加强资源建设，根据当地特点和群众的实际需求，有针对性地征集和整合资源，不断加大对本地特色资源尤其是少数民族特色资源，以及适农、科普等方面资源的建设力度，切实增强资源的吸引力和供给量。

如果说文化共享工程基层服务网点的建设解决了“锅”的问题，那么资源建设就是解决“米”和“菜”的问题，解决了这个问题，就能为文化共享工程建设提供丰盛的“美餐”，确保工程建设的生机与活力。

作者简介

李友仁，云南省图书馆馆长，文化共享工程云南省分中心主任。

王水乔，云南省图书馆副馆长，文化共享工程云南省分中心副主任。

内容为王：文化共享工程地方特色资源建设的理性思考

——以江苏省分中心特色数字资源建设实践为例

◎ 许建业　王陆军

数字资源内容建设，是全国文化信息资源共享工程（以下简称文化共享工程）建设的关键所在。数字信息资源的质量与数量，直接影响着文化共享工程的可持续发展与服务的深化延展；特色数字资源建设，则是我们资源建设的亮点和着力点。从一定意义上说，网络是文化共享工程的骨骼，数字资源是文化共享工程的血肉。我们只有用内容丰富、各具特色的大量优秀信息资源来吸引群众，才能使文化共享工程这项惠民工程真正深入人心，步入千家万户。江苏省文化厅和文化共享工程江苏省分中心高度重视数字信息资源的建设与传播。我们于2003年就创办了江苏文化共享工程网站，当时名为"江苏文化网"（后于2008年底改为"江苏文化共享工程网"www. jsgxgc. org. cn），作为数字信息资源发布的平台，同时启动了"江苏文化"等特色数据库的建设工作。2005年以来，我们先后启动并完成了一系列具有鲜明地方特色的数字资源建设项目，包括专题数据库、专题片和专题讲座等，取得了阶段性成绩，积累了初步经验，现与同仁共享并求教于大家。

一、紧扣特色做文章

特色数字信息资源,简单说,就是数字化后的具有地方特色、馆藏特色、专业特色等的文献信息资源,这些资源经过科学的整合,可以方便地通过网络等工具,提供给用户。

地方特色数字信息资源,一般是指与某一地域的政治、经济、文化、教育等相关的独特的数字信息资源,是我们特色资源建设的主体部分。这些资源中,部分属于自建,部分则是通过购买或受赠所获得,本文主要讨论自建部分。馆藏特色数字信息资源,则是指数字化后的本单位优势收藏的各类文献资源。在特色数字资源建设中,我们认真把好选题、调查、分析、论证,以及策划、制作过程的每一道关。特别是在选题时,我们既考虑到新产品的地域特色和内容特色,也考虑到素材的方便获取,受众的关注程度,以及版权问题的容易解决等等,使特色信息资源建设具有起点高,成本省,容量大,用户多的特点。

1. 特色数据库建设

A. “江苏文化”大型全文数据库

江苏拥有众多杰出的文化名人和文学家、艺术家,并在文物、图书、群文等文化领域和美术、书法、戏剧、影视、民间文艺等艺术门类中享有声誉。

2003 年起,我们就开始建设“江苏文化”大型全文数据库。此库包括江苏的文学和艺术作品库、旅游文化资源库、文化名人数据库等系列子数据库 12 个。至今已制作和发布数字资源近 20 万条。

以“江苏文化名人数据库”为例。此库收录了文献记载过的历代江苏文学家、雕刻家、画家、摄影家、书法家、舞蹈家、戏曲家、音乐家、影视艺术家、工艺美术家等领域的名人 4371 名。在每位名人的相关页面中,通过链接可以直接进入与之配套的“作品数据库”。“作品数据库”中全文收录了这些名人的作品 3 万多件。

数据库采用 TRS 软件进行数字资源的加工与发布。基本检索采用分类目录的树状结构方式，在专题内容较多的情况下，增加下级检索类目。同时，数据库对全部内容提供深度的全文检索。

B.“中国近代文献图像数据库”

南京曾是中华民国的首都，南京图书馆也曾是民国时期的国家图书馆，因此民国文献特别丰富。民国时期是我国历史上一个特别的时期，较长时期以来，人们对民国史的兴趣长盛不衰。我们利用南京图书馆珍贵的文献，制作了一系列数据库和视频节目等，努力使民国文献这一馆藏富矿得到尽可能的开发。

2004 年 11 月，在第四次中文文献资源共建共享会议上，我们提交了“中国近代文献图像数据库”项目，经过 6 年多的努力建设，此大型图像数据库已形成一定规模，成为我省共享工程网站重要的特色资源。

中国近代文献图像数据库采用全文检索，收录文献从 1840 年到 1949 年，自 2005 年以来，已制作完成条目十余万，并在省中心共享工程网上选择发布了一批。

此库设有政治、经济、军事、文化、科技、教育、体育、宗教、法律、人物、民国建筑、民国风俗、民国广告、医药卫生、历史地理等 15 个栏目，每个栏目下设有多个子栏目，可以即兴浏览，也可以有目标地进行深度的全文检索。

C. 民国史系列专题数据库等

省分中心还针对读者需求或当时社会热点问题，如抗日战争胜利纪念、中国举办 2008 年奥运会等，及时推出一些引人入胜的专题图像数据库。

(1)百年人物：收录范围，是在中国近代文献中出现的、在中国历史上起一定作用和社会影响的中外历史人物，目前已发布 5000 条。

(2)百年艺苑：唐诗、宋词、元曲、清代小说、民国漫画，都是中国历史上文化瑰宝。已发布 2800 条。

(3)抗日战争历史图库：资源的特点，是既有民国时期出版的期刊、图书，有解放后各个历史时期出版的抗战题材的图书，也有音视频资源和少量的网络资源。已发布6319条。

(4)奥运世界、中华圆梦:此数据库以翔实的史料、精彩的图片、精心的编辑,再现了中国体育运动从古至今的发展轨迹,再现了奥林匹克运动发展的历史。已发布5442条。

D.“金陵掌故”全文数据库

南京是六朝古都。2010年,省分中心研制了“金陵掌故”数据库,目前正在积极制作中。此数据库的收录,涉及上古到清代与南京有关的所有文献,包括全书(或全篇)、词条两部分。其内容以地理、风俗及与之相关的人物、故事为主,并支持全文检索。

E. 江苏省五星工程多媒体数据库

此库收录江苏省文化厅设立的“江苏省五星工程奖”的获奖作品。“五星”指音乐、舞蹈、美术、戏剧、文学等五方面。

本库目前收录从江苏本地群众文艺活动中评选出的精品253个,主要包括美术、摄影的图像作品以及音乐、舞蹈、戏剧、曲艺等方面的视频作品。

2. 特色视频资源建设

A.“江苏省国家级非物质文化遗产”系列专题片的摄制

2009年,省分中心组织摄制组,深入南京、扬州、苏州、无锡等地的非遗基地,摄制了一批具有浓郁的江苏特色的国家级非遗专题片,提供给全国文化信息资源建设管理中心,受到了基层群众的欢迎。

这批非遗系列专题片共20集,每集45分钟,内容包括地方戏剧、民间工艺、传统的音乐、美术等诸多方面。我们力争用真实的镜头永远保存这些珍贵的非特质文化遗产的原始资料,用精心的编辑使每一集专题片都成为精品。

B.“中国近现化史系列讲座”62集的摄制

2009年,省分中心利用自己的演播室,聘请知名度很高的民国史专家王晓华先生等,为省委组织部党员干部现代远程教育中心拍摄了“中国近现化史系列讲座”62集,用于文化共享工程。包括“民国建筑”6集,“南京沦陷”4集,“民国兴亡”9集,“国民革命军沿革”11集,“民国外交”

3 集,“暗战·除奸”29 集。

C. 网上报告厅

在江苏文化共享工程网站首页,设有“网上报告厅”栏目,内容为南京图书馆的视频公益讲座,目前提供的近 400 场。可以从政治、军事、教育、文化、科技、生活、历史、经济等方面进行分类检索,点击下载后播放。

总之,省分中心通过各类特色数字资源的建设,使用户可以通过网络方便地获得珍贵的信息资源,同时显著地扩大了文化共享工程的社会影响。

二、开拓创新求发展

视频资源建设,在文化共享工程数字资源建设中占有举足轻重的地位,同时也是我省分中心特色数字资源建设的重点和难点,需要我们勇于实践,勤于探索,不断创新,才能取得好的成绩。

从 2005 年开始,我们就尝试进行视频资源的开发,用于文化共享工程。但由于设备差,专业技术能力弱,并没有明显的效果。2008 年,省分中心投资 100 多万元,购置了一批摄像和制作设备,并建立了小型的专业演播室。同年,我们大胆地承接了文化共享工程国家中心的 20 集“江苏国家级非物质文化遗产”系列专题片的摄制任务,以及为江苏省委组织部党员干部现代远程教育中心摄制 62 集“中国近现代史系列专题讲座”的任务。并以此为契机,经过两年多的实践,培养了一批爱岗敬业的专业技术人员,拍摄和制作了一批有影响的视频节目,受到用户的喜爱。

1、以我为主,培养人才

摄制优秀的视频节目,需要有一批敬业的专业摄像和编辑人才。针对工作需要,我们立足现实,重在通过项目实施过程中培养人才。为此采取了如下措施。

首先明确“以我为主”的人才培养思想。起初我们通过与省、市电视台、电影制片厂等单位联系,试图以他们为主,合作摄制专题片,但成本太高,而且不利于我们人才的培养。经过前期的摸索,最终确定了约请资深编导、摄像和灯光师现场指导、本馆员工承担全部摄制工作的方式。实践证明,这种模式既可以学到专业技能,又极大地节省了开支,同时也快速培养了人才。事实上,经过近一年实践,我们就完全独立地进行工作。

此外,我们还采取用"以任务促学习"的方式,促进人才的成长。即对每位员工,特别是摄像和编辑人员,制定明确的任务分解表,按期检查完成任务的质量和数量,并定期召开他们作品的评审会,由相关员工共同评价。由于工作压力大,要求高,员工学习摄像和编辑技巧的愿望更加强烈,而且由于带着问题学,掌握得更快,也更加牢固。

电视节目的拍摄,尤其是外景地的拍摄,有时是比较艰苦的。我们在努力培养编导和摄像人员敬业精神,充分调动大家的工作积极性。

2. 质量第一,从严把关

特色数字信息资源的质量控制,是数字资源能够正常使用和获得群众喜爱的重要保证,对此我们给予了高度重视。

在数据库建设的执行标准和规范性方面,我们制定了详细的编排、著录方案和规则。资深的资源编排人员按照资源库编排方案以及"元数据著录规则"进行加工处理,并根据素材采集的实际情况,设计和制作标准的"库结构文档"。技术人员根据库结构文档使用相应的建库软件创建库结构文件,资源著录人员再按照固定的库结构及预先编写的"网站资源加工细则"中的著录要求录入数据。

资源库建成后,我们有专门的审核人员对数据质量进行把关。主要对文字、图片、音视频、链接的正确性,内容的完整性等进行质量检查,确保数据库的规范性和正确性。

在视频资源建设方面,我们组织员工认真学习和讨论全国文化信息资源建设管理中心下发的"视频资源数字化加工格式规范"等文件,还制定了一系列的视频资源加工细则。例如对视频节目的解说词和字幕,我们制定了非常详细的词汇、数字和符号等的使用规范,并且指定了用于词语参考的《现代汉语词典》的版本。对于非物质文化遗产专题片,我们还提出了艺术和技术的总目标,要求逻辑清楚,事实准确,格式规范,画面稳定美观,音效纯净清晰,文字清爽优美,并且不应有任何差错。

在专题片和专题讲座最终的质量控制上,省分中心由领导带头,对完成的节目逐一进行认真的审查。从节目的内容、语言、画质、配音配乐、编辑质量等方面提出非常严格的要求。以2009年完成的“江苏省国家级非物质文化遗产”系列专题片为例,每部专题片我们平均集体审查在三遍以上,精益求精,保证了这批节目的较好质量。

3. 胸怀大局,加速发展

作为省分中心,不仅要搞好分中心内部的信息资源建设,还要勇于探索和创新,努力搞好全省文化共享工程信息资源建设的组织和协调工作,使我们的信息资源建设在整体上得到发展。

近年来,各地支中心所在的图书馆都在探索延伸服务的方式,积极为读者举办各类公益讲座、专题报告会。许多讲座和报告会由专家主讲,内容丰富,引人入胜。对这些讲座科学地进行组织,并且按严格的技术规范进行摄像和编辑后,既可以作为视频资源向上级提供,也可以通过网络、光盘等形式向用户传播,获得良好的社会效益。但目前我省各地的图书馆讲座资源的制作还不够理想。主要问题,一是讲座质量良莠不齐,二是专业技术力量不足,摄像和后期制作的技术不过关,相关设备较差,制作出来的产品不符合技术规范。三是各地的一些讲座缺少地方文化特色,雷同情况较严重。

针对上述现象,江苏省分中心于2010年7月举办了有50人参加的“全省共享工程讲座摄制培训班”。聘请了南京市电教馆和省电视台四位实践和教学经验丰富的专家。通过形象生动的教学,使技术人员了解共享工程视频资源征集的规范,掌握摄像和编辑系统的选型、讲座摄像和后期制作的基本知识与技巧。同时,还召开座谈会,探讨了全省范围内讲座视频资源的共建共享问题。强调在讲座策划时,各支中心应该积极参与,强化讲座的地文文化特色。经过规范的拍摄和后期制作,逐步建设成各地特色鲜明的讲座资源库,最终形成全省统一的文化共享工程讲座资源总库。

省分中心所在的南京图书馆,每年要举办一百多场公益讲座,我们积极和其他相关部门合作,拟定计划,聘请专家,常年举办具有地方文化特色的系列公益讲座。既可以吸引市民学习和欣赏,也可以为文化共享工程提供更优质的节目来源。

三、结语

特色数字信息资源建设是一项投入大、见效慢的工作。需要我们长期坚持,在人力和物力上全力以赴,才能取得好的成绩,并最终尝到甜头。2010 年,我们自加压力,又启动了一批江苏特色的视频资源摄制项目,包括"江苏红色之旅"系列专题片 20 集、"江苏名人故居"系列专题片 20 集,以及"江苏革命英烈"系列专题讲座 50 集,还研发和启动了一些新的特色数据库项目。

任重而道远,我们将不懈努力,为文化共享工程的可持续发展,特别是为"十二五"规划的良好开局,做出应有的贡献。

参考文献

[1] 冼育华. 广西壮族自治区图书馆共享工程资源的建设与思考. 图书馆界,2008(4):55-56,61

[2] 赵保颖. 数字图书馆应用规范在共享工程资源建设中的实践. 图书与情报,2008(6):93-94

[3] 孙淑娟. 公共图书馆地区特色数字资源库建设研究. 新世纪图书馆,2008(6):76-76,21

[4]江苏文化共享工程网站:http://www. jsgxgc. org. cn

[5]南京图书馆网站:http://www. jslib. org. cn

作者简介

许建业,南京图书馆副馆长,文化共享工程江苏省分中心副主任,研究馆员。

王陆军,南京图书馆信息资源开发部主任,副研究馆员。

文化共享工程地方特色资源建设研究

——以湖南近代人物数据库建设为例

◎ 邹序明

湖湘大地,历史悠久,文化积淀十分深厚,孕育和接纳了一大批杰出人才,形成了灿若繁星的湖湘人才群。特别是近现代以来,由于湖南人在历史舞台上的出色表现,湖湘人物已经得到了世人的广泛瞩目和肯定,并已成为中国近现代史研究中的一个重要课题。人民群众学习历史和专家学者研究中国历史,不可不关注湖南人。应该说,作为一种地域文化现象,湖湘人物已卓然独立于世,充分挖掘湖湘人物资源,具有特别重要的意义。

全国文化信息资源共享工程(以下简称文化共享工程)湖南省分中心在收集各类历史文献资料的同时,还收入了不少历代湖南名人著述。其中,近代湘籍名人的著述、手稿和字画等尤为丰富。

近年来,文化共享工程湖南省分中心在成立湖南名人文库的基础上,已扩展为湖南人物资料中心,搜集到海内外湘籍人士 5000 多人的信息资料。然而,随着人物资料的不断积累,以及社会对提供人物资料的日益迫切,原先的手工操作已愈来愈不适应现实的需要,必须要采用计算机管理,建立人物资料数据库。

建立湖南近代人物数据库，充分挖掘湖湘人物资源，有很强的学术性、纪念性、史料性和观赏性，对于人民群众学习历史文化、开展"湖南人"的研究、湖南人才资源开发、弘扬湖湘文化具有积极意义。同时，也可以更好地为社会发展和经济建设服务。

1 数据库建设目标

湖南近代人物数据库在建库之初，就确立了明确目标，希望通过该库建设，全方位整合湖南近代人物（1840 – 1919 年）资源，通过图片、文字、视频等形式，多角度展示人物的生平、著述成果、研究评论、纪念场馆、家族亲友、研究人员、机构刊物等内容；建成既可扩展成某个人物的专库，又可拓展为研究湖南人物的，能够满足普通浏览、信息查询和课题咨询等多个层次的应用要求的，集图、文、声、像为一体的大型特色数据库；为国内外研究专家提供一个公共研究平台，更为世人了解湖南历史、认识湖湘人物打开一扇新窗口。

2 数据库的体系结构

湖南近代人物数据库按照"人物—人物著作—研究人物著作"的脉络，根据网站特点和浏览习惯，在网站栏目频道主导航区内划分出了湖南人物、人物专题、湘人文库、人物研究、图片集锦、影音作品等 6 大主栏目，下设若干子栏目。为了充分体现这一脉络，在进行数据库设计时，我们设计了主要数据库和辅助词表两大类数据库。主要数据库分人物库和文献库两类数据库。人物库含湖南近代人物数据库，研究人员数据库，家族亲友数据库 3 个子库，文献库含著述成果、研究评论，动态消息，研究刊物、研究机构，文献图片，人物照片，史迹场所，音视频 7 个子库。建立有民族，籍贯，科名等 9 个辅助词表，如图 1 所示。

数据库设立 200 多个字段，建立 10 多个关联，使其既可以作为某个典型人物的专库（如曾国藩研究数据库），也可以扩充建设为研究人物的

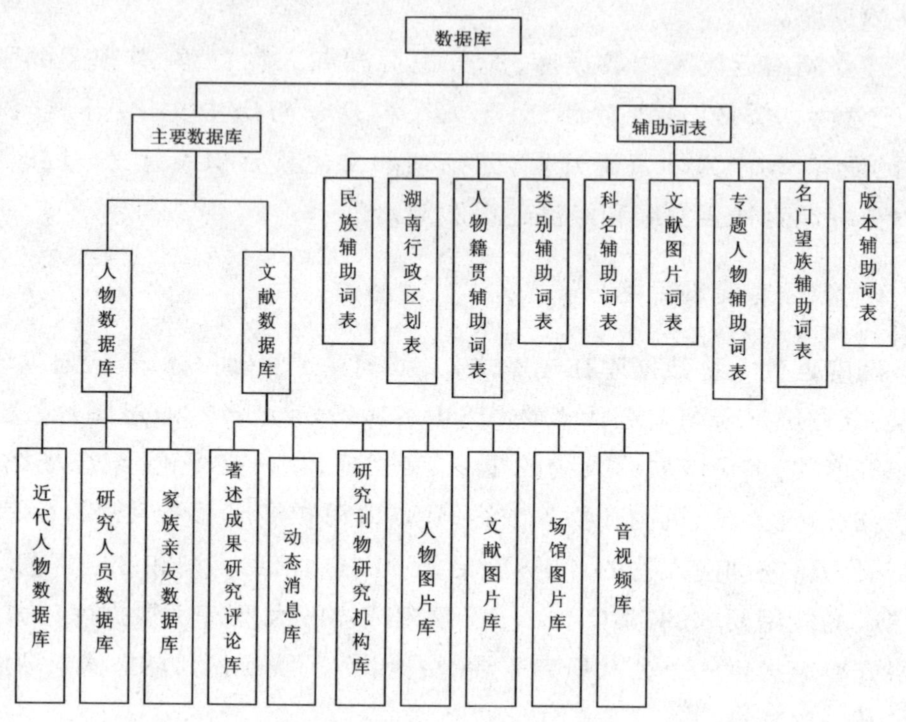

图1　湖南近代名人资源库结构图

全库。以人物库后台建设为例，它设计了近代人物库、研究专家库、家族亲友库等3个子库，这3个子库既相互关联又相对独立，通用的字段可以共用，便于通库的检索、统计、查询；特有的字段可以随时扩充，以满足专库建设的需要。

3　前后台功能设计

数据库系统分为前台和后台两大模块，后台面向工作人员，具有对数据的录入、修改、删除和查询功能，后台录入采用分级模式，账号不同，权限不同，所做操作也不同，此外所有操作采用了日志记录模式，便于管理。前台面向用户，充分考虑了目前人物有数据库支持网站和无数据库支持网站的各自优势，提出并实现了以检索统计、关联表现为主要功能的页面展现形式,使得整个网站显得结构明快、主题鲜明,易于使用(如图2所示)。

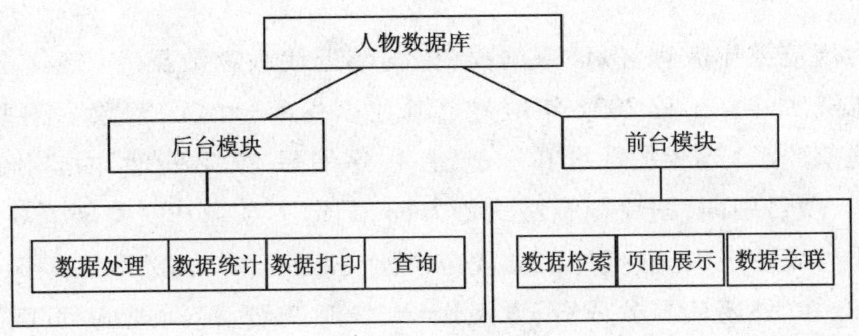

图2 湖南近代名人资源库系统功能图

检索统计功能:该库不仅可以对人物库、文献库、图片库、影音库的字段进行单独检索,如在人物库中有人物姓名、别名字号、生卒年、籍贯、科名、职官等30多个入口,可以进行基本数据和特殊数据的单项或组配检索,且其检索结果能够按照人物姓名笔画、汉语拼音、生卒年时间等自动排序。该数据库系统设计上还保证了可以以随意组配的方式,实现对数据库的多样化检索。用户可以使用"+"(或)、"*"(与)符号任意构造表达式,以满足其复杂的检索要求。也就是说,既可以在基本数据库中进行相互组配,也可以一次性地精确定位检索符合特定要求的有关数据,还具有跨库组配检索功能。如可以非常方便地实现"长沙的巡抚及进士有哪些人"诸如此类的检索,等等。此外,由于该数据库系统建立在TRS全文检索系统之上,所以除了具有TRS系统本身所具备的全部检索功能外,还可以根据自身需求进行检索功能的扩充。

关联表现功能:本数据库在设计之初就充分考虑了人物和文献之间的多种内在联系,具有随意搭配、任意组合、方便扩充等特点。如:曾国藩资料众多,系统可以详尽展示该人物的生平简介、著述成果、年谱年表、研究评论、史迹馆所、图片、音视频以及与其相关的家族亲友,动态消息,研究网站,研究人员,研究机构等信息。如萧寅显资料较少,则系统可以自动隐藏没有的内容。

4 标准规范及版权问题

为规范工作流程，保证数据资料，湖南近代人物数据库依据《全国文化信息资源共享工程2007年地方资源建设指南》和《国家数字图书馆标准与规范建设》等相关标准和规范，在程序编写、文字处理、内容排序、符号使用、项目用词，图片视频格式等方面，制定了系统开发类规范规章，资源制作类规范规则，数据加工类规范规则，排序规则，辅助词表等30个规范标准。此外还从需求分析、方案设计、资源调研、标准规范、页面设计、工作计划、工作进程、工作交流、资料收集、音像资料授权等方面都建立了一整套完整的湖南近代人物数据库档案。

该库在版权处理上，重视版权问题，遵守《中华人民共和国著作权法》及相关政策法规，并积极采用先进的技术保护措施。湖南近代人物数据库目前已获得20部相关讲座视频的网络传播权，1966副信札手稿的图片版权，部分文字的版权。当然，数据库在建设中也不可避免地使用到部分他人作品，我们在服务中，特别加以说明，希望与版权人协商并以适当方式予以解决。

5 湖南近代人物数据库的主要特点

5.1 技术特色

在特色数据库建设中，快捷的检索途径、友好的用户界面，是衡量数据库建设质量的主要参数。湖南近代人物数据库依托TRS(4.5版本)系统，通过二次开发，具有前台和后台两大模块。后台面向工作人员，主要为数据的录入，修改，删除和查询功能。前台面向用户，按照“人物—人物著作—研究人物著作”的脉络，建立了6大栏目，具有检索，查询，展示等功能。前台采用了多库设计、多页面同频道展示、多图同字段展示、自动分页等多种技术手段，保证了用户使用的便捷。

在网页展示上，系统页面简单明了，通过导航树来体现某一个具体任务的文献资料。同时,通过文字、图片、音视频的形式,多角度展示人物信息,层次清晰。数据库不仅能提供书目、题录、文摘,而且有大量全文、图片、视频等文献形式,层次结构合理。提出并实现了以模块组织、关联表现为主要特征的页面展现形式,使得整个网站显得结构明快、主题鲜明,易于使用,是自主开发的一个突破。

5.2　内容特色

湖南近代人物数据库设立人物简介、人物著作、人物研究资料三个主要模块。收录湖南近代人物 1580 人,家族亲友、研究人员 300 余人。著述书目 6358 条,研究论文 6780 篇。人物及文献图片 2726 幅,视频 33 部,其中曾国藩资料:著述书目 847 条,研究论文 1463 篇,图片 248 幅,人物视频 12 部。累计约 18000 条,2820 万字,入库总容量达到 40.052G,内容丰富。

人物简介以综合性人物辞典为主,主要参考《湖南省志人物志》,《湖南历代人名辞典》,此外还参考各专门性人物辞典,如《湖南军事人物志》、《湖南近代文学》、《曾国藩集团与晚清政局》等,保证了资料的权威性与准确性。

著述成果收集国家图书馆、上海图书馆、湖南图书馆等大型图书馆馆藏近代湘人著述书目,以及《湖南著述志》、《湘人著述表》等书籍中的著述书目,共计 6358 条。除收录全部存世著述外,对湮没无闻的著述也加以收录,是至今为止最系统、最全面地记载近代湘人著述的资料库。

研究论文主要根据中国期刊全文数据库、维普科技期刊等,检出相关论文 6000 余篇;同时查阅未公开出版的期刊论文、报纸文章、论文集或其他著作中的论文或篇章,如湖南省各地县文史资料、台版《湖南文献》、《湘乡文献》,检出相关文章 4000 余篇。同时,还收录部分硕博论文、博客文章,做到权威性与及时性兼顾。

特色文献:包括人物图片、字画、手稿、信札等。以湖南图书馆馆藏为主,兼收散落于各种人物全集、诗文集、史料、方志等古籍、新编地方文献中的单幅文献,多达 6000 余幅。大部分特色文献为首次公开面世,保证了数据库内容的新颖性。

6 结语

湖南近代人物数据库是我馆自主建设,拥有自主知识产权的数据库。它截取湖湘文化最具风采的一面,展示了近代湖南人的精神风貌,为基层人民群众学习和广大学者研究湖湘文化,研究湖湘人才群体提供了极大便利。是湖南文化强省的基础性工作,更是文化共享工程地方特设资源建设的一部分。目前,它取得了阶段性成果,顺利通过文化部的验收,并被专家给予了较高评价,也受到人民群众的欢迎。但是我们也知道,正如文化共享工程的生命力在于它的可持续发展一样,湖南近代人物数据库也应成为开放、不断成长、不断完善、不断丰富的生命体。

参考文献

[1]薛宗桂等. TRS 平台制冷全文数据库的建设与研究. 图书馆建设, 2006(6)

[2]冼育华. 广西壮族自治区图书馆共享工程资源的建设与思考. 图书馆界, 2008(4)

[3]黄筱玲. 依托现代高新技术,弘扬湖湘文化精髓——《湖南人物库》建设实践与思考. 图书馆论坛, 2005(10)

[4]樊志坚等. 书院文化数据库的设计与实现. 图书情报工作,2005(3)

[5]孟和乌力吉,王贤芬. 地方特色资源平台建设与共享服务研究——以海南记忆网为例. 图书馆理论与实践,2008(4)

[6]徐欣禄. 文化信息资源共享工程资源建设项目运作的探讨. 图书馆建设, 2008(2)

作者简介

邹序明,湖南图书馆副馆长,文化共享工程湖南省分中心副主任。

文化共享工程资源建设的策略与方法

◎ 许新龙

全国文化信息资源共享工程(以下简称文化共享工程)自2002年实施以来,已取得了十分可喜的成果。资源建设是文化共享工程的核心工作,资源的丰富及传播程度,决定了文化共享工程的成败。经过近几年的发展,至2009年底,全国文化共享工程的数字资源总量已达到90TB,其中视频资源70132小时,电子图书52691种,电子期刊3604种,少数民族语言视频资源1363小时,涉及藏语、蒙古语、维吾尔语、哈萨克语、朝鲜语5种语言。“十一五”规划方案中明确提出,“十一五”期间,文化共享工程建设要以数字资源建设为核心,以基层服务网点建设为重点,以多种传播方式为手段,以共建共享为基本途径,到2010年,基本建成资源丰富、技术先进、服务便捷、覆盖城乡的数字化服务体系,努力实现村村通。因此,在“十一五”规划收官之年,有必要对文化共享工程在资源建设方面的现状及存在的问题进行分析,进而采取相应策略和方法进行改进,以保障文化共享工程在未来“十二五”工作中的良好发展。

资源建设虽然取得了一定的成效,但仍存在一些问题,如资源数量问题、利用率问题、技术问题、资源版权问题等,这些问题对资源的建设与发展起到了一定的限制作用。我们必须采取相应的对策克服资源建设中的不足，解决出现的问题，保证资源的有效建设，促进文化共享工程的良好发展。

一、转变资源建设观念，加强本省资源建设，实现全国共享

资源建设必须改变以“接收使用国家中心资源为主，整合利用本省资源为辅”的建设理念，向“在接收国家中心资源的基础上，加强本省自建资源建设，共建共享”这一理念转变。一方面，国家中心继续提供高质量的节目资源。各省级分中心可进一步加大与国家中心的沟通协调，努力从国家中心接收一些清晰度高、质量好、适合本省农民需要的资源；另一方面，要更加注重本省资源及数据库的建设。切实根据本省特色及农民需求收集资源，对优秀的文化信息资源进行数字化加工、整合，并通过互联网和卫星传输等手段将资源传输到基层，为广大群众提供服务。另外，还可在国家中心的领导和协调下，与其他省级分中心加强合作和交流，统一采购商业数字资源，整合各中心的资源，减少重复建设，实现优秀文化信息资源在全国范围内的共建共享。

二、以需求为导向，扩展资源征集方式，丰富资源类型和数量

满足广大人民群众的需求是资源建设的出发点和落脚点。人民群众日益增长的精神文化需求，为文化共享工程的发展提供了强大动力。文化共享工程应重点建设一批基层群众特别是广大农民迫切需要的资源库群，如有利于满足城乡群众精神生活的文化遗产、中国戏剧、音乐舞蹈及有关人文知识；有利于广大农民增产增收的农业种植技术、养殖技术、城镇务工技能和市场经营知识；有利于提高城乡群众整体素质和生活质量的科学普及、医疗卫生及生活常识等。在资源建设过程中，不能仅靠各中心单独制作或搜集资源的方式，而是要在整合利用国家和各省、各部门已有资源的基础上，扩展资源征集方式，充分挖掘并积极争取其他社会团体拥有的优秀文化信息资源、委托专业机构制作和提供资源、积极争取各方捐赠资源等，保证文化共享工程充足的资源储量。

三、积极争取政府、企业及个人财力支持，保证经费投入

资源建设如果没有必需的经费保证，那么它的发展势必受到阻碍。文化共享工程是由国家文化部和财政部共同实施的一项文化创新工程，国家每年虽有资源建设的专项经费，但经费投入相对偏少。因此，要切实将文化共享工程纳入到国家规划以及省、市的工作日程之中，将资源建设经费列入年度财政预算，专款专用。此外，也可通过大力宣传文化共享工程的公益性和惠民性，积极争取企业或个人的资金资助，确保资源建设工作的正常开展。

四、遵循资源建设标准，保证资源规范化建设

统一的技术标准规范是资源建设的前提。各个不同地区和部门制作的资源和数据只有做到有序化存储、标准化表达，才能实现文化共享工程资源的跨库检索与无缝链接。文化共享工程资源建设的技术标准体系主要依据科技部支持的《数字图书馆标准与规范建设》的研究成果建立。鉴于目前数字图书馆的标准规范体系中视频资源的技术规范还有待进一步研究，文化共享工程视频资源建设标准规范暂时使用国家行业标准，即国家广电总局颁布的《中国广播电视音像资料编目规范》，以及国家中心制定的《视频资源数字化加工格式规范 V2.0》。

五、保护资源的知识产权，避免由于资源的加工、共享等引起版权纠纷问题

文化共享工程在解决资源版权问题时，必须要结合文化共享工程实际，坚持多元化的版权使用方式，选择多种方式，扬长避短，在著作权法框架下，按照《文化部、财政部关于进一步加强全国文化信息资源共享工程建设的意见》（厅字[2005]5 号）精神，和国务院颁布的《信息网络传播权保护条例》有关规定，综合运用多种方法解决文化共享工程的版权问题。如争取国家自有资源的文化产品和文化系统内拥有自主知识产权的文化

产品,由文化共享工程无偿或优惠使用;委托合作共建的资源由文化共享工程投入资源建设经费,著作权和著作使用权归文化共享工程所有;依据《信息网络传播权保护条例》第九条的规定,实行"公告制"的法定许可使用等。

六、甘肃省分中心资源建设的实践与方法

各省级分中心在资源建设过程中,所采用的方法不尽相同,下面以甘肃省分中心为例,阐述文化共享工程资源建设的具体方法,以供相关单位借鉴和参考。

甘肃省分中心的资源建设严格按照文化共享工程的规定进行广泛化搜集、标准化制作、规范化传播。分中心主要采用的资源建设方法有以下几种:①重视自有版权资源的建设。分中心自有版权资源主要来源于甘肃省图书馆举办的"周末名家讲坛"现场讲座资源。分中心对讲座现场进行全程录像,并与主讲人签订《讲座授权书》,分中心可对内容进行编辑、翻译、复制、汇编等,也可在全国文化共享工程、各级中心和基层服务点及合作单位通过互联网、卫星、有线电视等途径提供公益性服务。②积极征集外部优秀资源。分中心在按照资源库建设需求的基础上,与省信息办、省农业信息中心等部门积极合作,争取从外部获得大量的优秀文化资源。③委托专业机构制作资源。按照资源库建设要求,分中心采用委托制作的方式开展资源征集工作。主要通过向委托单位提出资源制作的内容、时长、技术指标、付费标准、版权等要求,并签订《委托加工制作视频资源协议书》,委托他们完成对资源的制作,然后聘请有关专家对制作好的成片进行评审,被委托方按专家提出的意见和建议对资源进行进一步完善,提交合格的资源。④积极接收各方捐赠资源。根据甘肃地方特色资源库建设需要,按照国家有关规定,分中心积极接收企事业单位、社会团体以及个人捐赠的自有知识产权的资源,在对资源进行必要的审查后,与资源所有人签订《资源授权书》,许可分中心对资源的编辑和传播等权利。

甘肃地属西北，地形复杂，民族类型多样，各地基层发展情况不同，资源需求也不同。甘肃省分中心针对用户需求和本省特色，建立了一批丰富的资源和数据库。省分中心作为2006年全国8个资源建设试点省之一，得到了国家管理中心的大力支持，资助经费300万元，建设了具有地方特色的资源库6个，共计9000余分钟，700GB多的资源量。2008年甘肃省分中心继续得到国家管理中心的支持，申报并被批准了具有甘肃特色的6个新的资源库建设任务。

文化共享工程作为我国公共文化服务体系的基础性工程，在构建社会主义和谐社会、保障基层群众的基本文化权益、缩小城乡数字鸿沟等方面发挥了重要作用，有力地推动了公共文化服务体系建设。我们应按照文化共享工程国家管理中心资源征集的要求和省级资源建设规划，继续加强资源建设工作，解决资源建设过程中出现的问题，在保证资源知识产权的基础上，大力采集和制作优秀的文化资源，合理配置经费支出，以丰富的资源内容，灵活的传播方式，满足广大人民群众日益增长的精神文化需求，保证人民精神生活的健康发展。

参考文献

[1]“十七大”工作报告

[2]《全国文化信息资源共享工程“十一五”规划纲要》

[3]《全国文化信息资源共享工程2008－2010年资源建设规划》

[4]《信息网络传播权保护条例》(中华人民共和国国务院令第468号)

[5]中办、国办转发《文化部、财政部关于进一步加强全国文化信息资源共享工程建设的意见》(厅字[2005]5号)

[6]张欣．文化共享工程创新发展思路奏议——以辽宁省文化信息资源共享进村入户工程为例．图书馆工作与研究，2009(10):21－24.

[7]王芬林．实施文化共享工程构建服务型数字图书馆．图书情报工作，2004,48(9):73－76,108.

[8]解晓毅．国家图书馆数字资源为文化共享工程服务的实践与思考．现代情报，2010,30(1):56－58,62.

[9] 王丽瑞."文化共享工程"在基层图书馆实施的问题与对策. 情报探索,2007(10):75-76.

[10] 叶秀明. 文化共享工程版权使用方式的比较研究. 图书馆学研究,2008(4):93-95.

作者简介

许新龙,甘肃省图书馆副馆长,文化共享工程甘肃省分中心副主任。

全国文化信息资源共享工程建设中的版权问题及其应对策略

◎　黄国彬　孙　坦

1　引言

自2002年第一阶段的建设顺利启动以来,全国文化信息资源共享工程(下文简称文化共享工程)以其特有的历史使命与明确的战略定位,通过"将中华优秀文化信息资源进行数字化加工整合",有力地推进"优秀文化信息资源在全国范围内的共建共享"。在此过程中,版权(也称著作权)问题始终是文化共享工程建设者不可回避的问题:一方面需要在资源建设和信息服务的过程中,尊重他人受版权法律保护的作品,避免侵权;另一方面需要对自身享有独立版权的作品提供版权保护。然而,由于我国现行著作权法律规定存在模糊、缺失等问题,再加上文化共享工程参与主体规模庞大、资源建设渠道和信息服务内容形式多样,致使文化共享工程涉及的数字资源版权问题有很大部分在法律上难于很快明确[①],因此,如何清晰梳理当前文化共享工程面临的各种版权问题,结合我国现行著作权法和相关法律的规定,构建文化共享工程保护自身著作权和避免侵权著作权的有效策略,显得尤为迫切。

2　文化共享工程建设中涉及的版权问题

文化共享工程的总体目标是"充分利用现代高新技术手

段、国家骨干通讯网络系统，整合中华优秀传统文化以及现有的各类文化信息资源，扩大网上中华文化信息资源的存储、传播和利用，实现全国文化信息资源的共建共享，建成互联网上的中华文化信息中心和网络中心，实现优秀文化信息通过网络为大众服务”。在此目标的指引下，当前文化共享工程开展的资源建设与信息服务主要包括资源数字化、联合目录和特色资源库的构建、资源导航等，形式多样。而随着建设的逐步深入，其服务内容也将进一步丰富。考虑到此，若只是就文化共享工程当前某一项业务涉及的著作权问题开展研究，往往容易挂一漏万，无法系统梳理；而以文化共享工程主要业务涉及的较有普遍性的著作权专有使用权为切入角度，将某项著作权专有使用权涉及的文化共享工程的主要业务活动加以汇总研究，则更能抓住共性，逻辑完整地剖析文化共享工程资源建设和信息服务涉及的版权问题。因此，本文拟从复制权、信息网络传播权和技术措施规避等三个角度，分析文化共享工程建设中涉及的版权问题。

2.1 文化共享工程建设过程中涉及的复制权问题

文化共享工程的目标之一就是“将中华优秀文化信息资源进行数字化加工整合”，而数字化已被我国著作权及相关法律确认为复制行为。因此，与复制权相关的问题势必是文化共享工程建设过程中需要重点面对的一类版权问题。根据当前的业务活动，可将文化共享工程涉及复制权问题的业务划分为三类：1）非数字化作品的影印复制。这类形式的复制主要涉及文化共享工程提供的到馆复制业务，包括由图书馆员为读者制作复制件和读者利用馆舍内的自助复制设备制作复制件。对于以传真或邮寄方式提供原文传递服务的图书馆，非数字化作品的影印复制还涉及原文传递服务。2）非数字化作品的数字化复制。非数字化作品的数字化复制主要包括扫描、电脑录入等。这类形式的复制主要涉及文化共享工程开展的图书馆扫描服务、馆藏资源数字化、特色资源数据库建设、原文传递服务（主要是将非数字化作品扫描后通过电子邮件传递）等。3）数字化作品的数字化复制。数字化作品的数字化复制，主要是对原生数字资源制作复制件。这类形式的复制主要涉及文化共享工程的虚拟资源体系建设、数字资源长期保存、原文传递、智能搜索引擎服务、跨系统多系统检索、网络信息资源转载及利用 RSS 技术提供信息推送服务等。

2.2 文化共享工程建设过程中涉及的信息网络传播权问题

在数字化网络化的今天,离开计算机网络,图书馆的服务功能将大打折扣。图书馆基于计算机网络开展的各类信息服务,已经使得图书馆同时涉足自我选择信息内容进行网络传播、为用户提供信息存储空间、提供包括馆藏资源在内的网络资源搜索等信息服务。文化共享工程的重要目标就是“将中华优秀文化信息资源进行数字化加工整合,通过工程网络体系,以互联网、卫星、移动存储、镜像、光盘、有线电视/数字电视网等方式,实现优秀文化信息资源在全国范围内的共建共享”,由此可见,网络传播是文化共享工程各类信息服务得以顺利开展的重要平台。而关于信息网络传播权的相关问题更是文化共享工程需要考虑的一类版权问题。根据文化共享工程基于计算机网络的服务对象范围,可将文化共享工程基于计算机网络的服务,划分为面向到馆用户的网络服务和面向馆外用户的网络服务。目前,对于文化共享工程的成员馆而言,其面向到馆用户所开展的网络服务包括但不局限于以下这些项目:在本馆物理建筑内提供有线上网访问包括电子资源在内的各类馆藏资源、在本馆物理建筑内提供 PDA(掌上电脑)接入服务、在本馆物理建筑内提供无线上网访问本馆电子资源、在本馆物理建筑内通过计算机网络展示作品等;基于计算机网络面向馆外用户开展的服务包括但不局限于以下这些内容:网络信息资源链接、分布式数字参考咨询服务、利用 P2P 技术进行资源传递与共享、利用 RSS 技术提供信息推送服务、原文传递、学科门户服务、智能搜索引擎服务、跨系统多系统检索、远程全文下载服务。当然,这两类服务并不是完全分隔的。在多数情况下,馆外用户可以利用的网络服务,馆内用户一般也能获取到;而馆内用户可以利用的网络服务,有时馆外用户并不能获取到。比如,有些图书馆订购的电子资源只能通过本馆 IP 进行访问。

2.3 文化共享工程建设过程中涉及的技术措施规避问题

技术措施是著作权人为了控制作品的使用而设置的保护屏障。一般来说，技术措施包括防火墙技术、信息智能识别技术、信息加密技术、防泄密技术、信息自动恢复技术等。技术措施并不是一项著作权的专有使用权，但是，它却对版权拥有人的著作权专有使用权起到保护作用，从而使得其受到与著作权专有使用权几乎同等的立法保护。作为一种自力救济方式，技术措施可以使著作权持有人在法律反应不及的情况下，有效地应对网络技术的发展给著作权人的利益带来的威胁，使权利人能够确保仅仅传播一份数字作品的复制件，并不必然导致无限制的使用扩散，从而避免作品所有者不会因为担心没法控制作品的传播而决定完全不采用数字形式去传播作品的可能，以致最终影响到一般大众的信息获取。因此，技术措施受到各国法律的承认。然而，“一刀切”的原理使得技术措施本身并不能根据文化共享工程实际使用情况的需要灵活分辨合法与非法的信息传播。例如，反复制装置、水印等技术措施，往往有可能使得文化共享工程无法顺利地对自身订购的数据库作品进行复制、下载或开展馆际互借服务，而文献传递或馆际互借又往往是文化共享工程得以“通过工程网络体系，以互联网、卫星、移动存储、镜像、光盘、有线电视/数字电视网等方式，实现优秀文化信息资源在全国范围内的共建共享”的重要方式。在此情形下，如何实现技术措施的合法规避例外，将是文化共享工程实现建设目标必须考虑的问题。

3　文化共享工程面临的版权问题的特点剖析

文化共享工程的立项目标与发展定位决定了文化共享工程的参与主体、服务对象、资金投入、运行管理、技术要求和政策标准等基本组成要素的独特性，也使得其所面临的版权问题，与国内现有的其他图书馆联盟相比，更具有自身的特点。

3.1　参与主体规模庞大，版权保护与遵守的意识和能力参差不齐

目前，文化共享工程主要依托现有文化设施进行文化信息资源的传播，以提供给社会大众利用。这些文化设施包括：全国各类型图书馆、群

众艺术馆、文化馆、文化站、农村集镇文化中心、图书室等，以此形成覆盖城乡的群众文化网络。从管理层级上分，这些机构包括：第一层，国家中心；第二层，全国各省、自治区、直辖市建立省级分中心；第三层，基层中心及服务点，即地、市、县、乡、街道、社区、具有局域网的单位、中小学等等。诚然，参与建设主体的规模越庞大，文化共享工程的辐射能力也会随之增强，中华民族优秀文化的传播与利用也更加便捷。然而，在此过程中，由于不同地区、不同机构、不同人员对版权法律的认知和运用能力所存在的差异性，将使得文化共享工程建设过程中面对的自主版权保护和侵犯版权避免存在极大的不可确定性。比如，偏远地区的图书馆工作人员可能由于对版权法律知之不多，而可能在提供服务过程中侵犯版权，从而给文化共享工程的服务开展带来不必要的麻烦。

3.2 涉及作品类型多样，面临的复制权问题更为复杂多样

数字资源建设是文化共享工程的重要目标之一。根据文化共享工程规划的资源框架，建设文化信息资源联合目录，完成以“百万册（件）文献共建”与“四个一优秀作品”为核心的数字资源建设，整合贴近大众生活的社会文化信息资源和建设支持文化信息资源共建的基础信息资源，是文化共享工程的必要内容。从作品规模上分析，仅仅是第二项内容，“十五”期间规划实现的资源库总量就要达到5TB；而资源的建设与采集渠道上分析，这些数字资源包括文化共享工程自建的数字资源、向资源提供商订购的数字资源、网络可免费公开获取的数字资源及特定用户群体缴送的数字资源；而从作品的版权保护状态区分，这些资源的采集和建设既涉及处于版权保护期限内的作品，也涉及已过了版权保护期、进入公共领域但其精神权仍受保护的作品。从版权拥有人是否能够联系到的角度划分，这些信息资源既涉及版权拥有人可联系的数字作品，也涉及版权拥有人无法或难以联系的数字作品（即无主作品）。上述分析的各种因素，势必引起文化共享工程涉及的复制权问题更为复杂多样。而结合现有著作权法律的规定，如何从复制目的、复制主体、复制内容、复制数量、复制的技术手段、复制周期、源复制件的数量及复制件的传播方式与传播范围等

更为细化的角度，构建避免文化共享工程侵犯复制权的解决方案，也将更具挑战性。

3.3 将“从业务活动的角度分析著作权专有权”和“从著作权专有权分析业务活动”两种思维方式结合更有利于厘清文化共享工程面临的版权问题

文化共享工程的资源建设与信息服务正在不断深化，形式也日益多样化，若要更为深入系统、全面地研究文化共享工程面临的版权问题，需要综合“从业务活动的角度分析著作权专有权”和“从著作权专有权分析业务活动”两种思维方式。一是从文化共享工程业务活动的角度分析著作权专有权，即是从文化共享工程当前所开展的主要业务角度，剖析其涉及的著作权问题，结合保护自身版权和尊重他人版权这两个方面，分别剖析各项业务涉及的著作权问题。比如，对于资源数字化，在保护自身版权方面，图书馆需要考虑的著作权问题有哪些；在尊重他人版权方面，图书馆需要考虑的著作权问题有哪些。二是从著作权专有权分析文化共享工程的业务活动，即是从著作权专有权的角度，归类出保护自身版权和尊重他人版权两种基本情形，然后分别在这两种情形中，分析各项著作权专有权涉及到的资源建设与信息服务活动。比如，分析复制权时，可以区分为保护自身的复制权和尊重他人的复制权。在保护自身的复制权方面，文化共享工程当前的业务活动有哪些是涉及这方面的；而在尊重他人的复制权方面，文化共享工程当前的业务活动又有哪些是涉及这方面的。综合运用这两种思维方式，将有助于在思考版权问题的解决方案时，视野更为开阔，结构更为缜密。

4 应对文化共享工程建设过程中各类版权问题的可行建议

科技发展的日新月异，对人类思考模式及生活形态产生深远影响，人们不仅懂得争取自己应享有的权利，也懂得尊重别人所享有的权利。只有树立和提高文化共享工程参与主体对著作权保护与遵守的自觉意识，才能更顺畅地推动文化共享工程的发展。

4.1 明确区分不侵犯版权、保护自身版权和避免侵犯版权的情形

明确区分不侵犯版权、懂得保护自身版权、合理规避侵犯版权,是文化共享工程建设者处理版权问题的首要着眼点。对于依照现有著作权法律规定,可明确断定为不侵犯版权的业务活动,要大力为之。比如,文化共享工程联合“全国图书馆、博物馆、美术馆、艺术院团、科研机构等,有计划的对原有数据整合及新数据制作,建成上述机构的文化信息资源联合目录”,这种行为,既能使跨区域成员馆同步实现目录的编目上传和查询下载,大大减少书刊编目工作的重复劳动,提高编目工作效率和书目数据质量,而且也有利于为用户提供统一的检索入口,提高资源的被发现率。同时,由于其最终是为社会公众开放,免费使用。因此,文化共享工程开展的联合目录建设不会对原作品的著作权构成侵权。而懂得保护自身的版权,则要求文化共享工程对自身拥有著作权的作品要提供版权保护,比如,通过对“100 万册(件)文献、1000 台优秀地方剧目、1000 部优秀音乐作品、1000 部优秀美术作品、1000 件珍贵文物的数字化”而建设的数字资源库,就应该给予版权保护,不允许商业性利用。而避免侵犯版权,则需要文化共享工程建设者严格遵守著作权规定,合理有度地利用著作权规定的各种合理使用和法定许可。比如,2010 年 7 月,国家图书馆根据《信息网络传播权保护条例(2006)》第九条及相关条款,制定了“国家图书馆以法定许可方式提供中文图书电子版项目公告”。该公告明确了图书馆的使用目的,同时向版权人做出了“将采取有效技术保护措施防止非法下载等复制行为”的承诺,就许可费支付标准、使用期限、异议期都作了规定。这一举措,无疑为我国图书馆更充分地利用各种资源提供更为低廉、合法和可持续的信息服务、知识服务树立了范例。此外,制定文化共享工程的“版权声明”,也有利于文化共享工程规避不必要的侵权。版权声明内容至少包括:用户对网络版期刊全文链接的使用范围、用户对版权提示信息的保护、对系统中设置的外部链接涉及的具体内容不承担责任、不允许批量下载数据或将数据用于任何商业或其他营利性用途、授权用户的合理使用范围、授权用户不合理使用的各种情形。

4.2　充分利用适用于图书馆的法定著作权例外和声明性著作权例外

文化共享工程的公益性，使得其完全可以适用哪些可适用于图书馆的法定著作权例外和声明性著作权例外。在声明性著作权例外未有出现之前，图书馆可充分利用的著作权例外，均来自于著作权法律的明确规定。随着声明性著作权例外的出现，图书馆可以利用的著作权例外范围进一步扩大。在法定著作权例外方面，文化共享工程可充分利用我国现行著作权法律和信息网络传播法赋予图书馆的三类例外，即：明确规定适用主体为图书馆的著作权例外；明确规定适用主体但图书馆也可适用的著作权例外；以及只规定适用的目的而没有明确规定适用主体但图书馆依据其行为性质符合该目的的著作权例外。在充分利用法定著作权例外的同时，在与资源提供商谈判时，文化共享工程还可以借助国外图书馆界制定的、与图书馆可适用的著作权例外相关的行业标准，如馆际互借标准、许可协议模型，作为与资源提供商进行谈判的依据，最大限度维护文化共享工程可适用的著作权例外空间。如果说，基于全部权利保留的，图书馆可适用的法定著作权例外，只是给予图书馆自由小跑的小草地，那么，基于部分权利保留的声明性著作权例外，无疑是给予文化共享工程可以自由驰骋的大草原。比如，针对“署名＋非商业用途”这种形式的声明性例外，很明显，版权拥有人让渡了复制权。在此情况下，文化共享工程在制作该版权作品的复制件时，只要保证署名，而且仅作公益性使用。那么，无论在复制主体、复制技术和复制设备方面，还是在复制件的传播范围、复制数量和复制周期方面，文化共享工程均可以不用受到诸如法定的、可适用于图书馆的复制权例外那般严格的限制。从当前的实践来看，多数开放获取的资源，其版权拥有者多会遵循 CC 协议。也即是说，这些可供开放获取的资源，其版权拥有人都会在不同程度上让渡著作权专有使用权。在此情况下，文化共享工程在采集这类资源，或者是利用这类资源提供服务的过程中，就可以充分利用声明性著作权例外，更为自由方便地开展活动。

4.3 设置著作权研究部门或专职研究岗位

从充分利用图书馆可适用的著作权例外、最大限度规避文化共享工程侵犯著作权风险的角度考虑，文化共享工程有必要在国家中心或一定数量的省级中心中，设立专门从事著作权研究的岗位，并配置专职人员。一方面是规范文化共享工程在著作权方面的工作，确保文化共享工程能够最大限度地利用著作权法赋予自身的例外，避免侵犯著作权。另一方面，在出现侵犯著作权时，能够帮助文化共享工程快速、有效地解决相关著作权争端。目前，国外已经有图书馆设立专职著作权岗位的先例。比如，哥伦比亚大学图书馆设置了专门的版权顾问办公室（Copyright Advisory Office），由两位专职律师和若干兼职法学院高年级学生组成，负责提供与图书馆、信息服务和知识产品生产与经营相关的法律。美国国会图书馆设立美国著作权法第 108 条款研究组、大英图书馆设置了“版权协调与出版者许可经理（Copyright Compliance and Publisher Licensing Manager）”职位。与国外图书馆相比，目前国内极少有图书馆设置专门著作权部门或者是专门的著作权研究岗位。国家图书馆版权组在 2008 年中国图书馆学会上进行的国内图书馆知识产权岗位设置调查表明，目前国内绝大多数图书馆均没有设置处理知识产权纠纷的岗位。针对这种情况，从最大限度地发挥文化共享工程服务公共利益，传播人类知识的角度考虑，鼓励在一些实力较有保障的文化共享工程的省级中心，设置专门从事著作权研究的部门或专职研究岗位。一般地，文化共享工程从事著作权研究的工作人员，应具备以下几方面的知识：1）熟悉国内外图书情报行政管理和著作权方面的法律、法规；2）对世界主要国家著作权法律中可适用于图书馆的著作权例外立法有较为系统的认识；3）熟悉图书馆资源建设、信息服务和信息资源管理等方面的专业知识；4）了解国际图书馆协会或其他国家图书馆协会有关图书馆可适用的著作权例外的声明性文件、原则或指南；5）了解国际版权市场的情况和版权贸易的惯例与规则。

4.4 从信息网络传播权角度规避著作权侵权风险

图书馆可适用的信息传播权例外,划分为适用主体明确规定为图书馆的信息网络传播权例外和适用主体为网络信息提供者的信息网络传播权例外。但是,在适用主体明确规定为图书馆的信息网络传播权例外方面。当前,世界多数国家的著作权法律对适用主体明确为图书馆的信息网络传播权例外的适用条件实行严格限制。而在适用主体为网络信息提供者的信息网络传播权例外方面,图书馆作为网络信息提供者,可以在临时复制、系统缓存、自身网站载有侵权材料,以及作为信息搜索工具等方面享有侵权责任例外。由于我国相关著作权法律并未将临时复制纳入著作权保护的范畴,图书馆也就无所谓在临时复制方面享有侵权责任例外。目前,我国《信息网络传播权保护条例(2006)》针对特定的使用目的和特定的作品类型,赋予图书馆在进行计算机网络传播时享有合理使用、法定许可等著作权例外,间接使得图书馆获得一揽子著作权专有使用权的例外。因此,在适用于图书馆的信息网络传播权例外方面,文化共享工程可以充分利用适用于图书馆在信息网络传播方面的合理使用、在本馆馆舍内通过计算机网络传播数字作品时可适用于图书馆的信息网络传播权例外、适用于图书馆在信息网络传播方面的法定许可。尽管如此,与《澳大利亚著作权法(2008)》允许图书馆出于行政管理的目的而享有一定的信息网络传播权例外,或者是,对依靠馆际互借而获得的作品可在馆舍内的计算机通过信息网络提供给用户浏览,这样一些规定相比,我国在适用主体明确为图书馆的信息网络传播权例外方面的规定,仍存在明显不足,并不能满足图书馆实践活动的需要。因此,针对著作权法律赋予图书馆可适用的信息网络传播权例外较为有限、但图书馆借助网络开展资源建设与信息服务不可或缺的形势,从可适用于图书馆的信息网络传播权例外角度考虑,文化共享工程避免著作权侵权风险的有效举措主要包括:1)充分利用法定的适用于图书馆的信息网络传播权例外;2)在与资源提供商进行资源采购谈判时,充分维护、拓展图书馆在信息网络传播方面的权利;3)联合其他国家的图书馆组织或者国际性、地区性图书馆组织,制作资源采购协议模型,以便从图书馆角度维护图书馆可适用的信息网络传播权例外;4)积极响应 eIFL 于 2008 年 11 月有关许可协议与图书馆可适用的著作权例外关系的诉求,即,“许可协议和技术措施不得凌驾于图书馆可适用的著作权例外之上;许可协议的约定完全不能替代著作权法律规定的可适用于图书馆的著作权例外。”

4.5 从技术措施规避角度规避著作权侵权风险

从世界范围看,当前适用于图书馆的技术措施例外体现为三个特点:概括性例外与个别性例外并存;对图书馆可适用的技术措施规避例外实施严格限制;个别著作权法律规定建立可适用于图书馆的技术措施规避例外的定期修订机制。即便是在美国、欧盟等发达国家或地区,当前著作权法律及相关法律(如日本对技术措施规避例外的规定主要体现在《反不正当竞争法》中)赋予图书馆的技术措施规避例外,并未能充分地满足图书馆开展资源建设与信息服务的需要。与国外相比,我国大陆在图书馆可适用的技术措施规避例外的立法规定方面,更是显得薄弱,甚至是缺失。但是,图书馆在版权数字资源利用和版权数字资源保存方面,不可避免地会涉及技术措施规避的问题。因此,从可适用于图书馆的技术措施规避例外角度考虑,文化共享工程避免著作权侵权风险的有效举措主要包括:1)全面收集国际性、地区性图书馆组织,或者是具有代表性的国家图书馆组织,所发表的有关图书馆可适用于的技术措施规避例外的原则、声明或宣言,在著作权法律有关此方面的规定极为严格的条件下,尽量在资源采购谈判中,让资源提供商意识到赋予图书馆享有技术措施规避例外,将有助于更好地传播知识、提升知识的利用水平,并最终有利于扩大资源提供商的收益。2)充分利用法定的可适用于图书馆的技术措施规避例外,了解我国现行相关著作权法律在图书馆可适用的技术措施规避方面的例外规定,最大限度地为图书馆享有技术措施规避例外寻求法律依据。

4.6 在文化共享工程参与主体中加强可适用于图书馆的著作权例外的宣传推广

了解图书馆可适用的著作权例外,有利于文化共享工程的参与主体在日常的资源建设与信息服务中明确自身可以免除著作权侵权责任的边界,避免出现侵权。目前,我国图书馆界大多数从业人员,对可适用于图书馆的著作权例外的了解程度是相当低的。无论是图书馆馆长,还是刚毕业进馆工作的青年图书馆员,对于国际性著作权法律、国际图书馆组织有关图书馆可适用著作权例外的声明,以及我国著作权法律都较为不熟悉。有必要在文化共享工程的各级中心的工作人员中,加强可适用于图书馆的著作权例外的宣传推广。从内容上,可以包括可适用于我国国际性著作权规范性文件,国际图书馆组织或具有代表性的国家图书馆界发布的有关图书馆可适用的著作权例外文件,我国现行的著作权法律体系,与图书馆相关的法律法规,以及与图书馆可适用的著作权例外相关的具体条款;从内容的组织形式上,可以以图书馆可适用的复制权例外,信息网络传播权例外和技术措施规避例外为主线,从适用条件、适用主体、适用对象、适用的技术手段、适用设备、适用数量和限制规定等角度,将可适用于图书馆的著作权例外相关法规和行业性规范文件进行有效组织;在宣传推广的方式与渠道上,文化共享工程可以通过举办有关图书馆可适用的著作权例外的学术研究会,部门交流会,知识竞赛,或者是网站有奖调查等,加强宣传推广。

5 结语

文化共享工程正处于不断上升的发展时期,各项业务的开展也在不断发生变化之中,其所涉及的保护自身版权和尊重他人版权的边界和情形更是动态发展的。如何有效、及时、合法地解决文化共享工程的版权问题,是一个需要持续跟踪关注的研究课题。在数字技术不断发展的背景下,文化共享工程面临的版权问题,不仅要从法律的角度加以思考,还要考虑运营和技术等因素,全面权衡,综合着手,才能为最终合法地解决文化共享工程的版权问题提供充足的基础。

注释

①全国文化信息资源共享工程．全国文化信息资源共享工程实施内容［EB/OL］.［2010－09－17］. http://www.ndcnc.gov.cn/libpage/gxgc/index.htm

参考文献

［1］文化共享工程．全国文化信息资源共享工程总体目标［EB/OL］.［2010－09－17］. http://www.ndcnc.gov.cn/libpage/gxgc/ztmb.htm

［2］文化共享工程．全国文化信息资源共享工程实施内容［EB/OL］.［2010－09－17］. http://www.ndcnc.gov.cn/libpage/gxgc/ssnr.htm

［3］文化共享工程．全国文化信息资源共享工程实施步骤［EB/OL］.［2010－09－17］. http://www.ndcnc.gov.cn/libpage/gxgc/ssbz.htm

［4］文化共享工程．全国文化信息资源共享工程建设条件［EB/OL］.［2010－09－17］. http://www.ndcnc.gov.cn/libpage/gxgc/jstj.htm

［5］文化共享工程．全国文化信息资源共享工程保障措施［EB/OL］.［2010－09－17］. http://www.ndcnc.gov.cn/libpage/gxgc/bzcs.htm

［6］文化共享工程．全国文化信息资源共享工程介绍［EB/OL］.［2010－09－17］. http://www.ndcnc.gov.cn/libpage/gxgc/index.htm

作者简介

孙坦，中国科学院国家科学图书馆副馆长，博士生导师。

黄国彬，北京师范大学管理学院硕士生导师。

新媒体环境下文化共享工程建设的版权问题及应对

——略论CC协议对知识创新与传播的作用与意义[①]

◎ 王春燕 徐建萍

一、新媒体环境下文化共享工程建设

当前,我们正处于工业社会向信息社会过渡的加速转型期,信息技术应用对经济社会发展的影响开始从量变走向质变,互联网正在成为一种新的工作和生活方式,社会结构、社会组织形式、社会利益格局发生深刻变化。[②]全国文化信息资源共享工程(简称文化共享工程)便是在这一新时期,以政府主导的模式来推动信息技术的普及和数字信息资源的传播,提供公益性服务的重大文化工程,也是用先进文化占领新媒体阵地的重要举措。[③]

新媒体已经成为当前网络语境的主要背景,文化共享工程作为一项创新的基础文化工程,如何参与并利用新媒体优势,占领并巩固新媒体阵地,成为工程建设者积极关注和审视的重要课题。"内容为王",这是网络时代奉行的准则之一,因此,数字文化信息资源内容建设,将是实现文化共享工程与新媒体有机结合的重要纽带。

文化共享工程实施以来，在政府相关部门及国家政策法规的支持下，通过征集、购买、委托创作和合作共建等方式已经保有近百 TB 的庞大数字文化信息资源，但随着工程建设的越来越深入，现有获取资源授权的模式也逐渐显露出不足，一方面是跟巨大的人力、物力和财力投入不相匹配的授权获取结果(例如在授权期限、使用方式、传播范围等方面都有或多或少的限制)，另一方面则是获得授权的资源内容与形式相对滞后，与日渐增长的群众需求(尤其是青少年的学习娱乐需求)不相适应。

而所谓“新媒体”，根据美国《连线》杂志的定义，是指“所有人对所有人的传播”；清华大学新闻与传播学院熊澄宇教授认为，新媒体是一种“在计算机信息处理技术基础之上出现和影响的媒体形态。”④已经为人们所熟悉的新媒体的内容包括社会性网络(Social Networking Sites)、用户生产内容网络（User Generated Content)、博客(Blogs)、播客(Podcasts)、维客(Wikis)等等。上述网络媒体的内容均具有开放、共享、再使用、使用者与创作者合二为一(读写结合)等特点，这种现象因而被视为一种参与式文化，或者说是一种“读写文化”，以区别于传统的“只读文化”。⑤这种互动式的“读写文化”，为人们的无障碍交流提供了一个平台，使得克服时间与空间的局限，共同创作同一作品变成可能，也使得采用快捷而又不失专业的方式来传播作品变为可行，在全球范围内，以分散的方式和低廉的成本创作、演绎、汇编作品也不再是痴人说梦。藉由信息技术的发展与应用，将为新媒体资源内容的创作、创新及其传播提供广阔的平台和巨大的激励。这些愈渐更新、愈显完善的新媒体资源内容，如能被文化共享工程吸纳和采用，既可成为工程资源建设的有益补充，也会有利于工程取得广泛的、积极的社会效应。但在此的前提则是，如何为新媒体资源内容进入文化共享工程的资源库群，搭建一种合法使用和有效传播的著作权授权平台。

现有著作权法所规定的“所有权利保留”这一传统的著作权行使模式，侧重于对著作权的保护及对作品使用的限制，伴随着新媒体技术出现的各种作品协同创作方式(如前所述的各种“读写文化”)，迫切需要一种灵活的权利保护模式,使得权利人在保留某些权利的情况下,作品在特定条件下可以被自由传播、复制或修改,从而使其他人能够在不违反法律的前提下获得更多的创作素材,以此增加新媒体领域的创造性公共资源,便利作品传播和促进文化繁荣。有鉴于此,为在现有的法律框架下,利用新媒体的技术手段,为创造性成果提供一种更加灵活并且行之有效的保护与使用方法,哈佛大学法学院的莱西格教授与其志同道合者[⑥],在哈佛大学法学院伯克曼互联网与社会研究中心和斯坦福大学法学的互联网和社会研究中心的支持,于 2001 年在美国创设了知识共享组织(Creative Commons,简称 CC 组织),并在 2002 年 12 月发布的一系列著作权许可协议——知识共享许可协议(简称 CC 协议)[⑦],这套许可协议以知识共享为理念,倡导合法地共享、再使用与演绎,其目的是为了在网络环境下构建一个公众可以自由使用的、平衡而灵活的著作权体系。

文化共享工程的“共享”(Sharing)与知识共享协议的“共享”(Commons)在基本理念上是一致的,这便为两者的结合与互动奠定了良好的基础。

二、CC 协议的理念与方法

科学的作用不仅在于创造新的知识,也在于创造能够让大家都能够获得的知识。科学知识应能为世界上所有的人获得,CC 协议的背后,正是这样一个非常简单的理念。

莱西格教授认为,自由软件基金会创始人理查德 · 斯托曼的方法是利用著作权法,即通过应用于受著作权保护的代码的许可协议,来创造一个自由软件的世界,同样的方法也适用于文化。采用这种方法是对通过法律和技术实现的日益增长的著作权控制的一种回应。[⑧]例如,互联网档案馆致力于实现“人类知识的普遍可获得性”,[⑨]并通过 CC 协议许可来实现知识共享,保证分享知识的免费性。

CC 协议不是忽视著作权,而恰恰是看到著作权的重要,只不过所推崇的是达到一种平衡,让学者、科学家、艺术家等都能通过自愿的选择进行知识共享,这样既尊重原创者的利益,又让大众受益。[10]这种方法不是对抗"所有权利保留",而是补充后者的不足;其目的是使作者和创造者更加灵活并且低成本地行使其权利,而这将有助于创造性成果更加顺畅地传播。[11]

CC 协议包含了以下授权要素:署名、非商业性使用、相同方式共享或禁止演绎。根据上述要素的不同组合,形成六套核心的 CC 协议,即:"署名"、"署名—相同方式共享"、"署名—非商业性使用"、"署名—禁止演绎"、"署名—非商业性使用—相同方式共享",以及"署名—非商业性使用—禁止演绎"。[12]相关的权利人可以根据自己的意愿自由选择适合自己需求的 CC 协议类型。

CC 协议的授权方式简便易行,既易于让作品使用者获得作者授权,也有助于新媒体领域作品著作权的保护,可以解决传统著作权保护模式所遇到的诸多问题,特别适合于新媒体环境下著作权保护与利用的要求,因而受到包括中国在内的世界各国各地区的普遍重视与欢迎,2006 年 3 月 29 日,中国大陆版 CC 协议在北京中国人民大学正式向社会发布。

三、CC 协议对知识创新与传播的意义

如果说对于采用严格的著作权保护方法的西方社会来说,采用 CC 协议意味着放弃部分权利,因而是从传统的对私权的严格保护过渡至"一些权利保留",那么,对于像中国这样一个具有全社会共享知识创造成果的传统的社会,采用 CC 协议则具有不同的意义,是一种从对知识财产的共同所有到对知识财产的适度的著作权保护。[13]从这个意义上讲,CC 协议实际上扮演着一种著作权教育与普及的角色,也即如知识共享中国大陆项目国际顾问委员会主席、MIT 的王瑾教授所指出的那样,CC 协议可以培育一种全社会自觉分享的意识与态度。[14]

从 20 世纪 80 年代开始,中国一直致力于建立一个完善的知识产权保护制度。然而,与包括巴西、印度等在内的发展中国家一样,中国也面临着来自发达国家的强化知识产权保护的要求。与此同时,来自国际知

识产权学术界的声音提醒人们,应该警惕知识产权制度走向它的反面。由来自艺术、法律、经济、科学、技术、教育等领域的具有国际影响的专家共同合作完成的 Adelphi 宪章指出:“知识产权法(包括著作权和专利权法等),其目的即在于确保资源共享以及鼓励创新——由古至今,历来如此。然而,在过去的三十年中,人们对法律宽度、范围和期限的理解,日渐形成这样一个与现代技术、经济、社会发展趋势严重脱离的知识产权体系。这无疑威胁着我们、以及我们的后代都将赖以生存、赖以发展的创意和创新之链。”[15]

美国著名经济学家约瑟夫·斯蒂格利茨教授对知识以及知识产权制度的评价对于认识平衡的知识产权制度有着重要的启示。斯蒂格利茨教授认为,“知识产权制度同其他制度一样,只有在顺畅的信息传播中,才能成为好制度。”知识是共享的,它只有通过传播才能有更多的公众价值,有效的知识产权制度不应影响到知识的使用和传播。[16]“知识本身是知识创造过程中一项最重要的投入,一项糟糕的知识产权制度将抑制创新”。中国应该避免建立一种将知识私有并垄断的知识产权制度。[17]斯蒂格利茨还认为,每个国家都应建立与该国环境相适应的知识产权体系。“知识产权法作为一项法律制度存在,是一种利益平衡机制。从本质上,知识产权制度调整的是知识生产者与社会公众之间对知识产权受益与使用的利益分配。……大多数发展中国家更加重视知识和技术鸿沟问题,……但是如果发展中国家设计不出有效的有利于知识共享的知识产权体系,这种鸿沟的消除将变得更加困难。”对于目前许多国家在高强度压力下采取了美国式的知识产权制度,斯蒂格利茨表示“这种制度体系并不适合美国,更别说发展中国家了。”“中国知识产权体系应当从美国体系中吸引教训,而不是照搬或者屈服。”[18]

莱西格教授在为其《代码》一书写的中文版序中同样指出:“如果我们不想失去因特网所赋予的机遇,那么就必须在规制中寻求一种被美国所忽略的平衡。这并不是要放弃规制,或抛弃知识产权,而是要实现规制的平衡”;“每个国家必须回答的问题是:如何利用对知识产权的平衡保护更好地促进自身的文化发展”;“平衡的知识产权体系会为中国带来真正的机遇,使中国得以在传统文化资源的基础上大力开发未来的资源”。[19]

在2006年iSummit一个有关连接科学、艺术和创新的公共资源的讨论会上,以色列海尔法大学法学院的Niva Elkin－Koren教授在评价现行著作权制度以及CC协议许可制度时指出:改革著作权制度是解决我们目前所面临的一系列著作权问题的最佳方案…当最佳方案因受制于当前的条件而无法实现时,我们可以寻求次佳解决方案,如CC许可制度。[20]

如前所述,CC协议体系正是针对现行的严格著作权保护模式而提出的一种有助于知识的合法顺畅传播、使用与再创造的灵活机制。因此,该协议被引入中国有着重要的意义,它为广大愿意与公众分享其知识成果的创造者提供了一种合理而灵活的选择。[21]这有助于形成一种对知识成果的合法共享与再使用,有助于培育对新媒体的发展有着重要意义的“读写文化”;也为我国传统文化、先进文化与新媒体“共舞”提供了充足的制度建议和规划。

文化共享工程藉由参考CC协议“一些权利保留”的理念与方式,对工程的资源建设和服务都将有积极的推进作用。文化共享工程可以优选采用CC协议发布的互联网数字资源为群众开展形式多样的文化服务;同时,文化共享工程自有版权的数字资源也可以采用CC协议进行发布,使开放与共享理念在更广阔的范围内得到实践和应用。

四、CC协议与新媒体内容的结合

与文化共享工程建设与服务的导向一样,新媒体也是CC协议适用的一个最为重要的方面。

CC协议作为一种Web 2.0的工具,使网络用户可以依自己的选择进行创造与分享,它简化了模块化内容的创建,富有创造力的社群因协作而得以出现。CC协议已成为新媒体条件下一种行之有效的替代性著作权解决方案。博客和广受欢迎的相片存储分享平台Flickr可谓是使用CC

协议的典型,[22]而近来兴起的被称为微博客的 Twitter 也与 CC 有了联系。[23] CC 协议的一个重要目标是,在内容层构建一种自由并可扩展的基础结构,为许多以互动为基础的 Web 2.0 下的项目提供了必不可少的自由。[24]

CC 协议的目的则是从法律上帮助这种具有创造性的读写文化的成长。目前的法律在制定时,并没有考虑互联网上一些新的创作形式,比如利用数码技术对已有作品进行的混编等。然而如果法律对此进行强制禁止,会扼杀这种具有创造性的读写文化。比如,某个作曲家编了一首曲子,并通过 CC 协议发布,允许别人对该曲子进行重新混编,别人改编后又放回到网上,这样两个创作者实际上是在没有对话、没有承担沉重法律义务的情况下进行了协同创作。[25]

CC 协议已经在世界范围内被广泛应用于包括文学、艺术、科学、教育等各个领域的内容上。据不完全统计,使用 CC 协议的文章、杂志或者网站等的数量从 2003 年该协议发布第一年的 100 万件上升至 2009 年初的 1 亿 5 千多万件。[26]作为 CC 协议的一个具有重要影响的使用者,互联网档案馆有三分之二的内容来自于 CC 协议的许可,其内容包括影像、教育课程、软件、图书和网页等等。在收集和使用这些信息的过程中,CC 协议发挥了很大作用,由于有了知识共享的许可,上述知识才得以在网络上自由传播与复制。在该馆近年来的收集工作中,广播、电视、教育各个行业使用 CC 协议的年增长率是 300%。[27]根据 Yahoo! 搜索的结果,截至 2010 年 5 月 22 日,互联网上有超过 1 亿 8500 万件作品采用了 CC 许可协议;而根据 CC 总部的估算,截至 2009 年底,全球采用 CC 协议的作品有超过 3 亿 5000 万件。[28]

数量庞大的 CC 协议许可作品,与灵活便捷的 CC 协议本身,将为文化共享工程与 CC 协议的互动与结合提供更多可能和方式,这些都有待于有志者探索和尝试。

注释

①本文内容中涉及知识共享协议渊源的主体内容，参考了王春燕发表于2009年第6期《电子知识产权》的《网络环境下知识创新与传播的解决方案》一文，下文不再赘述。

②http://www.ceh.com.cn/ceh/jryw/2010/8/7/67063.shtml《我们距离信息社会还有多远——对我国信息社会发展的十个基本判断》，摘编自国家信息中心信息化研究部最新发布的《走近信息社会：中国信息社会发展报告2010》

③http://www.ndcnc.gov.cn/datalib/opensts/2010/2010_05/opensts.2010-05-17.0001892647/view《文化部关于进一步做好全国文化信息资源共享工程2010年度工作的通知》

④http://it.sohu.com/20060513/n243257100.shtml

⑤劳伦斯·莱西格教授在知识共享中国大陆版许可协议发布会上的主题发言(2006年3月29日，北京，中国人民大学)："知识共享在知识经济中的角色"；Lawrence Lessig: Remix, Part I Cultures, The Penguin Press, 2008.

⑥包括计算机法和知识产权专家James Boyle, Michael Carroll，以及麻省理工学院计算机科学教授Hal Abelson、计算机法专家的Eric Saltzman。

⑦http://creativecommons.org

⑧Lawrence Lessig: Free Culture - How big media uses technology and the law to lock down culture and control creativity, 280-282, the Penguin Press, 2004.

⑨http://www.archive.org/index.php

⑩ 劳伦斯·莱西格教授在知识共享中国大陆版许可协议发布会上的主题发言(2006年3月29日，北京，中国人民大学)："知识共享在知识经济中的角色"。

⑪ Lawrence Lessig: Free Culture - How big media uses technology and the law to lock down culture and control creativity, 284, the Penguin Press, 2004.

⑫ 有关CC协议的详细内容，请访问：http://cn.creativecommons.org/about/licenses/meet-the-licenses.php

⑬ 我们不难在网络上发现"欢迎传播、共享"等表示，例如，打工青年艺术团的网站上标示："欢迎免费传阅本网站音像图文资料……"(http://www.dashengchang.org.cn/)。事实上，这种情形不独出现在我们周围。在07年iSummit(http://icommons.org/)的CC各司法管辖区项目的讨论会上，哥伦比亚CC

项目负责人也提到了"共享"对于哥伦比亚的创作者而言是一种自然而然的事情。

⑭ 见"知识共享:冀望与羁绊",载于 http://web. mit. edu/fll/www/people/Jing-Wang. shtml

⑮ www. adelphicharter. org

⑯引自刘丽娟《糟糕的美国知识产权体系不适合中国——与诺贝尔经济学奖得主约瑟夫斯蒂格利茨谈知识产权的保护与共享》,《商务周刊》,2007 年 4 月

⑰ http://www. shanghaidaily. com/article/shdaily _ opinion. asp? id = 312881&type = Opinion

⑱ 引自刘丽娟《糟糕的美国知识产权体系不适合中国——与诺贝尔经济学奖得主约瑟夫斯蒂格利茨谈知识产权的保护与共享》,《商务周刊》,2007 年 4 月。

⑲ Lawrence Lessig:《代码》,李旭等译,中信出版社,2004.

⑳ Niva Elkin - Koren, Panel discussion: "Towards a bridge between the commons in science, art and innovation", iSummit 2006.

㉑ 一位在国际新媒体艺术领域有着广泛影响的年轻的中国艺术家在她的博客中曾经表示:"分享是一种快乐"。她的博客就是采用知识共享许可协议发布的。见 http://www. alternativearchive. com/chinatracy/

㉒ Flickr 是最早采用 CC 协议的媒体分享网站之一,以此鼓励用户将其作品向公众开放,对作品作免费并合法的使用。http://www. flickr. com/。据统计,2009 年 3 月 21 日,Flickr 上使用 CC 协议的相片已经超过了 1 亿件。这些照片被大量地使用于各种场合,如 Wikipedia 文章、博客以及各种主流媒体。见 http://creativecommons. org/weblog/entry/12540

㉓ 2009 年 2 月,一位英国作者 Andy Clarke 创建了采用 CC 协议发布内容的平台 - TweetCC . 见 http://www. tweetcc. com/

㉔ http://creativecommons. org/weblog/entry/6123

㉕ 参见劳伦斯 · 莱西格教授在知识共享中国大陆版许可协议发布会上的主题发言(2006 年 3 月 29 日,北京,中国人民大学):"知识共享在知识经济中的角色"。

㉖ http://creativecommons. org/about/history/

㉗ 美国互联网档案馆收藏部主任斯图尔特 · 希非在知识共享中国大陆版许可协议发布会上的发言(2006 年 3 月 29 日,北京,中国人民大学):"知识共享协议与互联网档案馆:自由共享网络信息的必由之路"。

㉘ 引自《知识共享中国大陆项目:项目手册》

作者简介

王春燕,中国人民大学法学院副教授。

徐建萍,知识共享中国项目组成员。

把握信息技术发展趋势 更好服务文化共享工程

◎ 王志成

信息技术(Information Technology, IT)一般包括信息的获取、传递、处理和应用技术。从扩展人体器官功能角度看,可以把信息技术中获取、传递、处理和应用分别对应为人的感觉器官、神经网络、大脑和四肢的功能。同时,作为信息技术的基础,信息设备制造也是信息技术重要的组成部分。信息技术从无线电发明开始,特别是1947年晶体管发明以后得到迅猛发展,通信流量呈现爆炸式增长。据Cisco公司预言,2013年互联网的信息流量将达到667EB(1EB = 260 Byte)①。现在,信息技术已经广泛应用于社会各领域,成为少有的几项通用目的技术(General Purpose Technology,GPT)之一。毫无疑问,信息技术的快速发展为文化共享工程的发展开辟了广阔空间,也为文化信息资源的整合提供了新的途径和方法。本文将从信息获取、传递、处理和应用以及信息设备制造等五个方面论述信息技术的发展趋势,同时提出它们在文化共享工程中可能的应用。

一、信息获取技术——多样化、远程化

信息获取技术包括各种信息测量、存储、感知和采集技术,特别是直接获取自然信息技术。古代人们只能依靠人体

的感觉器官近距离获取外界物体的形状、颜色、声音和温度等直观物理特性。近代以来,人们发明了望远镜、电子显微镜、温度计等工具,扩大了获取信息的距离和内容。随着射频识别(RFID)、激光扫描仪、全球定位系统(GPS)、遥感系统(RS)、地理信息系统(GIS)、红外探测、X光透视等信息技术的应用,人们不但可以从数千公里外的距离获取物体的形状、颜色、声音、位置等外观特性,而且能够得到速度、加速度、质量、温度以及内部构造等内在特性,典型的应用就是物联网的感知层。根据SRI咨询公司2008年发布的物联网技术路线图(见图1),从21世纪初开始,物联网首先会因射频识别技术(RFID)成熟而应用于后勤管理方面,而后随着传感器成本的降低以及在监控、安全、卫生、运输等领域应用范围的扩大,物联网会出现第二波应用潮。在2015前后,随着可以远距获取室内人和物的地理信号技术的成熟,人和物的日常定位开始在物联网中普及。大约到2020年,人们可以通过物联网实现对物体的遥控和管理[②]。据M2M论坛预测,到2015年,全球将有超过500亿仪表设备借助各种传感器实现物物通信。

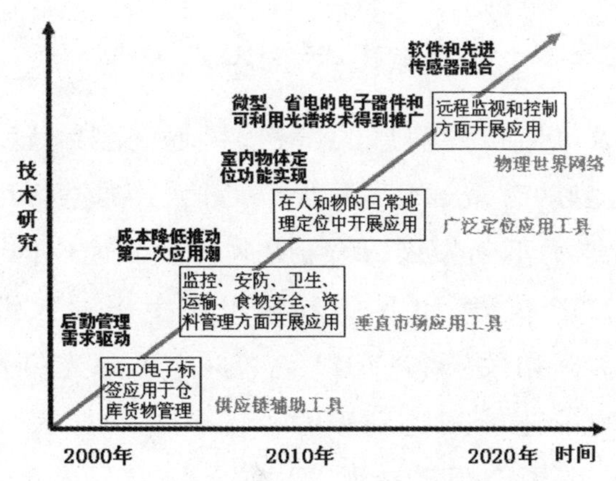

(资料来源:SRI咨询公司)

图1 物联网技术路线图

世界各国就物联网未来的发展已经形成共识,并开始加紧部署,抢占物联网的制高点。美国国家情报委员会(NIC)在2008年7月发表了

《2025年对美国利益潜在影响的关键技术报告》,把物联网列为六种关键技术之一。欧盟委员会于2009年6月向欧盟议会、理事会、欧洲经济和社会委员会及地区委员会递交了《欧盟物联网行动计划通告》,确保欧洲在新一轮与物联网相关的科技创新和应用方面保持领先地位。韩国在2009年10月通过《物联网基础设施构建基本规划》,将物联网确定为新增长动力。我国于2009年11月分别在无锡和北京成立了中国物联网研发中心和中关村物联网产业联盟,加快了对物联网的研究。

信息获取技术的多样化和远程化可以进一步提高文化共享工程的管理和服务水平。根据《全国文化信息资源共享工程"十一五"发展规划》(以下简称《规划》),要建立有效的工作机制,提高国家中心的管理能力,加强对各级服务网点的技术监管,形成有效互动的工作机制。《全国文化信息资源共享工程管理办法》规定,要加强对工程经费、设备、队伍的管理。物联网的应用可以使得文化共享工程国家中心随时掌握全国各基层站点各种设备的位置、状态,也可以实时了解工作人员的情况,然后根据这些信息作出反馈和调整,使得管理和服务更加到位。

二、信息传输技术——宽带化、移动化

信息传输技术包括各种信息的发送、传输、交接、显示、记录技术,其主体是通信技术,包括有线通信、无线电通信、声通信和光通信等。随着以IP为核心的新技术不断发展,信息技术产业加速走向光纤化、IP化,固定宽带、移动宽带、IP技术、NGN等新技术催生出一大批新业务,加速实现网络的宽带化。据相关资料,2011年左右,无源光纤网络(PON)技术将使得有线通信的带宽最高达到10Gbps,如图2所示。同时,移动通信3G技术路线清晰,市场应用需求明显,在全球范围内正式进入加速发展阶段。TD-SCDMA、WCDMA等3G技术将沿着不同的演进路线,殊途同归,发展为以LTE为代表的4G技术,如图3所示。据预测,2012年左右,LTE的速度最高将达到100Mbps,如图2所示。

面对信息技术的宽带化和移动化的发展趋势,各国纷纷加紧技术研

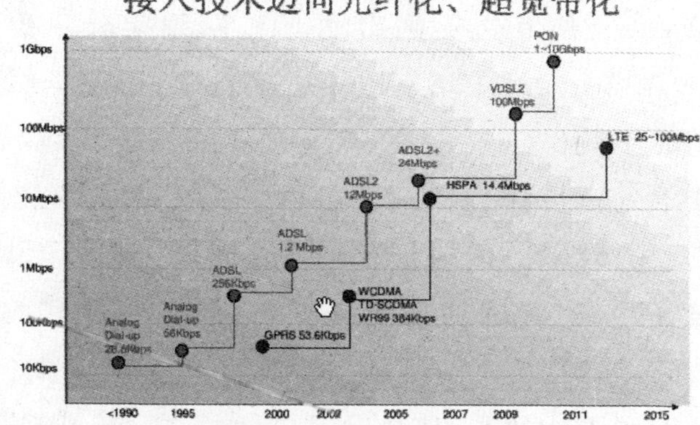

（资料来源：工业和信息化部电信研究院）

图 2　有线和移动通信网络带宽演进图

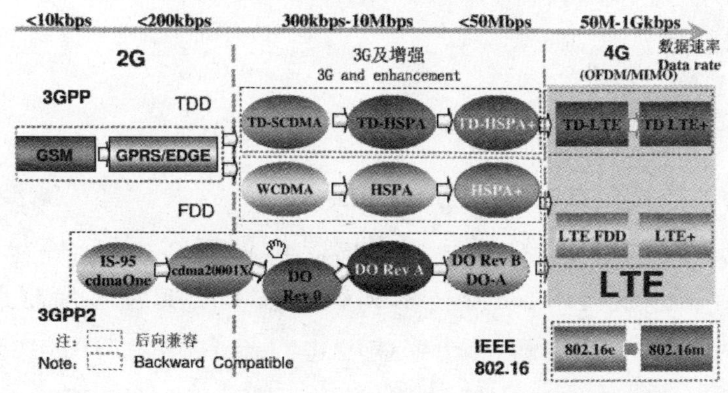

（资料来源：工业和信息化部电信研究院）

图 3　移动通讯技术演进路线图

发，将新技术应用时间不断提前。爱立信和瑞典电信运营商 Teliasonera 于 2009 年 5 月在斯德哥尔摩启动全球首个 LTE 商用站点，标志着 LTE 正式成为现实。日本于 2009 年正式发放 LTE 牌照，日本移动运营商 NTT DoCoMo、软银移动、KDDI 和 e－Mobile 等公司获得了 LTE 牌照，陆续开展投资建设，预计 2011 年投入使用。美国 Verizon 通信公司与沃达丰公司共同组建的 Verizon Wireless 公司选定爱立信和阿尔卡特朗讯作为首要网络供应商，支持其在美国启动 LTE 网络实验。我国在 2008 年成立了 TD - LTE 工作组，并在北京建立了 TD - LTE 外场试验环境，目前已有众多厂商完成了测试。

信息传输技术的宽带化和移动化可以扩大文化共享工程的覆盖面，提高文化共享工程的效果。根据《规划》，到 2010 年，文化共享工程将建成覆盖城乡的服务网点，实现县县建有支中心、乡乡建和 50% 以上的行政村建有基层服务点。在“十二五”期间，要进一步实现文化共享工程的全覆盖。但是由于我国山区面积占全国总面积的 2/3，部分地区地形崎岖、交通不便，预计到 2010 年底，全国才能实现 100% 行政村通电话、100% 乡镇能上网。在这种情况下，以 LTE 为代表的移动宽带可以将处在大山深处、雪域高原等无法布置固线通信的村庄纳入文化共享工程的范围，同时，光纤网络也将使得更多的文化共享工程基层站点享受更高、更快的信息服务。

三、信息处理技术——高速化、网络化

信息处理技术包括各种信息的变换、加工、放大、增值、滤波、提取、压缩技术，特别是数值信息处理与知识信息处理技术，其主体是计算机技术，包括计算机系统技术、硬件技术和软件技术。随着芯片制造、集成和软件等技术的进步，计算机的计算速度也日新月异。2010 年 10 月最新发布的世界上运行速度最快的计算机——中国研制的“天河 - 1A”计算机，运行速度达到 2. 5petaflop，即每秒可进行 2. 5 千万亿次的计算。同时，信息处理也逐渐向网路化方向发展，用户可以通过网络以按需、可扩展的方式获得所需的信息处理服务，这种服务可以是 IT 和软件、互联网相关的，也可以是任意其他的服务，典型的应用就是云计算。国际知名 IT 咨询公司 Gartner 经过在 1800 项技术中筛选之后，连续三年将云计算列入未来最具发展潜力的十大技术之一[③]。图 4 是该公司 2010 年 10 月发布的《2010 年信息技术趋势走向图》（Hype Cycle 图），图中云计算所处

的位置表示该技术在未来两到五年内会达到应用水平。

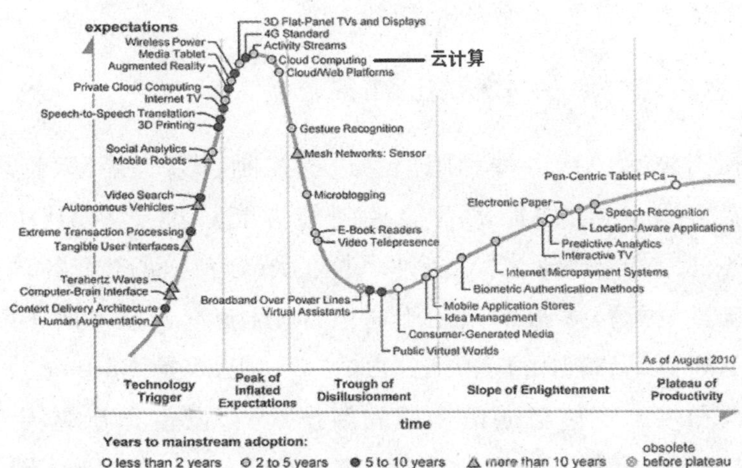

（资料来源:Gartner 公司）

图4　2010 年信息技术趋势走向图

世界各国政府和企业已经清楚地意识到云计算所具备的资源配置合理性、部署快速性以及实现方式经济性等几大优势,开始从战略上推动云计算的发展和部署。美国政府通过 app. gov 的政府网站整合了商业和生产力并应用于云端 IT 服务,在 2010 年的政府预算中着重加强了对云计算的支持。美国国防信息系统局(DISA)正在搭建内部云环境,美国宇航局(NASA)推出了“星云(Nebula)”计划。日本政府计划通过内务部和通信监管机构筹建一个大规模云计算基础设施,以支持政府运作所需的信息系统,该系统被命名为“Kasumigaseki Cloud”。我国三大基础电信运营商中国移动、中国电信和中国联通也推出了各自的云计算服务和平台,分别是“BigCloud”、“e 云”服务和“互联云”。

信息处理技术的高速化和网络化可以为文化共享工程信息资源系统的稳定和高效保驾护航。根据《规划》,到 2010 年,国家中心和各级分中心建设的信息资源总量将不少于 100TB,在“十二五”期间,还要大幅度增长,其中包括电子图书、音频、视频等形式。对如此庞大的信息资源库进行录入、分类和管理并保持其有效运行是一项巨大的挑战。云计算的应用将使得这一工作变得轻松且高效。

四、信息应用技术——泛在化、智能化

信息利用技术包括各种利用信息进行控制、操纵、指挥、管理、决策的技术,特别是"人—机"协调的智能控制与智能管理技术,其中涉及计算机技术与各种专业、学科、技术多种多样的结合,从而产生各种信息利用技术和系统。信息技术最初只用于通信部门,随着新技术的不断出现,新的设备也不断更新,应用的范围也愈加广泛。图 5 是 Gartner 公司提出的近期已出现和将出现信息通信领域的新技术、新设备和新应用,从中可以看到,随着 RFID、传感网、即时通讯、超宽带等技术的出现,带动定位感知、身份识别、泛在接入等设备的发明,进而出现了微博、网上商店、全球采购等信息应用模式。同时,随着三维计算机图形技术、立体显示技术、跟踪技术、触觉/力觉反馈、立体声、网络传输、语音输入输出技术等信息技术的进步,信息应用的智能化水平也越来越高,典型应用如虚拟现实技术。虚拟现实技术是一项综合集成技术,它用计算机生成逼真的三维视、听、嗅觉等感觉,使人作为参与者通过适当装置,自然地对虚拟世界进行体验和交互作用。

随着信息应用技术的泛在化和智能化的不断深入,各国开始筹划新一轮的信息化浪潮。韩国在 2004 年提出为期十年的 U – Korea 战略,目标是"在全球最优的泛在基础设施上,将韩国建设成为全球第一个泛在社会"。美国 IBM 公司在 2009 年 1 月提出"智慧地球"战略,计划将传感器嵌入和装备到电网、铁路、建筑、大坝、油气管道等各种现实物体中,形成物物相联,然后通过超级计算机和云计算将其整合,实现社会与物理世界融合,从而可以更加精细和动态的方式管理生产和生活,达到泛在化和智能化,提高资源利用率和生产力水平,改善人与自然间的关系。IBM 将"智慧地球"作为未来十年战略发展的核心,计划每年投入研发经费 30 亿美元。我国在 2009 年 8 月也提出了"感知中国"计划,推进信息技术

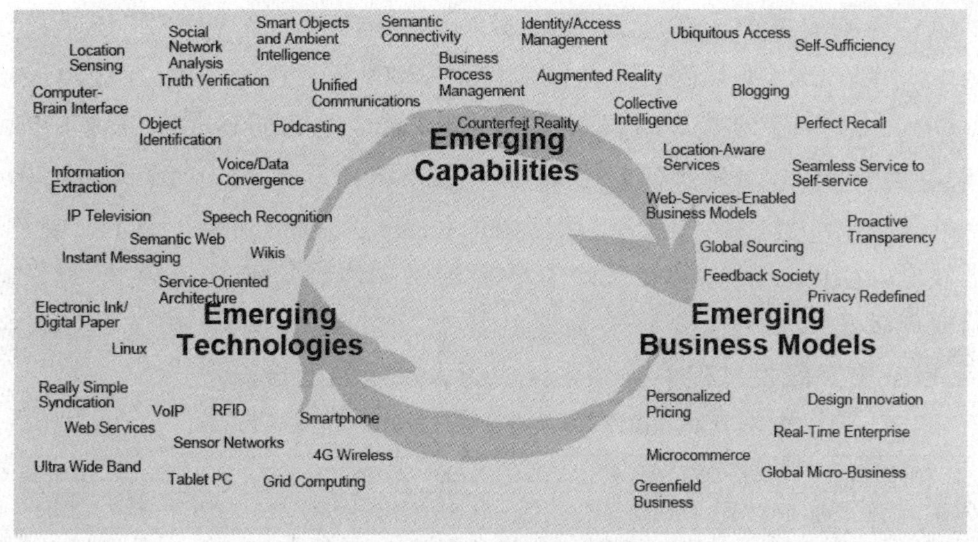

（资料来源：Gartner 公司）

图 5 近期已出现和可能出现的新技术、新设备和新应用

的泛在和智能应用。

信息应用技术的泛在化和智能化可以进一步提高文化共享工程的实施效果。根据《规划》，文化共享工程的目的是使广大基层群众能够普遍享受到数字文化服务。随着社会和经济的发展，网上浏览信息、观看视频资料等被动形式将不能满足基层群众对文化信息的需求，他们更加需要以主动的形式去学习和了解国家的优秀文化。信息应用技术的智能化，特别是虚拟现实技术，能够让他们亲身体验祖国的大好河山、历史古迹、革命圣地等，达到更好的学习效果。

五、信息设备制造技术——集成化、低碳化

信息设备制造技术指的是信息技术实现的手段所涉及的技术，当前信息设备制造技术主要是电子技术，特别是芯片制造技术。芯片制造技术迄今为止一直大致按照“摩尔定律”的路线发展，即集成电路芯片上所集成的晶体管数目，每隔 18 个月就翻一番。虽然随着特征尺寸减小到纳

米级会急剧地增加成本，但是最悲观的预测也认为"摩尔定律"还会持续至少十年。根据半导体行业共同制定的《2009 年半导体技术发展路线图(ITRS)》，如表 1 和表 2，未来十到二十年，集成电路的集成度仍然不断提高。到 2016 年，闪存非接触多晶硅半节距将减小到约 16 纳米，是 2010 年的二分之一，而到 2024 年，这一数值将进一步减小到 6.3 纳米，逼近量子效应发生的极限[④]。同时，鉴于环境污染和能源短缺的现状，信息设备制造低碳化也成为世界各国关注的热点，信息设备制造、包装、运输、使用，以及废弃回收过程中节能环保成为未来发展的目标之一。

表 1　ITRS 根据产品类型分类的与光刻相关的特征(近期)

生产年份	2009	2010	2011	2012	2013	2014	2015	2016
闪存非接触多晶硅半节距(nm)	38	32	28	25	23	20	18	15.9
DRAM 交错接触的金属 1(M1)半节距(nm)	52	45	40	36	32	28	25	22.5
MPU/ASIC 交错接触的金属 1(M1)半节距(nm)	54	45	38	32	27	24	21	18.9
MPU 印制栅长(nm)	47	41	35	31	28	25	22	19.8
MPU 物理栅长(nm)	29	27	24	22	20	18	17	15.3

(资料来源:2009 年半导体技术发展路线图)

表 2　ITRS 根据产品类型分类的与光刻相关的特征(远期)

生产年份	2017	2018	2019	2020	2021	2022	2023	2024
闪存非接触多晶硅半节距(nm)	14.2	12.6	11.3	10.0	8.9	8.0	7.1	6.3
DRAM 交错接触的金属 1(M1)半节距(nm)	20.0	17.9	15.9	14.2	12.6	11.3	10.0	8.9
MPU/ASIC 交错接触的金属 1(M1)半节距(nm)	16.9	15.0	13.4	11.9	10.6	9.5	8.4	7.5
MPU 印制栅长(nm)	17.7	15.7	14.0	12.5	11.1	9.9	8.8	7.9
MPU 物理栅长(nm)	14.0	12.8	11.7	10.7	9.7	8.9	8.1	7.4

(资料来源:2009 年半导体技术发展路线图)

面对这一形势，各国 IT 企业积极研发新技术，提高芯片的性能，同时降低信息设备制造的能耗。2010 年，Intel 公司宣布将投入 8 亿美元建立新的工厂和投入新的设施研发 15 纳米和比 15 纳米更小的芯片，同时更加注重芯片的低功耗。日本东芝公司宣布投入 2.4 万亿日元(约合 257 亿美元)用于新型存储芯片的研发。日本政府在"数字日本创新计划"中提出要开发和实施无处不在的绿色 ICT，加速实现低碳革命。目标是到 2012 年使二氧化碳排放量降低 3800 万吨，约为 1990 年《京都议定书》中规定的6%减排量的一半。我国印发了《工业领域节能减排电子信息应用技术导向目录》,促进信息设备制造领域的节能减排。

信息设备制造技术的集成化和低碳化可以减少文化共享工程的投入,降低文化共享工程的运行费用。根据国家统计局公开的《中国统计年鉴2009》,到2008年底,我国共有31个省级(不包括新疆生产建设兵团、港澳台)、333个地级、2859个县级、40828个乡级、约620000个村级行政单位。在"十二五"期间,文化共享工程将实现国家、省、市、县/区、乡镇/街道、村/社区六级服务网络全覆盖,这时所使用的各种信息设备数量将是惊人的,这些设备的采购费和运行费也将是巨大的。信息设备制造技术的集成化和低碳化,不但可以进一步降低设备的价格,而且可以减少设备的能耗。

综上所述,随着信息设备制造技术的发展,特别是芯片制造技术的改进和创新,信息获取对象将包罗万象,信息传输带宽将随心所欲,信息处理速度将日新月异,信息应用范围将无所不在,信息技术将继续以前所未有的力量为全国文化信息资源共享工程作出应有的贡献。

注释

①秦海,关于"十二五"信息化发展规划的基本考虑,《信息化工作通讯》,2010年7月

②http://www. sri. com

③http://www. gartner. com

④http://www. itrs. net

作者简介

王志成,工业和信息化部电子科学技术情报研究所博士。

云计算模式与文化共享工程服务创新

◎ 王文清

1 概述

全国文化信息资源共享工程(以下简称文化共享工程)是文化部、财政部共同组织实施的一项改善城乡基层群众文化服务的大型公益性文化项目,是全国公共文化服务体系的基础工程。通过"十五"和"十一五"[①②]建设,建成了由国家中心、省级分中心、市县级支中心、基层服务点组成的全国性文化资源信息服务网络,基本形成了资源丰富、技术先进、服务便捷、覆盖城乡的全国数字文化服务体系,通过网络为社会公众提供不同层次的文化信息资源服务,最终实现优秀文化信息资源在全国范围内的共建共享。

文化共享工程建设具有以下几个特点:(1)丰富的海量资源,多媒体资源为主,资源总量超过100TB。(2)遍及城乡的服务网点:以现有各类文化设施网点为依托,以省、市、县各级中心为支撑,重点建设乡村/社区等各类基层服务点。(3)多种信息传递手段:如互联网、卫星、镜像站点、移动存储、光盘以及面向"三网融合"的网络电视、IPTV、3G等技术手段。上述特点以及新的信息服务方式都会对共享工程各级节点在海量数据处理和传播、系统负载以及系统灵活性等方面提出更高的要求。

近年来,由谷歌、亚马逊等公司引领的云计算逐步在全球范围内得到应用,对整个 IT 行业带来了巨大变革,并在电子商务、网络安全、企业内联网、社会服务网络 SNS、图书馆等领域逐步得到广泛应用。使用云计算,一方面能使云服务商为用户提供安全、快捷、个性化的信息存储和网络应用服务,用户在使用网络资源时如同人们日常使用水、电、气一样简单方便;另一方面能显著降低用户的系统投资和维护成本,实现对资源的统一调配、管理和共享,提高资源利用率。

2010 年是文化共享工程"十一五"规划的收官之年,也是为"十二五"工作夯实基础、承上启下的一年。借此之际,本文将云计算概念引入文化共享工程建设中来,探讨云计算在资源服务和共享等方面所能带来的新的服务模式以及在信息资源、信息服务设施和信息人员方面所带来的影响,藉此提升和拓展共享工程各级分中心和基层服务点的服务能力,实现服务创新,推动共享工程迈上云计算发展之路。

2 云计算与数字图书馆

云(Cloud)指的是互联网(Internet)。云计算(Cloud Computing)是分布式计算、网格计算、并行计算、互联网和虚拟技术的综合应用和发展,是一种基于互联网的新的 IT 资源提供模式和商业模式[③],能将海量、可伸缩的 IT 计算资源(记为 X)以服务方式(as a Service)通过 Internet 提供给用户;其中,X 代表 CPU、内存、I/O、存储、带宽、系统软件、应用软件等各类 IT 资源(池)。在云计算模式下,用户不必拥有使用信息技术所需的基础设施或应用系统,而是可以租用各种云服务。这就是"一切即服务"(X as a Service,XaaS) 的含义。

云计算具有以下几个特点:1)超大规模的整合能力:云计算能够在网络中实现由数十万乃至百万台服务器组成的大规模服务器集群,构成一个功能强大的超级计算和存储平台,通过互联网为用户提供前所未有的计算和存储能力。2)动态扩展能力和高性能:云计算中的资源能在现有硬件资源上很方便地扩展,具有无限的计算和存储容量。各种应用运行在这种云中,能具有极高的性能,能更好满足应用和用户规模增长的需要。3)虚拟化和云服务:虚拟化是云计算的核心技术,能对不同类型资源(包括服务器、存储、网络设备、OS、应用系统等)全面实现虚拟化,并能根据用户需要对这些资源进行动态分配和管理,并能提供不同类型的云服务,具有居高的可用性。

常见的云计算服务模式有三种:(1)软件即服务(Softwre as a Service,SaaS):即软件租用服务,是指一种通过互联网提供软件服务的模式,即服务商只需将应用软件部署在自己的服务器上,以服务方式交付给网络用户。用户不用再购买软件本身,而是改为向服务商租用这些软件,通过互联网来使用它们,并按租用的服务多少和时间长短支付费用。如Salesforce. com。(2)基础设施即服务(Infrastructure as a Service,IaaS):即基础设施租用服务,是指采用虚拟技术构建的数据中心,能将分布在大量的本地或远程的计算机和存储设备上的计算和存储资源(包括内存、I/O设备、存储、带宽、计算能力等)集中起来成为一个虚拟的资源池,以服务方式按需提供给网络用户,如亚马逊的E2。(3)平台即服务(Platform as a Service,PaaS):即平台租用服务,是指平台服务商将把开发环境、应用程序运行环境、数据库环境等作为一种服务来提供给开发商,由后者开发应用程序并通过互联网提供给用户,如Google AppEngine。此外,云存储、云安全等多种云计算服务也应运而生。很多云计算服务还提供Open API,让开发者能以此为基础开发出更多的互联网应用。

在图书馆领域,越来越多的图书馆开始涉足云计算。云计算图书馆(Cloud Computing Library)、图书馆即服务(Library as a Service)、图书馆云(Library Cloud)等概念也由此诞生。OCLC将“基于云”的服务引入图书馆界,于2009年4月份推出基于WorldCat书目数据的“Web即协作型图书馆管理服务”[④]。这是一种新型的云计算服务,以租用方式将集成管理系统(WorldLocal)提供给图书馆使用。到目前为止,已有很多馆使用了这种服务,以替代本地图书馆集成管理系统。此外,一些软件公司(如

Evergreen、Auto - Graphics、Talis 等)也推出了基于 SaaS 服务模式的图书馆集成管理系统。DSpace 和 Fedora 组织合并为 DuraSPACE[5],推出了名为 DuraCloud 的云存储服务,向图书馆提供数字内容的永久存储服务(SaaS),同时支持图书馆在此基础上定制和发布自己的服务。国内一些公司也以 SaaS 模式提供区域性图书馆集成管理系统。CALIS 中国高等教育数字图书馆从 2008 年起先后推出了支持 SaaS 模式的馆际互借与文献传递系统共享版、参考咨询系统共享版等 SaaS 型系统以及 CALIS 数字图书馆云平台[6]等,于 2010 年下半年起在各个省中心陆续建立基于云的省级数字图书馆共享平台,彼此互联,实现"高校图书馆云"[7]。

从云计算的应用方式来看,一方面,图书馆利用云计算能很方便地管理、控制和共享应用与数据,专注于处理核心业务,无需拥有相应的软件系统和服务器端硬件系统,从而能节省开支,降低系统维护难度,并能实现更大规模的网络协同效应。另一方面,大型图书馆或行业信息服务机构还可以作为云服务的开发商和提供商,整合其他图书馆和云服务中的资源和服务,为中小馆提供云服务。

3 云计算在文化共享工程建设中的应用

3.1 存在的问题和解决思路

文化共享工程从建设之初至今已形成相当大的规模,大大推动了各级图书馆和全国公共文化服务体系的发展;但也存在一些问题,主要体现在:1)信息资源数量仍显不足,下发的信息资源不适用,现有信息资源利用率不高。2)资金投入不足:很多分支中心在硬件设备、软件开发与维护、数据更新与维护方面资金短缺。3)设备和系统更新问题:很多图书馆的计算机系统和应用系统的更新和发展滞后,难以及时更新,这直接影响到服务质量。4)信息资源的传递问题:既有信息设备不足和传播方式单一的问题,也有整体服务方式的问题。5)人员和技术保障问题,很多技术人员水平参差不齐, 人员大量流失,致使系统经常会出现问题。6)观念和重复建设问题:信息服务的核心是数字化和网络化。但在实际操作中，很多图书馆仍沿用自给自足的建设和管理方式，常出现“大而全”、“小而全”的现象，存在数字资源重复购进、软硬件重复投资等问题。7）未来发展的挑战：国家今年开始全面推进“三网融合”工程，互联网、移动互联网也日臻完善；同时，共享工程中的信息资源和服务网点规模都在日益扩大，这都会对共享工程的发展提出挑战和新的建设要求。

对于全国文化信息资源共享工程的发展，前国务委员陈至立同志曾指出：“一切有利于共享的机制都是好机制，一切有利于共享的办法都是好办法，一切有利于共享的途径都是好途径”。作为一种新的服务方式，云计算对解决前面各类问题提供了新的思路：即从全局出发，以服务为根本，采用云计算，全面提升国家中心和省中心的服务能力，提供个性化、多层次、可定制的云服务，实现更大的共建共享，推动共享工程的进一步发展。

3.2　云计算在共享工程中的应用模式

在实际应用中，云分为公共云、专有云、混合云等类型。公共云能为多种用户同时提供云服务，专有云用于客户内部使用，混合云则将公共云与公共云、公共云与专有云结合起来使用。

文化共享工程由国家中心、省级分中心、市县级支中心和基层服务点组成。根据这一特点以及各中心职能的不同，结合三网融合、3G、互联网的发展趋势，可以考虑在文化共享工程中采用公共云、专有云和混合云相结合的建设模式：1）由国家中心牵头，选择部分省级分中心/图书馆作为承担单位，在全国建立一个或若干个国家级云服务中心，为公共文化服务体系提供统一的云服务。2）部分省市级分中心，图书馆，可以根据条件建立自己的专用云，并能与国家级公共云结合，形成混合云，既能提升和优化图书馆本身的信息服务能力，也能适当为中小图书馆提供云服务，以满足本区域的需要。

作为云服务商，国家级云服务中心可提供的云服务包括：1）软件租用服务（SaaS）：各类软件都可以部署在云中，通过网络服务方式租用给各个分支中心。2）云存储服务（Storage as a service）：大量的信息资源都可以存放在云上，图书馆能自行掌控，无需在本地存储或镜像。3）数据服务（Data as a service）：提供集中式的数据服务，能被各中心进行个性化整合，也能直接为最终用户提供服务。4）整合服务（Integration as a service）：作为服务中介，对云中的资源和服务进行整合，也与其他云（包括高校图书云、中小学图书馆云、商业云等）之间实现互联互通。5）开发平台租用服务（PaaS）和基础设施租用服务（IaaS）：可以为图书馆提供开发平台以及数据中心的租用服务，方便各馆开发、部署和发布自己的资源和应用。6）其他业务和技术支持服务。资源管理、资源检索、个性化门户、音视频服务、文献借阅、馆际互借和资源共享等服务都可以由公共云来提供。

公共服务体系中的大多数图书馆和服务节点，都可以是云的使用者，即能将自己的大部分业务和资源放在云中，能将云应用与本地应用进行整合，以实现本地化信息资源的加工、组织、关联、整合、搜索、可视化和个性化服务等的需要。这些馆无需配备庞大的机房设施和硬件设备，图书馆员只需使用普通电脑连接上网就能处理和管理本馆业务，而其他系统更新、设备维护等工作都交由云管理员完成。

云服务中心采用面向服务架构（SOA）的技术，能对各类资源和服务进行组织和协同，支持快速的个性化定制，实现对多种终端设备的统一入口和一站式服务，并能够对用户需求变化做出快速响应，以满足用户复杂多变的信息服务需求。

各个图书馆和服务节点可以充分利用云中的各种开放接口，直接获取和整合云中的特色资源，拓展本地的服务形式和内容，增强互动性。图书馆还能将现有的资源和服务方便地嵌入到用户的生活、工作和学习环境中，提供一种无所不在的文化信息服务环境和全方位的用户交互服务，并在数据安全、资源共享、服务便利等方面大大改善用户体验，方便用户随时随地获取信息资源。

3.3　云计算对共享工程的影响

将云计算应用于文化共享工程建设，将带来以下发展机遇：

1. 优化投资结构,提升整体服务能力

云计算的特点是虚拟化、规模化、集中化。随着三网融合、3G、高速互联网的快速发展,共享工程中的信息传播问题将会大大改善。从整体考虑,中央财政有必要加大对国家中心和部分省级分中心的投资力度,集中资金和人员优势,在建立若干国家级云服务中心,与省级分中心/图书馆互联互通,形成可共享的图书馆云;同时,接入多种传播通道,能同时为互联网、数字电视、3G 等用户提供统一、个性化的服务,简化各级分中心和图书馆对信息服务系统的建设要求,以此来提升整体服务能力。

2. 降低整体硬件成本,提高资源利用率,实现规模经济效益

云计算的重要贡献之一在于能低成本实现规模效益。由于信息技术发展迅速,各级分支中心、图书馆的硬件设备也需要不断更新换代,硬件和软件的维护成本也较大。相比而言,云计算平台的投资会低于传统计算平台。在云服务中心,可以使用大量廉价的 PC 服务器和存储设备来建立集群,具有很高的横向扩展能力和性价比,而无需昂贵的高端服务器和存储设备。各级分中心和图书馆可以使用云服务中心提供的软硬件资源,不再需要自行配置高性能、大容量的计算机和存储设备,也无需考虑这些设备的更新换代,既能节约场地和能耗,也能降低对技术人员的要求。节省下来的资金可用于改善和增强终端用户的上网环境。云中的系统和数据的维护工作都由专业团队承担,确保系统和数据的安全可控。通过上述方式,整个共享工程在软硬件设施的总体投入成本将会大大降低,硬件整体利用率也将显著提高,数据安全性也能得到保证和提高。

3. 改善数据和软件的使用方式,促进资源和服务的共建共享

依托文化共享工程,建立和完善各级中心和各级图书馆,已成为业内共识。现有各级图书馆的信息服务平台的建设仍以自给自足的方式,在自己的机房里安装和管理大量的软件和资源。这种应用软件的管理和使用方式,越来越不适应公共文化服务体系的快速发展。云计算为图书馆提供了在线软件租用(SaaS)的服务方式。各种应用软件都可以从云服务中心进行租借,图书馆无需自己再费时费力购置、安装和管理所需的应

用软件，无需考虑软件的版本升级和授权问题。各级节点和中小馆能专注于自己的核心业务，不再受到技术、设备和资金等问题的限制，并能容易实现图书馆相关资源的异地存取和在图书馆联盟中的资源共享。这种大集中模式，可实现类似于但不限于 OCLC WorldCat 的云服务方式。相关图书馆还可以在其中共同构筑不同类型的信息共享空间。此外。利用云存储服务，各级分中心和服务网点都能在云中随时随地存取自己的数据，不会由于数据库迁移或感染病毒而产生数据丢失问题；同时还能为社会大众提供个性化的信息资源的存储和共享服务。对于大众用户，他们只要使用公共服务体系中的某个图书馆，就能在整个共享工程"图书馆云"中进行漫游，随时随地获取全面的文化信息服务。这使得用户的信息需求能得到极大满足。

4. 带来更丰富的应用，全面提升用户服务体验

利用前面所述的软件租用服务模式（SaaS），能为图书馆和读者提供一个巨大的资源宝库，丰富图书馆的应用和服务。国家中心和部分省级分中心负责组织、开发、集成和提供这些应用服务，很容易实现应用软件的快速部署和上线，方便实现大范围内资源和服务的整合。利用文化共享工程图书馆云，开放多种 web2. 0、web3. 0、3G 等信息服务，提供全方位的用户交互服务，让社会大众广泛参与文化资源的建设和服务，集中群众力量，共同促进优秀文化资源的建设、传播和服务。平台服务模式（PaaS）可以为那些有开发能力的各个图书馆和服务网点提供有效的软件应用开发平台，使他们能快速进行软件开发，并能与已有软件实现集成，不再受服务器端性能的限制。基础设施服务模式（IaaS）能为图书馆用户提供基本的计算和存储服务即虚拟数据中心服务，所需 CPU、带宽和存储容量都可以按需申请和使用。

云服务中心可以建立统一的信息和服务接口、统一的技术和服务标准，支持各类应用程序的开发和整合，减少信息孤岛的产生，实现对资源和服务的统一调度。利用上述几种云计算服务方式，文化共享工程体系中的各级图书馆能按需获取所需的应用软件、开发平台和基础设施，整合

各种应用和资源,强化信息服务和知识服务功能,最终为用户提供更好的信息服务。

云计算技术尚在发展中,各种标准和技术尚未完善,需要采取一些应对措施,以确保云计算在共享工程中的成功应用:1)制定统一的行业性的云计算应用标准,包括资源和服务的共享协议和标准、各种服务接口和数据标准等,以及相应的技术和业务管理规范,加快云计算在共享工程中的应用,提高云计算的管理水平。2)注重并确保云计算中的数据和系统安全性。数据和系统的安全性对用户来说是至关重要的。作为云服务商,需采用多种技术和管理手段,为用户提供安全、可靠的数据存储服务和应用服务,规避数据在隔离、管理、恢复和访问等方面的风险。3)加强对共享工程技术人员的配备和培训。云计算的应用,会对各级中心和图书馆的技术人员提出新的要求。根据技术人员在云计算应用中的作用,为其提供不同层次的技术培训,形成人才梯队,以保证共享工程可持续发展。4)改进网络质量,扩大传播通道。搭建云计算服务中心时,要确保网络和通讯环境的稳定性,保证足够的网络带宽,充分利用新的传播方式,同时要避免增加过多的网络费用。

4 结束语

对于文化共享工程,云计算的最大价值在于能让各级成员单位专注于自己的业务,快速建立和完善各级中心和共享服务平台,实现更大范围内的协作,为各个基层服务点提供有效支撑,为用户提供更优质的服务;同时使他们摆脱 IT 技术的束缚,降低 IT 复杂性和管理成本,实现应用的快速部署和动态扩展能力,最大限度地发挥 IT 效益。

利用云计算,有助于改进和创新文化共享工程中文化资源的生产、制作、传播和服务方式、服务体验,各级分中心和服务网点分工合作,在服务创新上下工夫,整合各类云服务,形成区域性和全国性的协作和共享,构建一个布局合理、功能完善、多方合作的公共文化服务体系,大大提高共享工程的整体服务水平,提高信息资源利用率,使文化资源能够更好、更广泛地服务于基层大众。

注释

①文化部全国文献信息资源建设管理中心，全国文化信息资源共享工程“十一五”规划发展纲要，2006

②周和平. 全面推进文化共享工程建设. 人民论坛，2008(22)

③Holly Stevens, Christy Pettey. Gartner Says Cloud Computing Will Be As Influential As E-business. 2008－06－26. http://www.gartner.com/it/page.jsp? id＝707508

④OCLC News releases. OCLC announces strategy to move library management service to Web scale. 2009－04－23. http://www.oclc.org/news/releases/200927.htm

⑤DuraSpace. http://www.duraspace.org/

⑥王文清，陈凌 CALIS数字图书馆云服务平台模型. 大学图书馆学报，2009(4):13－18

⑦Wang Wenqing and Chen Ling, Building the New－generation China Academic Digital Library Information System (CADLIS): A Review and Prospectus. D-Lib Magazine, May/June 2010 <doi:10.1045/may2010－wenqing>

作者简介

王文清，CALIS管理中心总工程师，教授级高级工程师。

全国文化信息资源共享云研究与开发

◎ 邢春晓 朝乐门 张 勇

引言

全国文化信息资源共享工程（以下简称文化共享工程）应用现代科学技术，将中华优秀文化信息资源进行数字化加工整合，通过工程网络体系，以互联网、卫星、移动存储、镜像、光盘、有线电视/数字电视网等方式，实现优秀文化信息资源在全国范围内的共建共享[①]。该项工程的实施可以改善和丰富基层群众，特别是经济欠发达地区群众的精神文化生活，在保障人民群众的基本文化权益、满足群众不同层次文化需求，缩小东西部之间、城乡之间文化发展的差距，建设社会主义新农村，构建和谐社会等方面将发挥积极作用[②]。

自 2002 年 4 月以来，文化共享工程在系统架构、建设体系、传输系统、终端应用技术等方面取得了较大的进展[③]。但是，在进一步发展过程中却面临着诸多挑战：第一，实施成本较高。需要购买软硬件设备，并要定期更新换代；需要购买"超级计算机"管理共享资源，并且需要定期升级。第二，各地区基层服务点建设发展不平衡[④]。第三，由于广大偏远地区农民用户的知识水平所限，操作、管理和维护专用设备的难度大，无法充分调动农民用户的积极性。第四，所提供的服务缺乏灵活性。主要表现在资源的可伸缩性以及不同设备之间无法共享数据。第五,能源消耗较大,不支持低碳经济。第六,信息传递的单向性,缺乏交互性。

1　云计算对文化共享工程的意义

1.1　云计算及其特征

云计算既是一种新的计算模式,又是一种新的基础架构。作为一种新的计算模式,云计算把 IT 资源、数据、应用以服务的形式通过互联网提供给用户;作为一种新的基础架构,云计算把大量的计算资源组成 IT 资源池,动态创建高度虚拟化的资源提供给用户[⑤]。云计算的基本思想是通过将软件、硬件、数据等计算资源从本地迁移至云端,用户随时随地通过较低成本的客户端连接至处于云端的功能强大的软件、硬件和数据资源;云计算的主要目的是实现客户端计算成本的最小化和云端利益的最大化,从而提高 IT 服务商的核心竞争力。云计算的主要特征可以归纳为三个方面:云端的特征是虚拟性、敏捷性、高效率性、高安全性、高可靠性和经济性;终端的特征是多样性、低成本性、共享性和绿色性;云端/终端连接特征是松散耦合、大规模协同和实时同步[⑥]。

根据云计算提供的服务类型不同,云计算可以分为 HaaS(Hardware as a Service,硬件即服务)、IaaS(Infrastructure as a Service,基础设施即服务)、SaaS(Software as a Service 软件即服务)、PaaS(Platform as a Service,平台即服务)和 DaaS(DataBase as a Service,数据库即服务)五种类型,分别侧重于硬件、系统软件、应用软件、开发环境和数据库管理系统的云服务,如表 1 所示。需要指出的是,随着云计算的深化发展,不同云计算解决方案之间相互渗透融合,同一种产品往往横跨两种以上类型[⑦]。

1.2　云计算的启示

通过云计算的特点分析,可以发现云计算为克服全国文化资源共享工程所面临的挑战提供了新的思路。

表1　云计算的五种基本类型

序号	类型	含义	举例
1	HaaS(Hardware as a Service,硬件即服务)	云端将硬件设备以服务形式提供给终端,终端可按需购买或租用云端的硬件设备,安装自己的软件系统,完成各种数据存储或计算任务。	IBM 的 IDC 云计算
2	IaaS(Infrastructure as a Service,基础设施即服务)	云端将计算资源和存储资源以服务形式提供给终端,终端可按需购买或租用所需的基础设施。	Amazon 的 EC2
3	SaaS(Software as a Service 软件即服务)	云端将软件系统以服务形式提供给终端,终端可按需购买或租用云端的软件系统,完成各种计算任务。	Salesforce. org
4	PaaS(Platform as a Service,平台即服务)	云端将软件开发平台以服务形式提供给终端,终端可按需购买或租用云端的开发平台,完成软件系统的研发任务。	Google 的 App Engine
5	DaaS(DataBase as a Service,数据库即服务)	云端将数据库及其管理系统以服务形式提供给终端,终端可按需购买或租用云端的数据库或数据库管理系统服务。	Oracle 的云服务

来源:朝乐门,邢春晓,张勇. 云端信息资源管理研究. 情报资料工作,2010(4):44-49

(1)云计算可以降低文化共享工程的建设成本。云计算的经济性可以从云资源的服务提供商和消费者两个方面进行分析:前者将云端部署在成本相对较低的服务器硬件之上,不追求服务器机群的实时更新换代。在计算能力和存储能力相等的情况下,搭建一个云端服务器集群的成本低于购买一台超级计算机作为服务器的成本。后者的经济性主要是因为云计算对终端的要求较低,用户使用瘦终端就可以调用功能强大的云服务,不需要购买昂贵的软硬件设备和进行繁琐的软硬件管理与维护工作。

(2) 云计算可以改变文化共享工程在不同地区发展不平衡的现状。在云计算环境中,所有地区可以通过相对低成本的浏览器访问同一个云端资源,使不同地区共享软硬件资源成为可能,实现经济发展较落后地区可以较少的成本获得较强的云端服务。

(3) 云计算可以降低农民用户操作、管理和维护难度。在云计算环境下,随着硬件、软件和数据从本地迁移至云端,软件、硬件、数据管理和维护工作也迁移至云端,减轻了本地操作、管理和维护成本。云端由技术和资历水平雄厚的专业公司统一管理和配置,相对于目前的单机计算和服务器计算,云计算更具有经济性。

(4) 云计算可以提高文化资源共享服务的灵活性。一方面,云计算可以动态配置云计算提供的服务,根据用户需求的变化动态更改客户所购买的云服务的具体参数,为用户提供无处不在服务,实现服务的灵活性。另一方面,通过云计算可以使不同终端设备之间的数据、配置、服务等信息资源实现共享,实现不同设备之间的数据共享和数据同步。

(5) 云计算可以降低能源消耗,支持绿色低碳经济。云计算降低了终端的数据存储和计算要求,任何具有浏览功能的电子设备,如手机、PDA 等均可作为终端访问云端,相对于单机计算和服务器计算,电力消耗大量降低,同时能够减少软硬件资源的浪费。

(6) 云计算与 Web2.0[8]的结合可以实现云端与本地之间信息传递的双向性,将处于文化资源共享链长尾的用户参与到资源共享工程建设中,从而通过用户标注的方式实现云端资源增值。

2 全国文化信息资源共享云的开发

2.1 设计理念

从以上分析可以看出,云计算与 Web2.0 的结合可以克服全国文化信息资源共享工程在建设成本、地区差异、用户操作能力、服务灵活性、能源消耗、互操作性等方面所面临的新挑战,更好地推动我国文化资源的共享和发展。在建设文化信息资源共享云的过程中,应遵循如下两项基本原则：

（1）统一顶层体系结构设计下的多种云服务融合。上述分析可以看出，不同云计算解决方案之间的相互渗透和融合可以弥补单个云计算服务类型的局限性，充分发挥不同云计算服务类型之间的互补性，是未来云计算应用的重要发展趋势之一。因此，在我国文化信息资源共享工程建设中需要一套顶层的云服务设计体系结构，并在该体系结构内应鼓励建设多种云服务，实现不同云计算的互补性。

（2）云计算与 Web2.0 的集成。一方面，云计算为全国文化资源共享工程的软硬件基础设施的建设和维护提供了新的思路，解决了所面临的建设成本、地区差距、用户操作水平、服务灵活性、能源消耗等问题；另一方面，Web2.0 为全国文化资源共享工程的信息资源的建设和维护提供了新的解决方案，解决了用户参与和资源增值问题。因此，云计算与 Web2.0 的集成是全国文化资源共享工程的重要发展趋势之一。

2.2　体系结构

文化共享工程是数字图书馆面向基层服务的延伸[9]。《文化部、财政部关于进一步加强全国文化信息资源共享工程建设的意见》明确提出了省分中心和有条件的市、县支中心要在数字图书馆技术体系框架下加强技术服务平台，建立资源镜像站[10]。为此，我们按照上述“统一顶层体系结构设计下的多种云服务融合”和“云计算与 Web2.0 的集成”两个基本原则，设计并开发了面向文化信息资源共享的数字图书馆应用原型平台——支持数据驱动型应用的跨域共享与服务支撑平台，如图 1 所示。

原型平台分为数据层、服务云层和功能层。数据层主要提供数据的分布存储服务，存储模式有关系数据库、XML 数据库、LDAP 以及文件系统四种，均在数据库即服务（DaaS）层次上提供通用性云服务。

服务云层主要在平台即服务（PaaS）层次上面向用户应用程序的开发与运行提供构件调用服务。该层基于 SCA 模型提出一种全新的数字资源服务构件模型（Data Resource Service Component，DRSC）来表示数字资源的属性、服务和引用，并设计了 DRSC 对象的五种基本云服务，即标

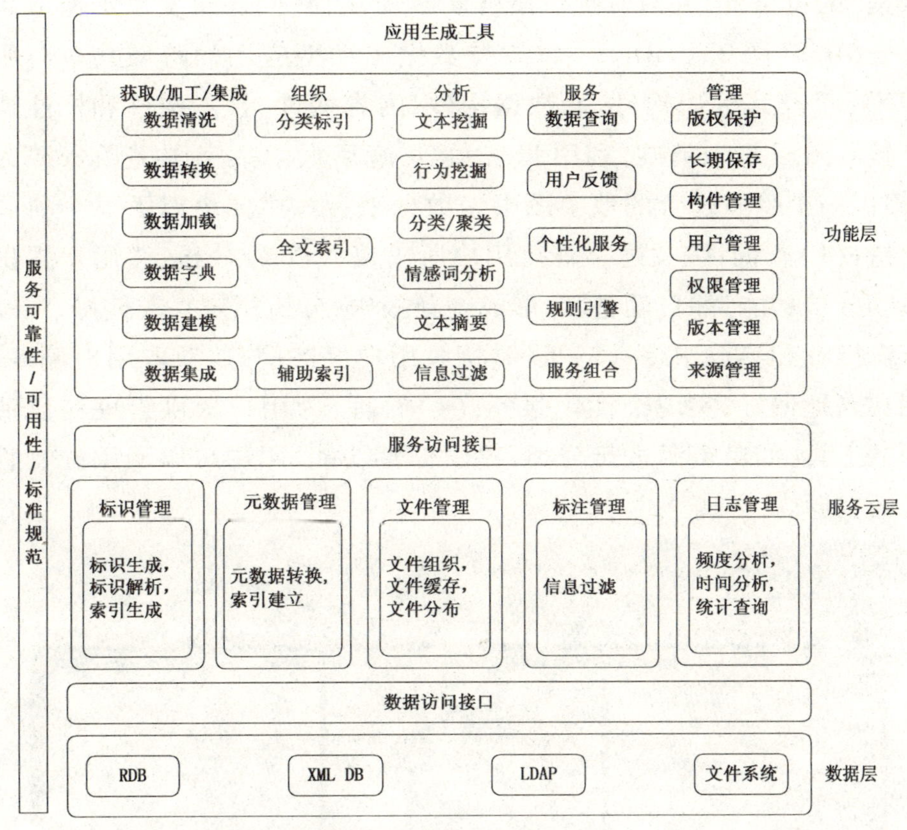

图 1　支持数据驱动型应用的跨域共享与服务支撑平台体系架构

识管理（标识的生成、标识解析和索引生成）、元数据管理（元数据转换、索引建立）、文件管理（文件组织、文件缓存、文件分布）、标注管理（信息过滤）以及日志管理（频度分析、时间分析、创建、统计查询）。

功能层主要在软件即服务（SaaS）层次上针对特定应用提供 Web2.0 式云服务。该层采用 Web2.0 模式封装了信息资源的获取、加工、集成、组织、分析、服务和管理等多种构件，支持通过应用工具自动组装成一个基本满足用户需要的应用框架，方便全国文化信息资源共享工程的研发活动。

2.3　示范应用——iDLib

为了验证上述“支持数据驱动型应用的跨域共享与服务支撑平台体

系架构”的可行性，并对其提供最佳实践应用，我们还研发了示范应用平台——iDLib（图 2）。iDLib 以“支持数据驱动型应用的跨域共享与服务支撑平台”及其标识构件、元数据构件、内容构件、日志构件和标注构件五个核心云服务为基础，利用北京大学、清华大学数字图书馆资源为基础，提供一个跨域整合的数字图书馆数据平台。主要由以下五个科研活动支持：（1）查询：按关键字查找用户所需资源；（2）分析：为用户提供科研活动分析功能，如自动查新，形成查新报告；分析用户兴趣偏好，主动提供资源推荐和热点跟踪；（3）反馈：接收用户反馈信息，获取用户偏好，根据用户兴趣偏好，实现个性化服务；（4）管理：为用户提供管理科研活动资源的工具，如对资源进行分类，提供标签功能，用户可以使用标签管理自己的资源。

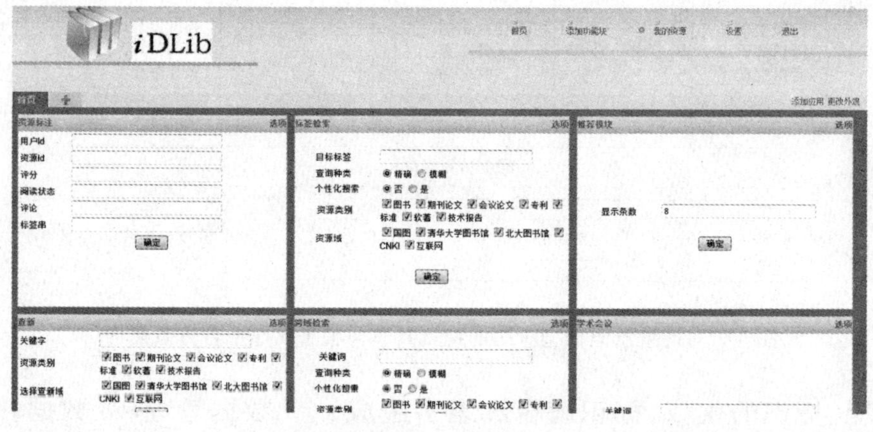

图 2　iDLib 体系结构

3　结论

总之，文化共享工程是我国社会主义建设的一项文化创新工程，使数字资源在全国范围内共建和共享成为可能。云计算为解决我国文化信息资源共享工程在建设成本、地区差距、用户操作水平、服务灵活性、能源消耗等方面存在的诸多挑战提供了新的思路。同时，Web2.0 为充分发挥长尾用户的积极性，使广大农民用户参与到全国文化信息资源共建和共享活动成为可能,从而可以实现数字资源的增值。可见,云计算与Web2.0的集成必将成为全国文化信息资源共享工程的重要发展模式之一。本文提出的云计算与Web2.0集成的文化信息资源共享云的设计理念以及框架体系,为基于数字图书馆的文化信息资源共享工程的建设提供了新的解决方案。iDLib系统的研发不仅论证了本文提出的"支持数据驱动型应用的跨域共享与服务支撑平台体系架构"的可行性,而且为全国文化信息资源共享云的建设提供了最佳实践之一。

本文得到了国家863计划(编号:2009AA01Z143)的支持。

注释

①文化部全国文化信息资源建设管理中心. 全国文化信息资源共享工程介绍[OL].[2010-8-16]. http://www.ndcnc.gov.cn/libpage/gxgc/index.htm

②刘兹恒,张丽. 试析全国文化信息资源共享工程的特点. 图书馆建设,2008(2):10-12,24

③吴晓,孙承鉴. 全国文化信息资源共享工程技术体系的发展与展望. 图书馆建设,2008(2):78-81

④张彦博. 创新思路扎实推进全国文化信息资源共享工程建设. 图书馆建设,2008(2):1-3

⑤IBM云计算中心 & HiPODS. 智慧的地球 - IBM云计算2.0[OL].[2010-1-20]. https://www-900.ibm.com/systems/cn/dihub/pdf/ibmcloudcompute.pdf?book=cloudcompute&uid=77876

⑥朝乐门,邢春晓,张勇. 云端信息资源管理研究. 情报资料工作,2010(4):44-49

⑦刘鹏. 云计算. 北京:电子工业出版社,2010:3

⑧Tim O'Reilly. What Is Web 2.0: Design Patterns and Business Models for the Next Generation of Software[OL][2009-08-27]. http://www.oreillynet.com/lpt/a/6228

⑨王芬林. 全国文化信息资源共享工程服务政策解析及对数字图书馆服务政

策的思考[J]. 图书馆,2010(1):94－96

⑩中华人民共和国文化部. 文化部、财政部关于进一步推进全国文化信息资源共享工程的实施意见[OL]. [2010－7－20]. http://www.ccnt.gov.cn/xxfb/xwzx/whxw/200704/t20070418_37040.html

作者简介

邢春晓,清华大学信息技术研究院研究员,博士生导师。

朝乐门,清华大学信息技术研究院博士后。

张勇,清华大学信息技术研究院副研究员。

连续数据保护技术在文化共享工程中的应用

◎ 靳志军

一、前言

全国文化信息资源共享工程（以下简称文化共享工程）是由文化部、财政部共同组织实施的国家级文化公益工程，同时也是国家“十一五”期间的重点公共文化工程。截至2009年底全国已建成超过75万个分、支中心和基层服务点，资源总量达90TB，服务效果日益明显，使文化共享工程成为深受广大群众欢迎和喜爱的“民心工程”。

仅河北省目前就已建成各级支中心和基层服务点近4万个，其中包括1个省中心，11个市级支中心，172个县级支中心，700多个乡镇（街道）基层服务点，3万多个村（社区）基层服务以及上百个包括学校、企业、部队、科研单位在内的系统外基层服务点。所建资源严格按照文化部共享工程国家中心制定的相关标准规范进行。截至目前，全省已建设加工、购买各类数据近22TB。面对不断增长的共享数据、日益丰富的应用，以及越来越大的访问量，如何有效防范各类软硬件灾难给全省各节点数据安全带来的风险，已经成为文化共享工程下一步建设必须考虑的问题。

二、连续数据保护技术及其应用

目前,文化共享工程存储系统应用所面临的数据保护挑战主要有以下两点[①②]:

1、数据安全性

文化共享工程各级中心存储数据时刻受到各种故障和灾难的威胁,包括自然灾害(地震、台风、火灾、水灾等),业务运行所依赖的服务的中断(电力中断、租用网络中断等),IT 系统故障(IT 设备硬件、软件故障),人员错误操作,恶意攻击(黑客、病毒)以及恐怖袭击等。据权威机构统计,用户的数据故障的威胁,44% 来自硬件、49% 来自逻辑故障(误操作、软件错误、病毒等)。因此经过多年采集、加工、整合的数字资源的安全性建设在工程平台建设中占据着很重要的地位。

2、业务连续性

数字资源数据的丢失对于文化共享各级站点,将严重影响对社会的正常服务。以前我们大多采用传统的磁带备份方式,这种方式经常出现备份时间长,数据恢复时间长,备份数据不可靠等情况,严重影响各项业务的连续性。连续数据保护技术(Continuous Data Protection,CDP)的应运而生不仅全面保障了数据安全性,而且也满足了我们对业务连续性的需求。

存储网络工业协会(SNIA)对连续数据保护(以下均简称 CDP)的定义,是目前对连续数据保护最为权威的定义[③④]:

持续数据保护是一套方法,它可以捕获或跟踪数据的变化,并将其在生产数据之外独立存放,以确保数据可以恢复到过去的任意时间点。从数据保护的实际运用角度,对于 CDP 技术的理解,有以下几点:

第一,可以这样理解 CDP 的定义,即 CDP 能实现在线、实时、可靠的数据备份,效果是能实现任意时间点的数据恢复。

第二,CDP 是唯一全面的数据保护技术,能同时应对硬件故障和逻辑故障,还能做任意时间点恢复。这一点是其他数据保护技术做不到的,因为 CDP 是“数据摄像技术”,在受保护时间内不断地记录数据状态,其他数据保护技术,都只能记录有限时间点数据状态。下图是各种数据保护技术的比较。

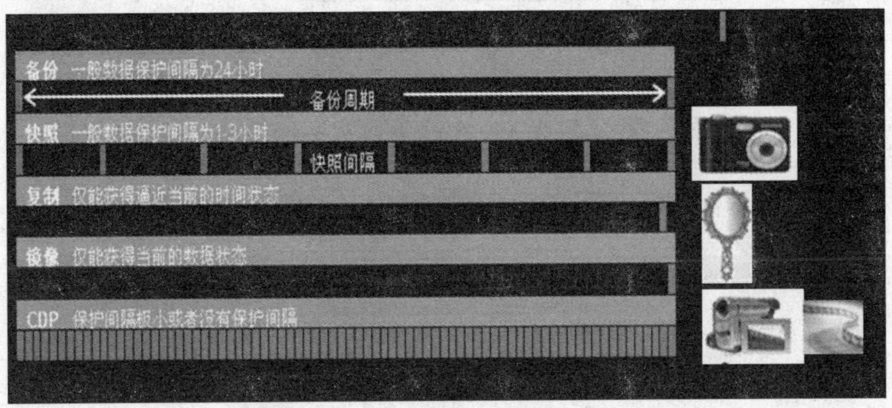

第三,CDP 技术不仅能精细化地记录数据状态,将数据备份下来,而且能够满足业务连续性的要求,一旦出现数据故障,能将数据快速恢复出来。

北美著名 IT 咨询机构 Forrester 曾预测,到 2011 年,将有 60% 的数据采用 CDP 相关技术备份到磁盘上。事实上,国内各个行业,包括政府部门,都已经开始实施基于 CDP 技术的存储系统建设,以保障数据安全性和业务连续性。江苏省政府 20 多个委办局的共享灾备系统,以及杭州市政府 20 多个委办局的共享灾备系统,就是 CDP 技术应用的典型代表。

三、河北文化信息资源共享中心存储系统现状

河北文化信息资源共享中心作为河北省文化共享工程的省级节点,采用高端 IP 存储设备作为河北省文化资源共享的省级节点存储设备。初期配置 15T 容量。随着业务的快速发展,预计到 2010 年底将扩展到 70T,单台设备最大容量可以扩展到 240TB。组网拓扑如下页图:

目前,河北文化信息资源共享中心的存储设备保存有近 30TB 的数据,面向全省近 4 万多个支中心和基层服务点提供 7 × 24 小时的数据存

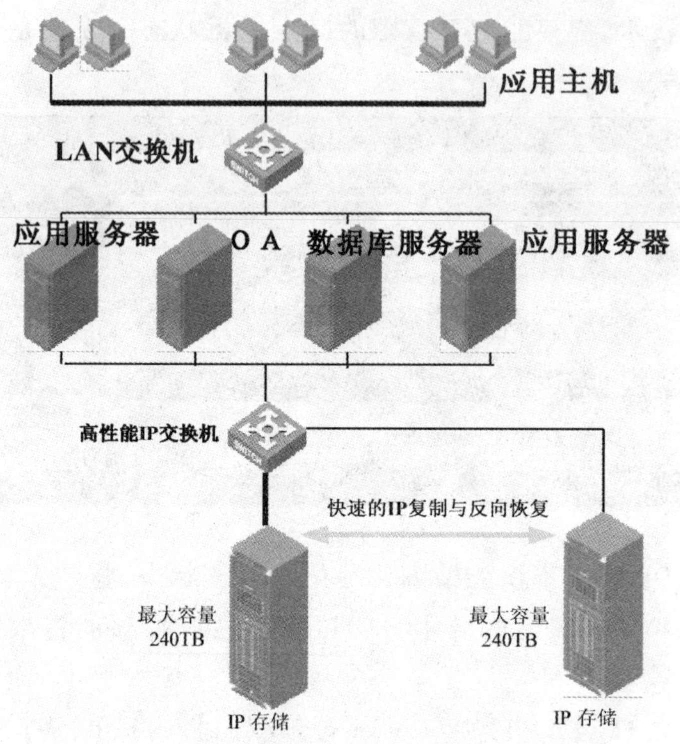

取服务以及网民的信息获取服务。

现应用方案特点：

1. 采用标准化的 IP SAN 技术，获得良好的兼容和扩展性，投资得到长期保护；

2. 主存储具备良好的内部架构，全交换式的万兆 SAS 架构，使得大数据量并发访问时的业务性能得到保证；

3. 初步建立了一主一备的存储架构体系，数据得到冗余备份，系统可用性较高；

4. IP 磁盘阵列的管理平台十分容易与网络管理平台集成，可以在统一的管理平台中实现网络、存储、服务器的集中化管理。

随着整个文化共享工程的深入，现有存储系统也暴露出一些问题：

1. 数据保护不够全面。无法在发生逻辑故障,比如人为误操作、软件故障等情况下实施快速数据恢复。

2. 应用及业务压力日益增长,主存储需要扩容,需要具备更高性能和扩展性的存储来满足未来数据访问的巨大压力。

因此,采用端到端全万兆 IP 存储,并且部署先进的连续数据保护技术(CDP)来升级河北文化信息资源共享中心存储系统的数据保护措施,是目前河北省文化共享工程省级节点建设的一项重点工作。

四、河北文化信息资源共享中心存储系统升级设想

河北文化信息资源共享中心将通过实施 IP SAN 存储解决方案,来提供大容量的存储空间和保证以后的容量扩展,实现文化共享工程中大量数字资源的存储。同时通过这种 IP SAN 解决方案,可以让存储方便地接入到现有的网络中,同时存储的数据管理功能都是基于标准的 IP 技术,这对于技术人员来说,要比光纤或者其他协议简单很多,降低了管理和维护的难度。

随着文化共享工程的深入推进,数据量和访问量均将呈倍数递增,对省级节点存储系统的挑战更加巨大,为适应未来应用发展的需求,实现容量、性能的弹性扩展,同时提高存储设备数据安全性和灾难恢复能力,计划在新建数据中心放置一台高性能的端到端万兆存储设备,基于 iSCSI 协议,接入万兆数据中心级交换机,利用先进的 CDP 技术,与原有 IP 存储设备构成“主存 + 近线备份 + 异地备份”的灾备系统,在提高数据访问吞吐率和存储容量的同时,极大地提升数据安全性。

1. 方案中的 CDP 技术部署

• 在线存储

在线存储内置复制或镜像功能。

• 近线 CDP 备份存储

部署一台近线备份存储,内置复制或镜像,以及连续快照功能。配置在线存储一样的存储空间用于在线数据实时副本创建外,需额外付出

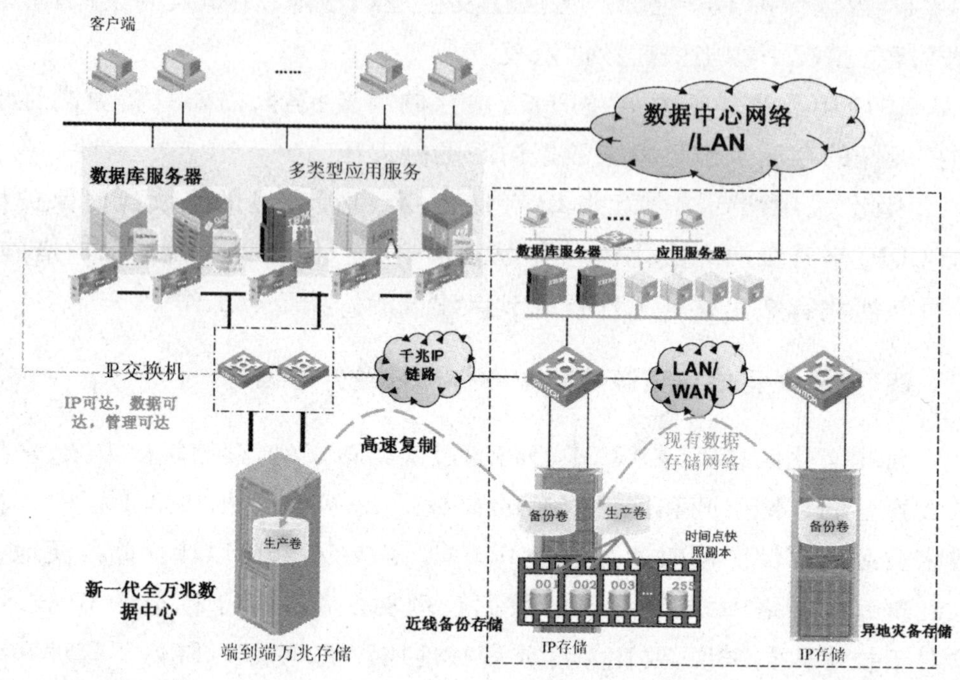

20%左右的存储空间保存主数据的多个版本。

- 实施数据的近线备份

利用复制/镜像功能模块实现从在线存储到近线存储的数据同步，就可以在线地对在线存储提供数据的全面保护。通过设定的策略会自动地以增量的方式将所需保护的数据通过 IP 存储网络同步到近线存储设备上。近线存储对复制过来的数据进行持续数据保护（CDP），创建基于时间点的多个时间点的数据版本。

数据故障后的业务恢复

如果在线存储设备受损不能提供业务处理，可以将业务系统数据访问路径切换到近线存储设备，临时恢复业务处理。如果数据发生逻辑错误，只需寻找出所创建的数据版本所要恢复的适当版本，在线将某一数据版本调出来安装到服务器上，进行数据查验，确认无误后，将受损的文件等小量数据拷贝到在线生产卷中，或将整个数据卷回滚到那一时刻点的数据视图,恢复逻辑错误发生后的数据。

2. 方案的 CDP 实现细节

根据 CDP 的定义,部署 CDP 系统在逻辑上分两大部分:数据捕获(抽取)和持续记录(存储)数据的改变[④⑤⑥]。

1) 数据捕获(抽取)

管理员可以灵活地制定数据捕获策略:

• 根据时间间隔,例如:每隔 1 个小时将变化的写入数据同步一次。每次同步时,复制进程自动扫描本地磁盘和数据副本的差异,从而实现增量同步,即每次仅仅同步前一次同步之后改变的数据。

• 持续同步,即复制进程一检测到数据改变,马上同步数据,为生产数据创建了接近实时的数据副本。

• 记录数据的变化,创建多个时间点数据版本

通过实施数据捕获和抽取,并在近线的备份 IP 存储上创建了一个实时的数据镜像副本,对原数据做了一次带外的镜像保护。在此基础上,需要记录数据的变化过程。该方案主要利用 TimeMark 和 I/O Journal 技术来记录数据变化。

• TimeMark 255 个时间点版本记录

TimeMark 时间点标记技术,是一种连续快照技术,可以根据预设的策略为每个生产数据卷(存储资源)创建时间标记,每个逻辑卷可以创建 255 个 TimeMark(时间点标记)。TimeMark 技术主要运用于数据的多个历史版本保存,当人为误操作、病毒、恶意攻击等"软性"灾难导致数据被破坏时,可以根据 TimeMark 快速把数据恢复到可用状态,恢复业务。

在根据策略创建了多个 TimeMark 之后,如果需要查看某一时间点的数据,则可以使用相应的 TimeMark 快速重新创建或者恢复数据。

• I/O Journal 记录每个写入 I/O

如果说 TimeMark 是一个时间戳,利用 TimeMark 可以恢复到某一以前时间点状态,目前的实现规格是最少 10mins 能创建一个 TimeMark,也就是说可恢复的时间点之间最少也有 10mins 的空白,如果用户想恢复到

10mins 内的某一时间点,那可怎么办呢? 这就是 I/O Journal 最适合的场景,它的恢复时间点可精确到微秒。与 TimeMark 离不开快照资源一样,I/O Journal 也离不开缓存资源 CDP Journal 存储空间。在启动 I/O Journal 特性之前,必须先创建一块单独的 SAN 资源来记录每次写入的数据,这块区域被称为 CDP Journal。

3. 方案的远程容灾实现

该方案里利用 IP 复制技术,实现数据远程容灾,即实现生产中心 CDP 备份存储到灾备中心存储的数据同步。IP 复制技术具有以下特点和优势。

(1) IP 复制技术的特点

复制技术作为灾备关键技术之一,其特点如下:

• 复制技术是一项远距离数据同步技术,一般采用 IP 网络作为灾备链路。IP 链路情况下,数据同步无距离限制,IP 可达,灾备可达。

• 复制技术的数据同步机制是基于变化的数据块(有数据写入发生的数据块)的,区别于镜像技术基于 I/O。

• 复制技术的数据同步机制对于源数据卷和复制目标卷来说是顺序的,即数据先写入源数据卷,然后根据事先设定的策略,将一段时间内发生了写操作的数据块数据再写入复制目标卷。这一点区别于镜像技术数据并发写入源数据卷和镜像卷。

(2) IP 复制技术的同步方式

复制技术发展到今天,所实现产品按照数据同步方式不同,大致可分为两类,一类是策略性复制,一类是实时性复制。

• 策略性复制:

基于一定的策略,自动触发复制。策略一般基于时间或者基于数据变化量。前者比如说每天间隔多长时间或者在哪些时刻触发复制,后者比如说数据变化累积到 10M 的时候触发复制。两种策略所触发的复制,都是将上次复制触发时间点到本次触发时间点之间变化的数据块数据同步到灾备系统。对策略性复制的 RPO 评估是最大为策略性复制的触发时间间隔。

- 实时性复制：

一旦某个数据块发生了变化，就将该数据块数据同步到灾备系统。

在理想的灾备复制部署中，策略性复制和实时性复制是结合部署的，能增强灾备系统的灵活性和适应性。策略性复制能有效降低对灾备系统的影响并确保灾备数据的一致性，而实时复制技术能有效降低单独部署策略性复制技术的 RPO 目标风险。

(3)磁盘阵列级 IP 复制技术的优势

上面讲到 IP 复制技术，在磁盘阵列间部署 IP 复制技术，相比与主机级上的数据同步方式，具备以下优势：

广泛的应用支持，兼容主流应用及主机类型，主机任何的变动不受影响；数据同步不占用主机资源；易于部署。

4. 方案的总体特点

实现全面的数据保护。在该方案中，通过复制或镜像功能实现了重要数据异地防护；通过连续数据快照等功能实现了对数据逻辑故障的防护，从而实现了全面的数据保护，并且针对多种数据故障情况都提供了有针对性的恢复措施。

实时备份，无备份窗口。使用传统的磁带库备份一般一天只能做 1 次备份，而采用连续数据保护每天都可以按照用户设定的策略对数据进行多个时间点备份，并且备份过程对应用基本没有影响。

数据恢复迅速。使用磁带库备份数据恢复时间长，而且经常遇到磁带失效和恢复失效等问题。而采用连续数据保护通过直接挂载备份数据，实现快速的数据恢复。并且用户可以实现可视化的恢复，用户可用选择将数据恢复到前面备份过的任何一个时间点的状态。

管理简单，备份工作完全可以按照设定的工作自动执行。

基于磁盘阵列的数据备份和容灾，对主机零干扰。该方案的备份和容灾是在磁盘阵列层实现的，具有与主机“无关”的特性，在整个数据备份的过程中不影响应用系统的运行。

五、结语

CDP 数据保护技术部署到端到端的全万兆 IP 存储，将为河北文化信息资源共享中心构建一个高效、稳定的分层存储业务网络，不仅可以满足更大规模的服务器访问接入需求和海量数据的增长，而且使存储网络布局更加合理，大大提高了整个系统的可扩展性和可管理性。同时，由于 IP 存储可以混插高性能的 SAS 磁盘和大容量的 SATA II 磁盘，单台设备即可满足多种不同的应用需求，大大提高设备性价比，有效提高了整套系统的存储利用率，简化管理和维护的工作量，并且有利于实现数据的集中备份，有效地保障了文化信息资源的安全，为文化共享工程快速稳定传递先进文化搭建了可靠的保障体系。

注释

①Jacob Gsoedl. Second-generation CDP. Storage Magazine, Oct 2008

②http://www.snia.org/forums/dmf/news/articles/CDP_Granular_recovery_article.pdf

③http://www.snseurope.com/supplements/snia－1－4.pdf

④连续数据保护（CDP）技术详解手册．www.searchstorage.com.cn

⑤陈金莲．分布式连续数据保护方案［D］．中国地质大学，2008

⑥美国飞康软件公司［EB］．http://www.falconstor.com.cn，2009－08－15

作者简介

靳志军，河北文化信息资源共享中心副主任，研究馆员。

数字信息技术的发展与文化共享工程建设的提升与拓展

◎　孙丕恕

一、文化信息资源共享工程概述

全国文化信息资源共享工程(以下简称文化共享工程)是由国家文化部和财政部联合启动的一项为解决基层群众"看书难、看电影难、看戏难"的公共信息服务工程。文化共享工程利用现代高新技术手段,将中华民族几千年来积淀的各种类型的文化信息资源精华以及贴近大众生活的现代社会文化信息资源进行数字化加工处理与整合,建成互联网上的中华文化信息中心和网络中心,并通过覆盖全国所有省、自治区、直辖市和大部分地(市)、县(市)以及部分乡镇、街道(社区)的文化信息资源网络传输系统,将优秀的文化信息资源传送到基层群众面前,以丰富农民精神文化生活,推动科技兴农。文化共享工程开辟了一个不受地域、时空限制的崭新的文化传播渠道。

文化共享工程在建设国家中心的基础上,建设 30 个以上省级分中心;借助国家骨干通讯网,在分中心的周围搭建起一个包括全国 5000 个以上的县、乡、街道和社区图书馆或文化馆、文化站的联网系统,实现数字文化信息资源的广泛传播与利用。

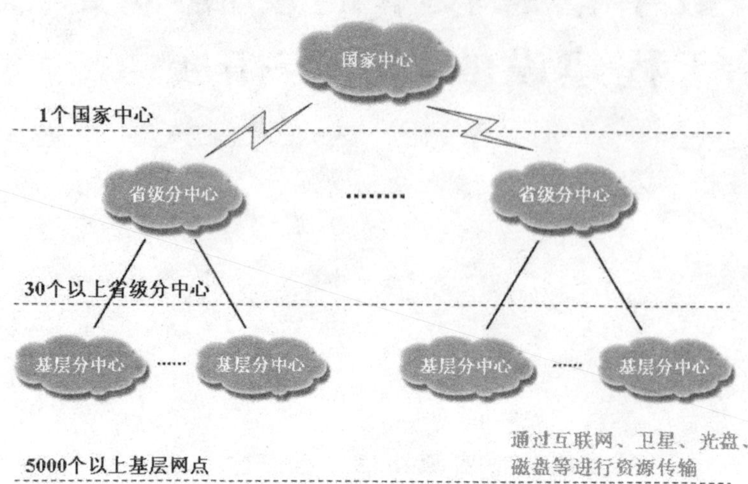

二、数字信息技术的发展对文化共享工程带来的挑战和机遇

随着"十一五"期间五年的投入建设，各级中心文化共享工程的建设取得很大进展，基层服务网络建设进一步完善，数字资源不断丰富；传输方式不断创新，入户工作取得新的进展。

近年来，以数字化和网络化为代表的信息技术发展迅猛，互联网、手机以其内容丰富、信息及时、交互性强等特点得到了快速普及，成为具有重要影响的新兴媒体。2010 年 1 月，国务院通过了《推进三网融合的总体方案》，标志着电信网、广播电视网、互联网"三网"融合工作正式进入实质性推进阶段。同时，随着互联网的普及，Web2.0 等新技术的应用，用户对于文化资源服务的需求也从单向接收向双向互动方面变化。随之而来的云计算技术为这种海量资源的双向互动提供了良好的服务平台。"三网"融合、云计算对文化信息的传播与服务将带来深远的影响，为文化共享工程的发展开辟出广阔的空间。通过新技术的应用可以提升文化共享工程基础设施的管理服务能力，节约建设成本，实现绿色低碳网络运营。

文化共享工程经过"十一五"期间的建设，已经初具规模；同时在即将开始的“十二五”建设又将面临更大的挑战：

• 文化共享工程基础设施有待完善。基础设施基于六级服务网络规划，数据资源传输途径单一，现有的卫星网络带宽难以满足将来海量数据资源上传下载的需求。

• 文化共享系统利用率不高，资源更新途径需要加强。基础设施建设已有一定规模，但上级中心缺少管理手段，无法及时掌握基层业务平台运行情况。基层数据资源更新是单向接收模式，手段不够灵活。

• 省分中心、地市支中心将承担地方特色资源的建设，自建资源数据的安全性需要得到保障。“十二五”期间，将要完善资源共建共享平台，省、地市中心除了完成国家中心下发的普适性资源的发布外，还要承担一部分地方特色资源的建设，资源生成后会在本地保存，数据安全性需要有良好的保障手段。

• 基层网点发展公益性公共互联网服务，电子阅览室维护工作量急剧加大。“十二五”建设中，公益性互联网服务进一步加强，除传统服务群体外，重点增加了对青少年和进城务工人员的服务；服务群体范围扩大数量增多，复杂度更大；电子阅览室对互联网信息过滤、安全防护的需求比以前更迫切。电子阅览室终端设备的使用人员水平层次不一，主机故障的几率加大，终端维护工作量增大。

三、文化共享“十二五”发展技术展望

“十二五”时期，文化共享工程会进一步巩固“十一五”的建设成果，应用目前先进的三网融合、云计算等数字信息技术，完善网络覆盖，丰富资源供给，创新服务业态，扩大共享范围，以基层服务为核心宗旨，以优化应用为重点，传播先进文化、促进和谐文化建设，更好地满足人民群众日益增长的精神文化需求。

对于“十二五”文化共享工程建设，可以从三个层面考虑，即基础层、资源层和应用层。

1. 基础层的建设基于六级服务网络架构，利用共享工程现有上万

TB 的存储空间和百万级计算机设备终端的服务能力，结合国家“三网融合”的建设思路，建立全网多渠道融合的基础设施架构；

2. 资源层在现有数据资源库的基础上，建设公共文化精品资源库群，并通过分布式目录服务向广大群众提供文化资源的检索服务；

3. 应用层重点建设统一的接入门户网站系统、网络培训系统、资源共享系统、资源检索调度系统。其中接入门户网站系统、网络培训系统、资源共享系统，群众可以直接通过互联网访问，获得文字、电子书、视频等文化信息服务，领会党政会议精神，受到信息化技术培训，实现文化信息资源的全国共建；资源检索调度系统通过推送、下载等机制实现数字信息资源在全网内的按需调度、有效服务。在建设共享工程的各个系统方面，浪潮公司建议引入目前先进的 IT 信息技术，如 3G、云计算、智能检索调度等技术，与“三网融合”结合，重点建设“接入门户网站系统”、“资源共享系统”、“资源检索调度系统”和“文化共享工程数据中心”，以便提升文化共享工程基础设施的管理和服务能力，强化共享数据的可持续增长和智能化利用。

• 接入门户网站系统

建设文化共享工程的接入门户网站系统，应当成为“十二五”计划的重点任务之一。按照浪潮的理解，经过“十一五”的进一步建设，共享工程已经积累大量的素材，打造一个国内资源总量最大、参与用户最多、内容最权威、支持各种传播媒体的公共文化信息服务门户网站群的建设目标。整体网站建设当从国家、省、市、县/区四级分布式建设，通过互联网实现网站群互联互通；依托于海量的共享工程数据，从中筛选出适合通过最新的无线 3G 移动终端开展服务的优秀文化信息资源，利用最新 3G 移动通讯网络技术，为全国公众开展文化信息服务，满足不同层次基层群众多样化的文化信息需求。

• 资源共享系统

根据全国文化信息资源共享工程的建设目标，结合目前的建设现状，构建国家文化资源信息分类体系框架、文化信息资源分类体系，应当是共享工程"十二五"考虑的另一个重点。以省、市、县、乡镇各级中心的可控资源数字化为基础，采用最新的数字化信息技术，面向信息资源的多样性和整体性，实现各类文化资源的采集；根据文化信息资源元数据规范进行资源的存储、共建和共享，从而为各个省级、市级甚至地市、县、乡镇级中心之间跨地域、跨平台、跨网络检索、实现资源共建共享和交换构建坚实的基础服务平台。

• 资源检索调度系统

根据文化共享工程的六级服务网络，在信息资源服务过程中，利用网络内的各级节点之间可以进行资源流动和调度，包括资源主动推送服务，资源请求服务，同层内资源发布服务，以及资源调度服务。借助先进的搜索引擎技术，构建一体化，一站式检索平台，打破地域限制，实现跨网、跨中心检索调度。

• 文化共享工程数据中心

建设文化共享工程数据中心，可以为文化共享数据提供海量数据存储服务和容灾备份功能。进一步提高存储、网络间的协作。存储环境可以随着策略的改变自动调整。

根据浪潮数据中心建设经验，建议在"十二五"期间，文化共享工程可以采用两级模式建设一个总部数据中心和多个区域级数据分中心。其中，总部级数据中心可以建在文化共享工程国家中心，区域级分数据中心可选择建在全国的几个地区节点。

总部数据中心和区域数据分中心可以利用国家电子政务外网为主干网络，形成以政务外网为核心的资源传输交换体系。各个中心间的数据传输、信息交换、数据备份、系统恢复等业务都以电子政务外网为基础展开。同时，可以考虑在国家政务外网之外，选择几条互联网线路作为备份线路。

四、总结

在数字信息技术、计算机技术、互联网技术飞速发展的今天，下一代数据中心将由传统的建设模式，逐步进化为以云计算为基础架构的新一代数据中心。IaaS（基础架构即服务），PaaS（基础平台即服务），SaaS（软件即服务），DaaS（数据即服务）等一切以服务为核心的模式将全面取代以设备为核心的传统模式。将服务作为数据中心，业务系统的建设核心是大势所趋。

未来几年，数字数据的增长将会是现在的5倍，一个以数据为基础的新型政府服务模式已经渐渐地成型，遵循着对文化共享工程的建设目标及要求，依托于浪潮多年的数据中心建设经验，结合浪潮过去在文化共享工程方面积累的宝贵技术积淀，浪潮建议在未来的全国文化共享工程"十二五"规划中，应当加大与社会IT新技术企业的合作，积极引入新的数字技术，从服务角度建设好网站系统、资源共享系统和资源检索调度系统，当然所有的服务都要以数据为前提，文化共享数据中心的建设也是必不可少的部分。在数据和服务方面引入新的数字技术和新的系统建设所带来的成果，一定能够带来文化共享工程建设的提升和拓展，更进一步实现文化共享工程"传承文化，促进和谐"的雄伟目标。

作者简介

孙丕恕，浪潮集团董事长。

投影机在文化共享工程建设中的应用与发展

◎ 谢 敬

中华民族具有辉煌灿烂、博大精深的文化，对人类文明做出过重大贡献。在人类进入新世纪之际，如何始终坚持中国先进文化的前进方向，实现中华民族的伟大复兴，是摆在大家面前的一个十分严肃而重大的历史课题。

针对当前我国文化事业的实际情况和科技发展的水平，整合包括图书馆、博物馆、美术馆、艺术院团、研究机构等现有的文化信息资源，形成互联网上中华文化信息资源的整体优势，为此，全国文化信息资源共享工程（以下简称文化共享工程）在全国如火如荼地全面展开。

文化共享工程不断把文化资源和服务向全国各地的基层机构延伸，通过推动共享工程基层点和文化资源库建设，使广大城乡基层群众享受到丰富的文化成果，实现了优秀文化信息资源在全国范围内的共建共享，改善了城乡基层群众的文化生活，成为一项利国利民的优秀工程。

一、投影机的技术应用

投影成像技术自诞生以来，以其不能替代的高清、大画面优势，成为了电影放映、家庭影院、商务会议、教育教学、大型指挥控制和监视显示系统的最佳技术选择，在国民生活的各个方面发挥着巨大的作用。

投影机发展到今天,主要有三种成像技术:LCD(Liquid Crystal Display),液晶成像技术;DLP(Digital Light Processing),微镜成像技术;LCOS(Liquid Crystal on Silicon),硅晶成像技术。

1. LCD液晶成像技术原理图:

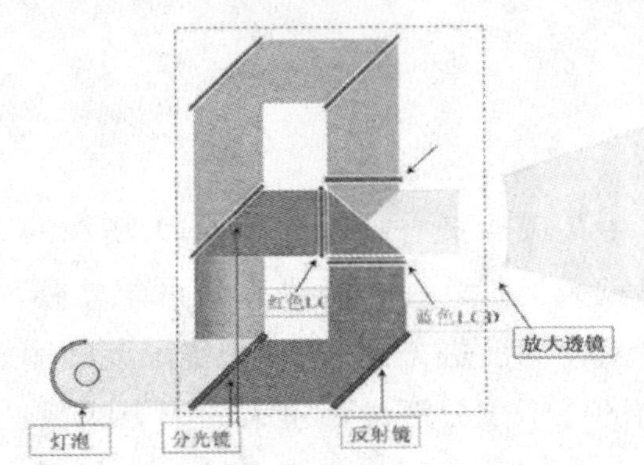

LCD面板图:

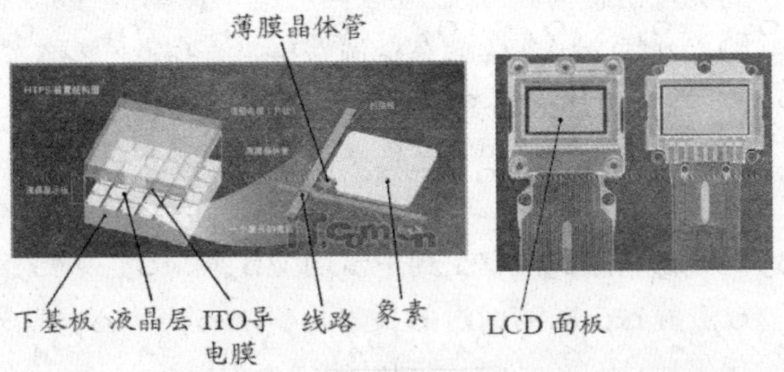

LCD投影技术的特点:

- 红绿蓝三基色成像,色彩还原好;
- 黑白对比度一般为500:1到1000:1,增加动态光圈后可以达到2000:1;
- 整机性能稳定,适合在各种环境里面使用;

• 光机无法完全封闭，需设计独立的防尘系统；

2. DLP 微镜成像技术原理图

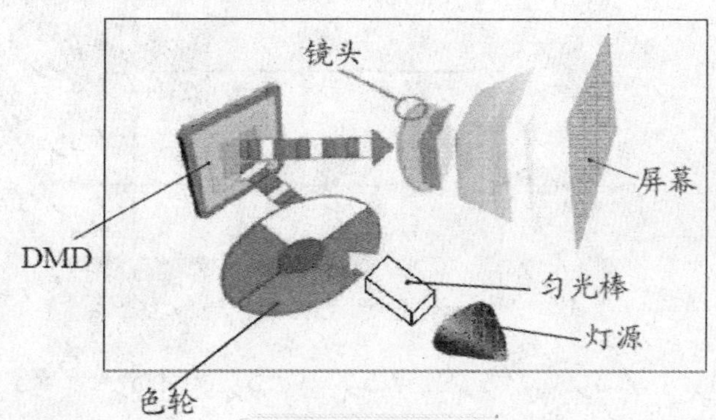

DMD 芯片图：

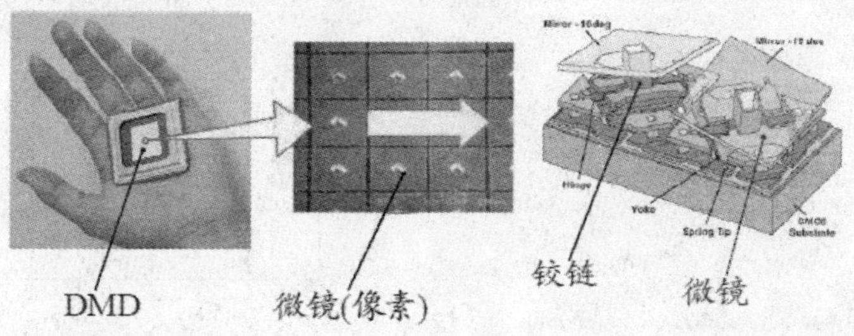

DLP 投影技术的特点

• 体积小，重量轻，黑白对比度高一般为 2000:1 以上；
• 色彩还原一般，较 LCD，LCOS 两种差；
• 整机性能稳定，适合在各种环境里面使用；
• 光机全封闭设计，避免灰尘进入。

3. LCOS 硅晶成像技术原理图

LCOS 硅晶结构示意图：

LCOS 投影技术的特点：

• 图像细腻，容易实现 1080P 的解析度，对比度高一般为 5000:1

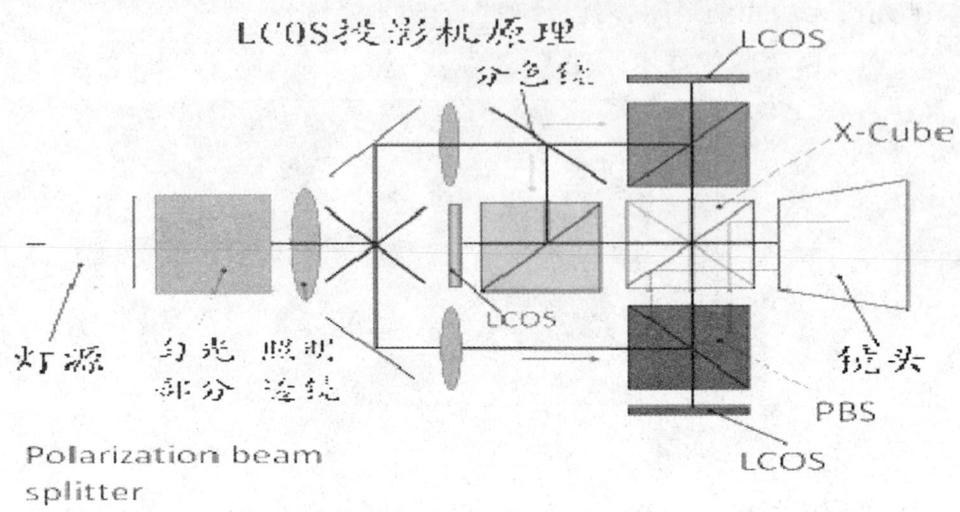

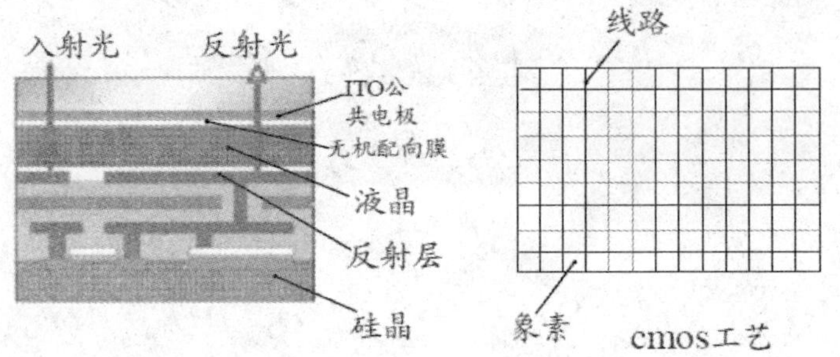

以上。

- 红绿蓝三基色成像，色彩还原性好。
- 光机无法完全封闭，需设计独立的防尘系统；
- 整机性能稳定，适合在需要高清演示的场合使用。

4. LCD、DLP、LCOS 投影机色域比较

如图所示：由于技术原理的特点，LCD 和 LCOS 的色彩还原要好一些。

5. DLP、LCD、LCOS 三种成像技术的特点对比

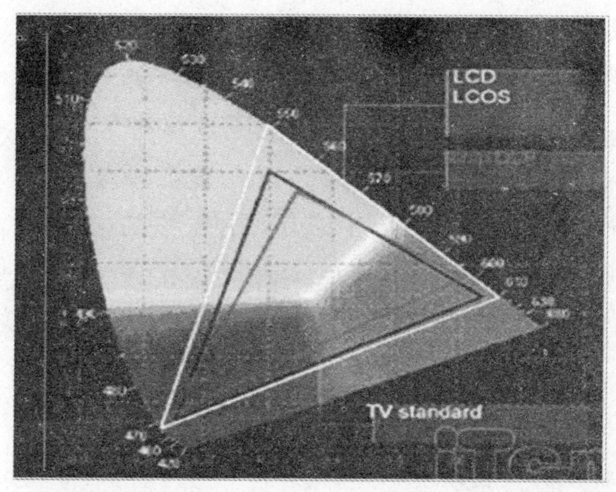

	稳定性	对比度	体积	色彩还原	价格	1080P 高清分辨率	专利限制	备注
DLP	好	高	小	一般	低	可以实现	有	
LCD	好	一般	一般	好	一般	可以实现	有	
LCOS	好	很高	较大	好	高	容易实现	无	

综上所述，目前市场上销售的不同品牌基于三种投影成像技术的投影机都非常成熟了，三种投影成像技术各有优缺点，用户可以根据具体的使用情况、个人喜好来选择不同成像技术的投影机。

二、投影机在文化共享工程的应用

文化共享工程 2002 年 4 月启动以来，随着技术的革新和市场的成熟，在显示设备的采购和要求方面都有了不断变化。工程中的显示设备一般分为电视机、投影机二种，随着技术的改进升级，价格的下降，现在投影机成为了工程主要选择之一。

1．投影机应用优点

(1)投影机轻松投射 100－300 英寸超大画面，适合多人观看；

(2)投影机播放画面亮度高，分辨率高，清晰度高，色彩还原好；

(3)投影机体积小，重量轻，易携带，特别适合移动播放；

(4)兼容多种视听设备；

(5)性价比高。

由于投影机有以上优点,成为文化共享工程的终端显示设备之一。

2. 投影机在文化共享工程中使用范围逐步扩大

文化共享工程指导机构每年都会对文化共享工程下发硬件配置标准,用来指导全国各省进行设备的采购。由于投影机的应用有很多优点,在省级、市级、县级、村级配置标准里面都选用了投影机,使投影机在文化共享工程中使用范围逐步扩大。

文化共享工程县级支中心配置标准(截取部分):

分类号	分类		设备及产品		单位	数量	备注
	项目	房间	编号	名称			
A	硬件部分	中心电子阅览室	1	业务终端计算机	台	20	附加系统还原卡、耳麦、USB 摄像头,20 台为最低标准,各地可根据实际应用有所调整。
			2	日常管理工作站	台	5	附加系统还原卡;也可安装在综合业务加工室。
			3	投影机	台	1	也可安装在多媒体活动室
			4	投影幕	套	1	也可安装在多媒体活动室
			5	有源音箱	套	1	也可安装在多媒体活动室
			6	4 路 VGA 输入切换器	个	1	
		综合业务加工室	1	多功能扫描仪	台	1	
			2	激光网络打印机	台	1	
			3	移动硬盘	块	2	
			4	数码照相机	台	1	用于采集资源
			5	数码摄像机	台	1	用于采集资源

全国文化信息资源共享工程村级基层服务点配置标准(截取部分):

序号	方案	设备名称	数量	适用类型	备注
1	普通 PC	PC	1	IPTV	
2	投影仪	投影仪	1	互联网、卫星、有线电视/数字电视。	
3	电视机	等离子电视机	1	IPTV、卫星、有线电视/数字电视。	

（续表）

序号	方案	设备名称	数量	适用类型	备注
4	IPTV	电视机	1	互联网、有线电视/数字电视。	
		IPTV 机顶盒	1		
5	文化共享机	文化共享机	1	IPTV、互联网、卫星、有线电视/数字电视。	
6	移动播放器	移动播放器	1	IPTV、互联网、卫星、有线电视/数字电视。	
		电视机	1		

3．投影机在文化共享工程中的主要技术参数

以前通常选用的是 2000 流明的投影机，现在开始普遍选用 3000 流明（根据 ISO 21118 标准）甚至更高流明度的投影机，对产品的性能、功能、性价比、实用性等要求越来越高。

投影机的价格逐渐在降低，在性能方面却不断有了更高更新的要求，比如对比度 DLP 为 2000∶1，LCD 为 500∶1；灯泡为冷光源，寿命不小于 3000 小时（标准模式下），灯泡功率不小于 200W；投影机主机保修 3 年，灯泡保修 1 年；同时要求机器易于操作，电压容许范围要宽，既可以在室内使用，也可以方便在移动到室外使用；音箱的功率和投影幕的大小要容纳 100 人以上观看等等。

文化共享工程投影机主要参数如下表：

	DLP	LCD	备注
亮度	2000 – 3000 流明	2000 – 3000 流明	村级选用
分辨率	800 × 600 或者 1024 × 768 供选择	1024 × 768	村级选用
亮度	3000 – 4500 流明	3000 – 4500 流明	省级、市级、县级中心站选用
分辨率	1024 × 768	1024 × 768	省级、市级、县级中心站选用
对比度	大于 2000∶1	大于 500∶1	
接口	VGA\S – Video\Audio\Video\USB – B\RS232\HDMI	VGA\S – Video\Audio\Video\USB – B\RS232\HDMI	
投射画面	25″ – 300″	25″ – 300″	
灯泡寿命	标准模式大于 3000 小时	标准模式大于 3000 小时	
电压	100V – 240V	100V – 240V	

4．投影机在文化共享工程使用中存在的问题

投影机在文化共享工程中被广泛使用，由于很多用户是第一次接触和使用投影机，因此也出现了很多问题：

（1）使用者对投影机的性能和特点不是很了解，短时间内经常出现多次频繁开机、关机，严重影响了投影机的灯泡使用寿命。使用完毕后，没有等投影机散热完成就关掉电源，严重影响了投影机的整机使用寿命。

（2）使用者对投影机的操作不是很了解，打开画面后没有调整聚焦，导致画面不清晰，误以为是投影机的质量问题。

（3）投影机是集光、机、电于一体的精密设备，应尽量避免淋雨，避免在灰尘过多、潮湿、电压不稳的环境下使用。

（4）投影机的灯泡是投影机的耗材，一般使用寿命为3000小时左右，如果使用完毕需要及时关机，有的用户使用完毕后，放在那里一整天都没有关机，造成使用成本增加。同时灯泡的采购价格一般在800元左右，而且一定要到原厂购买正品灯泡。替代灯泡的使用寿命一般为1000小时左右。

（5）投影机出现问题一定要到正规厂家维修，不要到普通家电维修点去修理。以免造成更大的损失。

用户购买投影机后，对厂家的培训提出了更高的要求。

三、投影机在文化共享工程建设与服务中的前景

近年来，整个投影行业的需求结构有了巨大的改变。虽然教育与商务市场依旧是投影机主要的市场，但是其推动投影机市场发展的动力大为减弱。而全国文化共享工程对投影机的大规模需求则无疑成为推动投影机市场发展的新动力。其需求特点，决定了国产品牌更具有竞争优势。

从近年文化共享工程中投影机企业参与竞标情况来看，出现了一个比较奇怪的现象，那就是国产品牌比较多，国际品牌较少。

1. 国际品牌参与文化共享工程较少的原因

首先文化共享工程项目需要采购大量的投影机，且网点大多分布在气候多变、环境恶劣的山区和农村，参与投标的品牌必须有多年的技术积

累。设计出满足各种恶劣使用环境、性价比高的 DLP 和 LCD 系列投影机，且必须在全国建有完善的培训和售后服务体系。

其次，那些以高利润为追求目标的投影机品牌没有针对这个特殊需求市场开发产品，导致产品竞争力不高，由于没有适应农村恶劣环境使用的专用投影机，中标后售后服务成本也非常高，所以很多品牌在这个细分市场没有任何竞争优势。

第三，同时，国家也加大了对国产品牌的扶持力度，2009 年 4 月，国务院发布《关于进一步加强政府采购管理工作地意见》文件，在文件中就明确提出实施政府采购行为时，凡国内产品能够满足需求的都要采购国内产品，这是给中国民族投影机品牌的发展提供了更好的竞争环境。

2. 文化共享工程投影机技术应用的创新

文化共享工程的网点大多分布在气候多变、环境恶劣的山区和农村、所配备的投影机必须适应高海拔、潮湿、风沙、电压不稳定的各种使用环境，雅图通过多年的技术积累针对这些特性专门组织研发团队设计了满足各种恶劣使用环境、性价比高的 DLP 和 LCD 系列投影机。

深圳雅图数字视频技术有限公司作为国内掌握投影机核心技术，是国内自主研发、生产、销售投影机民族品牌的龙头企业，累计为文化共享工程供货八万多台。雅图针对文化共享工程开发了多款 DLP、LCD 专用投影机。

雅图投影机的主要特点：

	功能、特点	说明
1	投影机遥控器、面板、操作菜单全中文设计	全中文设计方便农村用户使用。
2	100V－240V 自适应宽范围供电电源设计	专为农村恶劣电源环境设计，提高了投影机的使用适应性。

（续表）

	功能、特点	说明
3	断电保护功能	由于农村经常停电，有了断电保护功能，投影机在突然断电后，内置蓄电系统确保散热风扇继续运转，直到散热完成，延长灯泡和整机使用寿命。
4	多重防尘设计	a. 投影机光机采用全封闭式设计，阻挡了灰尘、油烟和湿气对光路的侵蚀； b. 散热系统运用强效的双重防尘设计，进风口的特种防尘网和静电防尘系统防止灰尘的入侵。
5	高海拔模式	适合在高原农村使用。
6	自动梯形校正，自动画面翻转、自动信号搜索，自动亮度调节，自动分辨率调整，自动无信号关机	专为农村用户设计，方便用户使用。
7	独创“风神”超强散热系统	采用6组风扇的“风神”散热系统，比普通投影机散热效果提高50%，延长了投影机的使用寿命。
8	采用最新的“极致色彩”和“晶彩”图像处理技术	确保投影画面还原效果好，色彩鲜艳。
9	自定义开机LOGO	满足用户不同个性化的需求。
10	多重防盗设计	贴心保障用户的财产安全。

3. 文化共享工程投影机培训、售后服务的保障

雅图建立了庞大的培训、售后服务网络，全国有5个分公司和22个办事处都设有培训和售后服务网点，继去年4月对全国服务网络进行扩张与重组之后，雅图的服务网点是国内所有投影机品牌里面极为完善的。

雅图投影机的服务承诺：

优质服务，取胜之道！	
三年保修	投影机三年全免费保修，灯泡保修一年。
二月包换	基于雅图卓越的品质，如购买之日起二个月内出现故障，无条件免费更换新机

（续表）

快速维修	400 免费电话 24 小时开通，为用户排忧解难，投影机维修期间可免费提供备用机；
定期免费保养	遍布全国的服务网点，每年为用户提供 1 次免费保养服务
超低零部件提供	投影机灯泡原厂价供应

4. 雅图参与文化共享工程的未来设想

未来，雅图将进一步创新经营理念，加大文化共享工程专用投影机的研发，为文化共享工程的建设添砖加瓦、锦上添花。

• 大力推动高清 LCOS 技术结合 LED 新光源的微型投影机在文化共享工程中的广泛应用

该系列产品采用最先进的 LCOS 技术，色彩、清晰度、光效率等方面都表现更好，而当前 LED 技术的运用又使投影机发生了实质性的变革，与传统灯泡相比，LED 光源套件在体积、使用寿命、功耗及发热、色彩表现等方面都具有非常明显的优势，而且不含有害物质。

采用 LED 光源的投影机，一方面它改变了原有光源所要求的复杂光路结构；另一方面，由于 LED 功耗低，工作过程中不会产生大量热量，可以降低对投影机散热系统的要求，减少散热方面的配置，而且灯泡使用寿命长达 100000 小时；另外体积也比原来小得多，在重量方面，LED 光源投影机可以达到 150g，这样更便于携带，满足各种环境下使用。

• 加大雅图智能交互式投影机在文化共享工程中的推广和应用

雅图智能交互式投影机体积小、功能全面，可适用于各种演示场合。它是投影机和电子白板二合一的产品，可直接在普通投影幕或白墙上书写，所写即所得，手写流畅、反应迅速、操作灵敏；光电教鞭可实现远距离隔空书写，画面尺寸可以随需调节，远近距离观看自如；全功能互动软件，轻松实现书写、演示、绘画、保存、擦写等功能，增添了现场的互动气氛和趣味性；并且对共享工程应用环境的潮湿、干旱、风沙及用电不稳等客观条件同样进行了功能优化。

• 加大雅图大屏幕交互式一体机在文化共享工程中的推广和应用

文化共享工程各级中心都以其丰富的馆藏音像视听作品、先进的播放设施、浓郁的文化氛围，为广大读者提供着优质的音像视听服务和欣赏环境。

为了更好地实现视听资料统一播放管理，雅图开发出大屏幕液晶显示一体机。该设备以高质量的编码方式将视频信号、音频信号、图片信息和滚动字幕组合成一个流媒体，通过计算机网络传输到网络控制器，然后由网络控制器将流媒体信息转换成大屏幕显示的视频信号播出。

这种显示方式对于信息的播放及信息的传播是比较理想的，不仅多媒体视听资料可以集中和远程管理，还可以随时发布节目列表，以最快的速度使广大读者了解到最新的视听信息，而且可以随时插播新闻片段、公益广告、影视简介、旅游、消费报道等各种即时信息，有线电视的接入，还可以供读者娱乐消遣。

作者简介

谢敌，深圳雅图数字视频技术有限公司董事长。

移动互联、云计算技术的发展与文化共享工程建设的结合

——联想集团参与全国文化共享工程的实践、思考与建议

◎ 童夫尧

一、联想对文化共享工程的理解

加强公共文化服务体系的建设是社会主义和谐文化建设的重要组成部分。全国文化信息资源共享工程(以下简称文化共享工程)作为国家公共文化服务体系建设的一项重要基础工程,它依托先进的信息技术数字化处理整合文化信息资源,通过在互联网上建立的文化信息中心和网络中心,以覆盖全国的文化信息资源网络传输系统为渠道,实现优秀文化信息在全国范围内的共建共享。

文化共享工程的实施,如同在互联网上建设了中华文化信息基地,它将迅速扭转网上中文信息匮乏的状况,形成整体优势。这不仅可以弘扬博大精深的优秀中华文化,而且必将极大地促进其发展和创新。尤为值得一提的是,文化共享工程广泛应用计算机、网络、通讯和多媒体等高新科技成果,用这些先进技术进行先进文化传播。因此,信息技术在文化共享项目中扮演了举足轻重的作用。

在全国文化信息资源建设管理中心的组织协调下，联想自2006年起积极参与文化共享项目的建设，为文化共享工程提供了包括服务器、笔记本、台式电脑、移动播放器、投影仪等在内的相关IT设备，成为文化共享工程的重要服务支撑力量，也赢得了基层群众的赞誉。

二、联想在文化共享工程的实践

参与文化共享工程4年来，正是基于对工程项目主旨和用户需求的深刻理解，联想交出了一份令人满意的成绩单，也摸索出了适合国情的文化共享"中国经验"：

第一，深刻理解文化共享工程对于IT产品品质的需求。文化共享工程实施的重点区域是农村和边远地区，而通过定制化的设计和生产，联想产品的电压宽幅、防雷抗涌、电磁兼容等多项指标，都达到或超过国家标准，不仅能够完全胜任农村地区多变环境下的应用，也符合国家电子信息产品污染控制标识要求，拥有无毒无害、超静音、高能效的绿色品质。此外，产品还附加了网络服务通、一键恢复、一键杀毒等人性化设置，帮助用户轻松地完成系统维护升级，让电脑使用更加省心。

第二，深刻理解文化共享工程对于IT服务网络和服务体系的需求。考虑到文化共享基层IT技术实力有限，联想充分利用其强大的综合服务体系资源，为文化共享提供支持。

为了更好地满足客户的服务需求，联想建立了业界规模宏大，标准统一的区域连锁服务网络，拥有业界领先的呼叫中心、100%覆盖全国6级以上城市的1063家服务网点、高效科学的配送体系（次日10时送达率超过90%）、强大的技术服务队伍（5700名工信部认证工程师）、严格的服务监控体系（236项指标全程监控每一环节）。

联想对于服务网络和体系的科学化设置和管理，也有利于实现对于文化共享工程实施地区的全程服务：对于技术实力比较强的地区，联想提供门到门服务（即送货上门）；对于技术实力一般的地区，联想提供门到桌服务，帮助用户完成设备的安装、调试、部署；而对于技术实力比较差的地域，联想除了提供门到桌服务外，还提供门到脑的培训服务。

第三，深刻理解文化共享工程对于远程监控、远程设备管理的需求。联想产品采用了基于 Intel 的 AMT 远程管理技术，它的诞生让电脑管理从简单的信息查询、现场维护为主的被动式管理走向了自动发现、诊断、排除故障和综合性防护的主动管理之路。无论是资产盘点、远程诊断和管理、事故报警/恢复、软件分发还是系统安全防护与隔离，很多功能都是自动形成并发挥作用。

由此，联想可以定期对产品进行统一升级、补丁分发、安全监控管理等。持续的维护，保证了各级文化共享站的真正可用。这对于某些缺乏 IT 支持人员和服务的地区而言，确实填补了其服务短板，实现了对于文化共享工程的强力支撑。

三、文化共享工程建设的建议

经过“十一五”的建设，文化共享工程取得了辉煌的成果，不但在各级中心拥有大量的数字化中华优秀文化资源，而且建成了覆盖全国的网络结构以及广泛的基层网点。在新的时期，如何利用新的信息技术将大量的数字资源通过多种方式方便快捷地共享给广大人民群众，是文化共享工程建设的重要任务。

结合移动互联网与云计算技术，对文化共享工程的新一轮建设有如下建议：

1. 利用移动互联网络，支持多种终端设备。

在我国现阶段条件下，人民群众对于文化的多样性需求主要反映在两个方面：一、对于文化内容需求的多样性。人们不再满足于传统的、单一的文化内容，人们需要更加灵活的、差异化的、互动的文化内容；二、对于文化服务方式的多样性要求，人们除了通过传统的电影、电视、报纸、杂志、电脑上网等方式外，还非常希望能够通过智能手机、平板电脑、电子书、上网本等便携移动终端设备获得文化信息服务。

近年来，随着全球 3G 的普及，互联网用户进一步走向宽带化、移动化。在我国,截止到2010年2月份,移动用户达到了7.66亿,3G用户达到了1600万。中国手机网民规模已经达到2.33亿人,年增长率超过98%。作为将移动通信网络和互联网二者融合为一体的移动互联网正逐渐渗透到人们生活、工作的各个领域。另一方面,以智能手机为代表的移动互联终端设备的快速普及,使得人们普遍具备了在移动条件下接收和使用数字文化信息服务的条件。

文化共享工程应该充分发挥整合优势,更好地利用数字文化资源,结合运营商,通过Push mail、搜索、电子邮件、信息推送、多媒体短信、视频点播等丰富应用使用户便捷获得文化信息服务。同时,在应用上必须能够针对移动环境进行优化。举例来说,相对于传统大屏幕的笔记本和台式电脑,移动互联终端的小屏幕必须要有与之相适应的交互操作界面才能让用户获得更好的体验。

2. 利用云计算技术,建立虚拟化的数据存储中心

虚拟化从根本上来说就是对技术资产的最充分利用。获得虚拟化基础设施的投资回报和所有潜力的关键在于:在适当的时候,定期使用正确的资源并灵活快速地以一种协调性的方式,实现数据中心端到端虚拟化。

文化共享工程对于海量数据应用有大量需求。建设数字文化资源,通过自建、共建等多种方式,系统整合各类优秀文化资源,精心打造广大农民看得懂、用得上、实用性强的多媒体资源库,是文化共享工程的主要任务之一。到2010年,全国数字资源总量将达到100TB以上。为了获得融合基础设施的真正好处,我们需要各种能够简便支持数据扩展并与业务应用程序紧密一致的存储解决方案。

一方面,采用虚拟化技术的存储基础设施能够帮助设备使用率提高近一倍,同时降低管理成本,有时可节省一半成本。另一方面,云计算则是为用户提供使用便利,帮助其随地获取各种高度可扩展的、灵活的IT资源,并按需使用。云计算是一种“一切皆服务”的模式,通过该模式在网络上或“云”上提供服务。

3. 利用云终端技术,降低客户端成本

在文化共享工程中，无论是各级中心还是基层服务点，都使用了大量的计算机设备，其中地市支中心配备不少于 40 台 PC 机；县级支中心配备不少于 25 台 PC 机；乡镇基层服务点配备不少于 4 台 PC 机。这些设备为文化共享工程建设基层服务设施，提供了坚实的物质保障。

随着云计算技术的推广、移动网络接入和服务的发展，个人信息终端将从 PC 机向各种云终端产品发展，未来的终端 —— 云终端将不仅仅是一个硬件产品，它将会是一个硬件、软件加上后台服务这样一个集成化的产品。

云终端设备上的核心部件都由云服务来提供。比如说 CPU、显卡、硬盘、内存以及超系统应用软件都由后台维护器来服务。所有的计算都在后台由云计算来计算。云计算服务器会通过网络将数据传入到终端。云终端能够把网络数据以及网络数据包实时地转换成信号。这样能够使在后台云服务器中计算的结果实时地显示在前端的云终端上。随着技术的发展，云终端的成本和架构做到 500 元左右。除了低成本以外云终端具有无需维护、安全易管理、低功率能耗的特点。

四、结束语

2010 年是文化共享工程"十一五"建设的收尾年、攻坚年，同时也是为文化共享工程下一个五年发展谋篇布局、承前启后的关键一年。在新的推进形势和技术趋势面前，联想作为负责任的国内 IT 领军企业，将积极推动产品创新和服务升级，以新面貌、新思路、新技术全力支撑文化共享工程的提升和拓展，助力文化共享工程取得新突破、迈出新步伐、开创新局面，使文化共享工程成为我国公共文化服务体系建设的主力军和领头雁，更好地满足人民群众日益增长的精神文化需求。

作者简介

童夫尧，联想集团副总裁。

全面深入运用信息技术助力文化共享工程建设

◎ 凌 琦

中华文化源远流长,博大精深,是祖先留给我们的精神财富和无尽宝藏,也是连接全国各族人民,海外华人华侨的坚强纽带之一。

中国政府和领导人高瞻远瞩地提出把建设"覆盖全社会的公共文化服务体系",作为实现全面建设小康社会的重要目标之一,并指出"站在时代的高起点上推动文化内容形式、体制机制、传播手段创新"。全国文化信息资源共享工程(以下简称文化共享工程)作为公共文化服务体系的基础工程和利用现代信息技术改善城乡基层群众文化服务的创新工程,面临着良好的政策环境和难得的发展机遇。文化共享工程作为国家战略性的惠民工程列入《国民经济和社会发展第十一个五年规划纲要》、《国家"十一五"时期文化发展规划纲要》、《2006—2020年国家信息化发展战略》,连续六年被写入中央一号文件。胡锦涛总书记数次对文化共享工程的建设发表重要意见;温家宝总理多次在《政府工作报告》中就推进文化共享工程工作做出重要论述。李长春同志高度重视文化共享工程工作,做出很多重要批示。这些都充分体现了文化共享工程的深远而重大的战略意义。

回顾这几年来,我们衷心为文化共享工程所取得的成绩感到欣慰。我们高兴地看到文化共享工程建设得到各级财政有力支持，至2009年底，文化共享工程已建成1个国家中心、33个省级分中心、2814个县级支中心（县级覆盖率96%）、15221个乡镇基层服务点（乡级覆盖率44%）、与全国农村党员干部现代远程教育工作和农村中小学现代远程教育工程合作共建村级基层服务点75万个，成为缩小城乡“数字鸿沟”的重要途径。同时，通过不断创新的技术手段和服务网络有效拓展，努力实践入户服务。

文化共享工程通过广泛整合图书馆、博物馆、美术馆、艺术院团及广电、教育、科技、农业等部门的优秀海量数字资源，至2009年底，数字资源总量90TB（国家中心23.5TB，各省合计66.5TB），其中视频资源70132小时，电子图书52691种，电子期刊3604种等海量多媒体资源。

英特尔为能够在十一五期间，和广大业界合作伙伴一起可以参与到文化共享工程的建设而欣慰和自豪。中国目前互联网用户超过4.2亿，移动电话用户超过7.4亿，数字电视用户6500万，电视机、收音机社会拥有量均超过5亿台。我们相信，科学技术的飞速发展为文化共享工程的进一步提升开辟了更加广阔的空间。广电网、电信网、互联网三网融合快速推进，云计算、高清数字电视、3G手机、多媒体播放器、电子阅读器等数字终端不断涌现，物联网等新兴信息技术的应用，正在深刻地改变着人们的生活。特别是高新信息技术与时俱进的广泛和深入的采用，必将在“十二五”时期进一步推动文化共享工程的持续健康发展，特别是探索长效运行保障机制；推动文化信息资源进一步向深度和广度传播；丰富基层工作人员的培训渠道和方式并且提高培训水平；推进基层文化活动的深入开展；促进工程建设更加均衡的发展；加大并丰富文化资源总量。在满足基层群众日益增长的文化需求等方面，起到全面和积极的推动作用。

基于我们的专长和通过这几年工作中间对于文化共享工程的理解，我愿意谨代表英特尔中国有限公司分享一些新的相关的技术趋势和解决方案，希望可以抛砖引玉，为文化共享工程的建设献计献策。

一、云计算促进文化共享工程实现智能化按需服务

云计算由于其显著的技术优势成为近年来最热门的技术话题之一。市场调研公司 Gartner 认为“云计算是 2010 年第一技术趋势”。IDC 公司在其 2009 年的一项报告就曾提出：“未来 3 年，云计算的复合年均增长率将在 25% 以上。”

何谓云计算？通俗一些来讲，即为一种计算模式：即它所提供的服务和数据资源可以部署在具有极大伸缩能力的共享资源平台上，这个资源平台可以跨越数据中心的物理分布（即不受数据存储中心固定的物理分布的限制）；分布在各个物理数据中心的数据资源和服务可以被任何一种采用互联网协议的前端设备（例如台式机，笔记本和手机等）在通过有效的授权之后进行连接，从而用户可以进行数据资源访问并且享受服务。“云”分为两类，即“私有云”（即仅为云的拥有方内部来提供服务和数据资源）和“公共云”（即为云的拥有方对外部提供服务的云）。

二、云计算可以给文化共享工程带来的益处

1. 智能化地且动态化地为受众提供按需服务

文化共享工程的国家中心和各省分中心的服务对象是遍布全国各地的十多亿用户，经常受到客观上的地理条件和经济发展水平不均衡的限制，加之由于不同地域和背景的用户对文化资源的内容的偏好以及访问时间等也是不固定和不均衡的，也就是有时很多用户会同时访问某些资源，有时访问者又相对较少，这就导致用户群对于资源访问和服务提供的需求波动会比较大。这种访问的波动，特别是其峰值，通常会给传统的数据中心带来极大的挑战和压力。

而云计算正是解决此问题的良方。试想如果能够建立覆盖国家中心和各省中心的云，即私有云，公共云，或两者的混合，任何一个数据中心就都不必担心无法满足分散在各地的用户群短时间内急剧增长的访问和服务需求，从而极大提升各中心的智能化和动态的服务能力并且保证高质

量的用户体验。

2. 显著简化系统管理，降低系统运维成本

云计算通过虚拟化、自动化服务供给方式、基于虚拟化的解决方案等技术手段，隐蔽了信息系统复杂的技术细节，极大地简化了信息系统管理维护工作，同时显著提升系统对外持续稳定提供服务的能力。根据英特尔信息技术部门的一项研究测试的报告表明，在提供同样的服务时，基于云架构的自动化服务供给方式与传统的供给方式相比，其效率提升了30倍以上。

在文化共享工程的国家中心和各省分中心，系统管理维护工作都相对更为复杂，对系统管理人员的技术水平要求高，管理维护工作任务较重，同时管理维护的复杂性必然带来相对难度较高的系统维护和故障排除等工作，从而对于对外提供服务的稳定性和持续性提出极高的要求和挑战。如果采用云计算模式这些情况就可以得到根本性的改变。

3. 智能识别用户终端设备，提供与之相适应的内容

随着互联网的迅速普及，用来访问互联网资源的终端设备的种类也越来越多。这些设备软硬件配置各异，操作方式也不相同，例如有的设备使用键盘输入，有的用笔或手输入。基于这种情况，通过互联网或卫星向这些不同设备提供内容时，需要根据终端设备的特性提供与其相适应的内容格式。例如同样的一段视频，提供给台式电脑和提供给手机的视频的分辨率就不应该相同。云计算模式具备智能识别终端设备的能力，可以据此为用户提供与其使用的终端设备相适应的内容。文化资源共享项目用户使用的终端设备有台式机、笔记本、电视机、手机等，多种多样。如果采用具备智能识别终端设备能力的云计算模式的话，那么就可以很方便地为使用各种不同设备的全国广大用户更快更好更加便捷地提供丰富的文化资源。

云计算还有诸多优势，在此不逐一赘述。那么文化共享工程如何从现有的IT架构向云计算转换呢？其实文化共享工程现有的大量软硬件IT设施和配套的技术、管理、服务人员队伍，本身就已经为实现云计算奠

定了坚实的物理和物质基础。建议在此基础上,根据当前各地的具体情况,制定从现有的传统 IT 架构向云计算的转换策略,总体规划分步实施。首先,对现有应用进行筛查分析评估,确定哪些应用适合放在云中,进一步确定在这些应用中又有哪些适合放在私有云中,哪些应用适合放在公共云中。继而制定优先顺序,逐步将这些应用从现有架构转移到相应的云中。同时在对于相关设备进行必要的升级和扩展。如果文化共享工程可以建立云计算架构,这可能是全球最大的云计算工程之一。

三、三网融合助燃文化共享工程海量资源多元化传播

中国目前在大力推动三网融合,这是顺应互联网发展的趋势之举,必将带来技术、应用、服务和产业多层面的融合和创新,在推动经济增长的同时,使广大用户受益。三网融合为文化共享工程的提升和拓展提供巨大的机会。

互联网的发展,已经历了三个阶段:第一阶段是开放性的互联网,所有人看到的内容相同;第二阶段是 Web2.0,网民可根据自己的兴趣爱好参与社区;第三阶段是个性化互联网,其应用越来越多样化,信息越来越个性化,人们在不同的场合,通过不同的设备,可获取更多个人感兴趣的个性化内容、服务或者娱乐。三网融合有利于个性化互联网的创新发展,它不仅将为下一代个性化互联网提供强大的基础设施,而且将极大地促进围绕个性化互联网的产业形态创新。文化共享工程可以通过个性化互联网为不同的群众提供个性化服务。

借助云计算的智能终端识别技术与三网融合技术的结合,共享工程的各种形式的丰富的文化资源,可以智能化地以同终端设备软硬件配置和性能高低相匹配的方式提供给用户。特别是对于数以亿计的手持设备用户,可以随时随地访问任意类型的共享资源。电视用户可以通过互联网电视访问网络的文化资源;计算机用户通过 IPTV 技术可以收看各种电视节目资源,看实时播放的节目,回放过去的节目,可以选择从任意时间点看起,也可以反复收看。而且收看同一节目的观众之间还可以就节

目内容通过网络等实时进行交流互动,提供反馈。

四、远程管理修复技术为文化共享工程保驾护航

对于地处偏远地区的乡村,由于地理位置的分散,有的甚至要翻山越岭才能到达,加之从事电脑管理和维护工作的专业技术人员有限,文化共享工程的电脑管理维修工作会遇到相对更多的困难和挑战。客观上,每次出现电脑故障都让技术人员及时赶去现场进行诊断和修复,不仅是既费时又费力,而且也不太现实。特别是有时候遇到的所谓的故障其实并非元器件的损坏,而可能仅仅是软件设置甚至是更加简单的小问题。每次上门服务的投入和产出比就更加低了。还有,即使是经过跋山涉水上门服务,如果经过诊断发现是硬件元器件的问题,因为事先不知道具体故障在那里,也就不可能未卜先知地带上所需要的配件,那还需要来回往返,更是影响效率。

这就迫切需要采用远程电脑管理和维护的技术方案。基于电脑硬件的远程管理修复技术,以英特尔博锐技术为例,可以很好地帮助偏远乡村实现远程电脑管理和维护。英特尔博锐技术借助嵌入电脑硬件内部的功能,即便是电脑被关机了,或者是电脑的操作系统崩溃了,只要电脑接通着电源,有网络连接,技术人员就可以通过网络,远程查看被管理电脑的软硬件配置,检查被管理电脑的出错信息,根据需要向其推送软件补丁,或重新安装操作系统等,完成对电脑的远程监控、诊断和故障修复工作。如果发现是硬件元件损坏等原因,也可以为上门维修的工程师有的放矢地提供准备工作参考,带上相关的备件。另外,英特尔博锐技术内置的安全特性还可以通过配置安全策略和过滤网络通讯等技术来抵御病毒攻击。

采用基于电脑硬件的远程管理修复技术,可以大幅度减少技术人员进行现场维护的需求和成本,缓解偏远地区电脑管理和维护的压力,更好地为偏远地区的群众享受文化共享资源和服务提供可靠的技术保障与支撑。

以上所述是英特尔公司的一些建议，希望对于文化共享工程有所裨益，还有一些相关内容，因为篇幅所限就不在此一一列举和详述了。英特尔会一如既往地参与和支持文化共享工程，同时我们衷心祝愿文化共享工程取得更大的成功！

作者简介

凌琦，英特尔（中国）有限公司行业合作与解决方案部总监。

文化共享工程技术路线探索

——基于嵌入式 IP 终端的数字内容版权保护

◎ 胡晓军 李建慧

1 引言

数字媒体内容版权管理与保护技术，简称 IPMP，是以一定的计算方法，实现对数字媒体内容的保护，是 DRM 技术的具体应用，其目的是保护数字媒体内容的版权，从技术上防止数字媒体内容的非法复制，或者在一定程度上使复制很困难，最终用户必须得到授权后才能使用数字媒体内容。数字媒体内容版权管理与保护方法主要有两类，一类是采用数字水印技术，另一类是以数据加密和防拷贝为核心的 DRM 技术。

数字水印（Digital Watermark）技术是在数字媒体内容中嵌入隐蔽的标记，这种标记通常是不可见的，只有通过专用的检测工具才能提取。数字水印可以用于图片、音乐和电影的版权保护，在基本不损害原作品质量的情况下，把著作权相关的信息隐藏在图片、音乐或电影中，而产生的变化通过人的视觉或听觉是发现不了的。数据加密和防拷贝为核心的 DRM 技术，是把数字媒体内容进行加密，只有授权用户才能得到解密的密钥，而且密钥是与用户的硬件特征信息绑定的。加密技术加上硬件绑定技术，防止了非法拷贝，这种技术能有效地达到版权保护的目的，当前国内外大部分计算机公司和研究机构的 DRM 技术都采用这种方法。

至 2009 年底,在国家中心的组织下,文化共享工程整合的数字资源总量为 90TB,其中包括视频资源、电子图书、电子期刊、专题等多种形式的资源,这些资源利用光盘、移动存储、CDN 镜像、卫星、互联网等方式传送信息资源到各级分中心、基层点,并通过 PC 机、嵌入式 IP 终端播放,越来越受到广大群众的欢迎。同时,互联网技术的飞速发展,使得越来越多的数字内容利用 P2P 技术开始在网络上传播,这样一部分具有版权的数字内容就不能通过传统的版权保护方式来保护,因此应用与数字内容的数字版权保护被提出,通过对数字内容加密,对数字内容获取者的认证以及为数字内容设置各项权限等措施,防止非法资源的传播以及合法资源被肆意获取。

传统的数字版权保护方法在新的应用环境下表现开始略显不足,适用于嵌入式 IP 终端设备的数字版权保护方法需要被提出和研究,这种方法需要更高的安全性来适应不确定的用户群,并且需要和 P2P 网络中资源的传播过程有机结合起来,同时保留传统的数字版权保护方法对数字内容权限的控制。

本文提出了一种用于嵌入式 IP 终端,可以在 IP 数据单向广播网络环境(卫星网络、移动存储终端)或互联网环境下(P2P 终端)传播的数字内容的版权保护系统,保证在多终端用户的情况下,数字内容在传播过程中版权得到合法保护,保证使用本系统的各个终端用户的合法性,以及对用户使用数字内容的权限进行管理和控制,保证用户合法使用数字内容。

2 数字媒体内容版权管理与保护国内外现状

当前国内外大部分计算机公司和研究机构的 DRM 系统以数据加密和防拷贝为基本方式。针对各个应用领域的不同需求,有着不同的 DRM 系统:

2.1 eBook 的 DRM 系统

eBook 的 DRM 技术相对比较成熟,国内外的应用也较多。国外的

eBook DRM 系统，有 Microsoft DAS、Adobe Content Server（原 Glassbook Content Server）等等，国内的 eBook DRM 系统有方正 Apabi 数字媒体内容版权管理与保护系统。

2.2 流媒体的 DRM

流媒体的 DRM 主要有 IBM 的 EMMS 和 Microsoft Windows Media DRM 等等。

2.3 电子文档的 DRM

电子文档的 DRM 有 SealedMedia Enterprise License Server、Authentica Active Rights Management 以及方正 Apabi Office DRM、方正 Apabi CEB DRM 等等。

2.4 其他 DRM 研究工作

其他作 DRM 研究的有 Intertrust 的 DigiBox 和 Rights System，IBM 的 Cryptolope，瑞士 Geneva 大学的 Hep、Edgar Weippl 的 RBAC 等等，这些系统注重 DRM 基本原理的研究，不针对具体的某一类数字媒体内容。

最近几年，进行 DRM 研究的科研人员逐渐增多，为此，美国计算机协会从 2001 年开始，每年举办一次 ACM DRM 会议"ACM Workshop on Digital Rights Management"，涉及的研究内容包括多个方面，主要有 DRM 系统的体系结构、DRM 中对数字媒体内容使用的跟踪和审核、数字媒体内容交易的商业模式及其安全性需求、多媒体数据的加密、身份识别、DRM 系统中的密钥管理、数字权限的转移问题、数字媒体内容版权描述等等。

与 eBook 版权保护密切相关的研究内容，是 eBook 的权限表达、权限转移控制等技术。对于数字媒体内容的权限表达，已经出现了相关的技术，如 EBX、XrML、ODRL 等，其中 EBX 在电子书中应用较多。EBX 是 electronic book exchange 的简称，最初是由十几家公司参与制定的标准，现在 EBX 组织已并入了 Open eBook Forum 组织，成为 OEB 标准的一部分。

EBX 的技术架构构建在 Internet 协议和密码安全系统之上，利用了现有的 Internet 传输协议，如 TCP/IP、SSL、HTTP 等，以及对称和非对称加密算法、数字签名和认证技术。EBX 技术架构的核心是“使用许可证”，一个使用许可证是一段 XML 描述或 XML 文件，该使用许可证描述了用户对于 eBook 所拥有的权限。

2.5 通用的数字媒体内容版权管理与保护

上面所示的 DRM，都是对某种格式文件的保护，如何对多种格式的文件进行有效的保护，是一个紧迫而又有难度的课题。国内也有企业对此进行了研究和开发，其中，美国彩虹科技中国公司声称其加密虎产品，可以对网页文件(.html、.asp、.js)、Microsoft Office 文档(.ppt、.doc)、Windows Media 文件(.wma、.wmv、.asf)、Flash 文件(.swf)、MOVIE 文件(.mpg、.mpeg、.mp3)、AUDIO 文件(.wav)、VIDEO 文件(.avi)、MIDI 文件(.mid)以及应用程序等进行有效的保护。但从其产品来看，并没有真正实现对各种格式文件的有效支持。

3 版权保护系统主要组成部分

本文提出的数字内容版权保护方法主要由三部分组成，涉及数字内容管理中心、信息管理数据库、认证授权服务器、资源服务器和嵌入式 IP 终端。

数字内容管理中心：负责将需要在共享工程网络中传播的数字内容进行加密，将数字内容信息存储。加密数字内容时可以使用不同对称加密算法，如 DES/3DES/AES/ IDEA 等，预先生成的对称密钥也要和加密方法对应，加密后的数字内容即可在文化共享工程网络中传播。

密钥管理数据库，用于存储数字内容管理中心规定了的各个数字内容的信息，包括管理中心为各个数字内容生成的密钥，密钥是用户打开课件资源的有效凭证；通过该中心还可以管理用户，认证授权中心通过该中心获得用户认证所需的信息。

认证授权管理中心，用于处理终端用户对版权保护系统的注册和登录，向终端发放数字内容的许可证，数字内容的解密密钥以及验证用户许可证的权限。

嵌入式IP终端,用于注册和登录版权保护系统,以卫星IP数据投递方式或P2P方式获取数字内容资源,获取数字内容的许可证,验证许可证权限,获取数字内容解密密钥以及使用数字内容。

播发服务中心:播发服务器包括一组服务器,实现对嵌入式IP终端设备提供内容投递服务。

用户登录认证分为在线登录和使用USBKEY进行离线登录两种方式。

系统的整体架构图如下:

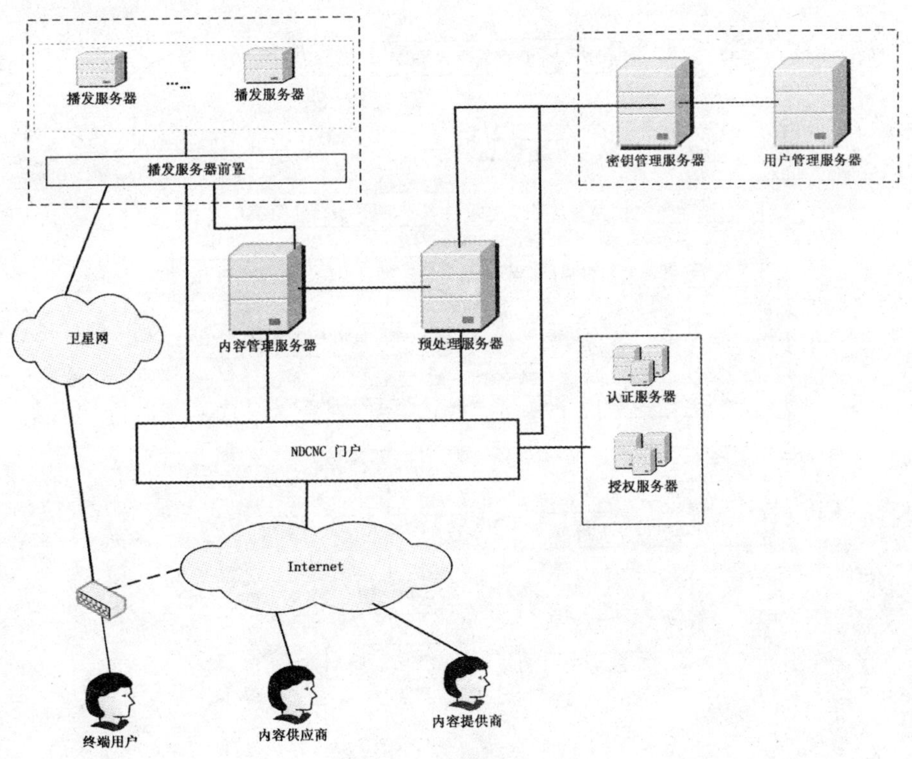

图1　系统整体架构图

4 版权保护系统实现

版权保护系统主要分为在线版权保护与离线的 USBKEY 方式版权保护，前者需要通过认证服务器进行交互，获取证书；后者通过 USBKEY 获取证书。

4.1 在线版权保护

版权保护系统具体工作流程如下图：

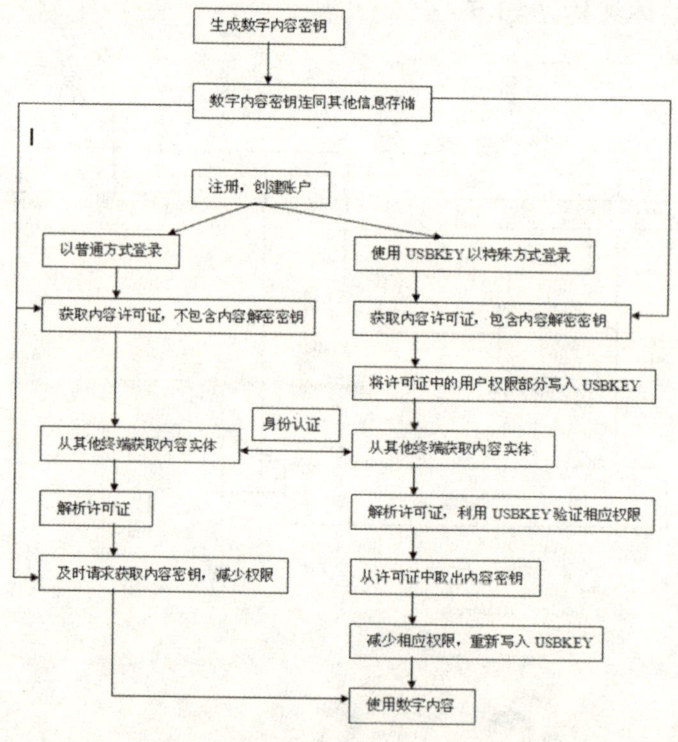

图 2 系统具体工作流程

在线登录方式进行版权保护的方式，其主要流程如下：

1）数字内容管理中心需要对每一个原始数字内容生成新的加解密对称密钥（可以是 DES，3DES，AES 密钥等），使用该密钥完成对原始数字内容的加密保护；

2）将数字内容的各项相关信息，以及它的解密密钥，一同安全存储至数据库中；数字内容有多项相关信息，如序列号、名称、价格等，将它们存入数据库后，作为之后认证授权服务器生成数字内容许可证的来源；

3）终端用户通过认证授权服务器进行注册，认证授权服务器处理其注册过程；

4）终端用户使用登录数字版权保护系统时，认证授权服务器处理其登录过程；认证授权服务器首先要进行的是对终端用户的身份进行认证；

5）在终端用户成功登录的前提下，请求并获取数字内容许可证，认证授权服务器对许可证的生成和发放进行处理；在终端的许可证请求前需要和认证授权服务器之间进行双向身份认证；终端在决定使用某一数字内容的许可证后，将许可证请求，发送给认证授权服务器，认证授权服务器将生成的许可证加密后发送给终端用户，终端用户在收到许可证后将其写入本地许可证文件，这个文件在用户使用数字内容时需要进行解析。

6）终端用户通过 P2P 方式从其他终端下载得到数字内容，过程中与其他终端进行相互身份认证；

7）终端用户对在使用数字内容之前，对数字内容的许可证进行解析；终端检查是否有该数字内容对应的许可证，终端用户以普通登录方式登录后解析许可证时不需要验证权限是否被修改，这个操作在下一步用户请求内容密钥的时候由认证授权服务器完成。

8）终端用户向认证授权服务器请求解密数字内容的密钥，认证授权服务器完成用户权限的验证和修改，发送回密钥；认证授权服务器根据解密密钥请求中将解密密钥发送给终端用户；终端处如果人为修改许可证的权限，则在取得密钥的过程中认证授权服务器会在验证权限的时候发现，终端用户无法得到密钥。

9）终端用户利用 USBKEY 登录数字版权保护系统，认证授权服务器处理其登录过程；在终端用户以不同方式登录时，与认证授权服务器进行认证所需的公钥和私钥是随机及时生成的，而在用 USBKEY 登录的时候公钥和私钥是从 USBKEY 中取出的，但因为 USBKEY 的加密存储的特性，对于终端用户也是不可见的；

10）除公钥和私钥的来源不同外，登录的过程和普通登录方式相似，也要和认证授权服务器进行双向身份认证，认证授权服务器也要向终端用户发送证书，证明用户已经登录。

4.2　离线 USBKEY 方式版权保护

终端用户需要在嵌入式设备中使用 USBKEY，其主要流程如图 2 所示：

1）终端用户以 USBKEY 方式登录的前提下，请求并获取数字内容许可证，认证授权服务器对许可证的生成和发放进行处理；

2）终端用户将在上一步生成的许可证文件中的用户权限部分写入 USBKEY；

3）终端用户通过 P2P 方式从其他终端下载得到数字内容；

4）终端用户对在使用数字内容之前，对数字内容的许可证进行解析，并且利用 USBKEY 验证自身权限；

5）终端用户从本地许可证文件中取出数字内容的解密密钥；

6）终端用户在取到密钥后减少许可证中的相应权限，并且将减少后的权限写入 USBKEY；

7）终端用户利用得到的数字内容密钥，对加密的数字内容进行解密，之后使用数字内容。

4.3　小结

版权保护方法中提供两种不同的登录方法，嵌入式 IP 终端用户也有了不同的登录后在版权保护系统下进行操作的机制，不同的用户可采用不同的方法使用本系统。

在本版权保护系统下，终端用户可以使用 USBKEY 这种特殊存储介质来保存和管理自身的权限，USBKEY 的安全性使得用户权益得到保障。

5 系统采用的关键技术和标准

5.1 X.509认证标准

为了实现用户身份的认证,尤其是在离线情况下的身份认证,系统采用了X.509标准进行用户的认证。

5.2 数字对象内容鉴别(Digital Object Identifier,DOI)标准

数字对象内容鉴别(Digital Object Identifier,简称DOI),已经成为具有知识产权的数字媒体内容供应商对其内容进行唯一标识的一种事实上的工业标准。为了避免不同供应商在提供同样产品时对唯一标识码的冲突,DOI还可以允许供应商对其产品添加前缀和后缀。通常,前缀包含供应商的基本信息,而后缀则允许供应商定义自已独一无二的标识。

5.3 通用权限表达语言(XrML)

XML以其简单,灵活的文本风格在网络信息交换等领域发挥了愈来愈重要的作用。有一个统一、规范的方法对数字对象权限进行描述和交流,是实现数字对象版权保护的必要条件。系统采用XrML(from Content Guard)对权限进行了规范、通用的描述。

5.4 离线安全存储

PKCS12标准被用来实施"个人安全环境"(Personal Security Environment,简称PSE)。为了最大限度地保护所有与密码相关的私钥、证书,以及权限描述等信息,根据PKCS12标准,所有这些与用户相关的特定信息被存储在一个加密的、具有规范结构的文件中。

6 总结

本版权保护系统根据卫星IP数据广播网络和P2P网络的特殊性提供了安全的认证机制,终端和认证服务器之间的认证,终端和其他终端之间的认证都必不可少且息息相关,保证了共享工程的数字内容在卫星IP数据广播网络和P2P网络下传输的安全性。

本文创新点:和现有技术与方法相比,本系统提供的版权保护方法是

以卫星 IP 数据广播网络和 P2P 网络中的资源传播为背景而提出的，它不仅呈现了用户的嵌入式终端对被保护的数字内容资源的使用限制，也从 IP 数据广播和 P2P 的角度保证了在多用户之间传递某一被保护的数字内容资源时该资源不被非法用户获取和使用，另外也保证了能在某个卫星 IP 数据广播网络和 P2P 网络环境中获得并使用资源的用户都登录了本版权保护系统。

参考文献

[1]俞银燕，汤帜. 数字版权保护技术研究综述. 计算机学报，2005，28(12)：1957－1968

[2]范科峰，莫玮，曹山等. 数字版权管理技术及应用研究进展. 电子学报，2007，35(6)：1139－1146

[3]梅登华，武乐才，肖南峰. P2P 网络中一种信誉模型. 微计算机信息，2009，1－3:33－35

[4]Zhu Bin B，Yang Yang，Chen Tierui. A DRM System Supporting What You See is What You Pay[c]. Issues Challenges and Systems—First International Conference，DRMTICS 2005. Revised Selected Papers，2006：341－355

[5]李丹，金庆，吴国新. 基于 DRM 的版权管理系统的研究与设计. 计算机技术与发展，2008 No.3 Vol.18:188－195

作者简介

胡晓军，北京百年树人远程教育有限公司总经理。

李建慧，北京百年树人远程教育有限公司经理。

编后记

经历了四个多月的奋战,《公共文化服务的创新与跨越》论文集终于面世了。每一位参与编辑者都付出了很多,但是我们不觉得辛苦。我们的心愿是:通过我们勤奋的努力,将文化共享工程八年建设中的探索与创新、经验与教训、启发与思考、成果与愿景,充分地表达出来。

本书的出版受到了文化部、财政部领导的亲切关怀和高度重视,杨志今副部长、张少春副部长在百忙中分别为本书作序和撰文,对文化共享工程建设提出了重要的指导意见。

本书各篇文章的作者,在繁忙工作之余,花了大量心血为本书撰稿;其中西藏文化厅辛高锁副厅长,在本书付梓时不幸逝世,谨在此表达感激与怀念。论文集的编委马文辉、孙若风、张庆善、张旭、吴建中、郭又陵等诸位老师,他们认真的审阅与把关,确保了论文集的质量与水准;管理中心的刘刚、于洋、刘平、薄亮作了大量联络编辑工作;国家图书馆出版社和浪潮、联想、雅图、百年树人、英特尔、方正阿帕比、阳和文化等单位给予了大力支持;在此一并表示诚挚感谢。

祝愿这本书为推进全国文化共享工程的健康、蓬勃和可持续发展发挥更大作用,进而为推进公共文化服务体系的进一步创新与完善,促进我国文化的大发展大繁荣作出更大贡献。

编　者

2010 年 12 月

图书在版编目(CIP)数据

公共文化服务的创新与跨越:全国文化信息资源共享工程建设研究论文集/张彦博主编.—北京:国家图书馆出版社,2010.12

ISBN 978-7-5013-4472-7

Ⅰ.公… Ⅱ.张… Ⅲ.图书馆工作-研究-中国 Ⅳ.G259.2

中国版本图书馆CIP数据核字(2010)第237880号

书名 公共文化服务的创新与跨越——全国文化信息资源共享工程建设研究论文集

著者 张彦博 主编

出版 国家图书馆出版社 (100034 北京西城区文津街7号)
(原北京图书馆出版社)

发行 010-66139745 66175620 66126153
66174391(传真) 66126156(门市部)

E-mail cbs@nlc.gov.cn(投稿) btsfxb@nlc.gov.cn(邮购)

Website www.nlcpress.com

经销 新华书店

印刷 北京联兴盛业印刷股份有限公司

开本 710×1000毫米 1/16

印张 30

版次 2010年12月第1版 2010年12月第1次印刷

书号 ISBN 978-7-5013-4472-7

定价 58.00元